histoire géographie 6ᵉ

Sous la direction de
Éric Chaudron et Rémy Knafou

Catherine Bourens
Agrégée d'histoire-géographie
Professeur au collège de Valbonne-Sophia-Antipolis

Olivier Caruso
Agrégé d'histoire-géographie
Professeur au collège Thibaud-de-Champagne, Fismes

Éric Chaudron
Agrégé d'histoire
Professeur à l'IUFM de Nice

Anne-Marie Dalmasso
Agrégée d'histoire-géographie
Professeur au collège Jules-Verne, Cagnes-sur-Mer

Isabelle Damongeot
Agrégée d'histoire-géographie
Professeur au collège Raoul-Dufy, Nice

Rémy Knafou
Agrégé de géographie
Professeur à l'université Paris VII-Denis Diderot

BELIN Éditeur indépendant depuis 1777

8, rue Férou 75278 Paris Cedex 06
www.editions-belin.com

Table des matières

HISTOIRE

Chapitre 1. La naissance de l'agriculture et de l'écriture — 6
1. Les premiers paysans — 8
- Patrimoine 2. L'invention de l'écriture — 10
3. Les premières cités — 12
- Bilan. La naissance de l'agriculture et de l'écriture — 14
- Exercices — 16

Chapitre 2. L'Égypte : le Pharaon, les dieux, les hommes — 18
1. L'Égypte et le Nil — 20
2. Un peuple de paysans et d'artisans — 22
3. Pharaon, maître de l'Égypte — 24
4. Les croyances des Égyptiens — 26
- Patrimoine 5. Le temple de Louqsor — 28
- Patrimoine 6. La légende d'Osiris — 30
- Patrimoine 7. Les pyramides de Gizeh — 32
- Bilan. L'Égypte : le Pharaon, les dieux, les hommes — 34
- Exercices — 36

Chapitre 3. Le peuple de la Bible : les Hébreux — 38
- Patrimoine 1. La Bible des Hébreux : la *Genèse* et l'*Exode* — 40
- Patrimoine 2. La Bible des Hébreux : David et Salomon — 42
3. L'histoire des Hébreux — 44
4. La religion des Hébreux — 46
- Patrimoine 5. Le temple de Jérusalem — 48
- Bilan. Le peuple de la Bible : les Hébreux — 50
- Exercices — 52

Chapitre 4. La Grèce — 54
- Patrimoine 1. L'*Iliade* et l'*Odyssée* — 56
2. Le monde des cités grecques — 58
3. Les croyances des Grecs — 60
- Patrimoine 4. Olympie, sanctuaire de Zeus — 62
- Patrimoine 5. Delphes, sanctuaire d'Apollon — 64
- Bilan. Le monde grec — 66
- Exercices — 68
6. Athènes, la cité et la ville — 70
7. Athènes, cité dominante — 72
8. Les habitants d'Athènes — 74
9. Le fonctionnement de la démocratie — 76
10. L'Acropole — 78
- Patrimoine 11. Le Parthénon — 80
- Patrimoine 12. La frise des Panathénées — 82
13. Athènes, école de la Grèce — 84
- Bilan. Athènes au 5e siècle av. J.-C. — 86
- Exercices — 88
14. Alexandre le Grand — 90
- Patrimoine 15. L'épopée d'Alexandre — 92
16. Alexandrie d'Égypte — 94
17. Pergame — 96
- Bilan. Alexandre le Grand — 98
- Exercices — 100

Chapitre 5. Rome : de la République à l'Empire — 102
- Patrimoine 1. Légendes des origines de Rome — 104
2. La cité des origines — 106
3. La République romaine — 108
4. Le Forum — 110
5. Les conquêtes de la République — 112
- Patrimoine 6. Récits de la *Guerre des Gaules* — 114
- Bilan. Rome : la cité et son expansion — 116
- Exercices — 118
7. Rome devient un Empire — 120
8. L'Empire romain au 2e siècle — 122
- Patrimoine 9. Rome, capitale de l'Empire — 124
10. Vivre à Rome — 126
11. La Gaule romaine — 128
- Patrimoine 12. Lyon, capitale de la Gaule — 130
13. Être citoyen romain dans l'Empire — 132
- Bilan. L'Empire romain — 134
- Exercices — 136

Chapitre 6. Les débuts du christianisme — 138
- Patrimoine 1. La vie de Jésus dans les *Évangiles* — 140
- Patrimoine 2. Le message de Jésus dans le *Nouveau Testament* — 142
3. La naissance d'une nouvelle religion — 144
4. Les premiers chrétiens — 146
5. L'Empire romain devient chrétien — 148
- Patrimoine 6. Les premiers monuments chrétiens — 150
- Bilan. La naissance du christianisme — 152
- Exercices — 154

Chapitre 7. Conclusion. La fin de l'Antiquité et ses héritages — 156
1. L'Empire romain disparaît — 158
2. Les héritages de l'Antiquité : Des techniques et des pratiques - Des formes d'organisation politique — 161
3. Les héritages de l'Antiquité : De grands textes - Une culture, une langue — 162
4. Les héritages de l'Antiquité : Des croyances et une manière de compter le temps - Des monuments qui ont traversé les siècles — 164

Le code de la propriété intellectuelle n'autorise que « les copies ou reproductions strictement réservées à l'usage privé du copiste et non destinées à une utilisation collective » [article L. 122-5] ; il autorise également les courtes citations effectuées dans un but d'exemple ou d'illustration. En revanche « toute représentation ou reproduction intégrale ou partielle, sans le consentement de l'auteur ou de ses ayants droit ou ayants cause, est illicite » [article L. 122-4]. La loi 95-4 du 3 janvier 1994 a confié au C.F.C. (Centre français de l'exploitation du droit de copie, 20, rue des Grands-Augustins, 75006 Paris), l'exclusivité de la gestion du droit de reprographie. Toute photocopie d'œuvres protégées, exécutée sans son accord préalable, constitue une contrefaçon sanctionnée par les articles 425 et suivants du Code pénal.

© Éditions Belin, 2004

ISBN 978-2-7011-3788-9

GÉOGRAPHIE

Chapitre 8 . La Terre — 166
1. La Terre : continents et océans — 166
2. Les grands repères géographiques — 168
3. Les États du Monde — 170
4. Paysages géographiques — 172
   Exercices — 174

Chapitre 9 . La répartition de la population mondiale — 176
1. La population mondiale et les grandes agglomérations urbaines — 178
2. La notion de densité de population — 180
3. Densités et formes de peuplement : l'exemple du delta du Nil — 182
4. L'évolution de la population — 184
   Bilan La répartition de la population — 186
   Exercices — 188

Chapitre 10 . L'inégale répartition de la richesse — 190
1. Pays riches et pays pauvres — 192
2. Population, richesse et pauvreté — 194
   Bilan Richesse et pauvreté — 196
   Exercices — 198

Chapitre 11 . Les domaines bioclimatiques — 200
1. Les zones climatiques — 202
2. Les zones froides — 204
3. La zone chaude — 206
4. Les zones tempérées — 208
   Bilan Les zones climatiques — 210
   Bilan Les grands domaines bioclimatiques — 212
   Exercices — 214

Chapitre 12 . Les grands ensembles de relief — 216
1. Les montagnes — 218
2. Les Deux-Alpes — 220
3. Plaines, plateaux et cours d'eau — 222
   Bilan Une grande variété de formes — 224
   Exercices — 226

Chapitre 13 . Paysages littoraux — 228
Lire un paysage 1 Nagasaki : localiser et décrire — 230
2. Le Japon : un littoral très aménagé — 232
Lire un paysage 3 Benidorm : localiser et décrire — 234
4. La plus grande station de Méditerranée — 236
   Bilan Les littoraux, espaces convoités — 238
   Exercices — 240

Chapitre 14 . Paysages de métropoles — 242
Lire un paysage 1 Prague, localiser et décrire — 244
2. D'autres métropoles d'Europe — 246
Lire un paysage 3 Chicago, localiser et décrire — 248
4. Autres métropoles d'Amérique du Nord — 250
5. Casablanca, métropole d'un pays pauvre — 252
Lire un paysage 6 Casablanca, localiser et décrire — 254
7. Autres métropoles de pays pauvres — 256
   Bilan Les paysages urbains — 258
   Exercices — 260

Chapitre 15 . Paysages ruraux du monde riche — 262
Lire un paysage 1 Rodern : localiser et décrire — 264
2. Rodern, en Alsace — 266
Lire un paysage 3 Illinois, localiser et décrire — 268
4. L'agriculture des Grandes Plaines — 270
   Bilan Paysages ruraux du monde riche — 272
   Exercices — 274

Chapitre 16 . Paysages ruraux du monde pauvre — 276
Lire un paysage 1 Le delta du Mékong, localiser et décrire — 278
2. La vie du delta — 280
Lire un paysage 3 Un village au Burkina-Faso, localiser et décrire — 282
4. Évolutions villageoises dans la savane africaine — 284
   Bilan Paysages ruraux du monde pauvre — 286
   Exercices — 288

Chapitre 17 . Paysages de faible occupation humaine — 290
Lire un paysage 1 Amtoudi, localiser et décrire — 292
Lire un paysage 2 La grande forêt et ses premiers habitants — 294
3. Les transformations récentes — 296
Lire un paysage 4 Paysage de haute montagne dans les Andes — 298
Lire un paysage 5 Ilulissat, localiser et décrire — 300
   Bilan Les espaces de faible occupation humaine — 302
   Exercices — 304

- Index des mots de vocabulaire — 305
- Liste des cartes — 308
- Liste des documents téléchargeables sur notre site internet — 309

Programme

Histoire : le monde antique

■ Introduction : la naissance de l'agriculture et de l'écriture

L'étude de la révolution néolithique permet de décrire les formes principales de l'écriture et de faire saisir aux élèves comment l'humanité est entrée dans l'histoire en élaborant des organisations sociales différenciées et une meilleure communication.

– **Carte** : le Croissant fertile.
– **Repères chronologiques** : l'agriculture à partir du 8ᵉ millénaire av. J.-C., l'écriture à partir du 4ᵉ millénaire av. J.-C.
– **Documents** : trois exemples d'écriture (cunéiforme, hiéroglyphes, alphabet).

■ L'Égypte : le Pharaon, les dieux et les hommes

L'essentiel est de faire découvrir, sans s'attarder sur une approche chronologique, les permanences d'une civilisation : un territoire, une société agraire, un pouvoir, des croyances.

– **Carte** : la vallée du Nil.
– **Repères chronologiques** : le temps d'une civilisation (3ᵉ-1ᵉʳ millénaire av. J.-C.).
– **Documents** : le temple, la pyramide, représentations du mythe d'Osiris.

■ Le peuple de la Bible : les Hébreux

L'étude des Hébreux est abordée à partir de la *Bible*, document historique majeur et livre fondateur de la première religion monothéiste de l'Antiquité, et des sources archéologiques.

– **Carte** : le Croissant fertile.
– **Repères chronologiques** : le temps de la *Bible*, (2ᵉ-1ᵉʳ millénaire av. J.-C.).
– **Documents** : extraits de la *Bible*, le temple de Jérusalem.

■ La Grèce

1. Naissance d'une culture, d'une organisation politique, de croyances.

La présentation de l'étendue géographique du monde grec permet d'étudier ce qui fait son unité : les poèmes homériques, la mythologie, la cité.

2. Athènes au 5ᵉ siècle av. J.-C.

L'évocation des guerres Médiques permet de montrer les origines de la domination et du rayonnement d'Athènes en Méditerranée. Le professeur explique le fonctionnement de la démocratie au temps de Périclès (citoyens et non-citoyens, ecclésia) et présente la ville, l'Acropole et des exemples d'œuvres littéraires et artistiques.

3. Alexandre le Grand.

L'étude repose sur le récit de l'épopée d'Alexandre. La civilisation hellénistique est présentée à partir de l'exemple d'une ville (Alexandrie d'Égypte ou Pergame).

– **Cartes** : le monde grec méditerranéen, plan d'Athènes, conquêtes d'Alexandre, plan d'Alexandrie ou de Pergame.
– **Repères chronologiques** : 8ᵉ siècle av. J.-C. (poèmes homériques), 490 av. J.-C. (Marathon), milieu du 5ᵉ siècle av. J.-C. (apogée d'Athènes), deuxième moitié du 4ᵉ siècle av. J.-C. (épopée d'Alexandre).
– **Documents** : l'*Iliade* et l'*Odyssée*, Delphes ou Olympie, le Parthénon et la frise des Panathénées, récits de l'épopée d'Alexandre.

■ Rome : de la République à l'Empire

Trois thèmes sont privilégiés : la présentation d'une cité, la définition de la République *(Senatus populusque romanus)*, l'étude, à l'aide de cartes, de l'expansion romaine, sans entrer dans le détail chronologique.
L'Empire est étudié au moment de son apogée (2ᵉ siècle ap. J.-C.), en insistant sur le rôle de l'empereur et l'adaptation des institutions de la cité. Les élèves découvrent Rome, la ville romaine et leurs lieux symboliques. Les processus de la romanisation sont analysés à partir de l'exemple de la Gaule.

1. La cité et son expansion.
2. L'Empire romain.

– **Cartes** : Rome, l'Empire romain (provinces, voies, villes et échanges), la Gaule romaine.
– **Repères chronologiques** : 8ᵉ siècle av. J.-C. (naissance de Rome), 52 av. J.-C. (Alésia), 1ᵉʳ siècle ap. J.-C. (Auguste et la fondation de l'Empire), 2ᵉ siècle ap. J.-C. (l'apogée de l'Empire).
– **Documents** : récits de la fondation de Rome (l'*Énéide*), la *Guerre des Gaules* de César, la ville romaine et ses monuments.

■ Les débuts du Christianisme

On présente Jésus dans son milieu historique et spirituel, et les Évangiles comme la source essentielle des croyances chrétiennes. Des cartes permettent de montrer la diffusion du christianisme qui, d'abord persécuté, devient la religion officielle de l'Empire romain.

– **Cartes** : la Palestine au temps de Jésus, les voyages de Paul, l'Empire romain.
– **Repères chronologiques** : début de l'ère chrétienne (vie de Jésus), 4ᵉ siècle ap. J.-C. (conversion de Constantin).
– **Documents** : le *Nouveau Testament*, les premiers monuments chrétiens (catacombes, basilique).

■ Conclusion : la fin de l'Empire romain en Occident et les héritages de l'Antiquité.

Les relations entre l'Empire et les Barbares sont étudiées globalement, en montrant la dislocation de l'Empire en Occident et sa survie en Orient.
Le professeur vérifie que les élèves maîtrisent les repères chronologiques et culturels majeurs étudiés pendant l'année, en présentant un bilan des héritages des civilisations de l'Antiquité.

– **Cartes** : les invasions barbares.
– **Repères chronologiques** : 5ᵉ siècle ap. J.-C. (la chute de Rome).
– **Documents** : le calendrier chrétien.

Géographie : cartes et paysages du Monde

■ Les grands repères géographiques du Monde

En introduction, sont rappelées quelques notions élémentaires étudiées à l'école primaire : la répartition des continents et des océans et les grands repères fondamentaux qui permettent de les localiser (pôles, tropiques, équateur).

1. La répartition de la population mondiale

Les zones de fort et de faible peuplement sont localisées et nommées sur le globe. Les grandes agglomérations urbaines sont situées. Des exemples librement choisis, éventuellement dans la seconde partie du programme, permettent d'illustrer les contrastes.
On compare des territoires à forte augmentation de population à des territoires à faible augmentation de population.
Les élèves découvrent la complexité des rapports entre la densité de la population d'une part, la richesse et la pauvreté d'autre part.

- **Cartes (planisphères)** : répartition de la population mondiale ; les États du Monde ; richesse et pauvreté dans l'espace mondial.
- **Repères géographiques** : les ensembles peuplés et les zones vides ; les grands États et les grandes agglomérations urbaines.

2. Les grands domaines climatiques et biogéographiques

Les caractéristiques climatiques et végétales de la planète sont étudiées à partir de cartes et d'images. Les élèves apprennent à utiliser les mots qui permettent de décrire ces phénomènes.
La localisation des zones thermiques et pluviométriques est simplement expliquée.
À l'aide de deux brefs exemples, éventuellement choisis dans la seconde partie du programme, on montre les relations des sociétés au climat.

- **Cartes** : les zones thermiques et pluviométriques ; les grands domaines bioclimatiques ; cartes à différentes échelles correspondant aux exemples choisis.
- **Repères géographiques** : zones thermiques et pluviométriques ; grands domaines bioclimatiques ; localisation des exemples choisis.

3. Les grands ensembles du relief

Les grands ensembles du relief sont identifiés à partir de cartes et d'images. Les élèves apprennent à utiliser les mots qui permettent de décrire simplement la topographie de la Terre.
À l'aide de deux brefs exemples, éventuellement choisis dans la seconde partie du programme, on montre la relation des sociétés au relief.

- **Cartes** : le relief de la Terre ; cartes à différentes échelles correspondant aux exemples choisis.
- **Repères géographiques** : les grandes chaînes de montagne ; les grandes plaines ; quelques grands bassins fluviaux.

■ Les grands types de paysages

Les paysages proposés par le programme sont étudiés à partir d'une ou de plusieurs images. Pour chaque cas, on choisit un lieu précis, systématiquement localisé et mis en relation avec les repères géographiques étudiés dans la première partie.
Tous les cas doivent être présentés ; cependant, afin de mettre en évidence les mécanismes de l'action des hommes sur leur espace et d'évoquer les problèmes de l'environnement, un exemple peut être plus particulièrement développé dans chacun des trois ensembles proposés.
Cette étude a une triple finalité : donner des mots qui permettent de décrire, expliquer la présence – plus ou moins forte – des hommes, analyser le rôle des sociétés dans l'organisation des territoires. La réflexion se situe donc à différentes échelles et implique l'identification de quelques grands facteurs d'ordre économique, culturel ou naturel de cette organisation.
Cette étude doit d'une part enraciner les connaissances géographiques de base acquises depuis l'école primaire et doit d'autre part permettre d'apprendre à conduire un raisonnement géographique.
Les élèves travaillent, de manière plus rigoureuse, le langage de l'image et les moyens de sa transcription (exposé oral, texte, croquis).

1. Des paysages urbains

– Un littoral touristique méditerranéen
– Un littoral industrialisé
– Une métropole d'Europe
– Une métropole d'Amérique du Nord
– Une métropole d'un pays pauvre

2. Des paysages ruraux

– Un delta rizicole en Asie
– Une exploitation agricole en Amérique du Nord
– Un village d'Europe
– Un village d'Afrique

3. Des paysages de faible occupation humaine

– Dans le désert saharien ou arctique
– Dans la grande forêt amazonienne
– Dans la haute montagne andine ou himalayenne

- **Cartes** : les planisphères étudiés dans la première partie du programme constituent une référence constante, des cartes à différentes échelles permettent de situer précisément l'exemple choisi et de le replacer dans son contexte géographique.
- **Repères géographiques** : les images choisies par le professeur pour leur exemplarité deviennent des repères culturels et géographiques à mémoriser.

chapitre 1
La naissance de l'agriculture et de l'écriture

◗ **Comment les hommes sont-ils entrés dans l'Histoire ?**

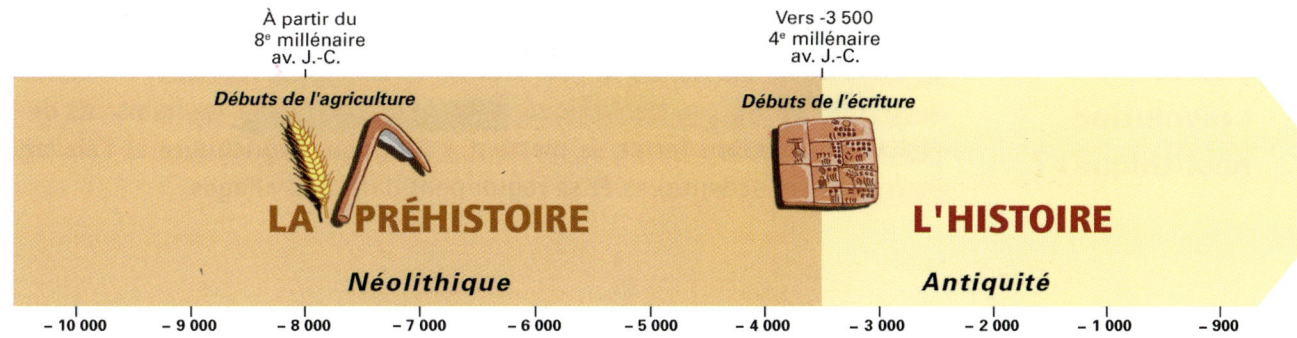

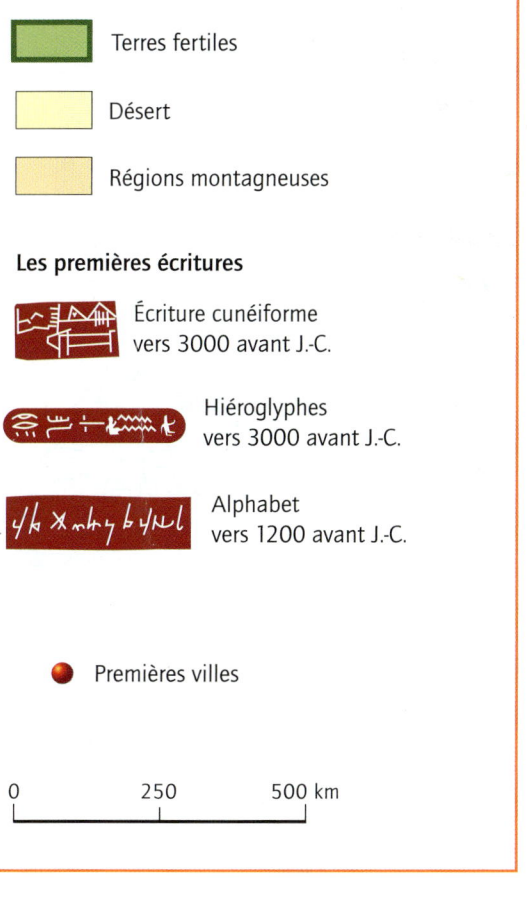

Doc 1 Le Croissant fertile.

Doc 2 Goudéa, l'un des premiers rois de l'Histoire : il était souverain de la cité de Lagash, statue de pierre, hauteur : 61 cm, vers 2 150 av. J.-C. (musée du Louvre).

Je découvre

→ Qu'appelle-t-on la « révolution néolithique » ?

1. Les premiers paysans

Au Paléolithique, l'âge de la pierre taillée, les hommes préhistoriques vivaient de la chasse, de la pêche et de la cueillette. Ils étaient nomades. Vers 8 000 av. J.-C., au Néolithique, l'âge de la pierre polie, les habitants de la région du Croissant fertile se mettent à pratiquer l'agriculture et l'élevage. Ils deviennent sédentaires et se regroupent dans des villages.

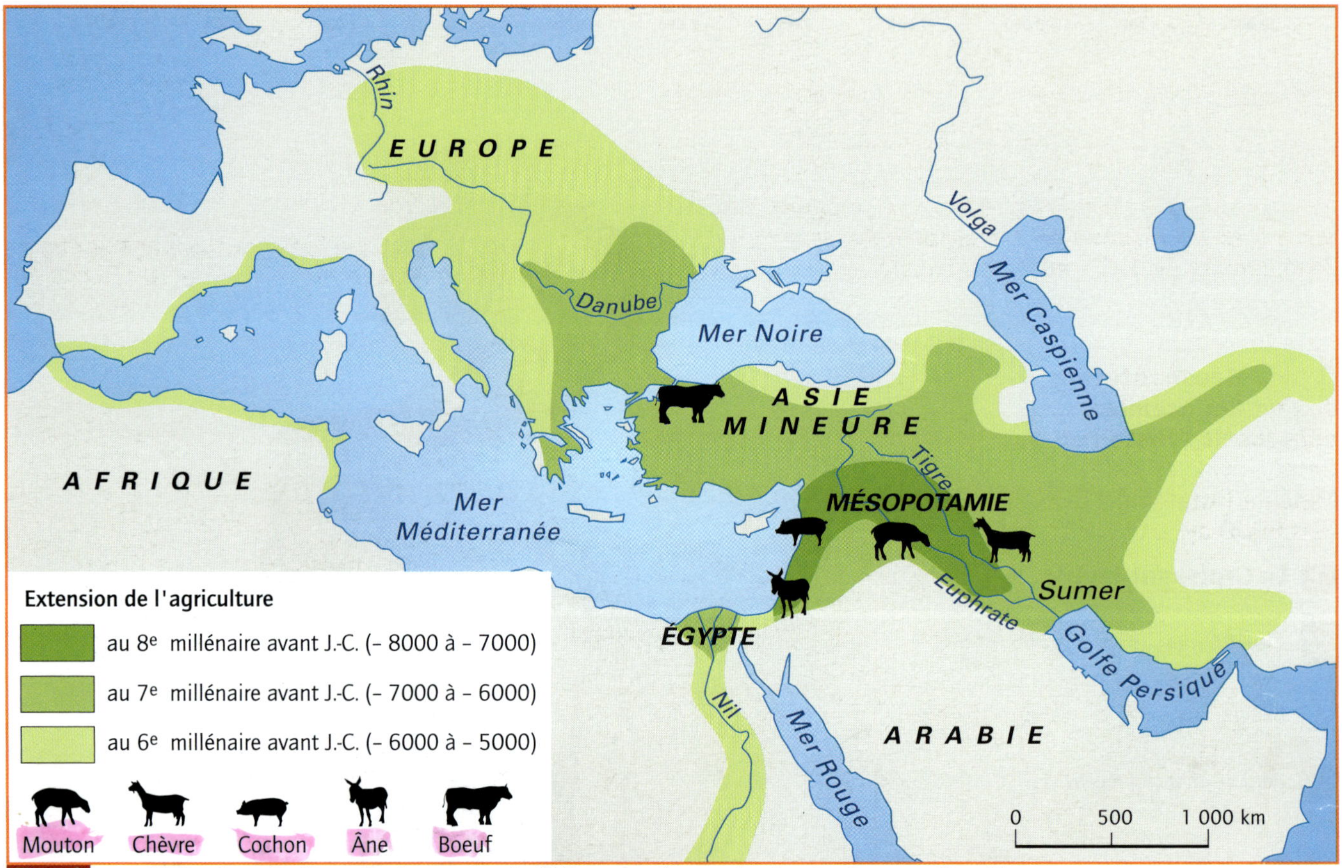

Doc 1 La diffusion de l'agriculture et de l'élevage à partir du Croissant fertile.

Doc 2 Outils et objets des premiers agriculteurs.
- a un vase en terre cuite
- b un morceau de tissu de lin
- c une meule
- d une hache en pierre

Doc 3 **Les moissons en Mésopotamie,** sceau en pierre, 3e millénaire av. J.-C. (musée du Louvre).

Doc 4 **Deux jarres portées par un âne,** figurine en terre cuite, 4e millénaire av. J.-C. (musée de Jérusalem).

Doc 5 **Reconstitution de l'un des premiers villages de l'Histoire :** Çatal Höyük, en Asie Mineure (Anatolie), vers 6000 av. J.-C.

1 Doc 1 et Page 6 Où et à quelle époque est née l'agriculture ? Autour de quels fleuves ? Dans quelles régions se diffuse-t-elle ensuite ? Quels sont les premiers animaux domestiqués ?

2 Doc 2 et 4 Fais la liste des outils et des objets représentés et pour chacun d'eux explique à quoi il sert.

3 Doc 3 Qu'est-ce qu'une « moisson » ? Quelle plante est représentée ?

4 Doc 5 Décris l'aspect du village de Çatal Höyük. Comment les villageois entrent-ils dans leurs maisons ? Quels matériaux ont servi pour construire les habitations ?

5 Rédige une phrase expliquant pourquoi les changements dans la vie des hommes au Néolithique sont une « révolution ».

CHAPITRE 1 • LA NAISSANCE DE L'AGRICULTURE ET DE L'ÉCRITURE

Patrimoine

2. L'invention de l'écriture

➡ Comment est née et comment a évolué l'écriture ?

L'écriture naît vers 3 500 av. J.-C. en Mésopotamie, dans la région de Sumer, en bordure du golfe Persique. L'écriture est un système de signes que les hommes améliorent au cours des siècles afin de transmettre des informations durables.

▼ **Doc 1** Tablette d'argile d'une écriture en pictogrammes (Mésopotamie, vers 3 300 av. J.-C.).

Les signes sont d'abord des images
L'écriture a la forme d'une suite de dessins gravés sur des tablettes d'argile molle à l'aide d'un roseau taillé. Ces signes désignent des objets.
Ici on reconnaît un épi de blé. Les cercles et les encoches désignent des quantités. Il s'agit donc d'un compte de produits agricoles. Le soleil se dessine.
En combinant plusieurs signes, on peut exprimer une action ou une idée. Par exemple :

main et poisson = pêcher

▲ **Doc 2** Tablette d'argile d'une écriture cunéiforme (Mésopotamie, vers 2 800 av. J.-C.).

Les signes traduisent ensuite des sons
L'écriture fait de grands progrès avec les signes cunéiformes (en forme de « clou »). Ici, la tablette indique une livraison d'ânes ❶ à différents artisans ❷. Ces signes ne désignent plus une chose, mais le son d'une syllabe ou celui d'un mot. Par exemple : ✱ dérivé de ✱, le soleil, se lit « AN » et signifie dieu. On peut désormais écrire tout ce qui se parle.

▶ **Doc 3** Hiéroglyphes sur un papyrus (Égypte, 1 300 av. J.-C.).

Les hiéroglyphes sont une écriture complexe.
Il y a plus de 5 000 signes. Un hiéroglyphe comme ⊙ (❶) peut représenter :
- un mot : le soleil
- un son : râ ou rê
- une idée : briller
Ou encore ⌒ (❷) peut représenter : la bouche, le son « er », parler.

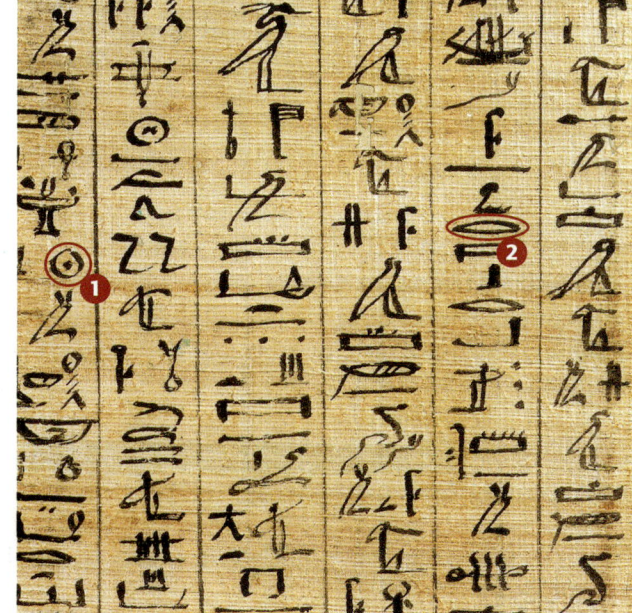

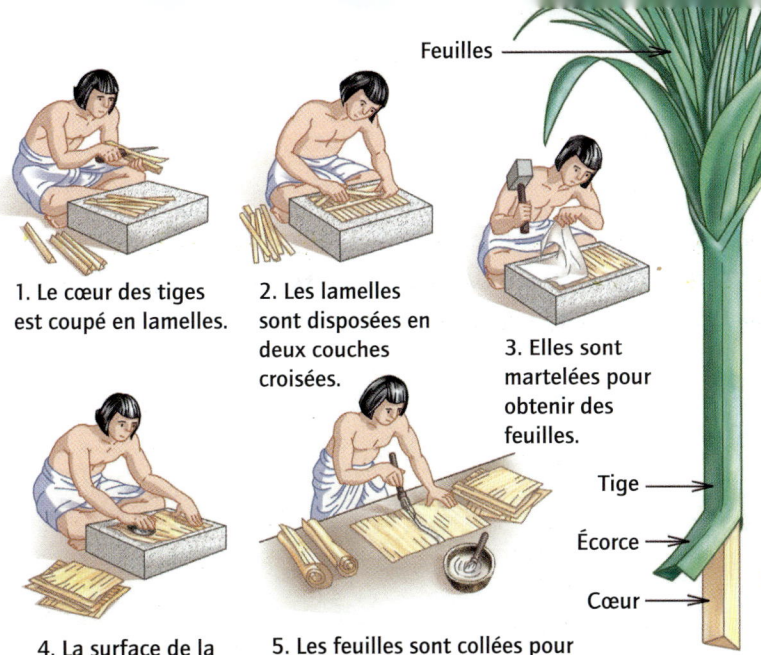

1. Le cœur des tiges est coupé en lamelles.
2. Les lamelles sont disposées en deux couches croisées.
3. Elles sont martelées pour obtenir des feuilles.
4. La surface de la feuille est lissée.
5. Les feuilles sont collées pour former un rouleau.

Doc 4 **La fabrication d'une feuille de papyrus (reconstitution).** Elle se fait à partir d'une plante, le papyrus, qui pousse dans le delta du Nil, en Égypte.

Doc 5 **L'écriture alphabétique : inscription phénicienne** (Sardaigne, vers 900 av. J.-C.).

Les Phéniciens inventent une nouvelle forme d'écriture : un alphabet de 22 lettres. Chaque lettre représente un son. En les combinant, on obtient tous les mots d'une langue. Mais l'alphabet phénicien est composé seulement de consonnes. Les Grecs inventent des signes qui sont des voyelles. Ils distinguent aussi les majuscules et les minuscules.

Doc 6 **Les premiers alphabets.**

Phénicien	Grec	Noms des lettres grecques	Transcription en latin
⚹	A	alpha	A
⋟	B	bêta	B
∧	Γ	gamma	G
△	Δ	delta	D
∃	E	epsilon	É
Y			
I	Z	dzêta	Z
⊟	H	êta	Ê
⊗	Θ	thêta	TH
⋺	I	iota	I/J
⋎	K	kappa	C
⋌	Λ	lambda	L
⋎	M	mu	M
⋎	N	nu	N
⋣	Ξ	xi	X
O	O	omikron	O
⋎	Π	pi	P
⋎			
⋎	Φ		
⊲	P	rô	RH
W	Σ	sigma	S
×	T	tau	T
Y	Υ	upsilon	U/V
	Φ	phi	PH/F
	X	khi	KH
	Ψ	psi	PS
	Ω	oméga	Ô

1 Doc 1 et 2 Quel matériau utilise-t-on pour dessiner des pictogrammes et des signes cunéiformes ? Quel est l'avantage de ce matériau ?

2 Doc 1 Qu'est-ce qu'un pictogramme ? À quoi servait cette tablette ? Cherche l'idée exprimée par le rapprochement de ces deux signes écrits vers 3 500 av. J.-C. :

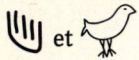 et 🐦

3 Doc 2 Les signes sont-ils identiques à ceux du doc 1 ? Quelle écriture permet d'écrire plus de choses ? Quel est le principal changement avec ces signes ?

4 Doc 3 Quel signe est particulièrement reconnaissable ? Que peut représenter un hiéroglyphe ?

5 Doc 4 Sur quel support écrivaient les Égyptiens ? Comment était-il fabriqué ?

6 Doc 5 et 6 Quels sont les avantages de l'alphabet sur les pictogrammes et les signes cunéiformes ? Nomme les lettres de notre alphabet qui ressemblent à celles de l'alphabet phénicien.

CHAPITRE 1 • LA NAISSANCE DE L'AGRICULTURE ET DE L'ÉCRITURE

Je découvre

→ Comment sont organisées les premières sociétés ?

3. Les premières cités

Les archéologues ont retrouvé en Mésopotamie les vestiges des premières villes. Elles naissent entre 4 000 et 3 000 av. J.-C. Chaque ville est entourée de terres agricoles et de villages. L'ensemble forme un territoire qu'on appelle une cité. Ur, dans la vallée de l'Euphrate, est l'une des plus anciennes cités. Vers 2 100 av. J.-C., elle est dirigée par un roi puissant, Ur-Nammu. La ville était entourée d'un long et haut rempart.

Doc 1 Vestiges de la ville d'Ur (Mésopotamie), vers 2 100 av. J.-C. 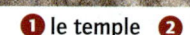 le temple 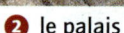 le palais

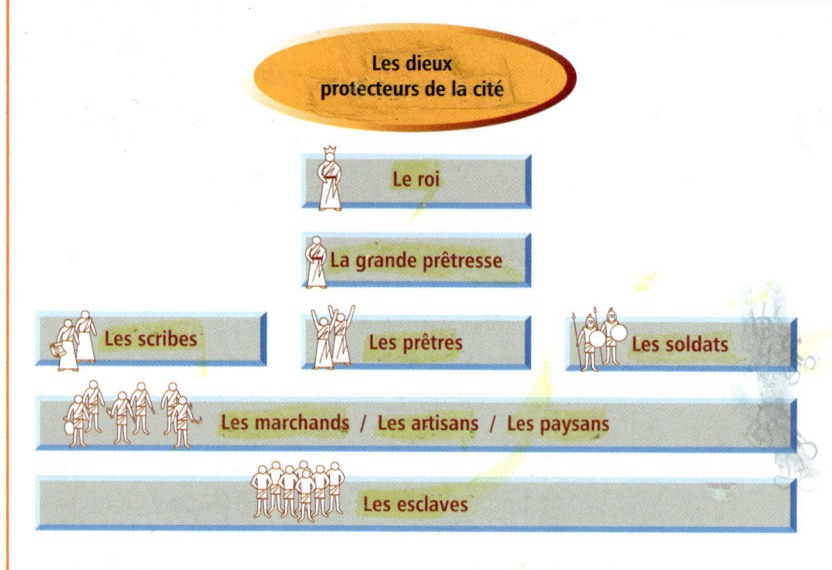

Doc 2 L'organisation de la société sumérienne d'Ur.

Doc 3 Le temple du dieu-Lune

Les habitants d'Ur adoraient plusieurs dieux, mais ils honoraient particulièrement le dieu-Lune, Nanna, et son épouse Ningal. C'est pour le culte de Nanna que le roi Ur-Nammu fit construire un grand temple de 21,30 m de haut, en briques cuites, comprenant plusieurs terrasses superposées et d'importance décroissante vers le sommet auxquelles on accédait par un escalier monumental. Ce temple à degrés établissait le lien entre les divinités du ciel et les hommes. On sait peu de choses sur le culte de Nanna sinon qu'il était dirigé par une grande prêtresse.

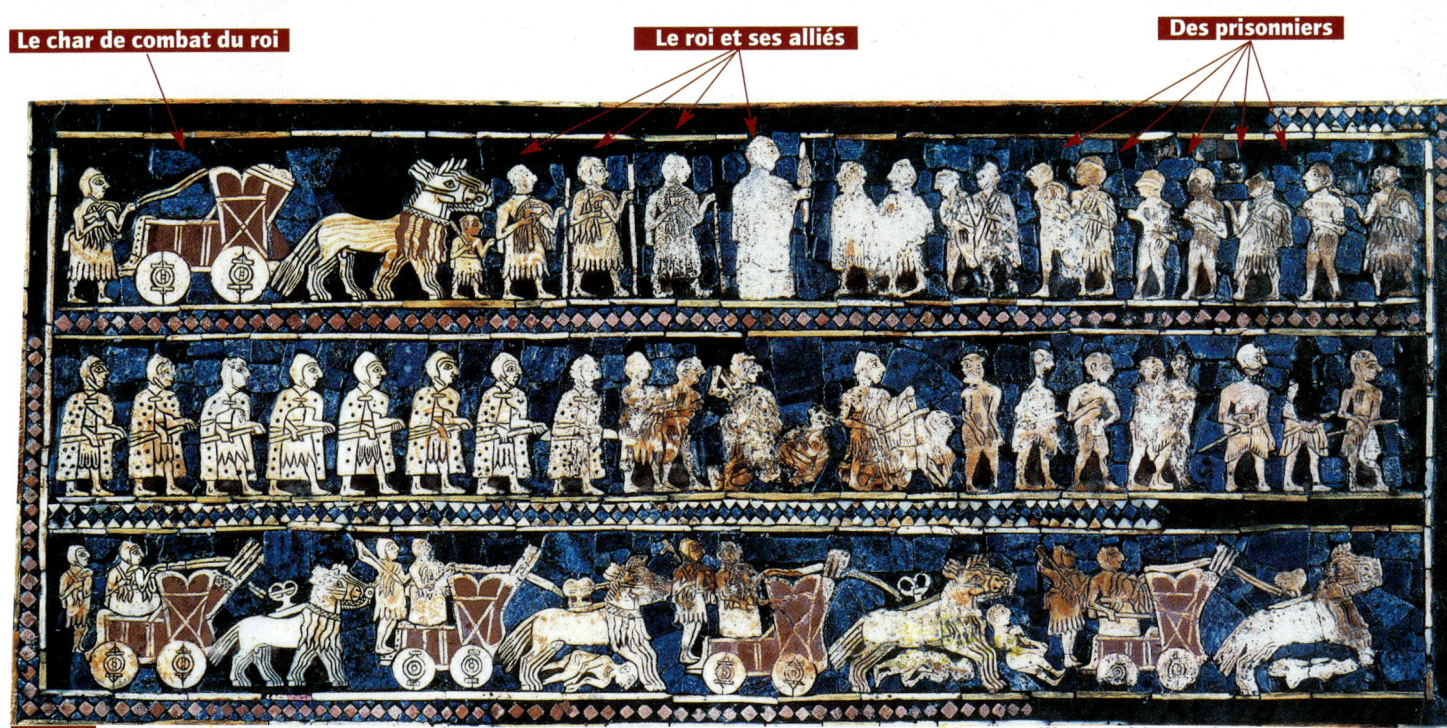

Doc 4 **L'étendard de la cité d'Ur.** Cet objet a été réalisé avec des morceaux de coquillages découpés et incrustés dans un fond de pierre de couleur. Il a été retrouvé dans les tombes du cimetière royal d'Ur. Il représente l'idée de guerre et l'idée de paix (vers 2 600 av. J.-C., British Museum, Londres).

1 **Doc 1** Où se situe la ville d'Ur ? Autour de quels monuments s'est construite la ville ? Quel monument a été mieux conservé que les autres ? Qu'est-ce qui indique la présence d'un roi à la tête de la cité ?

2 **Doc 2** Quelles sont les activités des différents groupes de la société au royaume d'Ur ? Qui sont les personnages au sommet de la société ?

3 **Doc 3** Quels renseignements nous donne le texte sur la religion des habitants d'Ur ?

4 **Doc 4** Quelle partie de l'étendard représente la guerre ? la paix ? À quoi reconnaît-on chaque fois le roi ? Comment se déroule le banquet ? Quels animaux sont représentés sur l'étendard ? Comment les soldats combattent-ils ? Comment sont exprimées la puissance et la victoire du roi d'Ur ?

Bilan : La naissance de l'agriculture et de l'écriture

CARTE REPÈRE PAGE 6

DOCUMENTS REPÈRES 2 ET 3 PAGE 10 5 PAGE 11

A La naissance des villages et de l'agriculture

1. Longtemps les hommes ont vécu de la cueillette, de la pêche et de la chasse. La population du globe ne dépassait pas quelques centaines de milliers d'habitants, qui vivaient en petits groupes **nomades**. Les hommes s'abritaient dans des grottes, dans des tentes en peaux d'animaux ou dans des cabanes de branchages.

2. À la période du **Néolithique**, le climat de la Terre se radoucit et le nombre des hommes augmente : ils sont environ dix millions vers 15 000 avant J.-C. Peu à peu, beaucoup de nomades s'établissent là où le climat leur convient le mieux : ils deviennent **sédentaires**. Vers 12 000 avant J.-C., au Proche-Orient, les hommes construisent des **villages**, avec des maisons de plus en plus solides.

3. Vers 9 000 avant J.-C., dans le **Croissant fertile**, les hommes récoltent des **céréales** sauvages autour des villages, tout en continuant à chasser et à pêcher. Vers 8 000 avant J.-C., ils commencent à cultiver ces céréales et à domestiquer des animaux : ils pratiquent désormais l'**agriculture** et l'**élevage**.

4. Pour cultiver, ils créent de nouveaux outils, en bois et en **pierre polie**, comme la houe qui retourne la terre et la faucille qui permet de moissonner. Pour cuire et conserver les aliments, ils fabriquent des **poteries**. Ils apprennent aussi à **tisser** des vêtements et à fabriquer des objets en **bronze**.

B L'invention de l'écriture

1. Vers 3 500 avant J.-C., l'**écriture** naît en Mésopotamie. Elle est d'abord utilisée par les marchands qui dessinent sur une tablette d'argile des **pictogrammes**, pour compter ou mémoriser des objets. Vers 3 000 avant J.-C., les pictogrammes commencent à être remplacés par l'**écriture cunéiforme** dont les signes sont plus faciles et plus rapides à tracer. À la même époque, les Égyptiens inventent les **hiéroglyphes**. L'écriture et la lecture sont des activités réservées à des spécialistes : les **scribes**.

2. Vers 1 500 avant J.-C., les **Phéniciens** mettent au point l'**alphabet** qui comprend un nombre limité de signes pour écrire des mots. Ils le diffusent ensuite aux **Hébreux** et aux **Grecs** qui le transmettent à leur tour aux **Latins**.

3. Avec l'écriture les hommes laissent des textes qui peuvent nous informer sur leur passé : c'est la fin de la préhistoire et le début de l'**Histoire**.

C Les premières sociétés de l'Histoire

1. Dans les villages, les hommes se partagent de plus en plus les activités. Certains se spécialisent dans l'agriculture, d'autres dans l'**artisanat**. Le **troc** permet d'échanger les produits.

2. Vers 3 500 avant J.-C., naissent les premières **villes** qui s'organisent autour d'un **temple** et d'un **palais**. L'une des plus anciennes est celle d'Ur, en Mésopotamie. Dans les villes, la société est divisée en groupes plus nombreux que dans les villages : marchands, artisans, paysans, soldats, prêtres et esclaves.

3. Des villes et leur territoire alentour forment peu à peu des **royaumes** dirigés par un roi. Il doit faire régner la justice parmi ses sujets, selon la volonté des dieux. Dans cette tâche, il est assisté par des **prêtres** qui servent les dieux dans des temples. C'est le roi qui décide de la paix ou de la guerre avec les autres royaumes.

Vocabulaire

Néolithique
Dernière période de la Préhistoire ; époque de la pierre nouvelle, c'est-à-dire polie, et de la naissance de l'agriculture.

nomade
Personne qui n'a pas une habitation fixe et qui se déplace souvent.

sédentaire
Personne qui a une habitation fixe et qui se déplace peu.

agriculture
Activités du travail de la terre pour produire des plantes utiles.

écriture
Un ensemble de signes dessinés ou gravés.

pictogramme
Dessin qui représente un objet, un personnage, une action ou une idée.

écriture cunéiforme
Écriture dont les signes sont en forme de clous.

hiéroglyphes
Écriture de l'Égypte antique.

scribe
Spécialiste de l'écriture dans l'Antiquité.

alphabet
Ensemble de lettres qui servent à écrire des mots.

Histoire
Période de la vie des hommes depuis l'invention de l'écriture.

artisanat
Activité de fabrication des objets.

troc
Échange d'un produit contre un autre.

temple
Bâtiment construit par les hommes pour honorer les dieux.

Personnages

L'AGRICULTEUR

Il laboure la terre, sème des graines (blé, orge), surveille leur croissance jusqu'à la moisson.

LE SCRIBE

Pour écrire, il doit être un bon dessinateur et connaître beaucoup de signes. Être scribe est un véritable métier.

LE ROI

Il dirige une cité-royaume. Il habite un palais, la « grande maison », situé au cœur de la ville. Il étend son territoire par la guerre.

Dates

Vers 12 000 avant J.-C. : les hommes deviennent sédentaires ; naissance des premiers villages

Vers 8 000 avant J.-C. : naissance de l'agriculture

Vers 3 500 avant J.-C. : invention de l'écriture

Vers 1 500 avant J.-C. : invention de l'alphabet

Retenir autrement

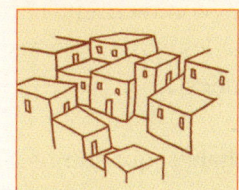
À la fin de la Préhistoire, les hommes deviennent sédentaires et se groupent dans des villages.

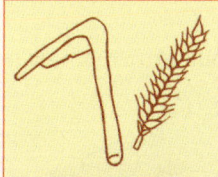
Vers 8 000 avant J.-C., l'agriculture naît dans le Croissant fertile.

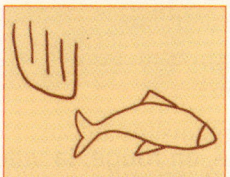
Vers 3 500 avant J.-C., les hommes inventent l'écriture, puis la perfectionnent. Ils entrent dans l'Histoire.

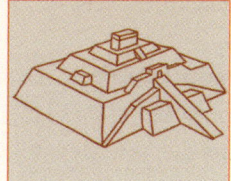
Les hommes s'organisent en sociétés et fondent les premiers royaumes.

→ Exercices

1. Se repérer dans le temps

1. Qu'est-ce qu'un millénaire ?
2. Calcule le nombre de millénaires qui s'écoulent entre l'apparition de l'agriculture et celle de l'écriture.
3. À quels millénaires appartiennent les années suivantes : 9 430, 7 997, 3 524 ?

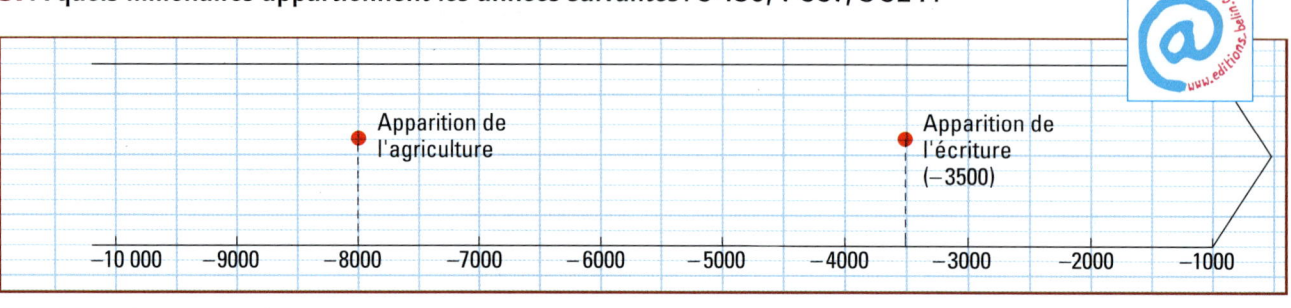

2. Se repérer dans le Croissant fertile

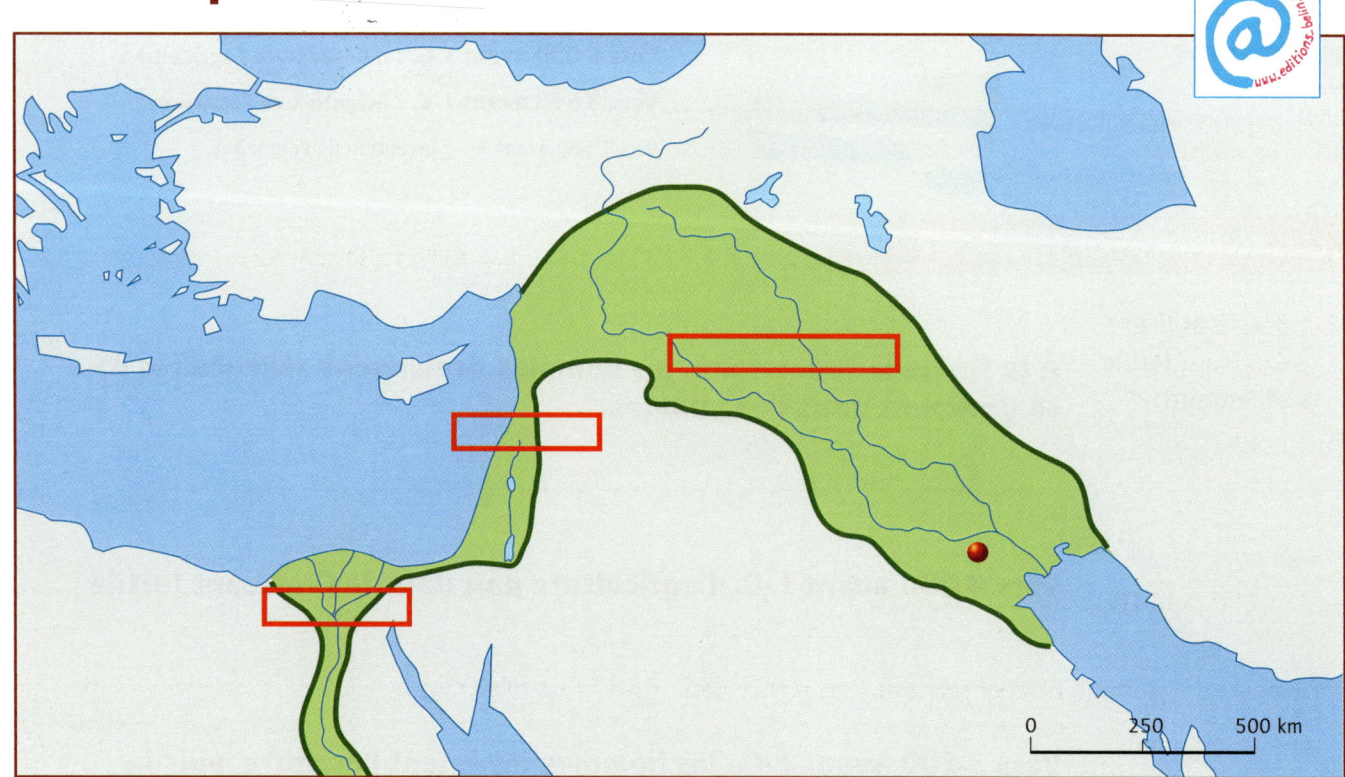

- Inscris en bleu le nom des mers et des fleuves, en noir les régions du Croissant fertile, en rouge, la ville.

  Mots à placer :

  ❑ Mer Méditerranée   ❑ Tigre   ❑ Phénicie   ❑ Égypte
  ❑ Golfe Persique   ❑ Euphrate   ❑ Mésopotamie   ❑ Ur
  ❑ Jourdain   ❑ Nil

3. Situer l'apparition des premières écritures

• Recopie et complète le tableau ci-dessous en classant les écritures de la plus ancienne à la plus récente.

Numéro	Nom de l'écriture	Lieu d'origine	Support (tablette d'argile, pierre, papyrus)

4. Rédiger des phrases sur la naissance de l'agriculture

• Mots à utiliser :
- ❑ Croissant fertile
- ❑ sédentaire
- ❑ villages
- ❑ céréales
- ❑ animaux domestiques
- ❑ céramique

5. Dessiner des objets

• Dessine et nomme trois objets qui font partie de la révolution néolithique.

6. Rechercher

• À l'aide du document n° 6, page 11, écris ton nom en caractères grecs.

→ Pour chercher plus d'information sur les premières écritures :
http://www.bnf.fr/web-bnf/pedagos/dossiecr/index.htm

chapitre 2
L'Égypte : le Pharaon

▶ **Comment vivent les Égyptiens au temps des Pharaons ?**

Doc 1 Pharaon est conduit devant Osiris, dieu du Royaume des Morts, par Horus, dieu des Vivants. Derrière Osiris, Isis, déesse de la Guérison et de la Magie, relevé d'une peinture murale datant de 1 300 av. J.-C.

es dieux, les hommes

Doc 2 L'Égypte et la vallée du Nil.

Je découvre

 Pourquoi le Nil a-t-il tant d'importance pour les Égyptiens ?

1. L'Égypte et le Nil

L'Égypte est un territoire extraordinaire : pays désertique, il est traversé par un grand fleuve, le Nil. Celui-ci vient des régions pluvieuses au Sud du Sahara et se jette dans la mer Méditerranée par un vaste delta. Les Égyptiens ont su tirer parti de ce fleuve et l'utilisent de différentes façons.

Doc 1 La vallée du Nil.

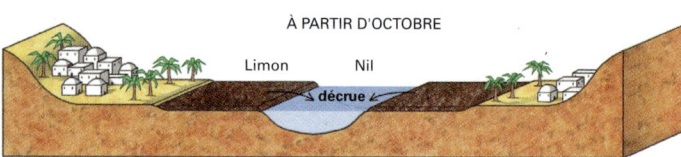
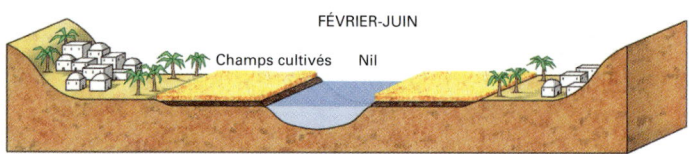

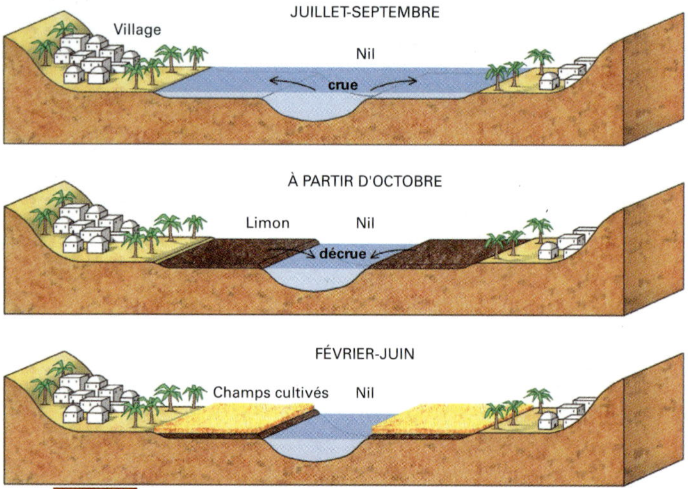

Doc 2 Les hautes et basses eaux du Nil.

Doc 3 Hâpy, la crue du Nil

Salut à toi, ô Crue du fleuve !
Toi qui jaillis de la terre et qui viens faire vivre l'Égypte.
Toi qui inondes les prairies créées par Rê pour faire vivre le bétail.
Toi qui produis l'orge et fais pousser le blé.
Toi qui approvisionnes richement les temples.
Si le Nil est paresseux, tout le monde s'appauvrit.
Si ses eaux montent, le pays est en joie.

D'après le *Grand Hymne au Nil*, vers 2 200 avant J.-C.

Doc 4 **Le labour**, maquette de tombe en bois peint, longueur 37 cm, vers 2 000 av. J.-C.

Doc 5 **Pêche et chasse dans les marais du delta du Nil**, peinture de la tombe de Menna, 15ᵉ siècle av. J.-C.

Doc 6 **Bateaux sur le Nil**, relevé d'une peinture dans un tombeau.

1 **Doc 1** Identifie les trois éléments du paysage.

2 **Doc 2 et 3** À quel mois la crue du Nil débute-t-elle ? Quand commence la décrue ? À quel moment cultive-t-on les terres ? Qui est Hâpy ? En t'aidant du doc 2, relève les avantages de la crue du Nil.

3 **Doc 4** Quelle est l'activité de ce paysan ? Quel instrument utilise-t-il et comment ?

4 **Doc 5** Où se situe la scène représentée ? Que font les différents personnages ?

5 **Doc 6** Que transportent les bateaux ? Où sont-ils ?

6. Rédige deux ou trois phrases expliquant comment les Égyptiens utilisent le Nil

CHAPITRE 2 • L'ÉGYPTE : LE PHARAON, LES DIEUX, LES HOMMES

Je découvre

  Comment travaillent les Égyptiens ?

2. Un peuple de paysans et d'artisans

L'écrasante majorité des Égyptiens sont des paysans. Grâce à leur dur travail, l'Égypte est considérée par ses voisins comme un pays d'abondance. Les artisans égyptiens sont aussi réputés pour leur habileté.

Doc 1 Les travaux des champs, peinture de la tombe d'Onsou, Thèbes, vers 1 400 av. J.-C. (musée du Louvre, Paris).

❶ houe
❷ araire
❸ faucille

Doc 2 Le chadouf, un instrument d'irrigation. L'eau prélevée est déversée dans des petits canaux qui traversent les champs. Peinture de la tombe d'Ipouy, à Deir el-Medineh, vers 1 250 av. J.-C. (musée du Louvre, Paris).

Doc 3 La vie du paysan

Les vers ont mangé une moitié des grains, l'hippopotame a dévoré l'autre moitié. Il y a beaucoup de souris dans les champs, la sauterelle s'y abat aussi ; le bétail dévore, les oiseaux pillent. Et voici que le scribe arrive et veut faire rentrer la récolte ; les agents portent des bâtons, il disent au paysan : « Donne-nous du grain ! » S'il n'y en a pas, ils le frappent, le ligotent et le jettent au canal. Sa femme et ses enfants sont aussi ligotés. Ses voisins courent mettre leur grain en sûreté.

D'après la *Satire des métiers*, vers 2 100 av. J.-C.

Doc 4 Des artisans travaillant le bois et le métal, peinture de la tombe de Reckhmirê, Thèbes, vers 1 400 av. J.-C.

1 **Doc 1** Cette image se lit de gauche à droite et de bas en haut. Reporte dans un tableau en deux colonnes les informations tirées du doc :

Les travaux agricoles dans l'ordre de réalisation	Les outils et les animaux utilisés
……	……

2 **Doc 2** Décris le chadouf. Dans quoi le paysan plonge-t-il le récipient ? Que fait-il ensuite ? À quel moment de l'année doit-il irriguer ses champs (voir doc 2, p. 20) ?

3 **Doc 3** Pourquoi la vie du paysan égyptien est-elle difficile, selon le texte ?

4 **Doc 4** Décris les différentes activités de ces artisans. Quels objets fabriquent-ils ?

5. Rédige deux ou trois phrases sur le travail des paysans égyptiens.

Je découvre

  Comment est gouvernée l'Égypte ?

3. Pharaon, maître de l'Égypte

Pharaon est considéré comme un dieu parmi les hommes. Il dirige l'Égypte en maître tout-puissant. Il doit maintenir l'ordre, la justice et protéger son peuple. Il est aidé dans sa tâche par une administration nombreuse.

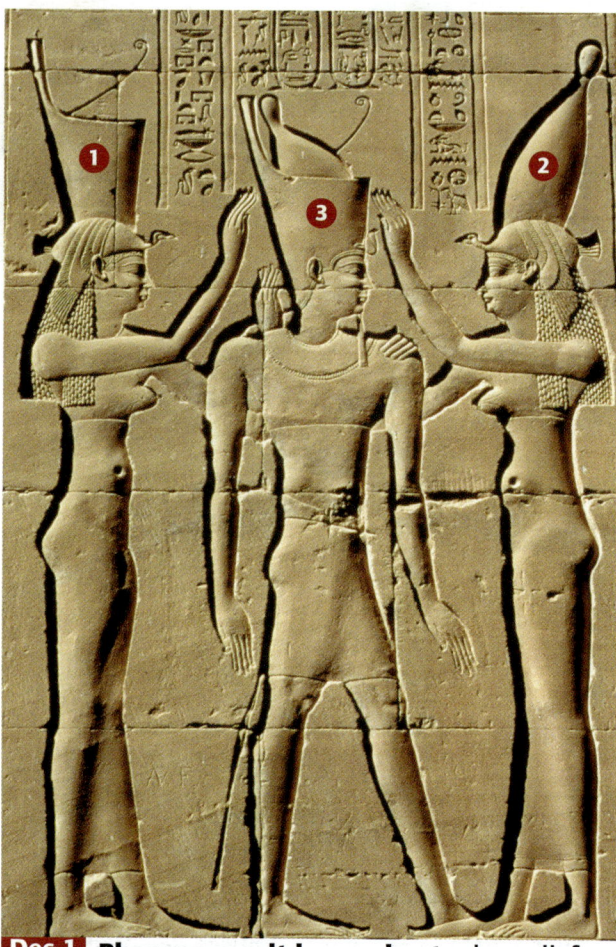

Doc 1 **Pharaon reçoit le «pschent»**, bas-relief du temple d'Edfou, 2e millénaire av. J.-C.

❶ couronne de la Basse-Égypte
❷ couronne de la Haute-Égypte
❸ pschent

Doc 2 **Le Pharaon Toutankhamon**, sarcophage en or et pierres précieuses vers 1 350 av. J.-C. (musée du Caire).

❶ coiffure royale
❷ cobra dressé (symbole de protection contre les ennemis)
❸ fausse barbe (symbole d'éternité)
❹ sceptre
❺ fouet

Doc 3 **Sinouhé est reçu par Pharaon**

Quand la terre s'éclaira, dès la pointe du jour, on vint m'appeler. Dix hommes vinrent et dix hommes allèrent, me conduisant au palais. Je touchai du front le sol ; les enfants royaux se tenaient à la porte d'entrée, me faisant accueil. Je trouvai Sa Majesté sur un trône d'or placé dans une niche. Tandis que j'étais étendu sur mon ventre, je perdis connaissance en sa présence. Ce dieu cependant s'adressa à moi amicalement, mais j'étais comme un homme qui se trouve pris dans la nuit tombante. Mon âme défaillait, mes membres se dérobaient. Mon cœur n'était plus dans ma poitrine et je ne distinguais plus la vie de la mort. Alors Sa Majesté dit à un de ses amis : « Relève-le, qu'il puisse me parler. »

D'après « l'Histoire de Sinouhé », papyrus égyptien traduit par Gustave Lefebvre, *Romans et contes égyptiens de l'époque Pharaonique*, Librairie d'Amérique et d'Orient, 1982.

Doc 4 **Le Pharaon Toutankhamon combattant les Nubiens,** décor peint sur un coffret de bois de la tombe de Toutankhamon, vers 1 350 av. J.-C. (musée du Caire).

Doc 5 **L'activité des scribes**

Partout les scribes sont présents. Ils perçoivent les impôts, contrôlent les armées et la justice, tiennent les comptes. Ils mesurent les champs pour estimer la récolte. Ils passent le bétail en revue. Ils calculent les parts de grains qui reviennent à Pharaon, aux temples, aux paysans. Ils écrivent et administrent en même temps.

D'après A. Erman et H. Ranke, *La civilisation égyptienne*, Payot, 1994.

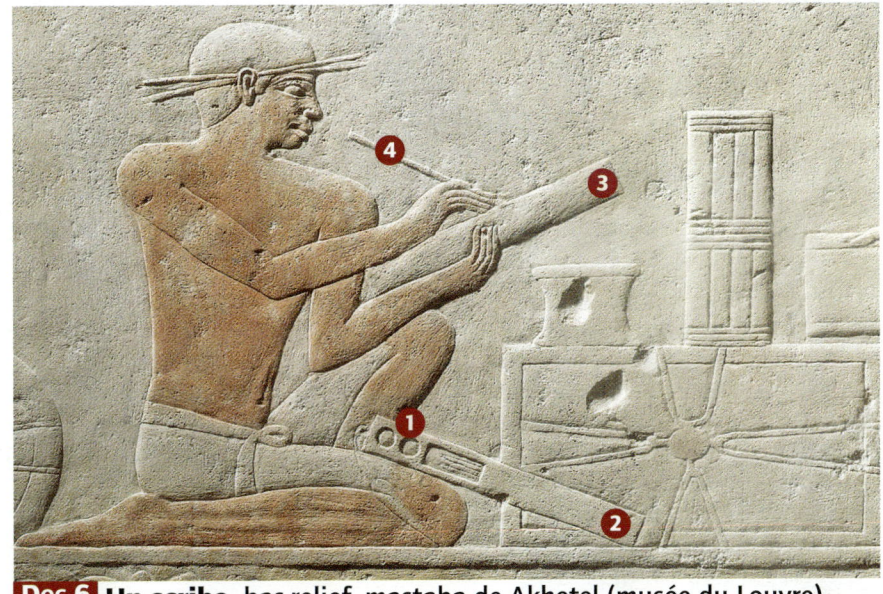

Doc 6 **Un scribe,** bas-relief, mastaba de Akhetel (musée du Louvre).

❶ encriers, noir et rouge ❷ palette ❸ papyrus sur tablette ❹ roseau taillé

1 **Doc 1** De quoi se compose le « pschent » de Pharaon ? Repère sur la carte page 19 les deux grandes régions de l'Égypte. Quelle est la signification de cette couronne ?

2 **Doc 2** Quel vestige de la civilisation égyptienne est représenté ? Quels sont les insignes du pouvoir de Pharaon ? Quelle est la signification du sceptre ? du fouet ?

3 **Doc 3** Qui raconte la scène ? Relève les deux noms donnés à Pharaon par Sinouhé ? Décris la position de Pharaon et celle de Sinouhé ? Qu'arrive-t-il à Sinouhé et pourquoi ?

4 **Doc 4** Quelle activité de Pharaon est représentée ? Comment combat-il ? Contre qui ? À l'aide de la carte page 19, localise la Nubie. Comment l'image exprime-t-elle la victoire de Pharaon ?

5 **Doc 5 et 6** Quel est le rôle des scribes en Égypte ? Quels sont leurs instruments de travail ? Que doivent-ils connaître parfaitement pour exercer ce métier ?

6. Rédige quelques phrases pour expliquer qui est Pharaon et quels sont ses pouvoirs en Égypte.

Je découvre

Quelle est la place de la religion dans la vie des Égyptiens ?

4. Les croyances des Égyptiens

Les Égyptiens croient en de très nombreux dieux, parfois bien étranges, qui doivent protéger les hommes et l'Égypte. Ils croient aussi en une vie après la mort. C'est pourquoi ils accordent beaucoup d'importance à la conservation du corps des défunts.

Doc 1 Le dieu Rê navigue sur sa barque entre le Ciel (Nout) et la Terre (Geb), papyrus de Nespakachouty, vers 1 000 av. J.-C. (musée du Louvre).

Doc 2 Le dieu Amon-Rê, dieu-Soleil et roi des dieux, statue de bronze, vers 1 000 av. J.-C. (musée du Louvre).

Doc 3 Sebeck, le dieu crocodile, dieux des Eaux, bas-relief, vers 3 300 av. J.-C. (temple de Sebeck, Kom Ombo).

Doc 4 **Embaumer les morts**

D'abord, à l'aide d'un fer recourbé, les embaumeurs extraient le cerveau par les narines. […] Ensuite avec une pierre tranchante, ils font une incision le long du flanc et retirent les intestins qu'ils nettoient, ils purifient l'abdomen avec du vin de dattier et des aromates broyées. Puis ils remplissent le ventre de résine aromatique broyée, de cannelle et d'autres aromates, et le recousent. Cela fait, ils recouvrent le corps de sel de soude durant soixante-dix jours. Quand ce temps est écoulé, ils lavent le corps et l'enveloppent de bandes découpées dans un tissu de lin très fin, avec une couche de gomme. Les parents en prennent alors livraison et font faire un coffre de bois de forme humaine dans lequel ils le déposent.

D'après Hérodote, *Histoires*, 5e siècle av. J.-C.

Doc 5 **Opet, la déesse hippopotame (divinité de la maternité) et le dieu scarabée (divinité du cœur),** pendentif royal incrusté de pierres précieuses et de pâtes de verre colorées, 2e millénaire av. J.-C. (musée du Louvre).

 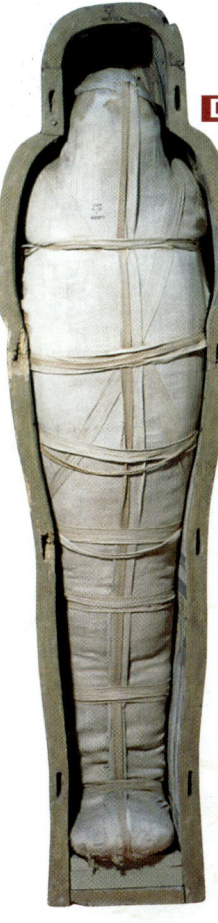

Doc 6 **Le sarcophage et la momie d'une prêtresse égyptienne,** vers 1 000 av. J.-C. (British Museum).

Doc 7 **La momie du Pharaon Ramsès II,** mort en 1 235 av. J.-C. (musée du Caire).

1 **Doc 1** Comment les Égyptiens se représentent-ils le Monde ? Comment est figurée Nout ? Pourquoi ?

2. Recopie et complète le tableau suivant à l'aide des documents de l'ensemble du chapitre :

Nom du dieu	Fonction du dieu	N° du document et page
Amon-Rê	dieu du Soleil, roi des dieux	**Doc 2**, page 26
....	....	....

3. Les dieux égyptiens ont-ils tous la même apparence ?

4 **Doc 4 et 6** Quelles sont les étapes de la préparation de la momie ? Par quels moyens sont conservés les corps ? Décris le sarcophage.

5 **Doc 7** Quel personnage a été momifié ? Quel âge a cette momie aujourd'hui ? Comment expliquer son bon état de conservation ?

Patrimoine

→ **Comment les Égyptiens honorent-ils leurs dieux ?**

5. Le temple de Louqsor

Le temple de Louqsor est la demeure du dieu-Soleil, Amon-Rê. Il a été construit sous le règne du Pharaon Aménophis III, vers 1 400 av. J.-C., et embelli par Ramsès II, vers 1 260 av. J.-C. Les prêtres assurent le service quotidien du dieu : ils habillent sa statue, lui font des offrandes. Une fois par an a lieu la grande fête du dieu. Placée sur une barque, sa statue est promenée sur le Nil, entre le temple de Louqsor et celui de Karnak.

Doc 1 Le grand prêtre présente son offrande au dieu, tombe de Ramsès IX, Vallée des Rois.

Doc 2 La fête d'Amon

Des marchands ambulants se sont installés contre l'immense pylône du temple. Ils offrent aux passants des pastèques, des grenades et des raisins, des volailles prêtes pour la cuisson ou déjà cuites, des pains.
Pendant ce temps, des porteurs chargent la statue d'Amon dans une barque qu'ils posent sur leurs épaules.
Arrivés au bord du Nil, ils placent la barque sur un immense navire, richement décoré avec de l'or, de l'argent et des pierres précieuses. La foule regarde le bateau sacré s'éloigner lentement, en chantant, en battant des mains, en jouant du tambourin.

D'après P. Montet, *L'Égypte au temps des Ramsès*, Hachette, 1946, 1995.

Doc 3 Le temple de Louqsor aujourd'hui.

❶ Nil
❷ mur d'enceinte (260 m de long)
❸ allée des sphinx (vers Karnak)
❹ pylône, porte monumentale
❺ obélisque
❻ grande cour d'entrée
❼ grande colonnade centrale
❽ cour solaire
❾ sanctuaire qui abrite la statue du dieu (seuls les prêtres y ont accès pour la parfumer avec de l'encens et lui faire des offrandes)
❿ greniers
⓫ logements des prêtres
⓬ lac sacré
⓭ barque sacrée

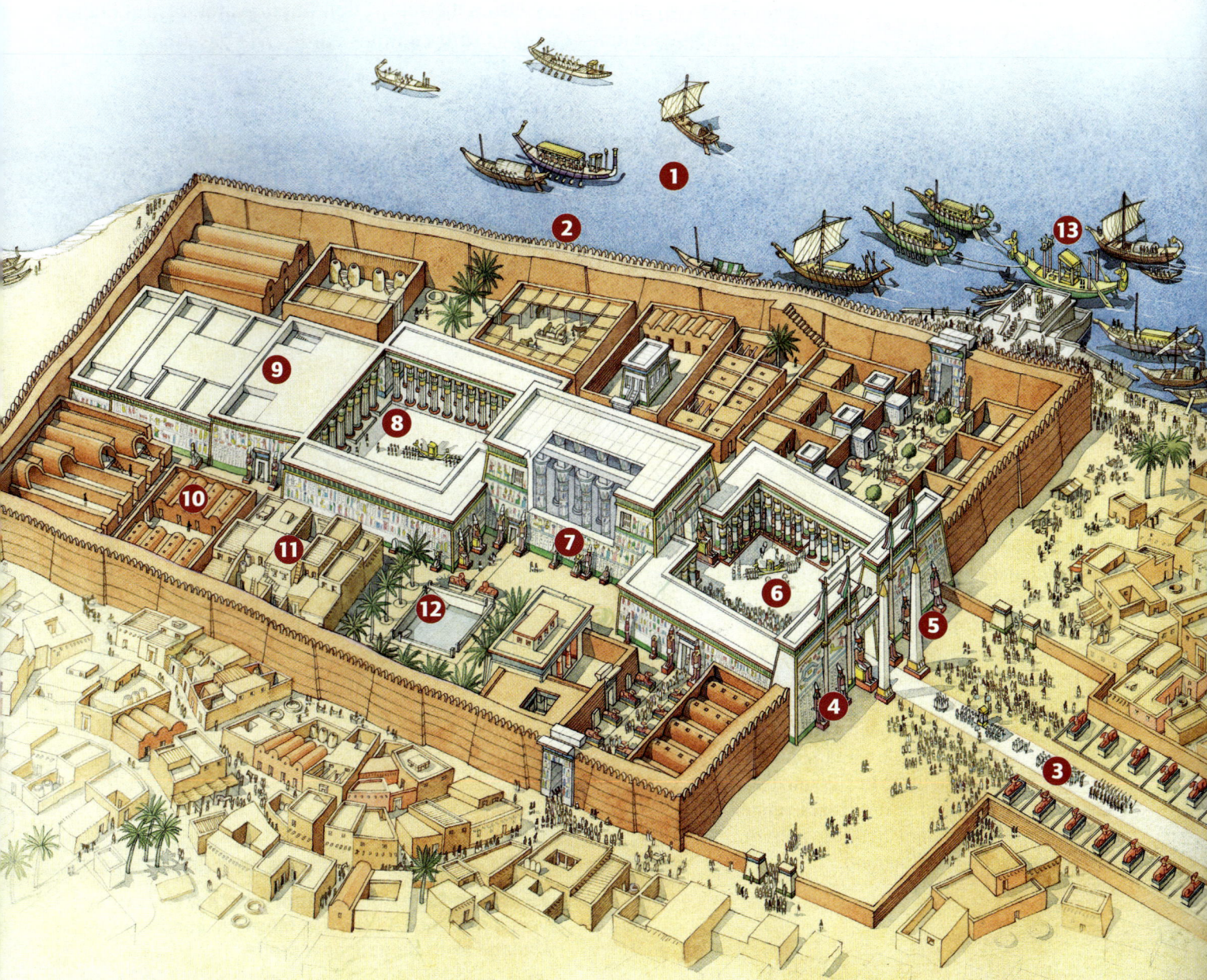

Doc 4 Reconstitution du temple de Louqsor.

1 *Doc 1* Localise Louqsor en Égypte (carte page 19). Quel dieu y est honoré ?

2 *Doc 3 et 4* Quelles parties du temple reconnaît-on sur la photo ? Pour quelle raison le temple était-il entouré d'un mur d'enceinte ? Décris l'entrée du temple en citant les différents éléments d'architecture. Quelles sont les parties du temple à ciel ouvert ? Où se situe le sanctuaire du dieu par rapport à l'entrée ?

3 *Doc 1 et 4* Quelles personnes ont le privilège de rentrer dans le sanctuaire ? Pour quelle raison ? Où logent ces personnes ? De quoi vivent-elles ?

4 *Doc 2* Quand la population peut-elle voir la statue du dieu ? Que se passe-t-il d'important ce jour-là ?

Patrimoine

 Comment les Égyptiens imaginent-ils la mort ?

6. La légende d'Osiris

La légende d'Osiris est connue de tous les Égyptiens. Elle leur donne l'espoir d'une vie après la mort. Selon eux, quand un homme meurt, l'âme se sépare de son corps et ne le retrouve, bien conservé grâce à l'embaumement, qu'après avoir été jugée par Osiris. Le défunt doit aussi réciter devant le dieu des formules magiques qui nous sont connues par le *Livre des Morts*.

Doc 1 Récit de la légende

Des poèmes égyptiens racontent que Geb, dieu de la Terre, et Nout, déesse du Ciel, eurent quatre enfants : Osiris, Seth, Isis et Nephtys. Osiris et Isis s'unirent et eurent un fils, Horus. Devenu Pharaon, Osiris fit connaître aux Égyptiens l'agriculture et l'art de la construction, leur donna des lois et leur apprit à honorer les dieux. Jaloux de l'amour que les Égyptiens portaient à Osiris, Seth complota contre son frère pour s'emparer du trône. Il fit fabriquer un coffre dans lequel, par ruse, il fit rentrer Osiris, l'y enferma et le jeta dans le Nil. Isis chercha pendant longtemps le corps de son frère et époux. L'ayant retrouvé, elle le cacha dans les marais du delta du Nil. Mais Seth le découvrit ; il découpa alors le corps d'Osiris en quatorze morceaux qu'il dispersa à travers toute l'Égypte. Isis partit à la recherche des morceaux et parvint à reconstituer le corps, qu'elle entoura de bandelettes, avec l'aide d'Anubis. Elle rendit la vie à son mari, puis le conduisit dans le royaume des morts dont il devint le roi. Horus vengea son père en chassant Seth du pouvoir. Il devint à son tour Pharaon.

Doc 3 Le jugement du mort, le *Livre des Morts*, vers 1 400 av. J.-C. (British Museum, Londres). L'image se lit de gauche à droite.

❶ le mort
❷ Anubis, dieu de la momification
❸ le cœur du mort, siège de l'âme, placé dans un pot
❹ Seth, le « Grand dévoreur »
❺ la plume de Maât
❻ Thot, dieu des scribes
❼ Horus
❽ Osiris
❾ Isis

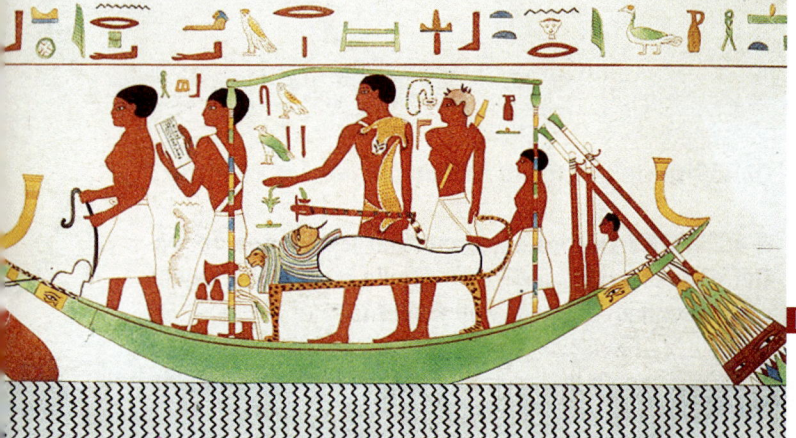

Doc 2 Une barque funéraire, relevé d'une peinture dans un tombeau. La momie traverse le fleuve de l'Au-delà.

Doc 4 **Prière à Osiris**

Salut à toi, grand dieu ! Je suis venu vers toi, ô mon maître, pour voir ta perfection.
Je n'ai pas commis d'injustice envers les hommes, je n'ai pas maltraité les gens.
Je n'ai pas fait de mal. Je n'ai pas appauvri un homme de ses biens. Je n'ai pas affamé. Je n'ai pas fait de la peine. Je n'ai pas tué. Je n'ai pas ordonné de tuer.
Je n'ai pas volé les aliments offerts aux dieux dans les temples. Je n'ai pas faussé les balances.
Je n'ai pas ôté le lait de la bouche des petits enfants.
Je n'ai pas retenu l'eau au moment de l'inondation.
Je suis pur ! Je suis pur !

D'après le *Livre des morts*, traduit par P. Barguet, Le Cerf, 1967.

1 **Doc 1** Qu'est-il arrivé à Osiris ? Qui vient à deux reprises à son secours ?

2 **Doc 2** Comment le mort arrive-t-il dans l'Au-delà, selon les Égyptiens ?

3 **Doc 3** Combien de fois le mort est-il représenté ? Que fait-il en haut à gauche ? Que se passe-t-il si le cœur du mort est plus lourd que la plume (il a commis trop de fautes durant sa vie) ? S'il est plus léger que la plume (il a fait le bien) ?

4 **Doc 3** À partir des différentes scènes de l'image, raconte en quelques phrases comment se déroule le jugement du mort au tribunal d'Osiris et quels dieux y participent.

5 **Doc 4** Quelles mauvaises actions un homme ne doit-il pas commettre à l'égard des autres hommes ? à l'égard des dieux ? À quoi est-il fait allusion dans la phrase : *«Je n'ai pas retenu l'eau au moment de l'inondation ?»* Pourquoi retenir l'eau est considéré comme une faute grave ?

Patrimoine

➡ Pourquoi a-t-on appelé les pyramides les « demeures d'éternité » ?

7. Les pyramides de Gizeh

Les pyramides sont les tombeaux monumentaux des Pharaons. Elles doivent protéger le corps momifié du souverain, lui permettre d'accéder à l'Au-delà et de rejoindre le Soleil. Vers 2 600 av. J.-C., les pharaons Khéops, Képhren et Mykérinos ont fait construire trois pyramides à Gizeh, près de l'ancienne capitale Memphis. Ce sont les pyramides les plus connues.

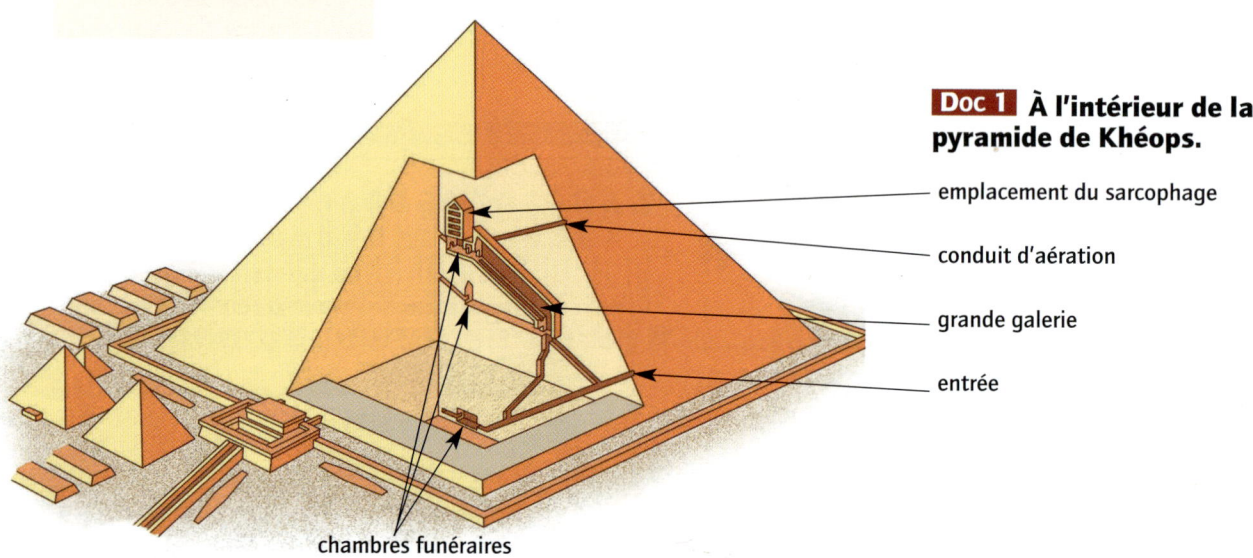

Doc 1 À l'intérieur de la pyramide de Khéops.
- emplacement du sarcophage
- conduit d'aération
- grande galerie
- entrée
- chambres funéraires

Doc 2 Les pyramides de Khéops et Képhren. La pyramide de Khéops est haute de 147 m et large à la base de 230 m. ❶ Khéops ❷ Képhren ❸ Temple funéraire haut pour les offrandes ❹ Sphinx ❺ Temple funéraire bas

Doc 3 Un énorme chantier

Les prêtres m'ont dit que Khéops obligea tous les Égyptiens à travailler pour lui. Les uns devaient fouiller les carrières des monts d'Arabie, traîner de là jusqu'au Nil les pierres qu'on en tirait, puis faire passer ces pierres sur des bateaux de l'autre côté du fleuve. Le travail était accompli par cent mille hommes qui se renouvelaient tous les trois mois. Il fallut dix ans rien que pour contruire la chaussée par où on devait traîner les blocs de pierres. La pyramide elle-même coûta au peuple égyptien vingt années de travail.

D'après Hérodote, *Histoires*, 5ᵉ siècle av. J.-C.

Doc 4 Chambre funéraire dans la pyramide de Khéops.

Doc 5 Le mystère de la construction

« Depuis plus d'un siècle, de nombreuses théories ont été émises sur la construction des pyramides. Malheureusement, nous n'avons aucune certitude sur les techniques employées, fautes de sources et de documents. [...] De nombreux égyptologues, à la suite de Diodore de Sicile [...] pensent qu'un système de rampes, construites progressivement, à mesure que la pyramide s'élevait, était utilisé pour apporter les blocs. Aucune trace de rampes n'est connue. Hérodote pensait que les Égyptiens employaient des machines de levage. Pour l'architecte P. Crozat [...] les blocs sont soulevés d'une seule assise par un engin de levage simple à balancier (type chadouf). »

Toutankhamon magazine, avril-mai 2003.

---

1 Doc 1 Localise à l'aide de la carte p. 19 le site de Gizeh.

2 Doc 2 Décris et compare les pyramides visibles sur la photographie. À quoi servait le temple funéraire haut ? Décris le paysage alentour.

3 Doc 1 et 4 Où est placé le sarcophage de Pharaon dans la pyramide ? Comment y accédait-on ?

4 Doc 3 Combien de siècles se sont écoulés entre la construction de la pyramide de Khéops et le récit d'Hérodote ? D'où viennent les pierres pour la construction du tombeau ? Relève les phrases du texte montrant que la construction de la pyramide fut un « énorme chantier ».

5 Doc 5 Quelles sont les deux théories cherchant à expliquer comment était construite une pyramide ?

6. Imagine un dialogue entre Khéops et son architecte : il lui annonce qu'il veut faire construire son futur tombeau.

CHAPITRE 2 • L'ÉGYPTE : LE PHARAON, LES DIEUX, LES HOMMES

Bilan

L'Égypte : le Pharaon, les dieux, les hommes

CARTE REPÈRE PAGE 19

A L'Égypte : le pays du Nil, une société de paysans

1. L'Égypte est un désert chaud et aride, mais elle est traversée par un long fleuve, le **Nil**. Avant de se jeter dans la mer Méditerranée, le Nil se divise en plusieurs bras et forme un delta marécageux.

2. Alimenté à sa source par d'abondantes pluies équatoriales, le fleuve inonde tous les ans sa vallée pendant quatre mois : c'est la crue du Nil durant laquelle se dépose du limon qui fertilise les champs.

3. Les Égyptiens considèrent le **Nil comme un dieu** car ses bienfaits sont multiples. Il rend possible l'agriculture. Il est une voie de communication. Son delta est riche en poissons, en gibier d'eau et en **papyrus.**

4. Les **paysans** constituent l'immense majorité de la population. Ils ont appris a tirer profit de la crue du Nil et savent pratiquer l'irrigation. Ils cultivent des **céréales** (blé, orge) mais aussi des légumes et du lin pour fabriquer des vêtements. Ils doivent verser au Pharaon et aux prêtres de lourds impôts et accomplir pour eux des corvées. Les **artisans** travaillent à leur compte ou dans les ateliers du Pharaon et des temples.

B Pharaon, maître de l'Égypte

1. L'Égypte est gouvernée par un roi, le Pharaon, considéré comme le **fils du dieu Amon-Rê** et **dieu lui-même**. Lors des cérémonies, le Pharaon porte les insignes de son pouvoir absolu : la **couronne de la Haute et de la Basse Égypte**, le fouet et le sceptre. Il est le chef des prêtres et de l'armée. Il doit maintenir l'ordre et la justice voulus par les dieux, et protéger l'Égypte contre ses ennemis.

2. Il est aidé par une **administration** que dirige un grand ministre, le vizir. Les fonctionnaires font exécuter les décisions du Pharaon et rendent la justice en son nom. Ils veillent à l'entretien des digues et des canaux, et organisent les grands chantiers de construction. Les **scribes** perçoivent pour le Pharaon les **impôts sur les récoltes** et font stocker les céréales dans ses greniers.

C Les croyances des Égyptiens

DOCUMENTS REPÈRES
PAGES 28-29
PAGES 30-31
PAGES 32-33

1. Les Égyptiens croient en de **nombreux dieux** : ils sont polythéistes. Ils représentent les dieux sous une forme humaine ou animale ou encore les deux. Ils leur prêtent des aventures extraordinaires, les mythes. Les dieux accordent une protection dans tous les domaines de la vie humaine.

2. Leur culte est organisé par des prêtres dans des **temples**. Les Égyptiens font des offrandes aux dieux et récitent des prières. Ils vénèrent particulièrement **Amon-Rê**, le Soleil, et **Osiris** qui règne sur l'agriculture et le monde des morts.

3. Les Égyptiens croient à une **vie après la mort**. Mais pour que l'âme du mort accède à la vie éternelle, il faut bien conserver son corps en le transformant en une momie placée dans un sarcophage. Il faut aussi passer devant le **tribunal d'Osiris**. Les personnages des plus puissants de l'Égypte se font construire d'immenses tombeaux. Ceux des Pharaons sont les **pyramides**.

Vocabulaire

delta
Voir p. 287.

crue
Montée des eaux d'un fleuve ou d'une rivière.

limon
Boue, terre fertile déposée par un fleuve.

irrigation
Ensemble des techniques pour conduire de l'eau jusque dans un champ.

corvée
Travail gratuit dû par un paysan au Pharaon ou aux temples.

Pharaon
Roi dans l'Égypte de l'Antiquité.

sceptre
Bâton de commandement.

vizir
Premier ministre du Pharaon.

fonctionnaire
Personne qui travaille pour l'administration d'un pays.

polythéiste
Qui croit en plusieurs dieux.

mythe
Légende, récit des aventures concernant un dieu.

culte
Ensemble des rites (gestes, prières, cérémonies) destinés à honorer un dieu.

momie
Cadavre embaumé et enveloppé dans de fines bandelettes.

sarcophage
Coffre dans lequel on place une momie ; il présente souvent l'aspect d'un corps humain.

Personnages

TOUTANKHAMON
Pharaon qui régna peu de temps au milieu du 14e siècle avant J.-C. Il est connu par la découverte de son riche tombeau dans la Vallée des Rois, en 1922.

RAMSÈS II
Pharaon qui régna au 13e siècle avant J.-C. durant 67 ans. Il fit construire de grands temples. Sa momie, bien conservée, a été découverte en 1871.

OSIRIS
Dieu de l'agriculture et du royaume des morts. Il préside le tribunal qui décide du passage d'un mort à une nouvelle vie.

Dates

3e-1er millénaires avant J.-C. : civilisation égyptienne

Vers 2 600-2 500 avant J.-C. : grandes pyramides

Vers 1 500 avant J.-C. : grands temples

Retenir autrement

L'Égypte est un pays désertique. Le Nil rend possible l'agriculture grâce à sa crue et à l'irrigation.

L'Égypte est un peuple de paysans vivant au rythme du Nil qui impose le calendrier des travaux agricoles. Les paysans sont soumis à de lourds impôts pour le Pharaon et pour les temples.

Le Pharaon est un puissant roi qui a tous les pouvoirs. Il gouverne l'Égypte avec l'aide de fonctionnaires et de scribes.

Les Égyptiens croient en plusieurs dieux : ils sont polythéistes. Ils croient aussi qu'après la mort une seconde vie est accordée par Osiris.

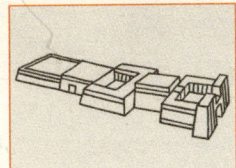
Les Égyptiens construisent pour les dieux des temples où ils leur rendent un culte. Les pyramides sont les tombeaux des Pharaons.

→ Exercices

1. Se repérer dans le temps

• Calcule le nombre de millénaires qui s'écoulent entre la construction des grandes pyramides de Gizeh et la conquête de l'Égypte par les Romains puis entre la construction des grandes pyramides et celle du temple de Louqsor.

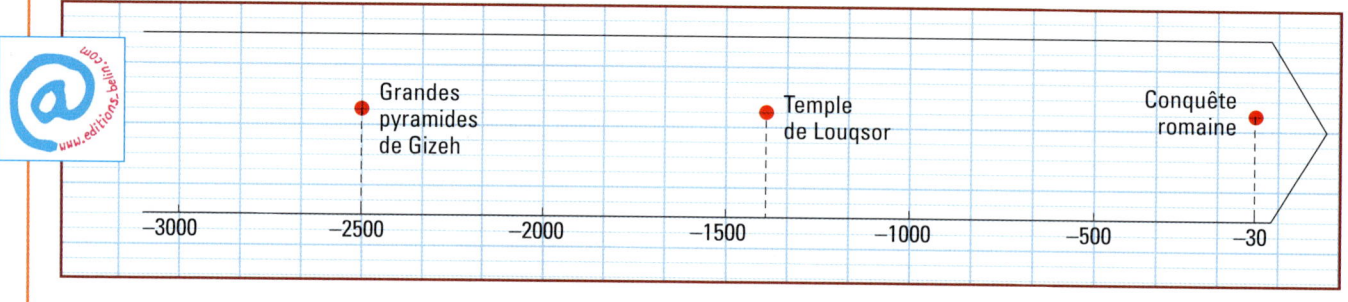

2. Se repérer dans l'espace égyptien

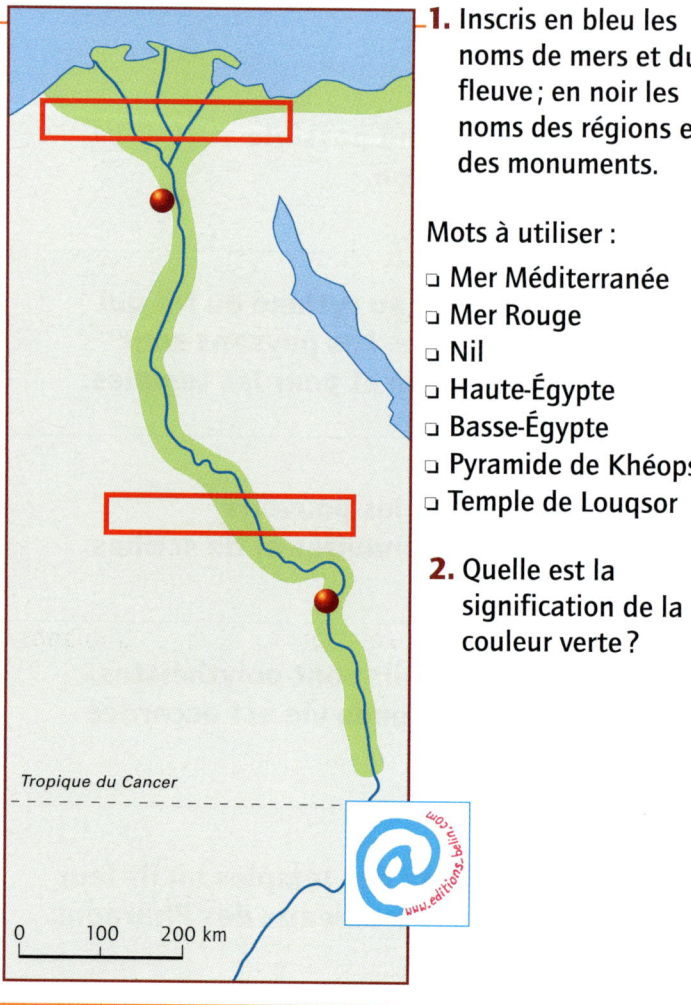

1. Inscris en bleu les noms de mers et du fleuve ; en noir les noms des régions et des monuments.

Mots à utiliser :
- Mer Méditerranée
- Mer Rouge
- Nil
- Haute-Égypte
- Basse-Égypte
- Pyramide de Khéops
- Temple de Louqsor

2. Quelle est la signification de la couleur verte ?

3. Lire une image

1. Nomme le dieu qui figure sur le document.
2. Qui est le personnage à droite ?
3. Quel est le nom de l'écriture qui accompagne cette scène ?
4. Décris ce qu'est en train de faire le dieu.
5. Quelle croyance des Égyptiens te rappelle cette image ?
6. Que se passe-t-il après cette scène pour un mort ?
7. Raconte la légende d'Osiris.

4. Vérifier vos connaissances

Les paysans égyptiens

1. Quel travail est effectué par le paysan égyptien en A et en B ?
Indique chaque fois l'outil utilisé.

Le Pharaon

2. Recopie et complète le tableau.

	n° sur l'image	symbole de
Le cobra dressé	2	protection
Le pschent, couronne de la Haute-Égypte et de la Basse-Égypte	1	
La fausse barbe	3	éternité

5. Rédiger des phrases sur la civilisation égyptienne

- Mots à utiliser :
  ❏ Pharaon ❏ scribe ❏ Osiris ❏ Louqsor ❏ Khéops

6. Pour aller plus loin

→ Lire la collection de bandes dessinées : « Papyrus » par De Gieter, éd. Dupuis.

→ Pour explorer la civilisation égyptienne, aller sur le site du Musée canadien des civilisations :
http://www.civilisations.ca/civil/egypt/egypt_f.html

chapitre 3
Le peuple de la Bible

> Pourquoi appelle-t-on les Hébreux le « peuple de la Bible » ?

→ (jaune) Les Hébreux sont conduits par Abraham au pays de Canaan
→ (rose) Les Hébreux gagnent l'Égypte
→ (marron) Moïse conduit les Hébreux vers la Terre promise (Canaan)

Terres fertiles
Désert
Régions montagneuses

Doc 1 Le trajet des Hébreux selon le récit de la Bible.

: les Hébreux

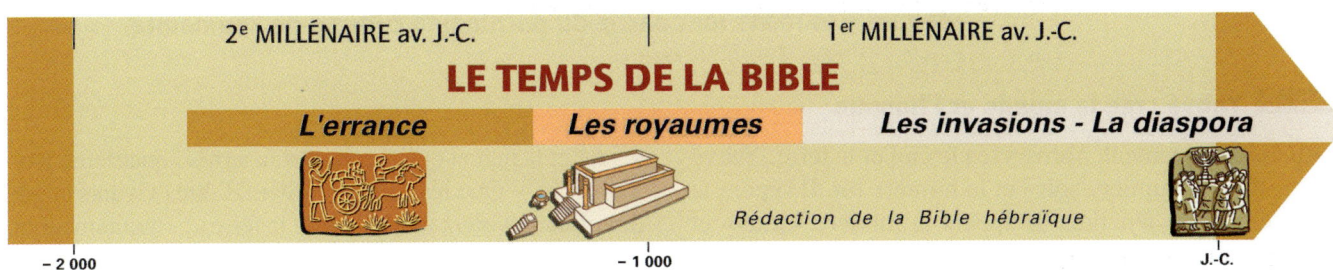

Doc 2 Le nom de Yahvé écrit en hébreu.

Doc 3 L'un des manuscrits de la mer Morte (vers 100 av. J.-C.), trouvé à Qumran entre 1947 et 1956 (musée d'Israël). Il s'agit de textes de la Bible des Hébreux et de textes religieux, écrits en hébreu ou en araméen sur des rouleaux de cuir. La lecture se fait en déroulant le rouleau de la droite vers la gauche. La plupart de ces manuscrits ont été rédigés entre le 1er siècle av. J.-C. et le 1er siècle après J.-C.

Patrimoine

→ Que racontent les deux premiers livres de la Bible ?

1. La Bible des Hébreux : la *Genèse* et l'*Exode*

Les deux premiers livres de la Bible, la *Genèse* et l'*Exode*, montrent la vision qu'avaient les Hébreux de la création du Monde et de la naissance de leur peuple. Ces récits font partie du patrimoine culturel de l'humanité.

Doc 1 Yahvé crée le monde et l'homme

Au commencement, Yahvé créa le ciel et la terre. Yahvé dit : « Que la lumière soit » et la lumière fut. Il sépara la lumière et les ténèbres. Il appela la lumière « jour » et les ténèbres « nuit » : premier jour.
Yahvé sépara les eaux au-dessous du ciel d'avec les eaux au-dessus : deuxième jour.
Yahvé dit : « Que les eaux sous le ciel s'amassent en un seul lieu et qu'apparaisse le continent » et il en fut ainsi. Yahvé appela le continent « terre » et la masse des eaux « mers ». Il dit : « Que la terre produise de la verdure, de l'herbe portant semence, des arbres fruitiers » : troisième jour.
Yahvé dit : « Qu'il y ait des luminaires[1] au ciel pour séparer le jour et la nuit et qu'ils éclairent la terre » : quatrième jour.
Yahvé dit : « Que les eaux grouillent d'êtres vivants et que des oiseaux volent au-dessus de la terre » : cinquième jour.
Yahvé dit : « Que de la terre sortent des êtres vivants : bestiaux, reptiles, bêtes sauvages. Faisons l'homme à notre image. » L'homme et la femme, il les créa : sixième jour.
Yahvé vit tout ce qu'il avait fait : cela était très bon. Au septième jour, il chôma.

D'après la Bible, *Genèse*, 1.

1. le Soleil et la Lune

Doc 2 Abraham au pays de Canaan

Yahvé dit à Abraham : « Pars de ton pays, quitte la maison de ton père pour le pays que je te montrerai, je ferai de toi un grand peuple. » Abraham partit comme Yahvé le lui avait demandé. Il avait soixante-quinze ans quand il quitta Haran. Il prit sa femme, son neveu, tous leurs biens et leur personnel. Ils se mirent en route pour le pays de Canaan et ils y arrivèrent. Les Cananéens étaient alors dans le pays.

Yahvé apparut à Abraham et dit : « C'est à ta descendance que je donnerai ce pays. » Lorsqu'Abraham eut atteint l'âge de quatre-vingt-dix-neuf ans, Yahvé lui apparut et dit : « J'établis mon alliance entre moi et toi, et ton peuple après toi, de génération en génération, une alliance perpétuelle, pour être ton dieu et celui de ton peuple. »

D'après la Bible, *Genèse*, 12 et 17.

Doc 3 La vallée du Jourdain.

Doc 4 — Le sacrifice d'Abraham

Yahvé mit Abraham à l'épreuve. Il lui dit : « Prends ton fils unique, que tu chéris, Isaac, et va-t-en sur le mont Moriah ; là, offre-le en sacrifice. » Abraham se leva tôt, sella son âne, prit avec lui deux serviteurs et son fils Isaac, et se mit en route. Le troisième jour, il aperçut le mont et dit à ses serviteurs : « Restez ici avec l'âne ; moi et Isaac nous irons là-bas pour adorer Yahvé et nous reviendrons. » Abraham chargea le bois sur son fils et prit du feu et un couteau. Quand ils furent arrivés, Abraham éleva un autel, y disposa du bois, attacha Isaac et le mit sur l'autel. Puis il prit le couteau pour sacrifier son fils. Mais Yahvé l'appela du ciel et lui dit : « Ne fais aucun mal à cet enfant ! Je sais maintenant que tu crains Yahvé car tu ne m'as pas refusé ton fils unique. » Abraham vit alors un bélier, retenu par les cornes dans un buisson : il l'offrit en sacrifice à la place de son fils.

D'après la Bible, *Genèse*, 22.

Doc 5 — Les Hébreux en Égypte

Ils dirent à Pharaon : « Nous sommes venus séjourner dans ton pays, car il n'y a plus de pâture pour nos troupeaux : la famine, en effet, accable le pays de Canaan. Permets maintenant que tes serviteurs habitent dans la terre de Goshen[1]. » Alors Pharaon répondit : « Qu'ils habitent cette terre. Et s'il y a parmi eux des hommes capables, qu'on les place comme régisseurs de mes propres troupeaux. »

D'après la Bible, *Genèse*, 47.

1. à l'Est du delta du Nil

Doc 6 — Le mont Sinaï.

Doc 7 — Moïse sur le mont Sinaï

Yahvé ordonne à Moïse de quitter l'Égypte et de ramener les Hébreux au pays de Canaan : c'est l'Exode. Après avoir franchi la mer Rouge, les Hébreux arrivent dans le désert du Sinaï.

Ils campèrent dans le désert face à la montagne. Yahvé appela Moïse de la montagne et lui dit : « Vous avez vu ce que j'ai fait aux Égyptiens et comment je vous ai menés vers moi[1]. Maintenant, si vous écoutez ma voix et gardez mon alliance, vous serez mon peuple. Je fixerai les frontières de ton territoire entre la mer Rouge, la mer Méditerranée, le désert Arabique et le fleuve Euphrate. Je livrerai entre vos mains les habitants du pays et tu les chasseras devant toi. Tu ne feras pas d'alliance avec eux ni avec leurs dieux. »

D'après la Bible, *Exode*, 19 et 23.

1. Yahvé ouvrit les eaux de la mer Rouge aux Hébreux, poursuivis par l'armée de Pharaon. Après leur passage, il referma les eaux sur les Égyptiens.

---

1 Doc 1 Qui est Yahvé pour les Hébreux ? D'après le texte, en combien de jours Yahvé a-t-il créé le Monde ? Qu'a-t-il créé dans le Monde ? Quel jour donna-t-il vie à l'homme et à la femme ? Que fait-il une fois son œuvre terminée ?

2 Doc 2 À l'aide du texte et de la carte page 38, indique de quelle région part Abraham et dans quelle région il se rend ? À qui Yahvé promet-il ce pays ? En quoi consiste l'alliance entre Yahvé et Abraham ?

3 Doc 3 À l'aide de la carte page 38, indique où est située la vallée du Jourdain.

4 Doc 4 Que demande Yahvé à Abraham ? Pour quelle raison ? Abraham lui obéit-il ?

5 Doc 5 Dans quel pays les Hébreux s'installent-ils ? Pourquoi ont-ils quitté Canaan ?

6 Doc 6 et 7 Qu'est-ce que l'Exode ? Où Yahvé parle-t-il à Moïse ? En échange de quoi donne-t-il un pays aux Hébreux ? Que rappelle cette promesse ?

Patrimoine

 Qui sont David et Salomon, selon la Bible ?

2. La Bible des Hébreux : David et Salomon

Dans les livres des *Prophètes*, sont présentés des personnages ayant joué un rôle important pour les Hébreux. C'est le cas du roi David qui pour eux est le fondateur du premier royaume d'Israël, et de son fils Salomon, connu pour sa sagesse.

Doc 1 — David combat le géant Goliath

Les Philistins rassemblèrent leurs troupes pour la guerre. Les Israélites se concentrèrent et se rangèrent face aux Philistins. Un champion sortit des rangs philistins. Il s'appelait Goliath et sa taille était de plus de 2,80 mètres. Il avait un casque de bronze et était revêtu d'une cuirasse à écailles. Il avait aux jambes des jambières de bronze et un long sabre de bronze en bandoulière. Le Philistin dit : « Donnez-moi un homme et que nous nous mesurions en combat singulier ! » David prit son bâton en main, il se choisit dans le torrent cinq pierres bien lisses, puis, la fronde à la main, il marcha vers le Philistin. David dit au Philistin : « Tu marches contre moi avec épée et armes, mais moi je marche contre toi au nom de Yahvé, le Dieu d'Israël. Aujourd'hui, Yahvé te livrera en ma main, je t'abattrai, je te couperai la tête. »
David mit la main dans son sac et en prit une pierre qu'il lança à la fronde. Il atteignit le Philistin au front ; la pierre s'enfonça dans son front et il tomba la face contre terre. David courut vers le Philistin ; saisissant l'épée de celui-ci, il l'acheva en lui tranchant la tête. Voyant que leur héros était mort, les Philistins prirent la fuite.

D'après la Bible, *Premier Livre de Samuel*, 17.

Doc 2 — David devient roi d'Israël

Tous les Hébreux vinrent auprès de David et dirent : « Yahvé a dit : *c'est toi qui seras le chef d'Israël.* » Tous les anciens vinrent donc auprès du roi. David conclut un pacte avec eux, en présence de Yahvé, et David devint roi d'Israël.
David s'empara de la forteresse de Sion (Jérusalem). Il s'installa dans la forteresse et l'appela Cité de David. Puis, il construisit un mur sur son pourtour. David devint de plus en plus grand et Yahvé, le dieu des puissances, était avec lui.

D'après la Bible, *Deuxième Livre de Samuel*.

Doc 3 — L'étoile de David.
Peinte sur le bouclier de David, l'étoile à six branches est un symbole dans la religion juive. Bas-relief du 3e siècle.

Doc 4 Le roi Salomon rend la justice

« Le matin, dit la première femme, je me suis levée pour allaiter mon fils, et voici, il était mort. Je l'ai regardé attentivement, ce n'était pas mon fils. » Alors l'autre femme dit : « Ce n'est pas vrai ! Mon fils est celui qui est vivant, ton fils est celui qui est mort ! »
Elles se disputaient devant le roi qui prononça ces paroles :
« Partagez l'enfant vivant en deux et donnez une moitié à l'une et à l'autre. » Alors, la femme dont le fils était vivant s'adressa au roi et dit : « S'il te plaît, mon seigneur ! Qu'on lui donne l'enfant vivant, qu'on ne le tue pas ! » L'autre femme répondit : « Il ne sera ni à moi ni à toi, coupez-le en deux ! » Alors le roi prit la parole et dit : « Donnez l'enfant à la première femme, ne tuez pas l'enfant. C'est elle la mère. »

D'après la Bible, *Rois*, I.

Doc 5 La reine de Saba rend visite à Salomon

La reine de Saba avait entendu parler de la renommée de Salomon. Elle vint le mettre à l'épreuve par des énigmes. Elle arriva à Jérusalem avec une suite très imposante, avec des chameaux chargés d'aromates, d'or en grande quantité et de pierres précieuses. Arrivée chez Salomon, elle parla de tout ce qui lui tenait à cœur. Salomon lui donna la réponse à toutes ses questions : aucune question ne fut si obscure que le Roi ne put donner de réponses. La reine de Saba vit toute la sagesse de Salomon, le Temple qu'il avait bâti, les sacrifices qu'il offrait dans le Temple de Yahvé et elle en perdit le souffle. Elle dit au roi : « C'était bien la vérité que j'avais entendue dire dans mon pays sur tes paroles et sur ta sagesse. Je n'avais pas cru à ces propos tant que je n'étais pas venue et que je n'avais pas vu de mes yeux. Béni soit ton Dieu, qui a bien voulu te placer sur le trône d'Israël ; c'est parce qu'il aime Israël à jamais qu'il t'a établi roi pour exercer le droit et la justice. »

D'après la Bible, *Rois*, I.

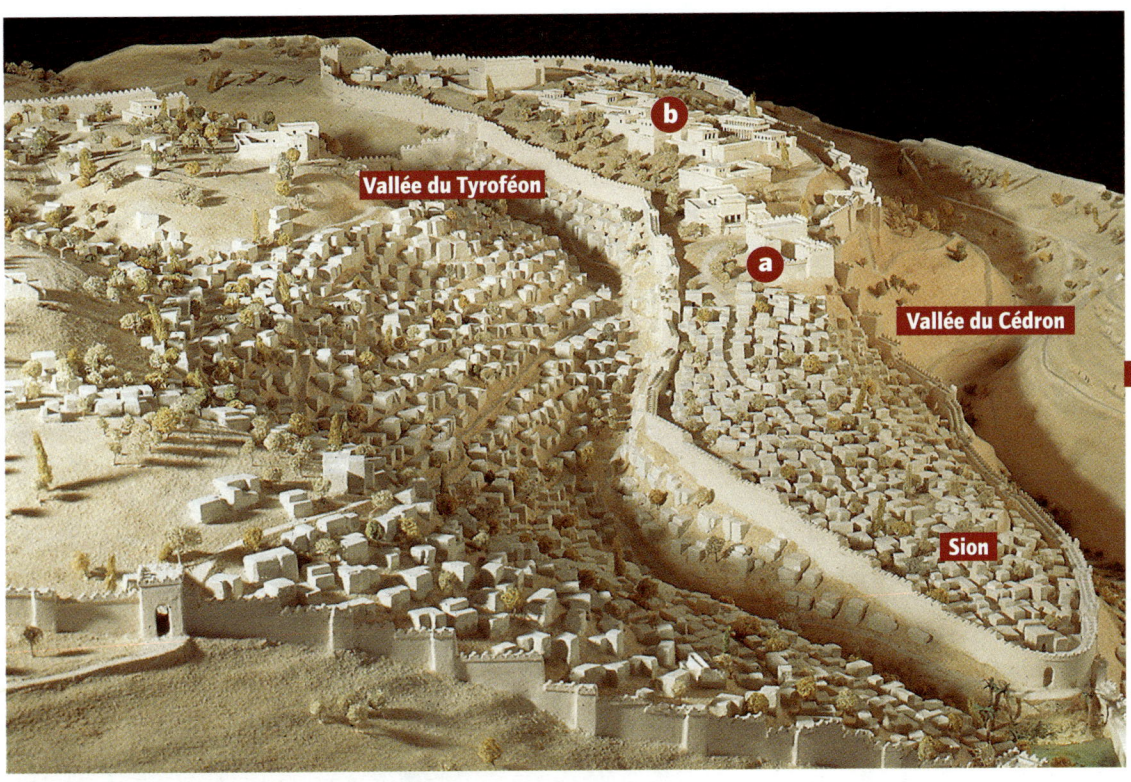

Doc 6 Jérusalem, capitale du royaume d'Israël.

Maquette élaborée d'après les récits bibliques, conservée au musée de Jérusalem.
ⓐ le palais royal
ⓑ le Temple

1 Doc 1 Comment les Hébreux sont-ils nommés dans ce texte ? Contre qui sont-ils en guerre ? Pourquoi le combat entre David et Goliath semble-t-il inégal ? Au nom de qui David dit-il combattre ? Comment peut-on expliquer la victoire de David ?

2 Doc 2 Que devient David après sa victoire contre Goliath ? De quelle forteresse s'empare-t-il ? Qu'en fait-il ?

3 Doc 2 et 6 Quel élément cité dans le texte est visible sur la maquette ? À quoi sert-il ?

4 Doc 4 Que se disputent les deux femmes ? Quelle solution leur propose Salomon ? Quelle est la réaction de la vraie mère de l'enfant ? Que peut-on dire du jugement rendu ?

5 Doc 5 Que veut vérifier la reine de Saba en se rendant chez Salomon ? Par quoi est-elle impressionnée ?

Je découvre

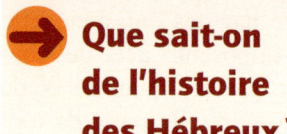

→ Que sait-on de l'histoire des Hébreux ?

3. L'histoire des Hébreux

Les récits de la Bible ont été rassemblés et mis par écrit tardivement. Les historiens les utilisent avec beaucoup de précautions car peu de sources archéologiques et historiques viennent confirmer les faits qui y sont racontés.

Doc 1 La Bible et l'archéologue

Une grande partie de la Bible est légendaire. Sur la base de témoignages extra-bibliques, par exemple en s'appuyant sur des textes assyriens ou sur une stèle relatant la victoire d'un pharaon sur le peuple d'Israël, nous savons, et pas d'aujourd'hui, qu'on ne peut prendre à la lettre le récit biblique. Cela vaut pour le voyage d'Abraham de Mésopotamie vers la Terre Promise, pour la conquête triomphale de Canaan, pour l'Exode d'Égypte, etc. Mais nous ne pensons pas non plus que les auteurs du récit biblique aient inventé cette histoire de toutes pièces […]. Pour être crus, ces textes, bien qu'écrits bien plus tard que les événements relatés, devaient être fondés sur des souvenirs de faits réels, même transformés, anoblis par la patine du temps. Ils devaient s'appuyer sur des mythes bâtis autour de héros anciens, transmis oralement, de génération en génération.

I. Finkelstein, directeur de l'Institut archéologique de Tel-Aviv, *Le Nouvel Observateur*, n° 1967, 18-24 juillet 2002.

Doc 2 La Bible et l'historien

F. B-C : « La question pour l'historien est de savoir dans quelle mesure il peut utiliser la Bible comme un document historique. Le principe de l'enquête historique est le même que celui d'une enquête journalistique policière. Il faut disposer de plusieurs témoins et croiser les informations. Et cela n'est possible qu'à partir du 9e siècle av. J-C. […]

L'Histoire : *Et pour les périodes antérieures, celles des règnes de David et de Salomon ?* […]

F. B-C : C'est un débat historique actuel : peut-on accorder foi à ce que la Bible dit des royaumes de David et de Salomon ? Les avis sont partagés. Certains pensent qu'il a existé un royaume unifié au temps de David et de Salomon ; pour d'autres, il y a eu dès l'origine fondation de deux petits royaumes indépendants qui se sont par la suite créé une histoire commune. »

Entretien avec F. Briquel-Chatonnet, directrice de recherche au CNRS, *Les collections de L'Histoire*, n° 13, oct. 2001.

Doc 3 Les royaumes des Hébreux.

Doc 4 Prise de la ville de Lakish, dans le royaume de Juda, par les Assyriens, en 701 av. J.-C., bas-relief du palais de Sennachérib (British Museum, Londres).
❶ défenseurs de la ville, ❷ archer assyrien, ❸ bélier de siège, ❹ torches enflammées lancées sur les assaillants.

Doc 5 **Les Hébreux sont emmenés en captivité par les Assyriens, puis par les Babyloniens après la destruction de Jérusalem par le roi Nabuchodonosor en 587 av. J.-C.,** bas-relief assyrien, 701 av. J.-C. (British Museum).

Doc 6 **Les Romains pillent et détruisent le temple de Jérusalem,** 70 ap. J.-C., bas-relief de l'arc de Titus (Rome).

1 **Doc 1** Pour l'auteur du texte, la Bible est-elle un document historique ? Pense-t-il cependant que les événements rapportés dans la Bible sont une pure invention ?

2 **Doc 2 et 3** Pourquoi l'auteur du texte compare-t-il l'enquête historique à une enquête policière ? Que pensent les historiens des royaumes de David et de Salomon ? Quelle était la capitale du royaume de Salomon ? Que devient ce royaume après la mort du roi ?

3 **Doc 4** Comment est figurée la ville de Lakish ? Par qui et comment est-elle assiégée ?

4 **Doc 5** À la suite de quel événement les Hébreux sont-ils emmenés en captivité en 587 av. J.-C. ? Comment est représentée cette migration forcée ?

5 **Doc 6** En quelle année les Romains détruisent-ils le temple de Jérusalem ? À l'aide du document 2, page 48, identifie l'objet qu'ils transportent sur leurs épaules ? Où se trouvait cet objet ?

CHAPITRE 3 • LE PEUPLE DE LA BIBLE : LES HÉBREUX

Je découvre

 Quelle est la nouveauté de cette religion dans l'Antiquité ?

4. La religion des Hébreux

La Bible est le Livre sacré des Hébreux, le lien entre le dieu unique Yahvé et le peuple qu'il a choisi pour être son peuple. C'est dans la Bible que sont fixés les croyances de la religion juive, les rites pour honorer Yahvé et les règles de vie des Hébreux.

Doc 1 Les livres de la Bible

- La Bible des Hébreux a été composée entre le 8e et le 2e siècles av. J.-C.
- Elle comprend 24 livres divisés en 3 grandes parties.
- Chaque livre est divisé en chapitres, chaque chapitre en versets.

I. La Torah : la Loi (5 livres)

- *La Genèse :* la création du Monde, Adam et Ève, le Déluge, Noé, le repeuplement de la Terre, l'alliance entre Yahvé et Abraham, l'arrivée des Hébreux en Canaan, le départ et la vie en Égypte.
- *L'Exode :* les Hébreux réduits en esclavage en Égypte, la sortie d'Égypte sous la conduite de Moïse, la vie dans le désert du Sinaï, Moïse reçoit les Tables de la Loi de Yahvé, le retour en Canaan.
- *Le Lévitique, Les Nombres, Le Deutéronome :* les lois réglant la vie et la religion des Hébreux, le recensement du peuple hébreu, l'arrivée en Canaan, la mort de Moïse.

II. Les Prophètes (8 livres)

Les prophètes parlent au nom de Yahvé au peuple hébreux.

- *Josué, les Juges, Samuel, les Rois :* c'est l'histoire des Hébreux de l'arrivée en Canaan jusqu'à la déportation à Babylone.
- *Isaïe, Jérémie, Ezéchiel et 12 petits prophètes :* annoncent des prophéties, révèlent le sens de la religion.

III. Les Écrits (11 livres)

Textes variés, dont les plus connus sont :
- *Les Psaumes :* louanges, poèmes en vers, souvent accompagnés de musique, dont certains sont attribués au roi David.
- *Les Proverbes :* brèves phrases de morale faciles à comprendre, attribuées au roi Salomon.
- *Le Cantique des Cantiques :* chant d'amour attribué à Salomon.
- *Les Lamentations :* attribuées à Jérémie à l'époque de la chute de Jérusalem et de la destruction du temple de Salomon en 587 av. J.-C.

Doc 2 Les Dix Commandements

Yahvé dit : Je suis Yahvé, ton dieu, qui t'ai fait sortir d'Égypte et de l'esclavage.
1e Tu n'auras pas d'autres dieux que moi.
2e Tu n'adoreras pas les idoles.
3e Tu ne prononceras pas le nom de Yahvé.
4e Le septième jour est celui du Sabbat, le jour de Yahvé. Tu ne travailleras pas ce jour-là car Yahvé a fait le ciel, la terre, la mer et tout ce qu'ils contiennent en six jours mais il s'est reposé le septième.
5e Tu honoreras ton père et ta mère.
6e Tu ne tueras pas.
7e Tu ne commettras pas l'adultère.
8e Tu ne voleras pas.
9e Tu ne feras pas de faux témoignage contre ton prochain.
10e Tu ne convoiteras pas la femme ni les biens de ton prochain.

D'après la Bible, *Exode*, 20.

Doc 3 Des règles alimentaires très strictes

Tout ce qui est graisse de bœuf, d'agneau ou de chèvre, vous n'en mangerez pas. Tout ce qui est sang d'oiseau ou de bête, vous n'en mangerez pas. Parmi tous les animaux terrestres, vous pouvez manger ceux qui ont le sabot fendu et qui ruminent. Ainsi vous ne devez pas manger de porc car il a le sabot fendu mais ne rumine pas : pour vous il est impur. Parmi tous les animaux aquatiques, vous pouvez manger tout animal à nageoires et écailles.

D'après la Bible, *Lévitique*, 7-11.

Doc 4 Lecture de la Torah. ❶ kippa, ❷ rouleau de la Torah, ❸ taleth (châle de prière).

Doc 5 Les fêtes juives

Roch Hachana : le Nouvel An, vers septembre-octobre, rappel de la création du Monde et le jour du Jugement.

Yom Kippour : le Grand Pardon, dix jours après Roch Hachana, fête le pardon des fautes par Yahvé, journée de jeûne et de prière.

Souccoth : fête des Tentes, cinq jours après Yom Kippour, rappel de l'errance des Hébreux dans le désert ; on construit une petite cabane en plein air ; on promène dans la synagogue les rouleaux de la Torah.

Hanouka : fête des Lumières, en décembre, célébration d'une victoire des Hébreux contre les Grecs en 164 av. J.-C. ; on allume le chandelier sacré.

Pessah : la Pâque, vers mars, commémoration de l'Exode ; on consomme du pain sans levain comme les Hébreux au moment de la sortie d'Égypte.

Chavouot : la Pentecôte, cinquante jours après Pessah, commémoration de la remise à Moïse des Tables de la Loi par Yahvé ; on relit les Dix Commandements.

1 Doc 1 Quand la Bible des Hébreux a-t-elle été écrite ? De combien de livres est-elle composée ? Qu'est-ce que la Torah ? Qu'est-ce qu'un prophète ?

2 Doc 2 Dans quelle partie de la Bible trouve-t-on ce texte ? Qui a délivré ces commandements ? À qui ? Quel commandement impose une religion monothéiste ? Quels commandements se rapportent à Yahvé (donner les numéros) ? Lesquels concernent la vie des hommes entre eux ? Pourquoi le repos est-il obligatoire le jour du Sabbat ?

3 Doc 3 Établis la liste des interdits alimentaires. Comment est qualifié le porc ?

4 Doc 4 Fais une recherche sur la signification de la kippa et du taleth dans la religion juive.

5 Doc 5 Quels événements bibliques sont fêtés dans la religion juive ?

Patrimoine

5. Le temple de Jérusalem

→ Pourquoi le temple de Jérusalem est-il le centre de la vie religieuse des Hébreux ?

Il ne reste aucune trace archéologique du premier temple de Jérusalem. Son aspect ne nous est connu que par la description qui en est faite dans la Bible. Il fut détruit par le roi de Babylone, Nabuchodonosor, à la fin du 6ᵉ siècle avant Jésus-Christ. Un autre Temple fut construit, mais il fut détruit à son tour par les Romains, en 70 après Jésus-Christ.

Doc 1 L'inauguration du Temple

La quatrième année de son règne, Salomon bâtit la maison de Yahvé. Il rassembla à Jérusalem tous les hommes d'Israël. Ils sacrifièrent devant l'Arche tant de petit et de gros bétail qu'on ne pouvait ni le compter ni le dénombrer.
Les prêtres amenèrent alors l'Arche d'Alliance de Yahvé à sa place, dans la chambre sacrée de la maison de Yahvé, dans le Saint des Saints, sous les ailes des « kéroubims ». En effet, les « kéroubims » déployaient leurs ailes au-dessus de l'emplacement de l'Arche et faisaient un abri au-dessus de l'Arche et de ses barres. Celles-ci étaient assez longues pour qu'on vît leurs extrémités depuis le Saint qui précède le Saint des Saints. Mais on ne les voyait pas de l'extérieur.
Il n'y avait rien dans l'Arche, sinon deux tables de pierre données à Moïse sur le Sinaï, les tables de l'Alliance que Yahvé avait conclue avec les Hébreux à leur sortie d'Égypte.

D'après la Bible, *Rois,* I.

Doc 2 Reconstitution du temple de Salomon d'après la Bible (en vue écorchée).

ⓐ porche d'entrée
ⓑ le « Saint »
ⓒ le « Saint des Saints »

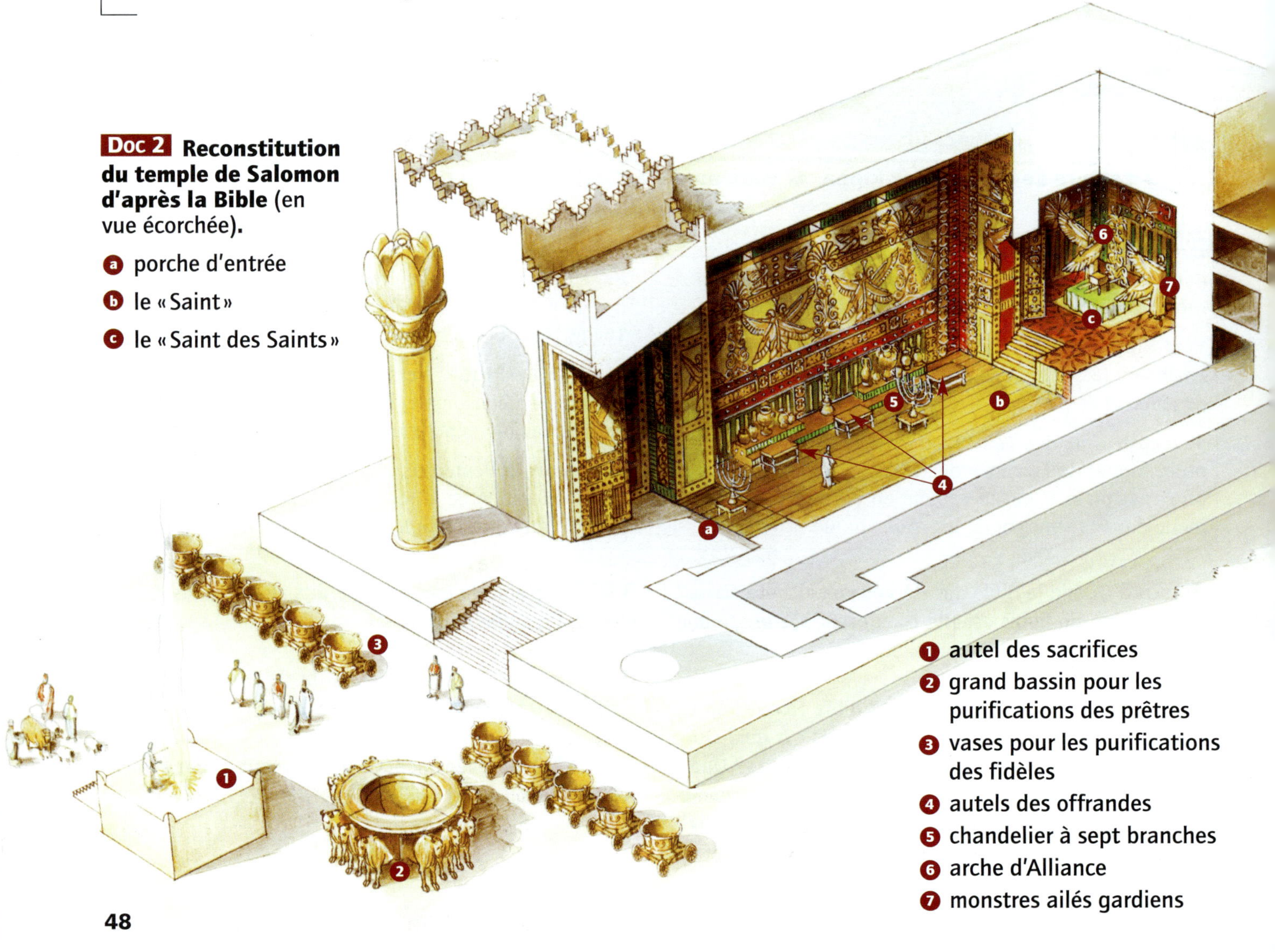

❶ autel des sacrifices
❷ grand bassin pour les purifications des prêtres
❸ vases pour les purifications des fidèles
❹ autels des offrandes
❺ chandelier à sept branches
❻ arche d'Alliance
❼ monstres ailés gardiens

Doc 3 **Le mur des Lamentations.** C'est un vestige du mur d'enceinte du Temple construit par le roi Hérode en 19 av. J.-C. et détruit par les Romains en 70 ap. J.-C. Aujourd'hui, des Juifs du Monde entier viennent y prier.

Doc 4 **L'intérieur du Temple,** fond de verre décoré à la feuille d'or, 4ᵉ siècle (10 cm de diamètre, Rome).

1 **Doc 1** Qui, selon la Bible, a fait construire le premier temple de Jérusalem ?

2 **Doc 2** Énumère les différentes parties du Temple.

3 **Doc 1 et 2** Que trouve-t-on à l'intérieur de l'Arche d'Alliance, selon le texte ? Dans quelle salle est-elle déposée ? Pourquoi est-elle protégée ? D'après les deux documents, où les sacrifices se déroulent-ils ? Quels éléments cités dans l'extrait de la Bible sont visibles sur la reconstitution du Temple ?

4 **Doc 4** Quels objets du culte de Yahvé sont figurés sur ce vestige ?

5 **Doc 3** Que reste-t-il du temple de Jérusalem aujourd'hui ? Ce lieu joue-t-il encore un rôle dans la religion juive ?

CHAPITRE 3 • LE PEUPLE DE LA BIBLE : LES HÉBREUX   49

Bilan

Le peuple de la Bible : les Hébreux

CARTE REPÈRE
PAGE 38

A Les Hébreux : ce que raconte la Bible

1. La Bible est le livre sacré des **Hébreux**. Elle a été rédigée entre les 8e et 2e siècles avant J.-C.

2. Le premier livre de la Bible, la *Genèse*, fait le récit de la création du Monde et de l'homme par le dieu Yahvé, puis il retrace le parcours des Hébreux dans le Croissant fertile. Sur l'ordre de Yahvé, le patriarche **Abraham** part s'installer avec son peuple au **pays de Canaan**. Les Hébreux vont ensuite vivre en **Égypte** où ils deviennent peu à peu esclaves du Pharaon.

DOCUMENTS REPÈRES
PAGES 40-41
PAGES 42-43

3. Le second livre de la Bible, l'*Exode*, raconte comment les Hébreux, conduits par **Moïse**, fuient l'Égypte. Ils s'emparent de Canaan. Ils y fondent le **royaume d'Israël** et choisissent **David** comme roi. Israël connaît alors une période de grandeur autour de **Jérusalem,** sa capitale. **Salomon**, fils et successeur de David, y fait construire un palais et un **grand temple**.

4. Après sa mort, Israël se divise en deux royaumes qui disparaissent après avoir été soumis et conquis par les puissants rois de Mésopotamie. Les Israélites, alors appelés les Juifs, s'enfuient ou sont emmenés en captivité : c'est la diaspora.

B Les Hébreux : ce que disent les historiens

1. Si aucune trace d'Abraham et de Moïse n'a été retrouvée, il est attesté qu'au 2e millénaire avant J.-C., les migrations **de nomades** étaient nombreuses dans la région du Croissant fertile, de la Mésopotamie à l'Égypte.

CARTE REPÈRE
PAGE 6

2. Les **royaumes hébreux ont existé**, mais David n'était sans doute que le roi d'une petite cité-État, Jérusalem, et d'autres dieux que Yahvé y étaient honorés.

3. Pour la plus grande part, la **Bible** a été rédigée au moment où la croyance en un dieu unique s'impose et où les royaumes hébreux ont disparu : elle a pour but de **fixer des croyances** et de donner aux **Hébreux** dispersés une **glorieuse histoire commune**.

C La religion des Hébreux

1. C'est sans doute progressivement que les Hébreux ont adopté la première religion monothéiste de l'Antiquité. Ils honorent un dieu unique, Yahvé, qu'ils ne doivent jamais représenter ni nommer. Ils croient que Yahvé a conclu une **alliance** avec les Hébreux : il leur a accordé sa protection et la **« Terre promise »** en échange de leur fidélité. Ils croient que sur le mont Sinaï, Yahvé a délivré à Moïse **Dix Commandements** gravés sur les Tables de la Loi. Ces commandements concernent la vie religieuse, la vie sociale et la vie privée. Les Hébreux doivent les respecter ainsi que d'autres interdictions et d'autres règles.

DOCUMENTS REPÈRES
PAGES 48-49

2. Le seul lieu de culte des Hébreux est le **temple de Jérusalem**. Les cérémonies les plus importantes sont les **sacrifices**. Des **fêtes religieuses** rappellent les grands moments du récit biblique.

3. Mais depuis le 1er siècle après J.-C., les Hébreux n'ont plus de Temple. Il ne reste plus qu'un mur de prières, appelé **mur des Lamentations**. Les Juifs se réunissent désormais dans des synagogues. Leur religion s'appelle aujourd'hui le judaïsme.

Vocabulaire

Bible
(du mot grec *biblos* : livre)
Livre sacré des Hébreux.

Yahvé
Nom du dieu unique des Hébreux.

patriarche
Chef de tribu chez les Hébreux.

Exode
Départ en masse de toute une population hors du territoire où elle demeure.

Israélites
Nom des Hébreux au temps des Rois.

Juifs
Nom des Israélites après la disparition des royaumes d'Israël et de Juda.

diaspora
Dispersion des Juifs après la disparition de leurs royaumes.

migration
Un déplacement d'une population ou d'un groupe de personnes d'un territoire vers un autre pour s'y établir.

monothéiste
Qui croit en un seul dieu. Le **monothéisme** est la croyance en un seul dieu.

Tables de la Loi
Deux stèles de pierre, où sont gravés les Dix Commandements donnés par Yahvé à Moïse.

culte
Voir page 35.

synagogue
Une maison où s'assemblent les Juifs pour prier et lire la Bible.

judaïsme
Religion juive.

Personnages

ABRAHAM : selon la Bible, premier patriarche et ancêtre du peuple hébreux. C'est avec lui que Yahvé conclut la première alliance. Il quitte la Mésopotamie pour le pays de Canaan. Son existence historique n'est pas confirmée.

MOÏSE : selon la Bible, il fait sortir les Hébreux d'Égypte. C'est avec lui que Yahvé renouvelle l'alliance. Il reçoit du dieu les Dix Commandements. Son existence historique n'est pas confirmée.

DAVID : selon la Bible, il est le vainqueur du géant Goliath, devient deuxième roi d'Israël et fait de Jérusalem la capitale de son royaume. Les historiens pensent qu'un roi David a régné sur le royaume de Juda.

SALOMON : selon la Bible, troisième roi d'Israël, fils et successeur de David. Il construit le premier temple de Jérusalem. Il est réputé pour la sagesse de ses jugements. Son existence historique n'est pas confirmée.

Dates

2ᵉ-1ᵉʳ millénaires avant J.-C. : le temps de la Bible
587 avant J.-C. : destruction du temple de Salomon
70 avant J.-C. : destruction du temple de Jérusalem par les Romains

Retenir autrement

Livre sacré des Hébreux, la Bible raconte l'alliance entre le peuple hébreu et un dieu unique, Yahvé, par l'intermédiaire d'Abraham et de Moïse.

La Bible n'est pas un livre d'histoire. Ses récits sur les Hébreux sont rarement confirmés par les recherches des historiens et des archéologues.

La Bible fonde la première religion monothéiste de l'Antiquité. Les Hébreux croient en un dieu unique qui leur a donné une terre et des règles de vie à travers les Dix Commandements.

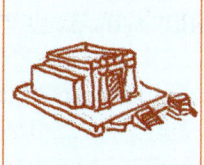
Les Hébreux rendent un culte à Yahvé dans le temple de Jérusalem, puis après sa destruction, dans des synagogues.

→Exercices

1. Se repérer dans l'espace

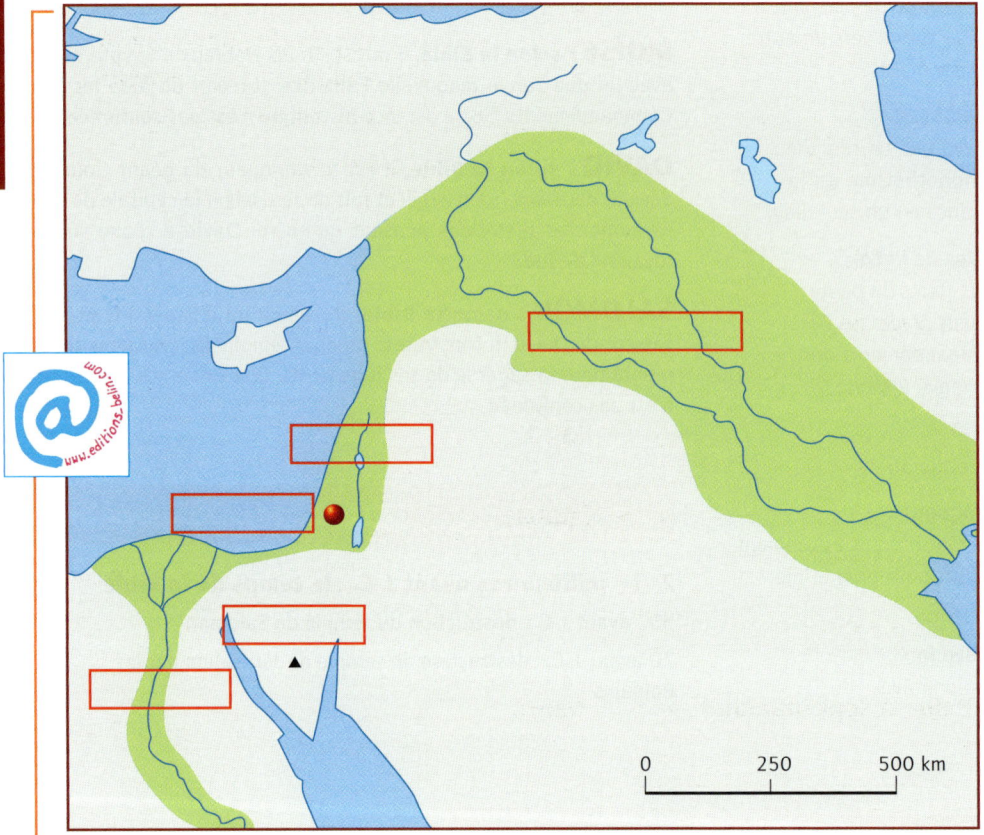

- Complète les cadres à l'aide des indications suivantes :

SELON LA BIBLE :

- ❑ les Hébreux sont originaires de cette région
- ❑ les Hébreux ont séjourné dans ce pays puis l'ont fui
- ❑ Moïse y a reçu de Yahvé les Tables de la Loi
- ❑ les Hébreux s'y sont installés
- ❑ un grand Temple y a été construit

2. Se repérer dans l'ordre chronologique

| Diaspora | Exode | Royaume d'Israël |

Voici 3 cadres représentant, *SELON LA BIBLE,* 3 grandes périodes de l'histoire des Hébreux :
1. Numérote-les dans l'ordre chronologique.
2. Indique la période durant laquelle fut construit le premier temple de Jérusalem.

3. Vérifier vos connaissances

1. Que signifie le mot « Bible » en grec ?
2. Quel nom les Hébreux donnent-ils à l'ensemble des premiers livres de la Bible ?
3. Comment s'appelle le premier livre de la Bible ? Quels récits fait-il ?
4. Quelle est la nouveauté de la religion des Hébreux par rapport à la religion des Égyptiens ?
5. Cite quatre des commandements reçus par Moïse.
6. Quel est l'unique lieu de culte des Hébreux ? Que renferme-t-il de sacré ?

4. Reconnaître des symboles religieux

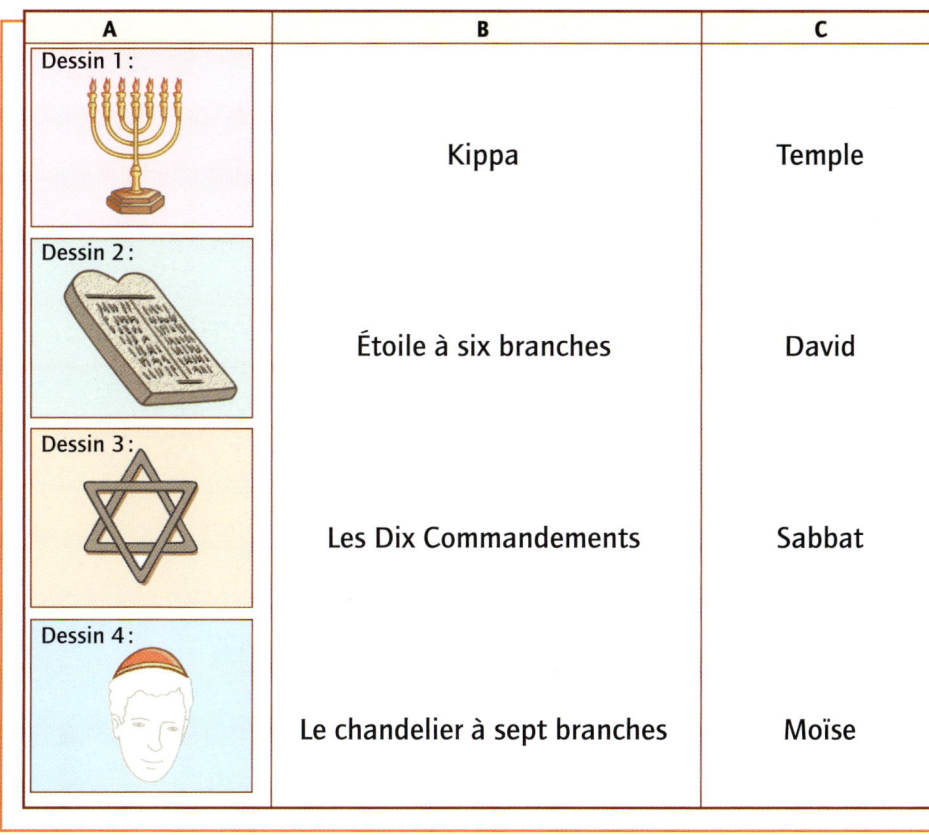

A	B	C
Dessin 1 :	Kippa	Temple
Dessin 2 :	Étoile à six branches	David
Dessin 3 :	Les Dix Commandements	Sabbat
Dessin 4 :	Le chandelier à sept branches	Moïse

• Mets en relation chaque dessin de la colonne A avec l'un des éléments des colonnes B et C.

5. Rédiger un paragraphe

• Rédige un paragraphe sur la religion des Hébreux en utilisant les mots suivants :
- ❏ Bible
- ❏ Yahvé
- ❏ synagogue
- ❏ culte
- ❏ monothéisme
- ❏ temple de Jérusalem
- ❏ Dix Commandements
- ❏ fêtes religieuses

6. Identifier une scène religieuse dans une œuvre d'art

Peinture de Marc Chagall (1887-1985), 1966, musée du Message biblique, Nice. Marc Chagall est de religion juive.

1. Quel artiste a peint ce tableau ? À quel siècle l'a-t-il réalisé ?
2. Décris la scène représentée. Quel personnage n'a pas été entièrement figuré ? Pourquoi ?
3. De quel livre l'artiste s'est-il inspiré pour peindre ce tableau ?

chapitre 4

La Grèce

◗ Qu'est-ce que le monde grec ?

◗ Pourquoi Athènes est-elle la plus brillante des cités du monde grec ?

◗ Qu'a réalisé Alexandre le Grand ?

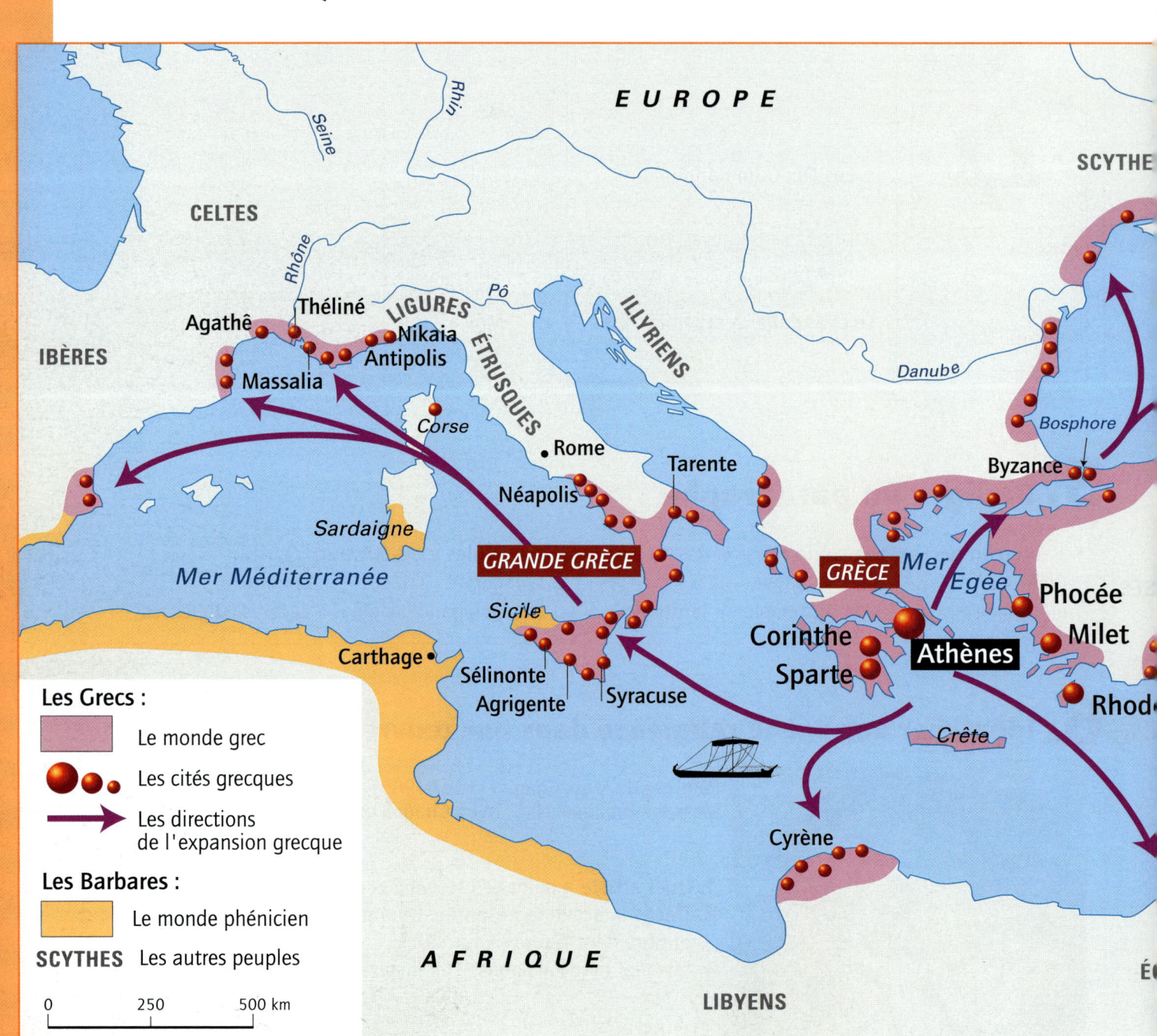

Doc 1 Le monde grec vers 500 avant J.-C.

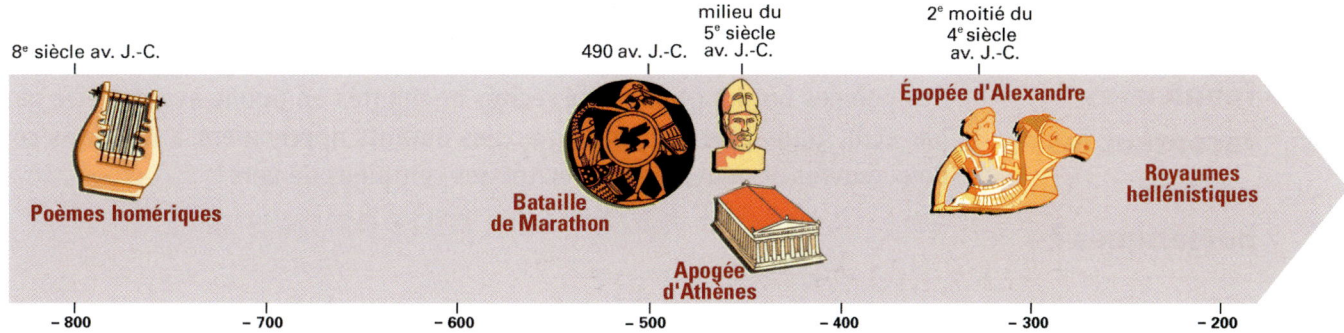

Doc 2 **Un paysage de Grèce.**

Patrimoine

1. L'*Iliade* et l'*Odyssée*

 Quelles histoires fabuleuses racontent les poèmes homériques ?

L'*Iliade* et l'*Odyssée* sont deux longs poèmes, composés au 8e siècle avant J.-C. et attribués au poète Homère, d'où leur nom de « poèmes homériques ». Ces poèmes ont longtemps été récités et chantés en public avant d'être mis par écrit. Dans tout le monde grec, les enfants apprenaient à lire dans ces deux œuvres et pouvaient en réciter des centaines de vers !

L'*Iliade* raconte un épisode de la guerre menée par des rois venus de Grèce, les Achéens, contre la cité de Troie (Ilion) en Asie Mineure, parce que Pâris, le fils du roi de Troie, a enlevé Hélène, l'épouse du roi de Sparte. Le héros principal de la guerre de Troie est Achille, d'une grande beauté, courageux et excellent guerrier.

Doc 1 Le combat d'Achille, l'Achéen, et d'Hector, le Troyen

Cette fois, dit Athéna, je crois bien qu'à nous deux, grand Achille, héros aimé de Zeus, nous allons apporter une éclatante victoire aux Grecs, en tuant Hector. Maintenant il ne peut plus fuir, même si le secourable Apollon venait se rouler aux pieds de Zeus, son père.
Peu après, commence le combat.
Achille lance sa javeline, mais l'illustre Hector voit le coup, se baisse et la javeline de bronze va se planter dans le sol. « Tu m'as manqué, dit Hector. Tu n'es qu'un beau parleur. Essaye à ton tour d'éviter ma javeline ! »
Il atteint Achille, mais au milieu de son bouclier. Hector tire alors son épée aiguë suspendue à son flanc ; puis se ramassant sur lui-même, il prend son élan tel l'aigle fonçant vers la plaine pour s'emparer d'un agneau ou d'un lièvre. Achille lui aussi se rue ; son cœur s'emplit d'une ardeur sauvage.
La pique acérée qu'il brandit de sa main droite scintille comme l'étoile du soir. Tout le corps du divin Hector est protégé par les belles armes de bronze dont il a dépouillé Patrocle après l'avoir tué.
La chair n'est visible qu'à un seul endroit, juste à la clavicule séparant la gorge du cou. C'est là que le divin Achille perce tout droit la tendre gorge. Et tandis qu'Hector s'écroule dans la poussière, le divin Achille triomphe.

D'après Homère, l'*Iliade*, chant 22.

Doc 2 L'Achéen Achille affronte le Troyen Hector, sous le regard d'Athéna et d'Apollon, vase 5e siècle av. J.-C. (musée du Vatican).

L'Odyssée raconte les aventures extraordinaires qui arrivent au Grec Ulysse (Odusseus est son nom en grec), roi d'Ithaque, qui a contribué à la prise de Troie. Courageux, ingénieux et rusé, le héros parvient à triompher d'une multitude de périls avant de retrouver son royaume et son épouse, Pénélope.

Doc 3 — Ulysse et le Cyclope

Alors qu'ils sont venus demander l'hospitalité, Ulysse et ses compagnons se retrouvent prisonniers dans la caverne du Cyclope Polyphème, un géant avec un œil unique au milieu du front. À chaque repas, le monstre dévore quelques-uns de ces malheureux. Un soir…

Ulysse – Cyclope, veux-tu boire un peu de vin après avoir mangé des viandes humaines ?

Prenant mon auge, il la vida. Il en voulut encore une seconde fois.

Polyphème – Donne encore ! et dis-moi ton nom car je voudrais t'offrir un présent qui va te réjouir.

Par trois fois je lui verse du vin et il l'avale d'un trait. Je vois bientôt le vin l'envahir jusqu'au cœur.

Ulysse – Tu veux savoir mon nom, Cyclope ? Je m'appelle Personne.

Polyphème – Eh bien, pour te remercier, Personne, je te mangerai le dernier, après tous tes compagnons.

Il se renverse sur le dos et le sommeil le prend. Je saisis alors le pieu que j'avais mis à chauffer sous un monceau de cendres. La pointe en est maintenant bien rouge et bien dure. Mes compagnons soulèvent le pieu et en enfoncent la pointe dans l'œil unique du Cyclope. Moi, je pèse d'en haut et fais tourner le pieu. Polyphème pousse un cri de fauve, s'arrache de l'œil le pieu trempé de sang et appelle à grands cris ses voisins les Cyclopes.

Les cyclopes – Pourquoi ces cris qui nous réveillent en pleine nuit divine, Polyphème ? Est-ce toi que l'on tue par la ruse ou par la force ?

Polyphème – Par la ruse, mes amis ! Et celui qui me tue se nomme Personne !

Les cyclopes – Personne ? Alors, nous ne pouvons rien pour toi !

À ces mots, ils s'en vont et je riais tout bas. Gémissant, torturé de douleurs, le Cyclope, en tâtonnant des mains, était allé lever le rocher à l'entrée de la grotte et s'était assis en travers, les deux mains étendues pour nous prendre au passage, si nous voulions sortir dans le flot des moutons. Notre vie se jouait là. Voici le projet que je crus le plus sage. Ses béliers étaient des mâles bien nourris, à l'épaisse toison. Sans bruit, avec de l'osier, j'attache les béliers ensemble, trois par trois. Chacun de mes compagnons s'agrippe à la bête du milieu, caché par les deux autres. Il me reste, à moi, le bélier le plus fort. Je me coule sous son ventre, m'allonge en sa laine, et je reste pendu, tordant à pleines mains sa toison merveilleuse.

Ulysse et ses compagnons sortent ainsi de la caverne, rejoignent leur bateau et s'éloignent aussi vite qu'ils le peuvent.

D'après Homère, l'*Odyssée*, chant 9.

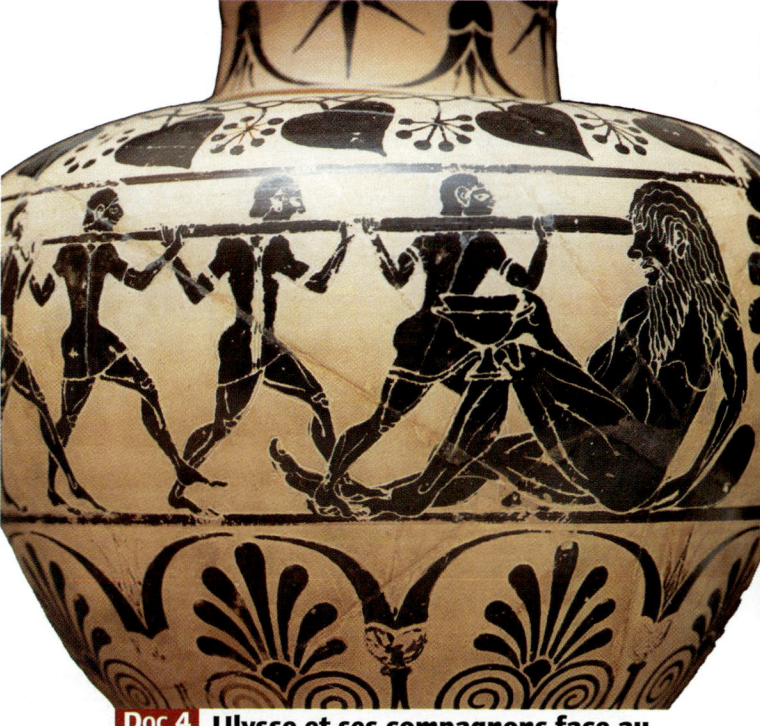

Doc 4 — Ulysse et ses compagnons face au cyclope Polyphème, vase, 6ᵉ siècle av. J.-C. Musée national de la Villa Giulia, Rome.

1 Doc 1 Quelle est l'origine du nom *Iliade* ? Situez la ville de Troie sur la carte page 58.

2 Doc 1 et 2 Comment se déroule le combat entre Achille et Hector ? Qui est vainqueur ? Comment la défaite de l'autre combattant est-elle suggérée par le dessin ? Qui sont les dieux partisans d'Achille ? Quel est celui qui soutient Hector ? Que nous apprend ce texte sur les dieux grecs ?

3 Doc 3 Quelle est l'origine du nom *Odyssée* ?

4 Doc 3 et 4 Où se passe l'épisode raconté ? Quel moment du récit est représenté sur le vase ? Qu'est-ce qui montre que Polyphème est un être bestial ? Comment Ulysse parvient-il à endormir le Cyclope ? En quoi consiste le plan d'attaque d'Ulysse ? Pourquoi les autres cyclopes ne viennent-ils pas en aide à Polyphème ? Quelles qualités Homère reconnaît-il à Ulysse ?

Je découvre

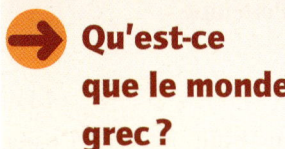
Qu'est-ce que le monde grec ?

2. Le monde des cités grecques

La Grèce est une région méditerranéenne située au Sud-Est de l'Europe. À partir de 2 000 avant J.-C., des peuples venus des rivages de la mer Noire s'y sont installés par vagues successives et ont fondé des cités. Entre les 8e et 6e siècles avant J.-C., des Grecs partent fonder de nouvelles cités tout autour de la mer Méditerranée. Mais où qu'ils soient, les Grecs ont une même façon de vivre.

Doc 1 Les cités grecques autour de la mer Égée.

- Plaines
- Régions montagneuses
- Limites des territoires grecs
- Grande cité grecque
- Grand sanctuaire pour tous les Grecs

Doc 2 La fondation de Massalia (Marseille), colonie grecque

Les Phocéens étaient contraints à exploiter davantage la mer que la terre à cause de l'exiguïté du territoire de leur cité. La pêche et le commerce étaient leurs principales ressources. Aussi, les marins de Phocée n'eurent-ils pas peur d'avancer jusqu'à l'extrême bord de la mer Méditerranée, ce qui les conduisit à un golfe de la Gaule où se jette le Rhône. Séduits par la beauté des lieux, ils en firent un tel tableau quand ils rentrèrent chez eux qu'ils attirèrent une troupe plus nombreuse. Repartis pour la Gaule, ils allèrent trouver le roi sur le territoire duquel ils désiraient fonder une ville et lui demandèrent son amitié.

D'après Justin, *Histoire universelle*, 2e siècle ap. J.-C.

Doc 3 Une cité grecque.

Doc 4 **La récolte des olives,** céramique, vers 530 av. J.-C. (British Museum).

Doc 5 **L'usage de l'écriture,** inscription grecque à Olympie.

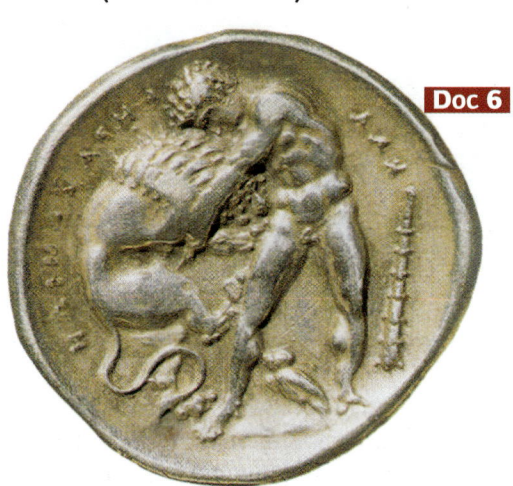

Doc 6 **Monnaie de la cité d'Héraclée,** vers 500 av. J.-C. (BNF).

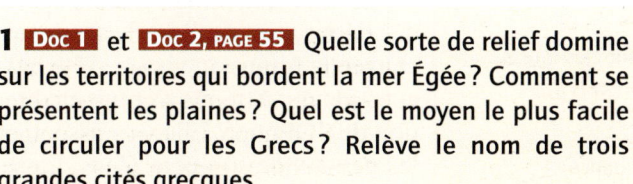

Doc 7 **Monnaie de la cité de Massalia (Marseille),** vers 400 av. J.-C. (BNF).

1 **Doc 1** et **Doc 2, PAGE 55** Quelle sorte de relief domine sur les territoires qui bordent la mer Égée ? Comment se présentent les plaines ? Quel est le moyen le plus facile de circuler pour les Grecs ? Relève le nom de trois grandes cités grecques.

2 **Doc 3** Une cité grecque est-elle seulement une ville ?

3 **Doc 2** À l'aide de la carte p. 54, indique d'où sont partis les Grecs qui fondent Massalia ? Qu'est-ce qui les pousse à quitter leur cité d'origine ?

4. À l'aide de la carte page 54, relève les continents sur lesquels les Grecs ont fondé des cités.

5 **Doc 4** Quel travail agricole est représenté sur ce vase ? Quel produit peut-on obtenir avec le fruit récolté ?

6 **Doc 5, 6 et 7** Quelle est l'invention des Grecs dans le domaine de l'écriture (voir page 11) ? dans le domaine commercial ?

CHAPITRE 4 • LA GRÈCE 59

Je découvre

 Quelle est la religion des Grecs ?

3. Les croyances des Grecs

Les Grecs honorent de nombreux dieux. Ces dieux forment une grande famille vivant sur le mont Olympe et interviennent tout le temps dans la vie des hommes. Les Grecs croient aussi en l'existence de héros qui ont accompli des exploits si extraordinaires qu'ils les honorent comme des dieux.

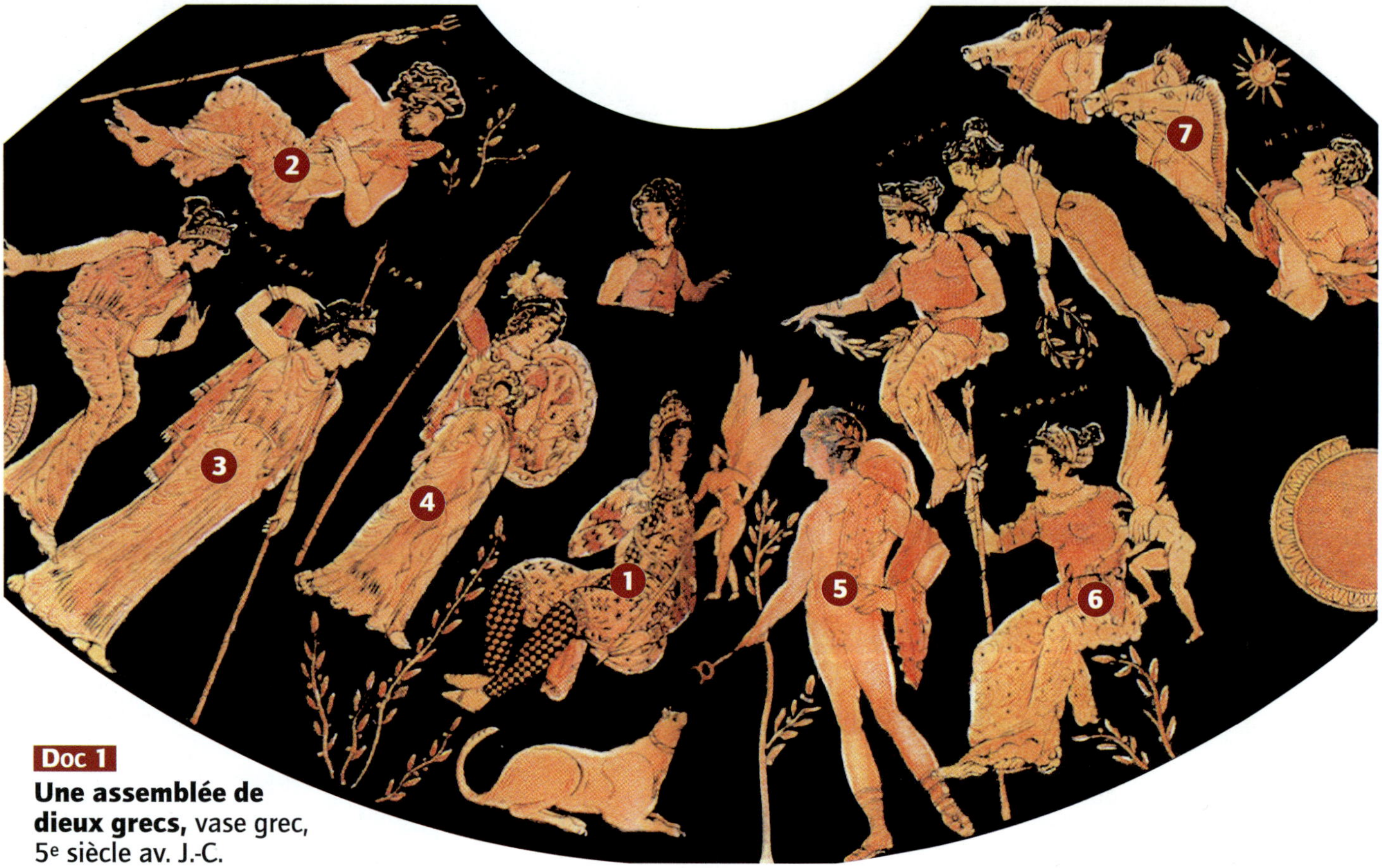

Doc 1
Une assemblée de dieux grecs, vase grec, 5e siècle av. J.-C. (musée de Karlsruhe).

Les dieux de l'Olympe entourent le héros troyen, ❶ Pâris, qui est à l'origine de la guerre de Troie. On reconnaît ❷ Zeus qui porte un sceptre, ❸ Héra son épouse, très jalouse, ❹ Athéna, née armée de la tête de Zeus et qui porte le bouclier appelé «égide», ❺ Hermès, messager des dieux, qui tient en main le caducée, ❻ Aphrodite, déesse de l'Amour, accompagnée de son fils Éros, ❼ Apollon, dieu du Soleil, qui conduit son char à travers le ciel.

Doc 2 Les dieux grecs de l'Olympe

Zeus, ses frères et sœurs	
Zeus	le Ciel
Héra	le Mariage
Poséidon	la Mer
Hadès	le monde des Morts
Déméter	les Moissons
Les enfants de Zeus	
Athéna	l'Intelligence
Artémis	la Chasse
Héphaïstos	le Feu
Arès	la Guerre
Dionysos	la Vigne
Hermès	le Commerce
Aphrodite	l'Amour, la Beauté
Apollon	le Soleil, les Arts

Doc 3 Une dispute entre dieux

«Quoi! dit Héra. Chienne effrontée, tu veux me tenir tête? Mon ardeur au combat te donnera du mal malgré ton arc.» Elle saisit alors les poignets d'Artémis, arrache l'arc de ses épaules et avec la frappe au visage. Tête basse et en pleurs, Artémis s'enfuit en direction de l'Olympe. Elle va s'asseoir sur les genoux de son père, Zeus. La serrant contre lui, celui-ci lui demande: «Qui t'a ainsi traitée, mon enfant?» Artémis répondit: «C'est ton épouse, Héra, la déesse aux bras blancs, qui m'a frappée. Elle sème toujours la discorde et la lutte entre les dieux.»

D'après Homère, l'*Iliade*, chant 21.

Doc 4 **Thésée face au Minotaure,** céramique, 6ᵉ siècle av. J.-C. (musée du Louvre).

Doc 5 **Thésée et le Minotaure**

Thésée est le fils du roi d'Athènes, Égée. Son plus grand exploit fut d'avoir délivré sa patrie de l'impôt sanglant que lui imposait alors le roi de Crète, Minos. Tous les ans, les Athéniens devaient livrer sept jeunes hommes et sept jeunes filles qui étaient envoyés dans l'île pour être dévorés par le Minotaure. Ce monstre vivait au fond du Labyrinthe, dans un palais construit par Dédale selon un plan si compliqué que quiconque y entrait se perdait. Un jour, Thésée décida de se mêler aux victimes désignées. Avant de partir, il promit à son père de remplacer à son retour les voiles noires de son navire par des voiles blanches, s'il triomphait du monstre.
Arrivé en Crète, il séduisit Ariane, la fille de Minos, qui lui donna une pelote de fil. Pénétrant dans le Labyrinthe, Thésée déroula le fil, débusqua le Minotaure et le tua. Il retrouva la sortie du palais en suivant le fil d'Ariane. Mais, de retour à Athènes, Thésée oublia de changer ses voiles. Égée, qui scrutait l'horizon, crut que son fils était mort. De désespoir, il se jeta dans la mer qui porta désormais son nom.

Doc 6 **Un sacrifice pour les dieux,** bois peint, vers 520 av. J.-C. (musée national d'archéologie, Athènes).

1 **Doc 1** Quelle apparence ont les dieux grecs ? À quel objet reconnaît-on Zeus, le roi des dieux ? À l'aide de la carte page 58, localise l'Olympe.

2 **Doc 1 et 2** Quels dieux de l'Olympe ne sont pas représentés sur le vase ? Quelle divinité est particulièrement honorée par les guerriers ? les marins ? les paysans ? les marchands ? les forgerons ?

3 **Doc 3** Quels sont les défauts humains, et les qualités, prêtés aux dieux par l'auteur ?

4 **Doc 4 et 5** Qui est Thésée ? Qui est le Minotaure ? Où se déroule cette légende ? Pourquoi Thésée devient-il le héros d'Athènes ?

5 **Doc 6** Décris les personnages représentés. Que se préparent-ils à faire ? Pourquoi ?

CHAPITRE 4 · LA GRÈCE

Patrimoine

→ **Comment Zeus est-il honoré ?**

4. Olympie, sanctuaire de Zeus

Olympie est le plus célèbre sanctuaire consacré à Zeus. Tous les quatre ans, les participants, venus des cités de tout le monde grec, s'y réunissent pendant sept jours. C'est alors une grande fête en l'honneur du dieu : processions, sacrifices, jeux sportifs. Ces fêtes ont une telle importance pour les Grecs qu'ils divisent le temps en olympiades, périodes de quatre ans depuis la fondation des jeux, en 776 avant J.-C.

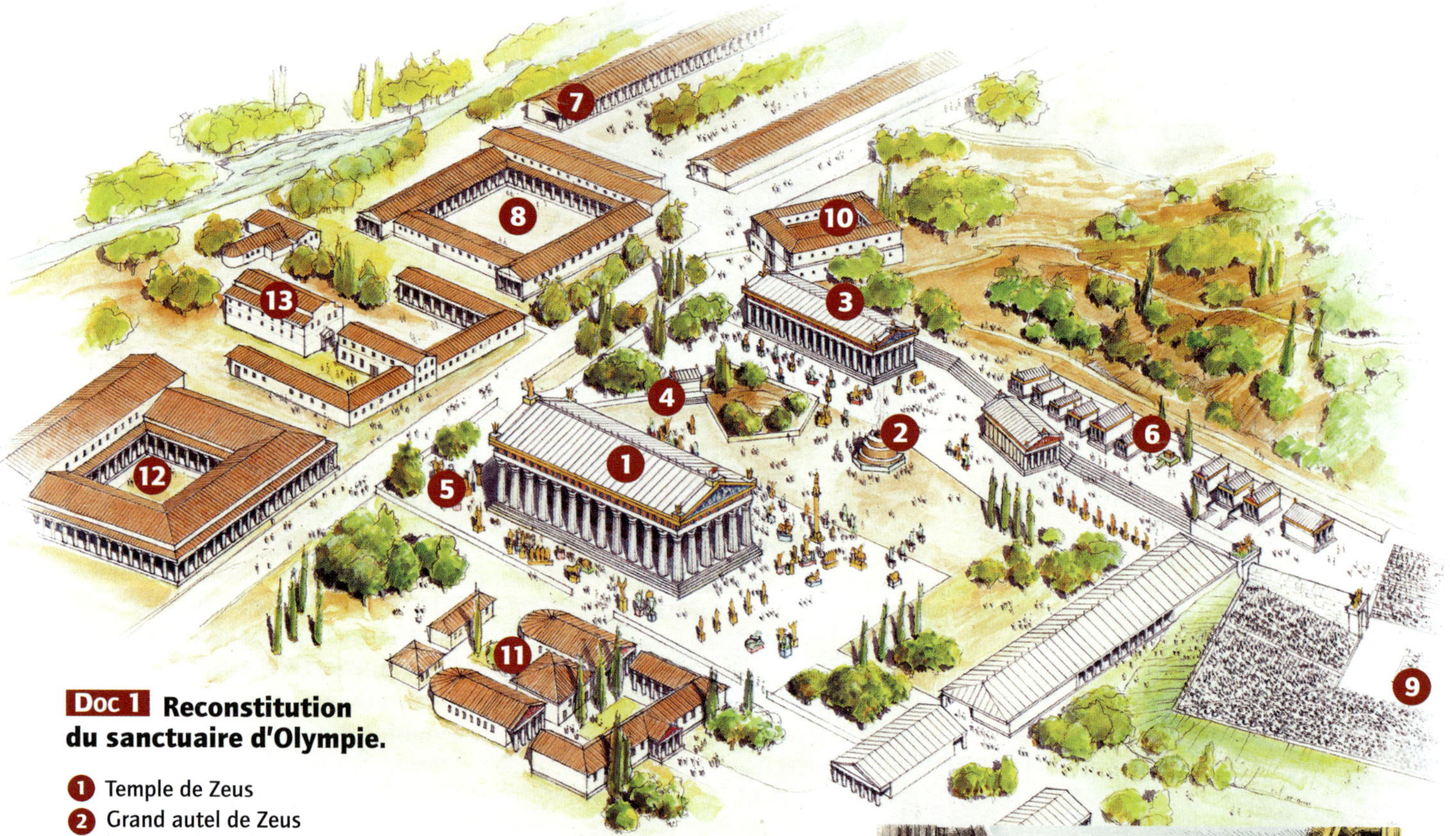

Doc 1 Reconstitution du sanctuaire d'Olympie.

1. Temple de Zeus
2. Grand autel de Zeus
3. Temple d'Héra
4. Monument du héros Peplos, fondateur des jeux
5. Olivier sacré : ses branches servent de couronne aux vainqueurs
6. Trésors des cités
7. Gymnase : pour les lancers
8. Palestre : pour le saut et les sports de combat
9. Stade (192,27 m)
10. Prytanée : abrite la flamme olympique
11. Conseil olympique
12. Hôtel pour les visiteurs importants
13. Atelier du sculpteur Phidias

Doc 2 Reconstitution de la statue de Zeus dans son temple. Œuvre du sculpteur Phidias, elle était considérée dans l'Antiquité comme l'une des Sept Merveilles du Monde (pyramides d'Égypte, jardins de Babylone, temple d'Artémis à Éphèse, phare d'Alexandrie, colosse de Rhodes, tombeau de Mausole à Halicarnasse).

Doc 3 **L'origine des jeux grecs**

Héraclès, le premier, rassembla les Grecs à cette fête. Jusque-là, les cités étaient divisées entre elles. Il institua une fête qui devait être un concours de force et d'intelligence. Les Grecs se réuniraient alors pour voir et entendre des merveilles. Ce rapprochement, pensait-il, ferait naître entre les Grecs une mutuelle affection.

D'après Lysias, *Discours olympique*, 4e siècle av. J.-C.

Pendant les jeux, nous concluons des trêves entre cités et nous faisons taire nos haines pour nous réunir en un même lieu où nous nous rappelons notre origine commune en faisant ensemble des prières et des sacrifices.

D'après Isocrate, *Panégyrique*, 43, 4e siècle av. J.-C.

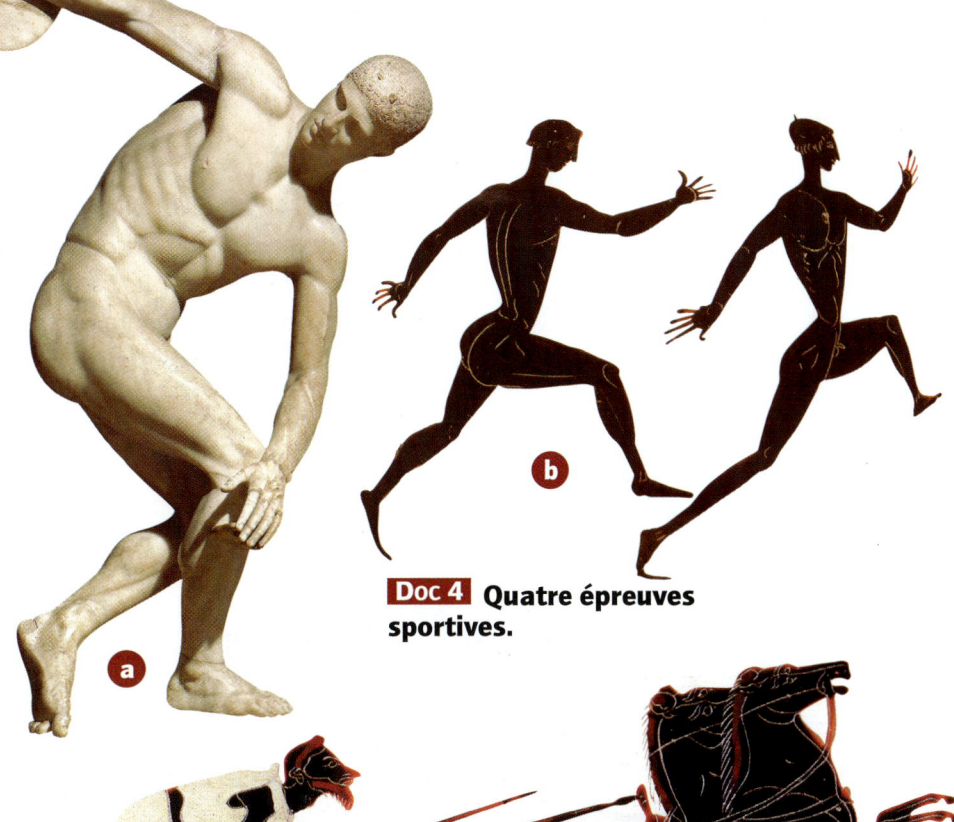

Doc 4 Quatre épreuves sportives.

Doc 5 **Les épreuves des Jeux olympiques**

Course à pied	Combat	Pentathlon	Course de chevaux
• course simple : sprint sur la longueur du stade : 192,27 m • course double • course longue 1 500 à 5 000 m • course en armes	• lutte • pugilat (combat à coups de poing) • pancrace (lutte et pugilat)	• combinaison de 5 épreuves (course simple, saut en longueur, disque, javelot, lutte)	• course montée • course de chars

1 **Doc 1** Dans quelle région de la Grèce se situe Olympie (carte page 58) ? Quel dieu y est honoré ?

2 **Doc 3** À quel héros la mythologie grecque attribue-t-elle l'origine des jeux d'Olympie ? De quelle manière doivent-ils rapprocher les Grecs ?

3 **Doc 1** Construis un tableau en trois colonnes et complète-le : **Constructions religieuses ; Constructions sportives ; Autres bâtiments du sanctuaire.**

4 **Doc 2** Pour quelles raisons la statue de Zeus à Olympie impressionnait-elle les visiteurs ?

5 **Doc 4 et 5** Quelles sont les épreuves représentées en image ? Que remarques-tu sur la tenue des athlètes grecs ?

6. Imagine et rédige le récit d'un spectateur grec qui assiste aux jeux d'Olympie (les lieux, les cérémonies, les épreuves, les athlètes...).

Patrimoine

→ Comment Apollon est-il honoré ?

5. Delphes, sanctuaire d'Apollon

Dans un site sauvage, au pied de hautes parois rocheuses, Delphes est le plus grand sanctuaire du monde grec consacré à Apollon. À la demande de son père Zeus, Apollon tua le serpent Python qui terrorisait les habitants de Delphes. Il y fonda un sanctuaire où le dieu faisait connaître ses volontés par l'intermédiaire d'une prêtresse, la Pythie : on venait la consulter de tout le monde grec.

Doc 1 **Apollon, dieu de la poésie et de la musique,** détail d'un vase grec du 4e siècle av. J.-C. (musée du Louvre).

❶ trésor des Athéniens
❷ temple d'Apollon
❸ autel
❹ théâtre
❺ stade

Doc 2 **Les vestiges du sanctuaire de Delphes.**

Doc 3 La Pythie rend un oracle dans le temple d'Apollon, vase grec, 5e siècle av. J.-C. (musée d'État, Berlin).

❶ feuilles de laurier
❷ trépied

Doc 4 Un oracle de la Pythie

Au milieu du 6e siècle avant J.-C., Crésus, riche roi d'Asie Mineure, voulut faire la guerre au roi de Perse, Cyrus, dont la puissance grandissante l'inquiétait. Il envoya des messagers à Delphes qui demandèrent à la prêtresse d'Apollon, la Pythie, si leur roi devait partir en guerre. La Pythie répondit : « Si Crésus fait la guerre, il détruira un grand empire. » Satisfait, Crésus fit de nombreux cadeaux au sanctuaire, prit les armes contre les Perses, mais fut vaincu et fait prisonnier par Cyrus. Libéré, il envoya ses messagers à Delphes se plaindre qu'Apollon l'avait trompé. La Pythie leur répondit : « Crésus a tort. Il aurait dû demander au dieu quel empire serait détruit : le sien ou celui de Cyrus ? »

D'après Hérodote, *Histoires*, 5e siècle avant J.-C.

Doc 5 Un sacrifice

Le prêtre Chrysès, bras levés, prie à haute voix : « Écoute-moi, Apollon ! Des Grecs, écarte la peste ! » Et Apollon entend sa prière. Après avoir lancé les grains d'orge, ils lèvent vers le ciel la tête des bœufs et les égorgent. Ils détachent les cuisses. Puis le prêtre les fait brûler sur des sarments de vigne ; il y répand du vin à la couleur de feu. Des jeunes gens auprès de lui tiennent des broches à cinq pointes. Lorsque les cuisses sont consumées, ils coupent les restes des victimes en morceaux et les embrochent pour les faire rôtir. Quand le banquet est prêt, on festoie et chacun a sa part.

D'après Homère, l'*Iliade*, chant 1.

1. Dans quelle région de la Grèce se situe Delphes (carte page 58) ? Quel dieu y est honoré ?

2. Doc 1 Que porte le dieu sur sa tête ? De quel instrument de musique joue-t-il ?

3. Doc 2 Quelles constructions montrent que Delphes est un lieu de culte ? Quelles constructions prouvent qu'il y avait aussi des concours sportifs et artistiques ?

4. Doc 5 Comment se déroule le sacrifice en l'honneur d'Apollon ?

5. Doc 3 et 4 Comment se nomme la prêtresse qui se tient dans le temple d'Apollon ? Comment s'appellent les réponses qu'elle donne aux questions posées ? Qui parle par sa bouche ? Quelle mésaventure arrive au roi Crésus ?

6. Rédige le récit d'un pèlerin venu consulter le dieu Apollon (description des lieux, dialogue avec la Pythie...).

Bilan

CARTE REPÈRE PAGE 54

DOCUMENTS REPÈRES PAGES 56-57

DOCUMENTS REPÈRES PAGES 62-63 PAGES 64-65

Le monde grec

A Autour de la mer Méditerranée

1. La **Grèce** est située au Sud-Est de l'Europe. C'est une **région montagneuse** et de climat méditerranéen. Les Grecs sont un mélange de peuples qui se sont installés par vagues successives en Grèce et sur les côtes de l'Asie Mineure. Parmi ces peuples, les **Achéens** fondent de **petits royaumes guerriers**, vers 2000 avant J.-C.

2. Entre les **8e et 6e siècles avant J.-C.**, de nombreux Grecs quittent leur pays et vont s'installer sur des rivages inconnus de la mer Méditerranée et de la mer Noire. Ils partent sur de frêles embarcations et longent les côtes à la recherche d'endroits favorables pour établir des colonies. Vers 600 avant J.-C., des habitants de Phocée fondent **Massalia** (Marseille).

3. Le monde grec est divisé en une multitude de cités. Chaque cité est un petit État indépendant. Son territoire se compose d'une ville, de la campagne autour et souvent d'un rivage maritime.

B Une même civilisation

1. Où qu'ils soient, les Grecs ont une **même façon de vivre**. **Paysans**, ils cultivent le blé, la vigne, l'olivier, élèvent des moutons et des chèvres. Dans les villes, ils sont **artisans, commerçants** ou **pêcheurs**. Autour de la Méditerranée qui les réunit, les Grecs développent le **commerce maritime**. Ils utilisent la **monnaie**, qu'ils ont inventée.

2. Les Grecs parlent une **même langue**. Ils ont le même **alphabet** à consonnes et à voyelles. Tous connaissent les récits d'**Homère**, l'*Iliade* et l'*Odyssée*, qui racontent les exploits de leurs ancêtres. Tous ont la **même religion**. Par tout cela, ils se distinguent de ceux qu'ils appellent les « Barbares ».

C Les croyances des Grecs

1. Les Grecs sont **polythéistes**. Ils croient en l'existence de nombreux dieux et les représentent avec un corps, des sentiments et des comportements humains. Mais à la différence des hommes, les dieux sont immortels et leur puissance est sans limite. Pour les Grecs, les dieux vivent en famille sur **l'Olympe**, la plus haute montagne du pays.

2. Les Grecs croient aussi en l'existence de héros. Nés de l'union d'un dieu et d'une mortelle ou humains à part entière, ils ont un point commun : tous ont accompli des exploits extraordinaires pour tous les Grecs ou pour une cité en particulier, comme Thésée pour Athènes.

3. Homère et d'autres poètes ont raconté les aventures fabuleuses des dieux et des héros. On appelle ces récits la mythologie.

4. Prières, offrandes, sacrifices d'animaux sur des autels sont les principaux actes religieux des Grecs pour obtenir la protection des dieux dans tous les domaines de la vie. Le culte a lieu dans la famille. Il rassemble aussi les habitants d'une cité près d'un **temple**, qui est la demeure d'un dieu protecteur. Il a lieu aussi dans quelques grands sanctuaires, comme Olympie et Delphes, où se réunissent tous les Grecs.

Vocabulaire

colonie
Cité créée par des Grecs en dehors de la Grèce.

cité
Du grec *polis*, petit État composé d'une ville et de la campagne environnante.

civilisation
Vaste groupe d'hommes qui ont en commun la même façon de vivre, les mêmes croyances, les mêmes goûts artistiques, les mêmes techniques.

Barbare
Celui qui ne parle pas grec et qui n'a pas les habitudes de vie des Grecs.

héros
Personnage de la mythologie grecque, né de l'union d'un dieu et d'une mortelle et qui a réalisé des exploits surhumains.

mythologie
L'ensemble des légendes, des mythes, sur les dieux et les héros.

sacrifice
Mise à mort d'un animal en l'honneur d'une divinité pour obtenir un bienfait de sa part ou la remercier.

autel
Table sur laquelle on fait un sacrifice ou une offrande à une divinité.

culte
Voir page 35.

sanctuaire
Lieu sacré réservé à une divinité.

Personnages

ZEUS
Il est le chef de la grande famille des dieux grecs ; il a organisé le Monde. Maître du Ciel, il est souvent représenté avec la foudre. Les Jeux olympiques ont lieu en son honneur.

APOLLON
D'une grande beauté, il est le dieu du Soleil et des Arts. Il est honoré par tous les Grecs à Delphes où la Pythie parle en son nom.

THÉSÉE
Dans la mythologie grecque, il est le héros qui délivra la cité d'Athènes du Minotaure.

Dates

8e siècle avant J.-C. : poèmes homériques
8e-6e siècles : fondation des colonies grecques
776 avant J.-C. : les premiers Jeux olympiques

Retenir autrement

Le monde grec comprend les cités de Grèce et d'Asie Mineure, ainsi que toutes les colonies fondées par les Grecs sur les rivages de la mer Méditerranée et de la mer Noire.

Les Grecs vivent dans de petits territoires appelés des cités. Une cité grecque comprend une ville, la campagne autour et souvent un rivage maritime.

Les Grecs appartiennent à la même civilisation : ils ont la même langue, une même façon de vivre, la même religion. Tous connaissent les poèmes homériques.

Les Grecs sont polythéistes. Ils croient en l'existence de nombreux dieux et de héros qui ont l'apparence des hommes.

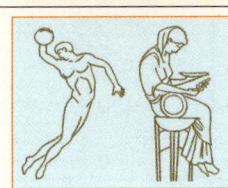
Les Grecs honorent les dieux dans des temples. Ils font pour eux des sacrifices. Olympie et Delphes sont des sanctuaires pour tous les Grecs.

→ Exercices

1. Se repérer dans l'espace grec

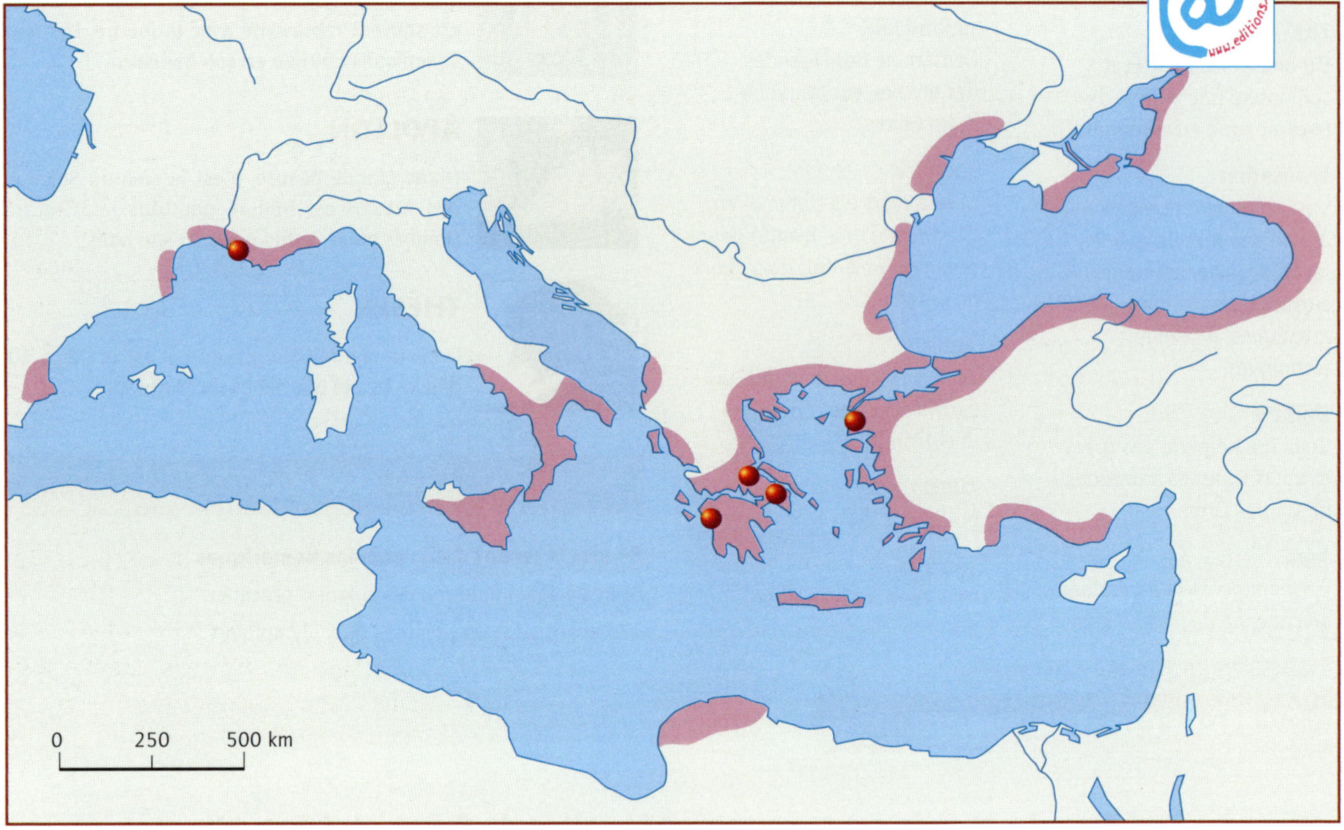

1. Place au bon endroit les noms des mers, des régions et des villes.

Mots à placer :
- ❏ Mer Méditerranée
- ❏ Mer Noire
- ❏ Grèce
- ❏ Grande Grèce
- ❏ Grèce d'Asie
- ❏ Athènes
- ❏ Olympie
- ❏ Delphes
- ❏ Massalia (Marseille)
- ❏ Troie

2. Quelle est la signification de la couleur rose ?

2. Reconnaître des dieux grecs

• Observe ces dieux. Qui sont-ils ? Quel(s) objet(s) chacun tient-il en main ?

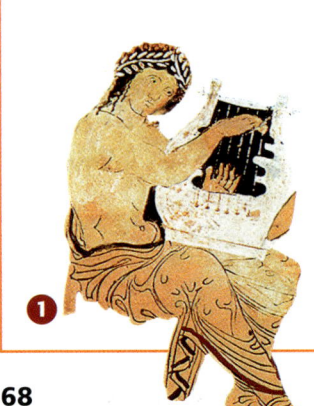
❶

❷

❸

3. Lire et comprendre un texte

Circé la magicienne m'avertit : « Toi et tes marins, vous devrez passer près de l'île des Sirènes qui charment de leurs fraîches voix tous les humains qui les approchent. Mais ceux-là ne revoient alors jamais leur logis ni leur femme ni leurs enfants. Le rivage de l'île est blanchi d'ossements et de débris humains. Passe sans t'arrêter ! »

Le solide navire, poussé par un vent favorable, approche de l'île des Sirènes. Soudain, la brise tombe : pas un souffle sur les flots qu'un dieu vient d'endormir. Mes compagnons se lèvent, amènent la voile et, assis à leurs bancs, font écumer l'onde sous leurs rames lisses. De mon poignard en bronze, j'entaille un bloc de cire. À pleines mains, j'écrase et pétris les morceaux. La cire devient molle. De banc en banc, je vais en boucher les oreilles de mes marins. À ma demande, ces derniers me lient bras et jambes et m'attachent au mât du bateau.

Soudain les fraîches voix des Sirènes entonnent un chant. « Viens ici ! Viens à nous, illustre Ulysse, l'honneur de la Grèce ! Viens écouter nos voix, nos doux airs qui sortent de nos lèvres. » Mon cœur est rempli du désir de les écouter et de les rejoindre. Je fronce les sourcils pour donner à mes marins l'ordre de me détacher. Mais, tandis qu'ils rament de plus belle, deux d'entre eux viennent au *contraire* resserrer mes liens.

Nous passons l'île et bientôt nous n'entendons plus les chants des Sirènes. Mes chers compagnons ôtent la cire de leurs oreilles et me libèrent.

1. Quel est le titre du long poème d'où est extrait ce texte ?
   Qui en est l'auteur ?
   À quel siècle a-t-il vécu ?
   Que raconte ce poème ?
   Cite le nom d'un autre poème attribué à cet auteur.
2. Quel danger menace ici le héros et ses compagnons ?
   Qui l'en avertit ?
   Quels moyens sont mis en œuvre pour échapper au danger ?
   Pourquoi le héros n'utilise-t-il pas le même moyen que ses compagnons pour se protéger ?
3. Comment se conclut l'épisode ?
4. Imagine à partir du texte ce qui se serait passé si les compagnons du héros l'avaient détaché.

4. Rechercher

- Voici des mots et expressions tirés de l'*Odyssée*. À l'aide d'un dictionnaire des noms communs ou des noms propres, cherche leur signification aujourd'hui.

  ❑ chant des sirènes   ❑ une toile de Pénélope   ❑ tomber de Charybde en Scylla   ❑ cyclopéen
  ❑ une odyssée   ❑ la Calypso

→ **Pour chercher plus d'informations sur les dieux grecs :**
http://www.ac-versailles.fr/pedagogi/anti/mytho0.htm

Je découvre

Comment se présente la cité d'Athènes ?

6. Athènes, la cité et la ville

Le territoire de la cité d'Athènes est l'un des plus vastes de la Grèce. Il comprend une grande ville, avec ses lieux de gouvernement et ses lieux de culte, un grand port et la campagne environnante. Athéna est la déesse protectrice de la cité.

Doc 1 Le territoire de la cité d'Athènes.

Doc 2 Athéna, déesse de la cité d'Athènes

La légende raconte qu'Athéna, fille de Zeus, disputait à Poséidon, son oncle, la possession de l'Attique. Poséidon frappa l'Acropole de son trident pour en faire jaillir un splendide cheval. Athéna offrit aux habitants du pays un olivier, symbole de paix et de richesse. Les habitants de l'Attique jugèrent que l'arbre leur serait plus utile que le cheval. Ils choisirent donc Athéna comme déesse protectrice de la cité et l'olivier de l'Acropole devint sacré.

Doc 3 Monnaie d'Athènes, vers 470 av. J.-C.

chouette (emblème d'Athéna)

les trois premières lettres du mot Athènes

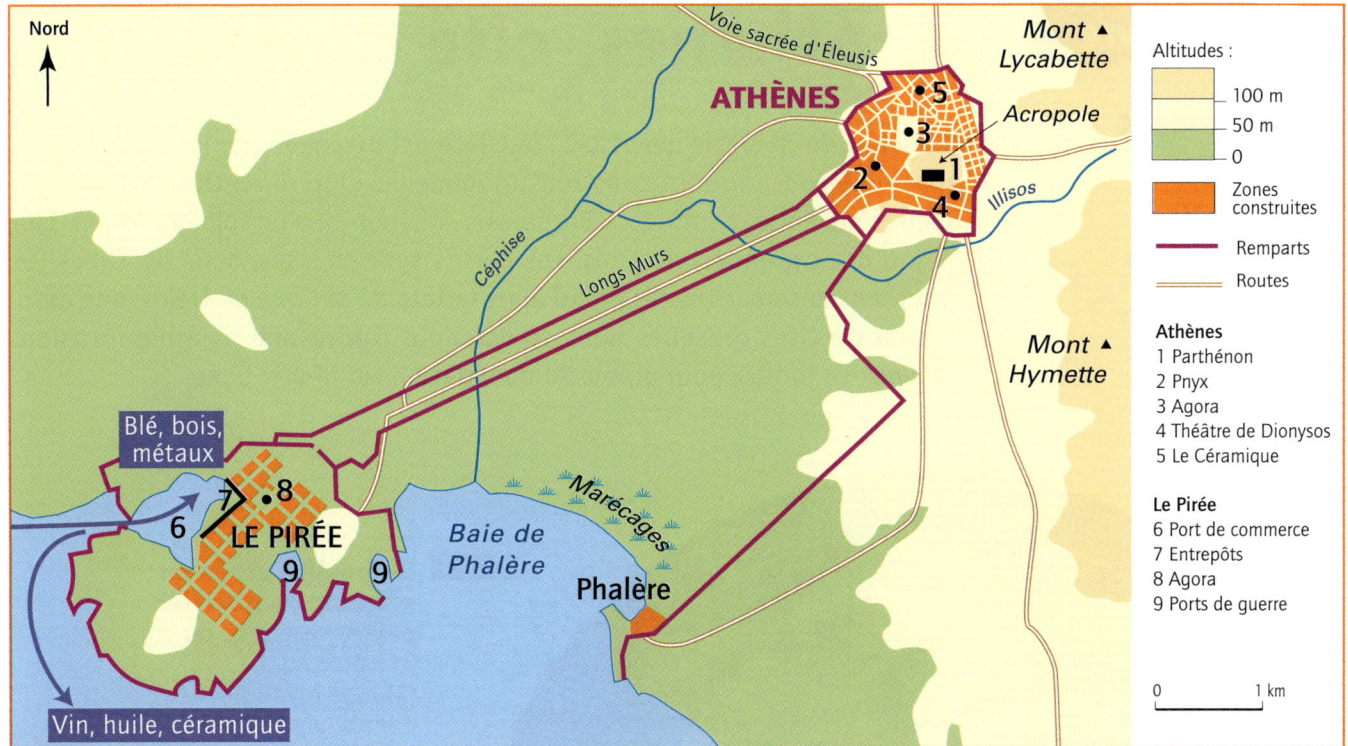

Doc 4 Athènes et Le Pirée au 5e siècle avant J.-C.

Doc 5 Une cité bien constituée

Le territoire de la cité doit pouvoir être embrassé d'un seul coup d'œil, car alors il est facile à défendre. Il faut donner à l'emplacement de la ville une situation favorable tant par rapport à la mer que par rapport à la campagne, pour des raisons de sécurité et d'approvisionnement en produits essentiels. Il est préférable que la ville ait un accès à la mer et il faut qu'elle puisse communiquer avec l'ensemble du territoire de la cité.

D'après Aristote, *Politique*, 5e siècle av. J.-C.

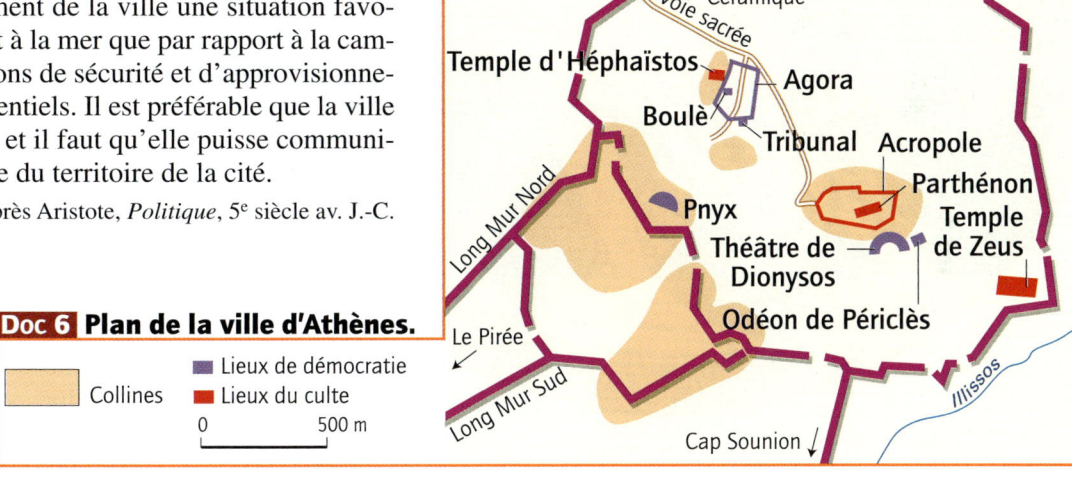

Doc 6 Plan de la ville d'Athènes.

1 **Doc 1** Comment appelle-t-on un territoire entouré par la mer de tous les côtés sauf un ? Quels sont les atouts et les désavantages de l'Attique ? À l'aide de l'échelle, calcule la distance, à vol d'oiseau, entre Athènes et Marathon.

2 **Doc 1 et 5** La cité d'Athènes remplit-elle les conditions fixées par l'auteur ?

3 **Doc 4** Comment se nomme le port d'Athènes ? À quelle distance est-il de la ville ? Comment la ville, le port et son accès sont-ils protégés ? Qu'exporte (vente à l'étranger) et qu'importe (achats à l'étranger) Athènes ?

4 **Doc 6** Autour de quel grand lieu de gouvernement et de quel grand lieu de culte la ville s'est-elle développée ?

5 **Doc 2 et 3** Qui est la déesse protectrice d'Athènes ? Qui était son rival ? En plus de la chouette et des trois lettres, qu'a-t-on dessiné sur la pièce de monnaie ? Pour quelle raison ?

CHAPITRE 4 • LA GRÈCE 71

Je découvre

 Comment Athènes a-t-elle construit un empire ?

7. Athènes, cité dominante

Au début du 5e siècle avant J.-C., la Grèce est attaquée par les Perses, aussi appelés Mèdes, qui ont construit un immense empire en Orient. Dans ces guerres médiques contre les « Barbares », Athènes joue un rôle important. Elle gagne deux grandes victoires. Les Perses sont chassés, mais les Grecs les redoutent encore. Athènes prend alors la tête de la ligue de Délos, une association de cités grecques pour se défendre contre une possible invasion. Athènes en profite pour établir sa domination sur la mer Égée.

Doc 1 **Un hoplite athénien affronte un guerrier perse,** vase grec du 5e siècle av. J.-C. (Musée royal d'Écosse, Édimbourg).

Doc 2 **La bataille de Marathon en 490 av. J.-C.**

Les Athéniens se préparèrent au combat. D'après les sacrifices, les dieux leur semblaient favorables. Ils chargèrent les Barbares en courant. Huit stades au moins séparaient les deux armées.
Quand les Perses les virent arriver au pas de course, ils se préparèrent à soutenir le choc, mais ils prenaient pour des fous ces hommes qui, en petit nombre, attaquaient en courant, sans cavalerie et sans archers.
Bien groupés, les Athéniens assaillirent les Perses et combattirent avec une bravoure admirable.
Au centre, les Barbares l'emportèrent, mais ils furent enfoncés sur leurs ailes. Menacés d'encerclement, ils s'enfuirent. Les Athéniens les poursuivirent et les taillèrent en pièces jusque sur le rivage.

D'après Hérodote, *Histoires*, 5e siècle av. J.-C.

Doc 3 **La bataille de Salamine en 480 av. J.-C.**

Les rames bruyantes des Grecs frappent l'eau profonde en cadence et l'on entend une grande clameur : « Enfants de la Grèce, délivrez la patrie ! Délivrez vos enfants et vos femmes, les sanctuaires des dieux de vos pères et les tombeaux de vos aïeux ! »
Aussitôt, vaisseau contre vaisseau, les proues de bronze se heurtent. Un navire grec a donné le signal de l'abordage. Les nombreux vaisseaux perses affluent et résistent d'abord, mais ils s'entassent dans une passe étroite. Les trières grecques les encerclent adroitement, les frappent, les éventrent. La mer disparaît sous un amas d'épaves, de cadavres, tandis qu'une fuite désordonnée emporte à toutes rames ce qui reste de la flotte barbare.

D'après la tragédie d'Eschyle, *Les Perses*, 472 av. J.-C.

Doc 4 En 480, la flotte du roi de Perse, Xerxès, qui a envahi l'Attique, subit un désastre à Salamine. Reconstitution de Jacques Martin, « Les voyages d'Alix », *La marine antique* (1).

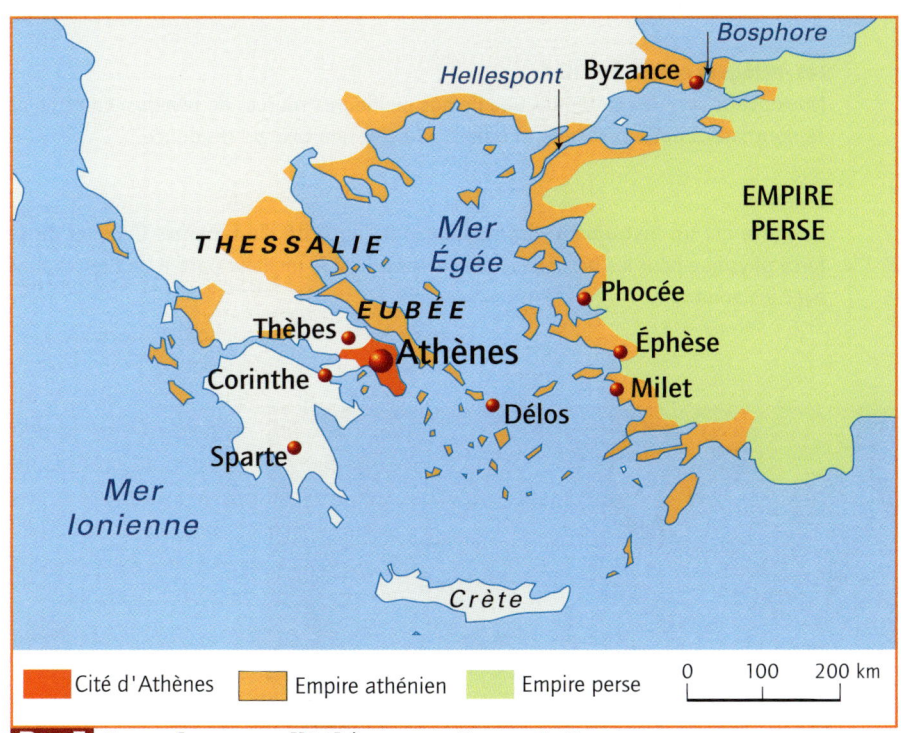

Doc 5 La puissance d'Athènes au 5e av. J.-C.

Cité d'Athènes | Empire athénien | Empire perse

Doc 6 L'enrichissement d'Athènes

Les ennemis de Périclès lui reprochaient d'avoir transporté de Délos à Athènes le trésor commun des Grecs. Ils disaient que les alliés d'Athènes se sentaient outragés de voir que l'argent qu'ils devaient verser pour la défense de la Grèce servait à embellir la ville de statues et de temples coûteux.

À cela Périclès répondait que les Athéniens n'avaient pas à rendre compte à leurs alliés de l'utilisation de l'argent, puisqu'ils faisaient la guerre pour eux et tenaient les Barbares loin de la Grèce.

D'après Plutarque, *Vie des hommes illustres*, 1er-2e siècle ap. J.-C.

1 **Doc 1** Comment appelle-t-on le guerrier grec qui combat à pied ? De quoi est-il armé ? Décris le guerrier perse.

2 **Doc 2** Où est situé Marathon (voir p. 70). Calcule la distance qui correspond à « huit stades » (voir pp. 62-63). Qui gagne la bataille ? Comment ? Que désigne un « marathon » aujourd'hui ? Recherche pour quelle raison.

3 **Doc 3 et 4** Quelle sorte de combat est la bataille de Salamine ? Qu'est-ce qu'une trière ? Que s'apprête à faire celle des Athéniens au centre de l'image ? À quels sentiments, selon Eschyle, est-il fait appel pour encourager les Grecs au combat ? Qui gagne la bataille ?

4 **Doc 5** Pour quelle raison dit-on que l'empire d'Athènes est un « empire de la mer » ?

5 **Doc 6** À quoi sert l'argent des alliés d'Athènes ? À quoi aurait-il dû servir ?

Je découvre

Comment est organisée la société athénienne ?

8. Les habitants d'Athènes

Au 5e siècle avant J.-C., Athènes compte 310 000 habitants environ. Mais ils ne sont pas égaux entre eux. Seuls les citoyens athéniens peuvent prendre part au gouvernement de la cité et posséder des terres. La plus grande partie des habitants est composée de non-citoyens.

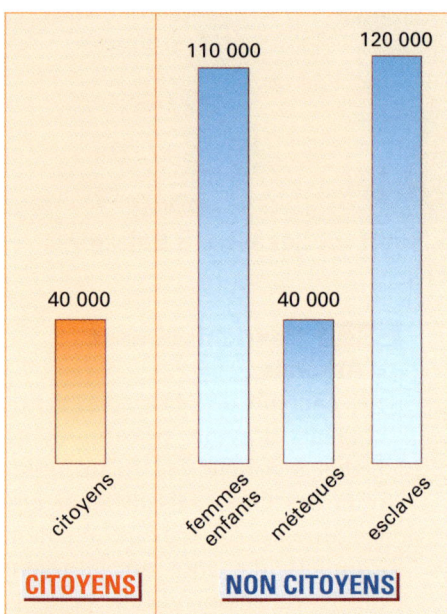

Doc 1 La population d'Athènes.

Doc 2 Citoyens et non-citoyens

Les citoyens
Un citoyen doit être né de parents tous deux citoyens et non d'un seul, son père ou sa mère. Le citoyen n'est pas citoyen par le seul fait d'habiter le territoire de la cité. Un citoyen se définit par la participation à la justice et aux fonctions offertes par la cité.

Les femmes et les enfants des citoyens
Les dieux ont adapté la nature de la femme aux travaux et aux soins de l'intérieur. Toi, qui es une femme, tu devras rester au logis. Tu élèveras les enfants.

Les métèques et leur famille
Nous avons avec les métèques une de nos meilleures sources de revenus. En effet, ils se nourrissent par eux-mêmes et paient à la cité une taxe de résidence.

Esclaves
L'esclave est un instrument vivant, soumis à l'autorité d'un maître. L'emploi de sa force physique pour les besognes indispensables est le meilleur parti à en tirer, comme avec les animaux.

D'après Aristote et Xénophon, 4e siècle av. J.-C.

Doc 3 **Des citoyens athéniens débattent des affaires de la cité,** fragment de la frise du Parthénon, 5e siècle av. J.-C.

Doc 4 Un atelier de potier dans le quartier du Céramique. À Athènes, beaucoup d'artisans étaient métèques, vase 5e siècle av. J.-C. (musée d'Oxford).

Doc 5 Des Athéniennes à la fontaine, accompagnées d'un esclave, vase, 6e siècle av. J.-C. (musée de Bari, Italie).

1 Doc 1 Relève le nombre de citoyens et calcule le nombre de non-citoyens. Compare ces deux chiffres à la population totale d'Athènes.

2 Doc 2 et 3 À quelle condition est-on citoyen athénien ? De quels droits dispose un citoyen ?

3 Doc 2 et 5 Quel est le rôle des femmes dans la société athénienne ? Sont-elles considérées comme des citoyennes ? À quoi est comparé l'esclave ?

4 Doc 2 et 4 À quelle obligation sont soumis les métèques ? Quelle sorte d'activités exercent-ils ?

CHAPITRE 4 • LA GRÈCE

Je découvre

Comment la cité d'Athènes est-elle gouvernée ?

9. Le fonctionnement de la démocratie

Au 5e siècle avant J.-C., les Athéniens inventent une forme de gouvernement originale : la démocratie. Réunis en Assemblée sur la colline de la Pnyx, les citoyens votent les lois, élisent ou tirent au sort ceux qui vont administrer la cité, la défendre et rendre la justice durant un an.

L'Assemblée des citoyens…

❶ Acropole
❷ autel de Zeus
❸ clepsydre (horloge à eau) qui limite le temps de parole de chaque citoyen
❹ gardien de l'ordre
❺ orateur

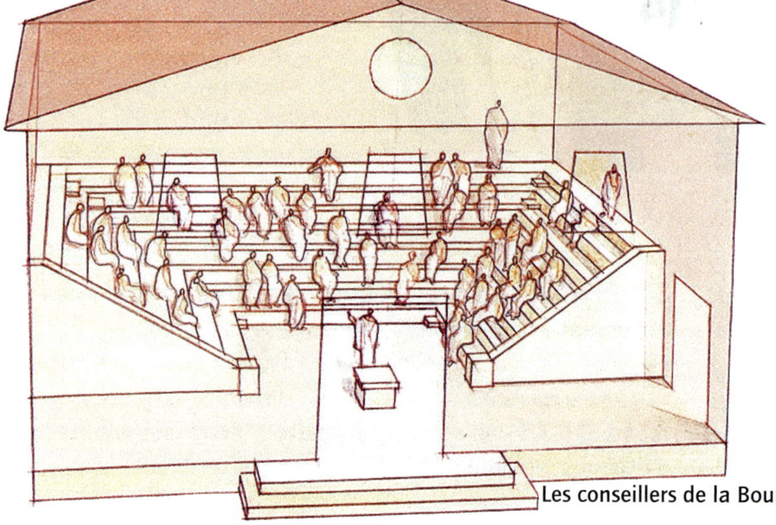

… tire au sort les conseillers qui préparent les lois…

Les conseillers de la Boulè.

... élit 10 stratèges qui dirigent la cité...

NOTRE CITÉ EST ADMINISTRÉE NON PAR LE PETIT NOMBRE, MAIS PAR LA MAJORITÉ, ET DANS L'INTÉRÊT DE CELLE-CI. NOTRE RÉGIME EST UNE DÉMOCRATIE. L'ÉGALITÉ EST ASSURÉE À TOUS PAR LES LOIS. NOUS CHOISISSONS NOS MAGISTRATS EN FONCTION DU MÉRITE DE CHACUN. NOUS INTERVENONS TOUS PERSONNELLEMENT DANS LE GOUVERNEMENT DE LA CITÉ.

Périclès et neuf stratèges.

... tire au sort des juges.

Je voterai en me conformant aux lois du peuple athénien. J'adopterai la solution qui me paraîtra la plus juste, sans faveur ni haine. Je n'accepterai pas de cadeaux en tant que juge. Je le jure par Zeus.

Jetons de vote des juges. La tige creuse indique la condamnation, la tige pleine l'acquittement. Le juge tient le jeton de manière à cacher les extrémités de la tige.

Vase pour mettre les jetons de vote.

Vase pour mettre les jetons non utilisés.

1. Où se réunit l'Assemblée des citoyens ? Décris les lieux.

2. Comment sont votées les lois ? Comment sont désignés les conseillers, les stratèges, les juges ? Quel est le rôle des stratèges ?

3. Par quels mots Périclès définit-il la démocratie ?

4. À quoi s'engage le juge athénien ? Comment les juges font-ils connaître leur verdict lors d'un procès ?

5. En te reportant à la page 74, explique pourquoi la démocratie athénienne est incomplète.

6. Organise une séance à l'Assemblée des citoyens athéniens : on y discute une loi proposée par un citoyen dans l'intérêt de la cité.

Je découvre

→ Comment se présente l'Acropole ?

10. L'Acropole

L'Acropole est la colline sacrée des Athéniens. C'est le centre religieux de la cité. Mais elle a été ravagée par les Perses lors des guerres médiques. Au milieu du 5e siècle avant J.-C., le stratège Périclès fait voter par l'Assemblée de grands travaux de reconstruction des temples. Sous la conduite du sculpteur Phidias, l'Acropole se couvre alors de monuments parmi les plus magnifiques du monde grec.

Doc 1 L'Acropole d'Athènes aujourd'hui.

Doc 2 Les grands projets du stratège Périclès

Il faut, disait Périclès, que la cité consacre le surplus de sa richesse à des ouvrages qui fourniront du travail à la ville entière et lui donneront une gloire éternelle. Il proposa à l'Assemblée de grands projets de constructions. Le marbre, l'ivoire, l'or, le bronze, le bois d'ébène et de cyprès furent travaillés par une foule d'artisans : charpentiers, menuisiers, sculpteurs, forgerons, orfèvres, peintres…
Les monuments s'élevaient, d'une grandeur imposante, d'une beauté et d'une grâce inimitables. Les artisans rivalisaient de zèle pour atteindre la perfection.

D'après Plutarque, *Vie des hommes illustres,* 1er-2e siècles ap. J.-C.

Doc 3 **Une reconstitution de l'Acropole antique.** Le Parthénon est un grand temple de marbre blanc dédié à la déesse Athéna, protectrice de la cité.

1. temple d'Athéna « victorieuse »
2. les Propylées : entrée de l'Acropole
3. grande statue d'Athéna « guerrière »
4. le Parthénon : temple d'Athéna « jeune fille »
5. olivier sacré
6. Érechthéion (temple consacré à plusieurs dieux)

1. Comment se situe l'Acropole par rapport à la ville (voir p. 71) ?

2 Doc 2 Selon Périclès, les grands travaux d'embellissement de l'Acropole avaient deux avantages : lesquels ? Quels matériaux sont utilisés pour la construction des temples ? Par quels artisans ?

3 Doc 1 et 3 À l'aide de la reconstitution, nomme les monuments indiqués A, B et C sur la photographie. Combien de monuments sont dédiés à Athéna ? Lesquels ?

4. Que rappelle la présence de l'olivier sacré (documents 2 et 3, page 70) ?

CHAPITRE 4 · LA GRÈCE 79

Patrimoine

→ Que représente le Parthénon pour les Athéniens ?

11. Le Parthénon

Sur l'Acropole, le temple principal est le Parthénon. Il mesure 69,51 m de long et 30,88 de large. Construit en marbre blanc du mont Pentélique et richement décoré, il est consacré à la déesse Athéna dont il abrite une grande statue. Ce lieu religieux a aussi une fonction politique : le trésor d'Athènes et de la ligue de Délos y est conservé, et tous les ans, les habitants d'Athènes y participent à une grande fête, les Panathénées, montrant l'unité de la cité.

EST

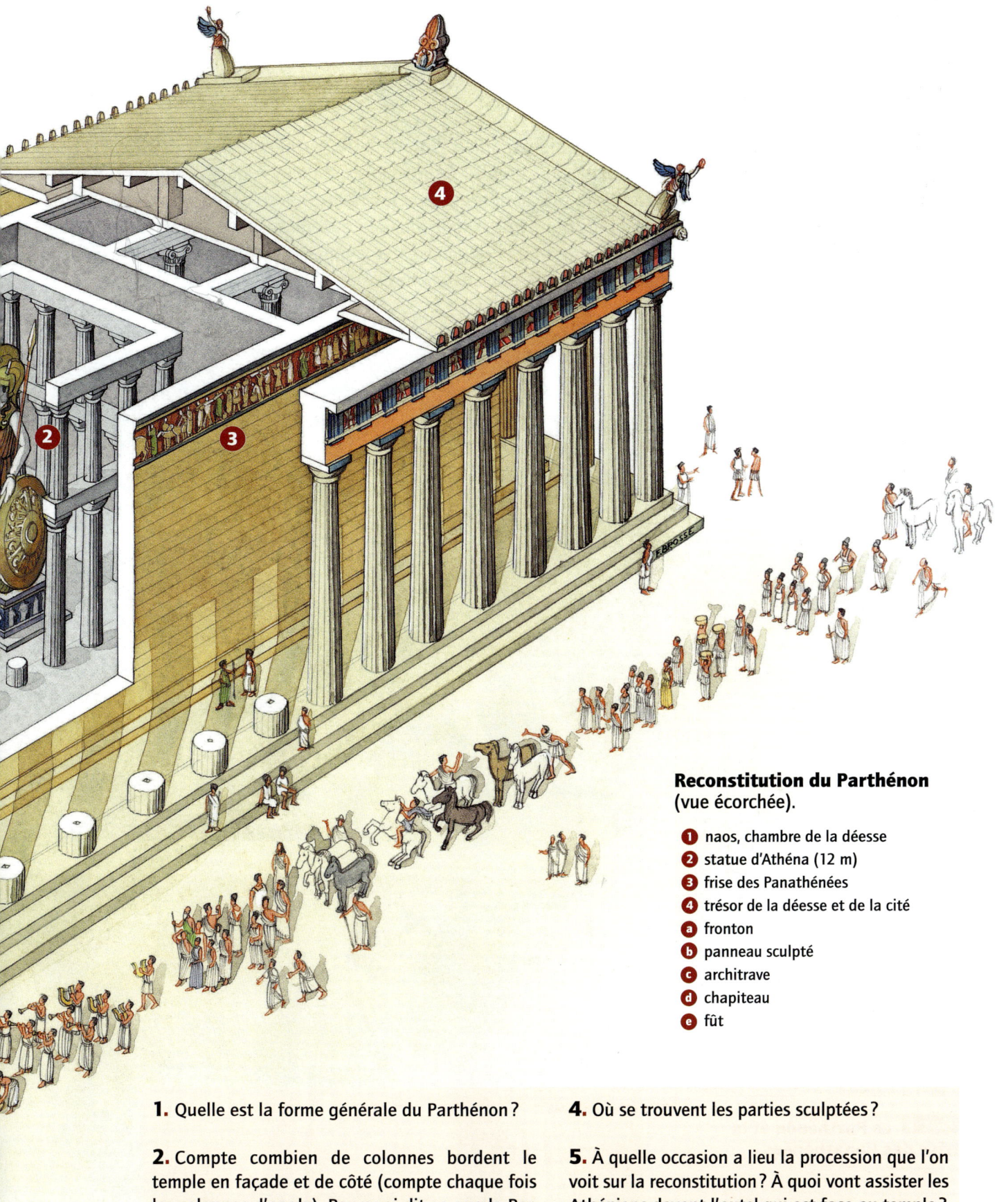

Reconstitution du Parthénon (vue écorchée).

1. naos, chambre de la déesse
2. statue d'Athéna (12 m)
3. frise des Panathénées
4. trésor de la déesse et de la cité
a. fronton
b. panneau sculpté
c. architrave
d. chapiteau
e. fût

1. Quelle est la forme générale du Parthénon ?

2. Compte combien de colonnes bordent le temple en façade et de côté (compte chaque fois les colonnes d'angle). Pourquoi dit-on que le Parthénon est un monument équilibré ? Quels sont les deux éléments d'une colonne ?

3. Dans quelle partie du temple se trouvait la statue d'Athéna ? Quelle était sa hauteur ? Décris-la.

4. Où se trouvent les parties sculptées ?

5. À quelle occasion a lieu la procession que l'on voit sur la reconstitution ? À quoi vont assister les Athéniens devant l'autel qui est face au temple ?

6. Résume en quelques phrases ce que tu as appris sur le Parthénon.

CHAPITRE 4 • LA GRÈCE 81

Patrimoine

  Que représente la frise des Panathénées ?

12. La frise des Panathénées

La frise en marbre qui ornait l'intérieur du Parthénon mesurait 160 m de long et comportait plus de 500 figures. Elle est l'œuvre du sculpteur Phidias. Il a représenté la procession de tous les habitants d'Athènes lors des Grandes Panathénées qui avaient lieu tous les quatre ans. Les Athéniens invitaient leurs alliés à ces fêtes religieuses et civiques d'un éclat tout particulier qui exprimaient la puissance d'Athènes.

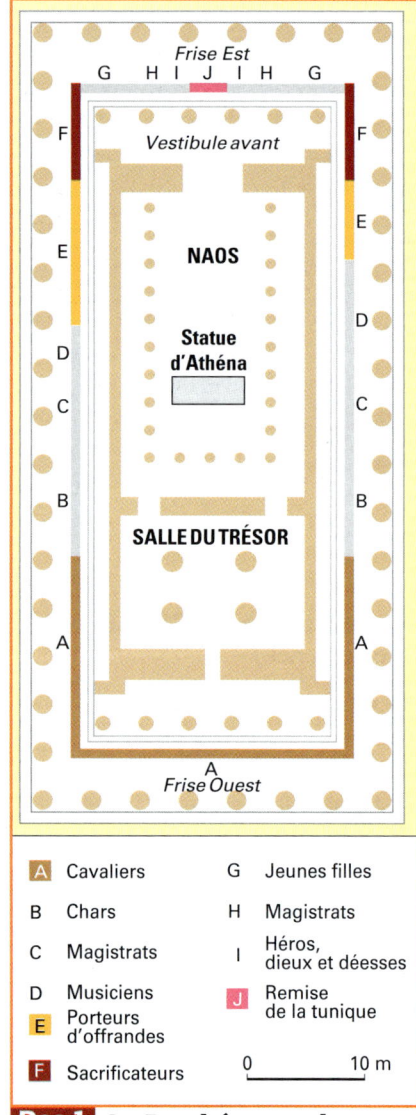

- A Cavaliers
- B Chars
- C Magistrats
- D Musiciens
- E Porteurs d'offrandes
- F Sacrificateurs
- G Jeunes filles
- H Magistrats
- I Héros, dieux et déesses
- J Remise de la tunique

Doc 1 Le Parthénon et la frise des Panathénées.

Doc 2 Fragments de la frise du Parthénon (A, E, F et J).

Doc 3 Le cortège des Grandes Panathénées

Quand le cortège s'ébranle, s'avancent en tête les athlètes, les hauts magistrats, suivis des bouleutes, des chefs militaires et des représentants des cités alliées. Puis viennent les jeunes filles : elles portent la tunique qui sera offerte à la déesse. Derrière elles, la file des bêtes destinées au sacrifice ; des jeunes filles ont sur la tête des corbeilles contenant des gâteaux d'offrande ; des vieillards tiennent des rameaux d'olivier ; des métèques et leurs femmes portent les vases du sacrifice.

Parti du quartier du Céramique, le cortège fait lentement le tour de l'Agora. La montée vers l'Acropole commence. Par un chemin en lacets, on arrive aux Propylées. On passe devant la grande statue d'Athéna. On atteint le Parthénon et l'on aperçoit, dressée dans le fond du naos, la déesse toute en or et en ivoire.

D'après G. Glotz, *Histoire grecque*, 1936, PUF.

1. Quel monument la frise orne-t-elle ? Où est-elle située précisément ? (voir p. 80-81).

2. La frise est-elle une suite de statues ou de sculptures en relief ? Dans quel matériau est-elle réalisée ? Que représente-t-elle ? Quel artiste en est l'auteur ? Comment donne-t-il de la vie aux figures humaines et animales qu'il a sculptées ?

3. Quelles sont les scènes représentées par ces quatre fragments ainsi que ceux des pages 74 et 89.

4. **Doc 3** Quel est le trajet du cortège des Grandes Panathénées sur l'Acropole ? Qui participe au cortège ? Quelle offrande est faite ce jour-là à Athéna ?

Je découvre

➜ **Comment Athènes rayonne-t-elle dans le monde grec ?**

13. Athènes, école de la Grèce

Par leurs œuvres, les architectes, les peintres, les sculpteurs, les écrivains et les savants d'Athènes font de leur cité la capitale artistique et culturelle du monde grec. C'est à Athènes que naît l'histoire, au sens de « récit historique ». C'est à Athènes que les plus grandes pièces du théâtre grec ont été composées et jouées.

Doc 1 **Le porteur de lance (Doryphore) de Polyclète,** milieu du 5e siècle avant J.-C. (Musée archéologique de Naples).

Doc 2 **La naissance de l'histoire**

Quant aux événements de la guerre, je n'ai pas jugé bon de les rapporter sur le témoignage du premier venu, ni d'après mon opinion. Je n'ai écrit que ce dont j'avais été témoin ou, pour le reste, ce que je savais par des informations aussi exactes que possible. Cette recherche n'allait pas sans peine, parce que ceux qui ont assisté aux événements ne les rapportaient pas de la même manière et parlaient selon les intérêts de leur parti. […] L'absence de merveilleux dans mes récits les rendra peut-être moins agréables à entendre.

D'après Thucydide, *La Guerre du Péloponnèse,* 5e siècle av. J.-C.

Doc 3 **Une comédie**

Bdélycléon, fils de Philocléon, est pris par la manie de juger. Son père le fait garder pour l'en empêcher. Pour satisfaire son envie, Bdélycléon organise un procès entre les deux chiens.

Bdélycléon – Maintenant silence ! Je lis l'acte d'accusation : plainte a été déposée par le sieur Le Chien contre Labès qui aurait dévoré à lui seul un fromage de Sicile. Vous, montez sur ce banc ! Commencez l'accusation.

Le Chien – Vous avez entendu, Messieurs les Juges, la plainte que j'ai déposée contre cet individu. Il a commis le crime le plus odieux contre ma personne. Il s'est rempli le ventre dans l'ombre… et il a refusé de faire part à deux. Ne l'acquittez surtout pas. C'est de beaucoup parmi les chiens le moins partageux et le plus glouton que je connaisse.

Bdélycléon – *(À l'accusé)* Monte et parle pour ta défense. Parle donc… Il lui arrive ce qui est arrivé à Thucydide, qui devant les juges fut frappé d'une paralysie subite des mâchoires.

D'après Aristophane, *Les Guêpes,* 5e siècle av. J.-C.

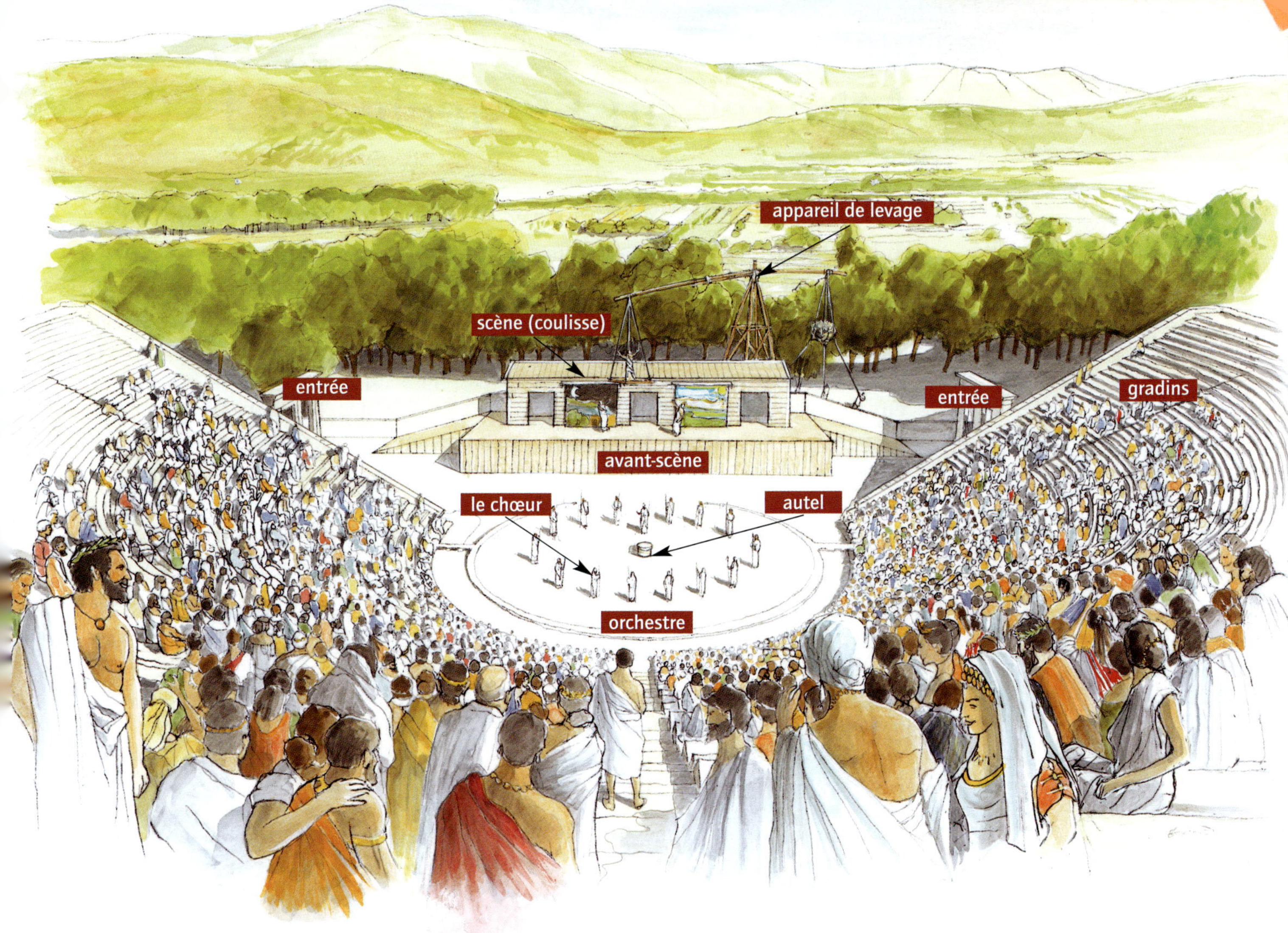

Doc 4 Une représentation au théâtre de Dionysos à Athènes, au 5ᵉ siècle av. J.-C. (reconstitution d'après A. Degaine).

Doc 5 Une tragédie

Sans le savoir, Œdipe a tué son père, le roi de Thèbes, et épousé sa mère, la reine Jocaste. Un jour, il découvre la vérité…

Le chœur – Ô malheureux Œdipe. Qui pourrait être plus malheureux que toi ?
Le messager – Jocaste s'est pendue. Le malheureux[1], à ce spectacle, pousse un gémissement affreux. Il détache la corde qui pend, et le pauvre corps tombe à terre. Arrachant les agrafes d'or qui servaient à draper les vêtements de la reine, il les lève en l'air et se met à en frapper ses deux yeux ; ainsi ne verront-ils plus, dit-il, ni le mal que j'ai subi, ni celui que j'ai causé. Sans répit, il se frappe les yeux et une noire averse de sang inonde son visage.

D'après Sophocle, *Œdipe-Roi*, 5ᵉ siècle av. J.-C.

1. Œdipe.

1 **Doc 1** Comment l'artiste met-il en valeur la beauté du corps humain ?

2 **Doc 2** Quelles précautions prend Thucydide pour ne rapporter que des faits historiques exacts ? Pourquoi, selon lui, ses récits seront « peut-être moins agréables à entendre » ?

3 **Doc 4** Recopie et complète le tableau suivant à partir de la reconstitution :

Personnes	Partie du théâtre où elles se tiennent
* les spectateurs	*_____
* les acteurs	*_____
* le chœur	*_____

4 **Doc 3** Qui est l'auteur de la pièce ? Quand l'a-t-il écrite ? Comment se moque-t-il des juges athéniens ?

5 **Doc 5** Qui est l'auteur de la pièce ? Quand l'a-t-il écrite ? Qu'y a-t-il de tragique dans l'histoire d'Œdipe ?

CHAPITRE 4 • LA GRÈCE

Bilan

CARTES REPÈRES
PAGES 70-71

Athènes au 5ᵉ siècle av. J.-C.

A Athènes, une cité puissante

1. La cité d'Athènes couvre presque toute la région de l'**Attique**. Elle est composée de la **ville d'Athènes**, d'un grand **port**, le **Pirée**, et de la **campagne** qui les environne. La ville est organisée autour d'une grande place, l'Agora, et de l'Acropole, colline sacrée d'**Athéna, déesse protectrice** de la cité.
2. Au 5ᵉ siècle avant J.-C., les guerres médiques opposent les cités grecques aux **envahisseurs perses**. En **490 avant J.-C.**, les hoplites d'Athènes gagnent contre les Perses la **bataille de Marathon**. En 480 avant J.-C., les navires de guerre athéniens, les trières, coulent la flotte perse lors de la bataille de **Salamine**.
3. Redoutant une nouvelle invasion, les cités de Grèce s'associent et confient la direction de la **Ligue de Délos** à Athènes. Les Athéniens prennent seuls les décisions. Ils gardent à Athènes le **trésor des Grecs** et y puisent pour payer les magnifiques monuments construits dans leur ville. Athènes bâtit un véritable **empire autour de la mer Égée.**
4. À la fin du 5ᵉ avant J.-C., Sparte et d'autres cités qui ne supportent plus la domination d'Athènes, se révoltent contre elle. La **guerre du Péloponnèse** aboutit à la fin de la domination athénienne.

B Athènes, la cité de la démocratie

1. Athènes est une démocratie : la cité est gouvernée par l'ensemble des citoyens. Mais 40 000 habitants seulement sur 310 000 sont citoyens. **Pour être citoyen**, il faut être un homme, âgé d'au moins vingt ans, né d'un père citoyen athénien et d'une mère athénienne. Il faut aussi avoir accompli son service militaire.
2. Tout citoyen, riche ou pauvre, a le droit de participer à l'**Assemblée du peuple**, l'Ecclesia : réunie sur la colline de la **Pnyx**, elle **vote les lois**, décide de la guerre ou de la paix. Tout citoyen peut être désigné comme membre du **Conseil**, qui prépare les lois, ou devenir l'un des stratèges qui dirigent la cité. Tout citoyen peut être désigné comme juge au **Tribunal du peuple.**
3. La démocratie athénienne est cependant imparfaite car les femmes, les métèques et les esclaves qui constituent la majorité des habitants ne participent pas au gouvernement de la cité.

C Athènes, une cité rayonnante

DOCUMENTS REPÈRES
PAGES 80-81
PAGES 82-83

1. Le stratège **Périclès** veut montrer la **supériorité de la cité démocratique** dans le monde grec. Il lance de grands travaux d'embellissement de l'**Acropole**. Architectes et sculpteurs font alors du **Parthénon**, dédié à Athéna, le temple le plus admirable du monde grec.
2. Tous les quatre ans, la fête des **Grandes Panathénées**, représentée sur la **frise du Parthénon** par le sculpteur **Phidias**, montre à tous les Grecs l'union de toute la population de la cité et la puissance d'Athènes.
3. Athènes devient « **l'école de la Grèce** ». Ses artistes mais aussi ses potiers du quartier du Céramique, qui fabriquent des vases à figures noires ou rouges, sont renommés dans tout le monde grec. Ses philosophes, comme Socrate et Platon, qui réfléchissent sur l'Homme et le Monde, sont très célèbres. Les plus grands auteurs du théâtre grec sont athéniens, comme Euripide, Eschyle et Sophocle pour les tragédies, Aristophane pour les comédies.

Vocabulaire

Agora
Dans une ville grecque, c'est la grande place publique.

Acropole
Dans une ville grecque, c'est la « ville haute » fortifiée, construite sur une colline.

guerres médiques
Guerres entre les cités grecques et les Perses (les Mèdes) au début du 5e siècle avant J.-C.

hoplite
Soldat grec combattant à pied et lourdement armé, en particulier du bouclier.

trière
Navire de guerre grec avec trois rangs de rameurs superposés.

démocratie
Gouvernement d'une cité par l'ensemble des citoyens (du grec *démos*, le peuple, et *kratos*, le pouvoir).

citoyen
Habitant d'une cité qui a le droit de participer à son gouvernement.

Ecclesia
Assemblée des citoyens athéniens.

stratège
L'un des dix dirigeants élus de la cité, chargés de l'armée, de la marine, des relations avec les autres cités et des fêtes religieuses.

métèque
Étranger habitant à Athènes.

philosophe
Personne qui réfléchit sur l'Homme, sa place dans le Monde et sur la manière de se conduire face aux problèmes de la vie.

tragédie
Pièce de théâtre destinée à susciter la pitié ou la terreur par les drames et les souffrances qui frappent les personnages.

comédie
Pièce de théâtre destinée à faire rire les spectateurs.

Personnage

PÉRICLÈS
Principal dirigeant de la démocratie d'Athènes au 5e siècle avant J.-C. Il a été presque constamment élu stratège de 462 à 429 avant J.-C.

Dates

490 avant J.-C. : bataille de Marathon
480 avant J.-C. : bataille de Salamine
Milieu du 5e siècle avant J.-C. : apogée d'Athènes
De 447 à 432 avant J.-C. : construction du Parthénon

Retenir autrement

Située en Attique, Athènes est une cité : elle comprend une ville, un grand port et la campagne environnante.

Athènes défend les Grecs contre les Perses durant les guerres médiques. Elle devient une cité puissante qui domine le monde grec.

Athènes est une démocratie : les citoyens participent au gouvernement de la cité. Mais la majorité de la population est composée de non-citoyens.

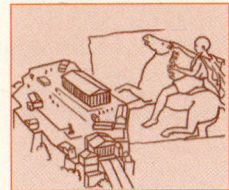
Dans le domaine des arts, du théâtre et de la pensée, Athènes devient un modèle pour les Grecs. L'Acropole, le Parthénon et la frise des Panathénées sont admirés dans tout le monde grec.

→ Exercices

1. Utiliser le vocabulaire du chapitre

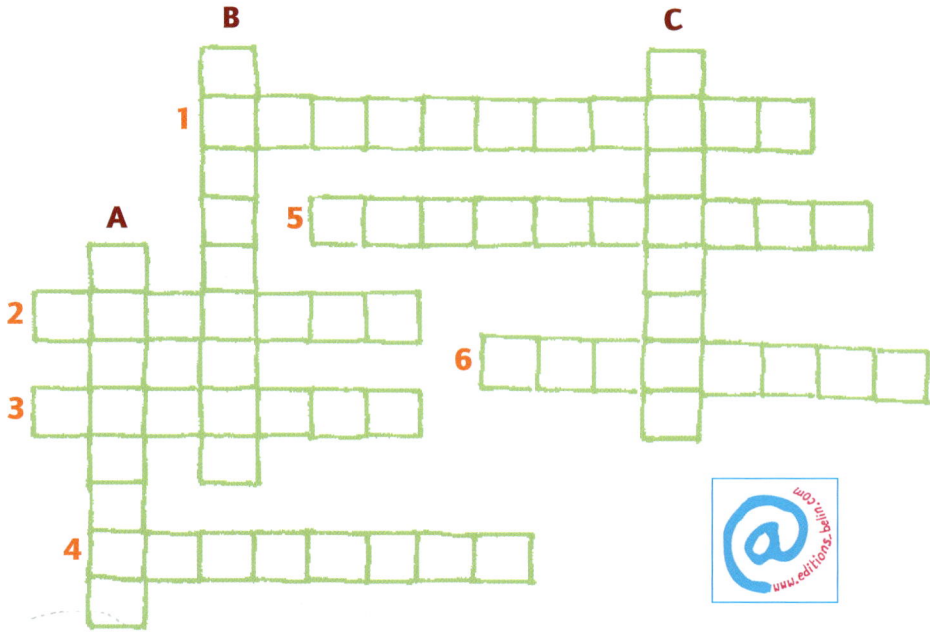

VERTICAL
- **A.** Il fut un grand stratège athénien.
- **B.** Le grand temple de la cité athénienne.
- **C.** Une grande bataille s'y est déroulée en 490 avant J.-C.

HORIZONTAL
1. Ses comédies avaient du succès à Athènes.
2. Il habite à Athènes, il est libre mais il n'est pas citoyen.
3. Il faut l'être pour pouvoir voter à l'Assemblée.
4. Ce mot grec désigne l'Assemblée des citoyens.
5. C'est le mot qui désigne le gouvernement de la cité par l'ensemble des citoyens.
6. La colline sacrée d'Athènes.

2. Situer les principaux lieux d'Athènes

1. Attribue à chaque numéro, figurant sur le plan d'Athènes, le bon nom et le bon dessin.

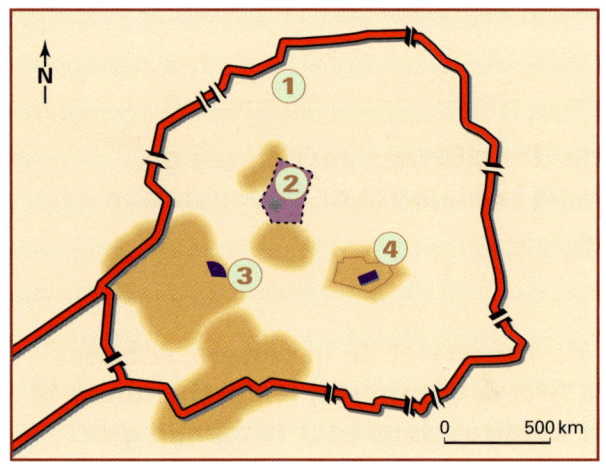

- ❏ Quartier du Céramique
- ❏ Agora
- ❏ Pnyx
- ❏ Acropole

2. Quels sont les lieux photographiés ?
Indices :
A : L'Assemblée des citoyens s'y réunissait.
B : La grande place d'Athènes.

Exercices

3. Comprendre un texte

Athènes n'est pas au pouvoir d'un seul homme. Son peuple la gouverne. Les stratèges sont élus pour un an par les Athéniens. Le pauvre et le riche ont les mêmes droits. Le faible peut répondre au puissant qui l'attaque et, s'il a raison, l'emporter sur lui. Chacun est libre de présenter à l'Assemblée un projet pour le bien de la cité. Chacun peut briller par la parole ou se taire. Peut-on imaginer plus belle égalité ?

D'après la tragédie d'Euripide, *Les Suppliantes*, vers 420 av. J.-C.

1. Qui est l'auteur du texte ? Quelles sortes d'œuvres a-t-il écrit ? Quelle est le nom de celle-ci ?
2. D'après le texte, qui gouverne la cité athénienne ?
3. Qu'est-ce qu'un stratège ? Comment le devient-on ? Comment les Athéniens limitent-ils le pouvoir des stratèges ?
4. Recopie deux phrases qui montrent que les citoyens athéniens sont égaux entre eux. Où et comment le faible peut-il répondre au puissant qui l'attaque et… l'emporter sur lui ?
5. Donne un titre au texte.

4. Reconnaître une œuvre d'art athénienne

Artémis Apollon Poséidon

1. De quelle œuvre d'art athénienne s'agit-il ? Quel monument décorait-elle ?
2. Quand et par quel artiste a-t-elle été réalisée ? Dans quel matériau ?
3. S'agit-il d'une statue ou d'une sculpture en relief ?
4. Quels personnages sont représentés ?
5. Que montrait l'ensemble de cette œuvre d'art ?

→ Pour chercher plus d'informations sur les dieux grecs :
http://www.ac-versailles.fr/pedagogi/anti/mytho0.htm

Je découvre

→ D'où vient le surnom d'Alexandre ?

14. Alexandre le Grand

En 334 avant J.-C., Alexandre, jeune roi de Macédoine, lance son armée de 40 000 hommes à la conquête du gigantesque Empire perse. En quelques années, traversant montagnes, vallées, plateaux, plaines, déserts, marais et deltas, il parcourt 25 000 km et arrive aux limites du monde connu par les Grecs. Dans les territoires conquis, il introduit la civilisation grecque, mais cherche aussi à rapprocher les Grecs et les peuples d'Orient.

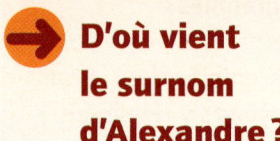

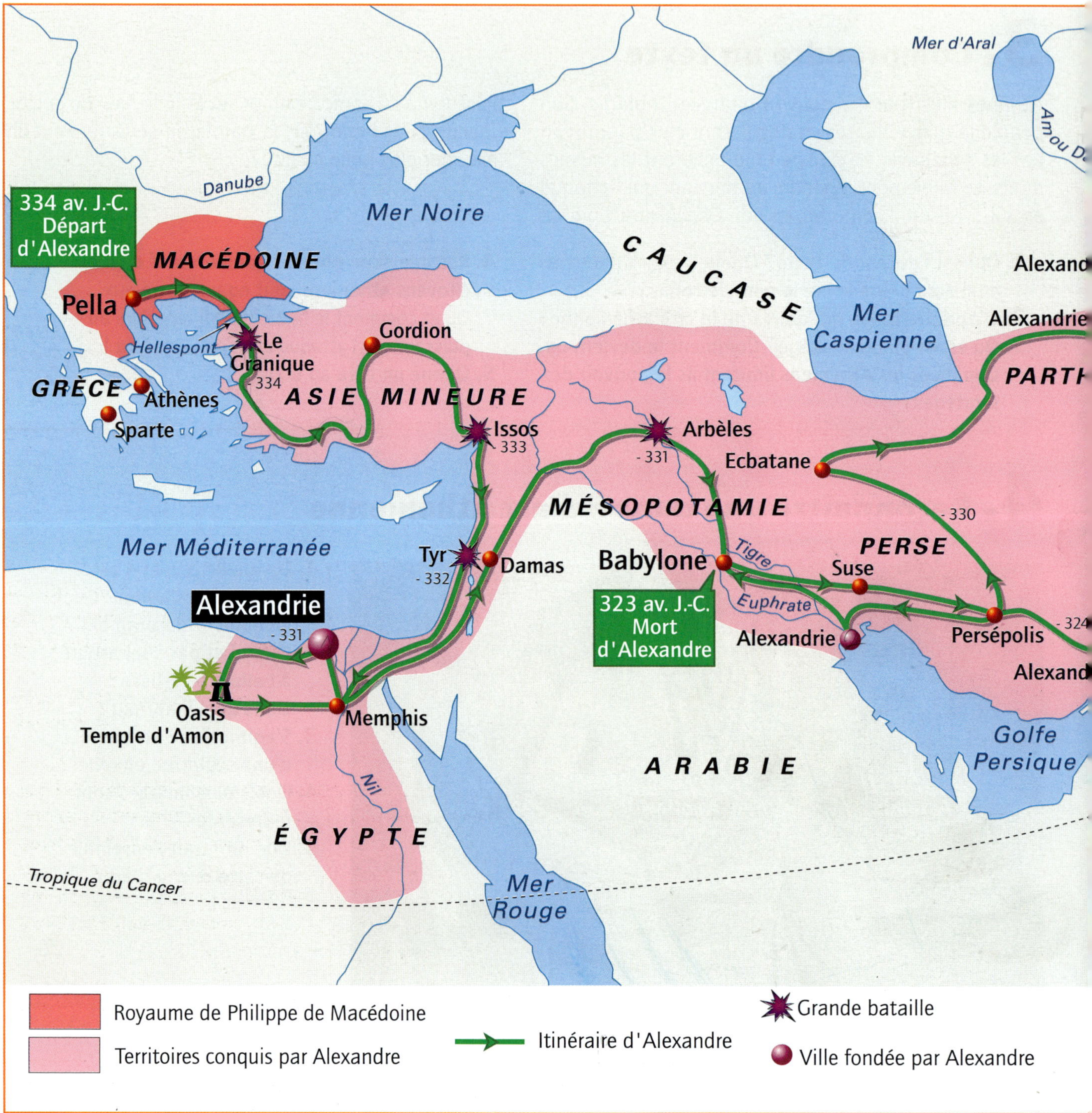

Doc 1 La conquête d'un empire.

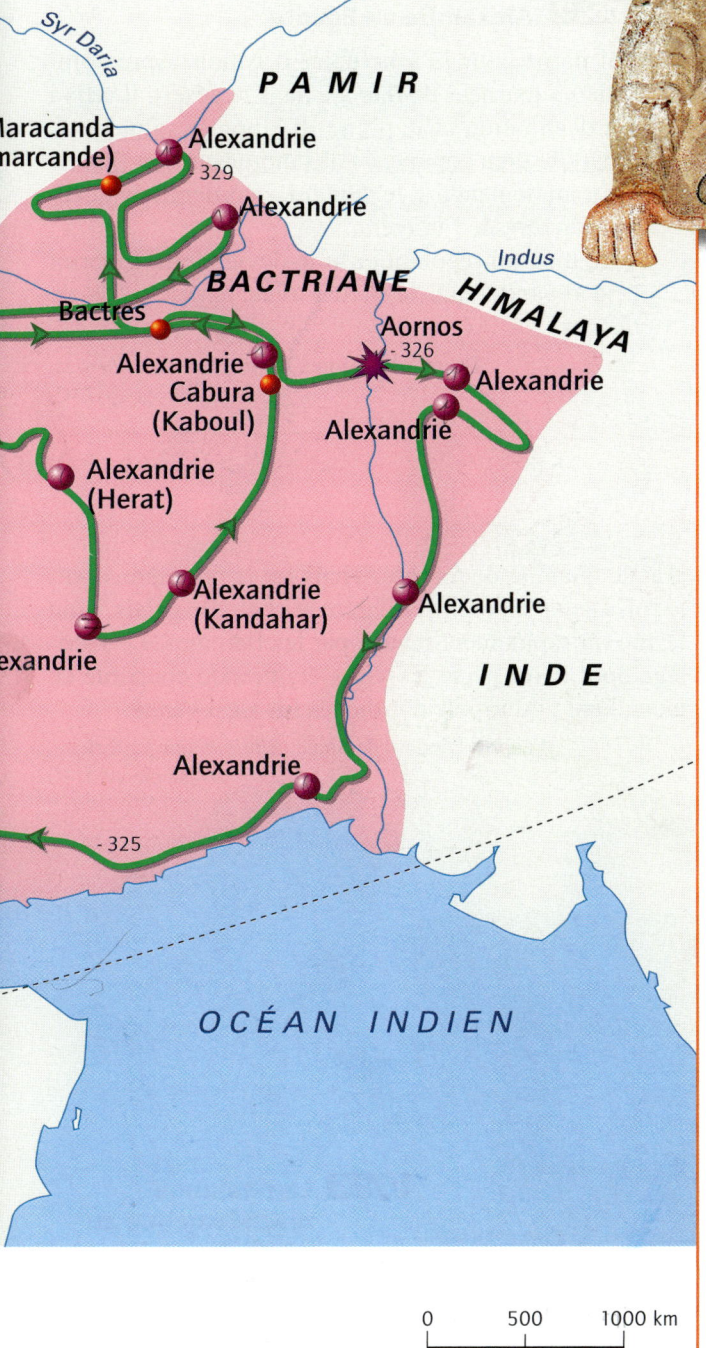

Doc 2 **Alexandre affronte Darius, roi de Perse,** à la bataille d'Issos (333 av. J.-C.) ou à celle d'Arbèles (331 av. J.-C.), montage d'après la mosaïque provenant de la maison du faune à Pompéi, 1er siècle av. J.-C. (musée national de Naples).

Doc 3 Une volonté de rapprocher les peuples

Alexandre revêtit l'habit des Barbares d'abord dans ses relations avec eux, puis il se montra ainsi vêtu en public. Puis, dans son genre de vie, il s'assimila toujours davantage aux gens du pays et chercha à rapprocher ceux-ci des coutumes macédoniennes. C'est pourquoi il choisit trente mille enfants et ordonna qu'on leur enseigne la langue grecque.

D'après Plutarque, *Vie des hommes illustres*, 1er-2e siècles ap. J.-C.

J'ai pris pour épouse la fille de Darius et j'ai invité les plus proches de mes amis à épouser des captives : j'ai voulu par cette alliance abolir toute différence entre vainqueurs et vaincus. Asie et Europe ne forment qu'un seul et même royaume.

D'après Quinte-Curce, *Histoire d'Alexandre*, 1er siècle ap. J.-C.

1 **Doc 1** D'où Alexandre et son armée partent-ils ? Sur quel continent vont-ils ? Quels paysages inconnus ont-ils dû découvrir ? Quels grands fleuves ont-ils traversés ? Jusqu'où vont-ils ? Quelle a été la durée de leur expédition ? Quelle trace Alexandre laisse-t-il de son passage ? Recherche dans quels pays actuels s'étendaient les conquêtes d'Alexandre ?

2 **Doc 2** Comment est représenté Alexandre ? Qui est le roi en fuite ?

3 **Doc 3** Quels exemples de rapprochement entre les peuples Alexandre donne-t-il ?

Patrimoine

 Comment est racontée l'épopée d'Alexandre ?

15. L'épopée d'Alexandre

On désigne par « épopée d'Alexandre » les conquêtes et les aventures extraordinaires d'Alexandre et de son armée en Asie. Cette expédition guerrière, sans doute l'une des plus grandes de tous les temps, a tellement impressionné les hommes que plusieurs historiens de l'Antiquité ont voulu la raconter. Mais dans leurs récits, les faits historiques se mêlent souvent aux légendes.

Doc 1 Alexandre sur les traces d'Achille

Alexandre marcha jusqu'à l'Hellespont avec son armée qu'il fit passer d'Europe en Asie. Lui-même accosta au pays de Troie avec soixante vaisseaux de guerre. Du navire, il jeta sa lance qui alla se planter sur le rivage. Il fut le premier Macédonien à sauter à terre et déclara recevoir des dieux l'Asie comme un bien conquis à la pointe de la lance.
Il honora les tombes d'Achille et des autres héros de la guerre de Troie par des sacrifices et autres marques d'honneur.

D'après Diodore de Sicile, *Bibliothèque historique*, 1er siècle av. J.-C.

Doc 2 Alexandre en Égypte

Il partit pour le sanctuaire d'Amon. Après plusieurs journées de marche dans le désert, il arriva à destination et le prêtre d'Amon le salua de la part du dieu comme si Alexandre était son fils. Le roi lui demanda si le dieu lui accorderait de devenir maître de l'univers.
Le dieu lui répondit qu'il le deviendrait. Le bruit se répandit que le dieu l'avait appelé « fils de Zeus ».

D'après Plutarque, *Vie des hommes illustres*, 1er-2e siècles ap. J.-C.

Doc 3 Alexandre détruit le palais de Persépolis

Persépolis, capitale de l'Empire perse, était la plus opulente cité sous le soleil. Au palais, Alexandre offrit à ses amis un splendide festin. L'ivresse croissait à mesure que la beuverie avançait. Thaïs, une des Athéniennes présentes, déclara que l'action la plus glorieuse d'Alexandre en Asie serait qu'il formât avec elles un cortège pour mettre le feu au palais. On rassembla une grande quantité de torches. Thaïs fut la première, après le roi, à jeter sa torche enflammée contre le palais. Tout le site fut rapidement ravagé par les flammes. Le sacrilège dont le roi perse Xerxès s'était rendu coupable en incendiant l'Acropole d'Athènes fut ainsi vengé.

D'après Diodore de Sicile, *Bibliothèque historique*, 1er siècle av. J.-C.

Doc 4 La phalange macédonienne au combat (reconstitution). Les soldats pointent vers l'ennemi de lourdes lances, les sarisses, longues de 5,50 m chacune.

Doc 5 — En Inde

Écrasés, les Macédoniens périssaient les os broyés ; d'autres, ceinturés par la trompe de l'animal, trouvaient une mort terrible en heurtant le sol avec violence ou mouraient transpercés par les défenses. Mais les Macédoniens affrontèrent avec leurs longues lances les Indiens intercalés entre les bêtes. Les éléphants furent ensuite criblés de flèches, et comme leurs blessures les faisaient souffrir, les Indiens montés à califourchon sur leur dos ne purent les contrôler. Ils se portèrent contre les rangs indiens, les écrasant de leurs pieds.

D'après Diodore de Sicile, *Bibliothèque historique,* 1er siècle av. J.-C.

Doc 6 Alexandre au combat : il affronte un éléphant du roi indien Poros, monnaie du 4e siècle (British Museum).

Doc 7 — La fin des conquêtes

Arrivé en Inde, Alexandre s'adressa à ses soldats : « Les frontières de notre domination seront celles que les dieux ont créées pour la terre. » Mais les troupes répondent : « Il faut rentrer en Grèce. Tu pourras plus tard, si tu le veux, faire une autre expédition contre ces peuples de l'Inde qui habitent vers l'Orient. Mais ce sont d'autres Macédoniens et d'autres Grecs qui te suivront. » Furieux, Alexandre se retira sous sa tente pendant trois jours. Mais comme les soldats refusaient de changer d'opinion, il leur fit annoncer qu'il avait décidé de prendre le chemin du retour.

D'après Arrien, *L'Anabase,* 2e siècle ap. J.-C.

Doc 8 Alexandre coiffé des cornes de bélier du dieu Amon, pièce de monnaie, vers 300-280 av. J.-C.

---

1. Combien de siècles séparent l'épopée d'Alexandre des récits qui en sont faits ?

2. **Doc 1** Comment Alexandre peut-il connaître le personnage d'Achille et les autres héros de la guerre de Troie ?

3. **Doc 2 et 8** Qui Alexandre va-t-il consulter en Égypte ? À quel grand personnage fait penser la phrase soulignée ? À qui est comparé Alexandre sur la pièce de monnaie ?

4. **Doc 3** Que venge Alexandre en détruisant la capitale de l'Empire perse ?

5. **Doc 4** Comment sont armés les Macédoniens ? Comment combattent-ils ?

6. **Doc 5 et 6** En affrontant les Indiens, les Macédoniens ont dû être surpris : pour quelle raison ?

7. **Doc 7** La prédiction du prêtre d'Amon se réalise-t-elle ? Pourquoi ?

Je découvre

→ Qu'est-ce qui fait d'Alexandrie la capitale du monde hellénistique ?

16. Alexandrie d'Égypte

Fondée par Alexandre le Grand, Alexandrie d'Égypte devient après la mort du conquérant la capitale du royaume hellénistique des Ptolémées. Pendant trois siècles, ils en font la ville la plus riche et la plus peuplée du Monde, avec sans doute plus de 500 000 habitants. Carrefour commercial, lieu de mélange des civilisations grecque et orientale, grand centre artistique et culturel, elle apparaît comme une « nouvelle Athènes » qui émerveille le monde antique.

Doc 2 À travers la ville

La ville est partout sillonnée de rues où chars et chevaux peuvent passer à l'aise ; deux de ces rues se croisent à angle droit et ont plus de trente mètres de large.
Les magnifiques jardins publics et les palais des rois couvrent le quart ou le tiers de la superficie. Tous les rois ont tenu chacun à ajouter quelque embellissement aux édifices publics et à la demeure royale elle-même.
En un mot, Alexandrie est une agglomération de monuments et de temples.

D'après Strabon, *Géographie*, 1er siècle av. J.-C. – 1er siècle ap. J.-C.

Doc 1 Alexandrie, une ville carrefour.

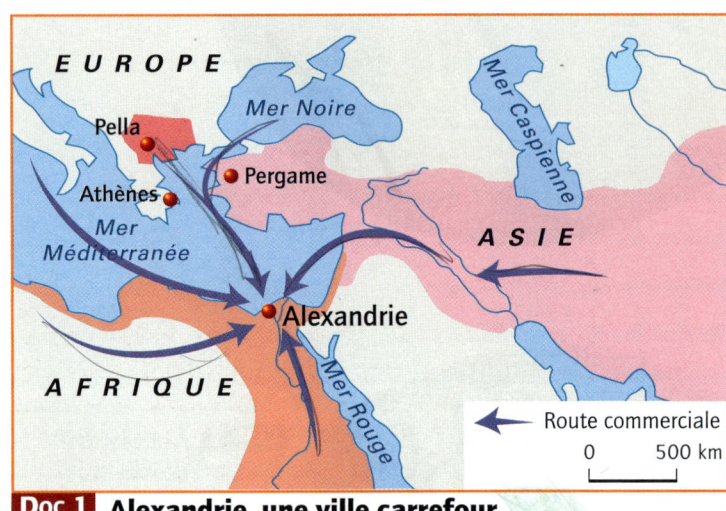

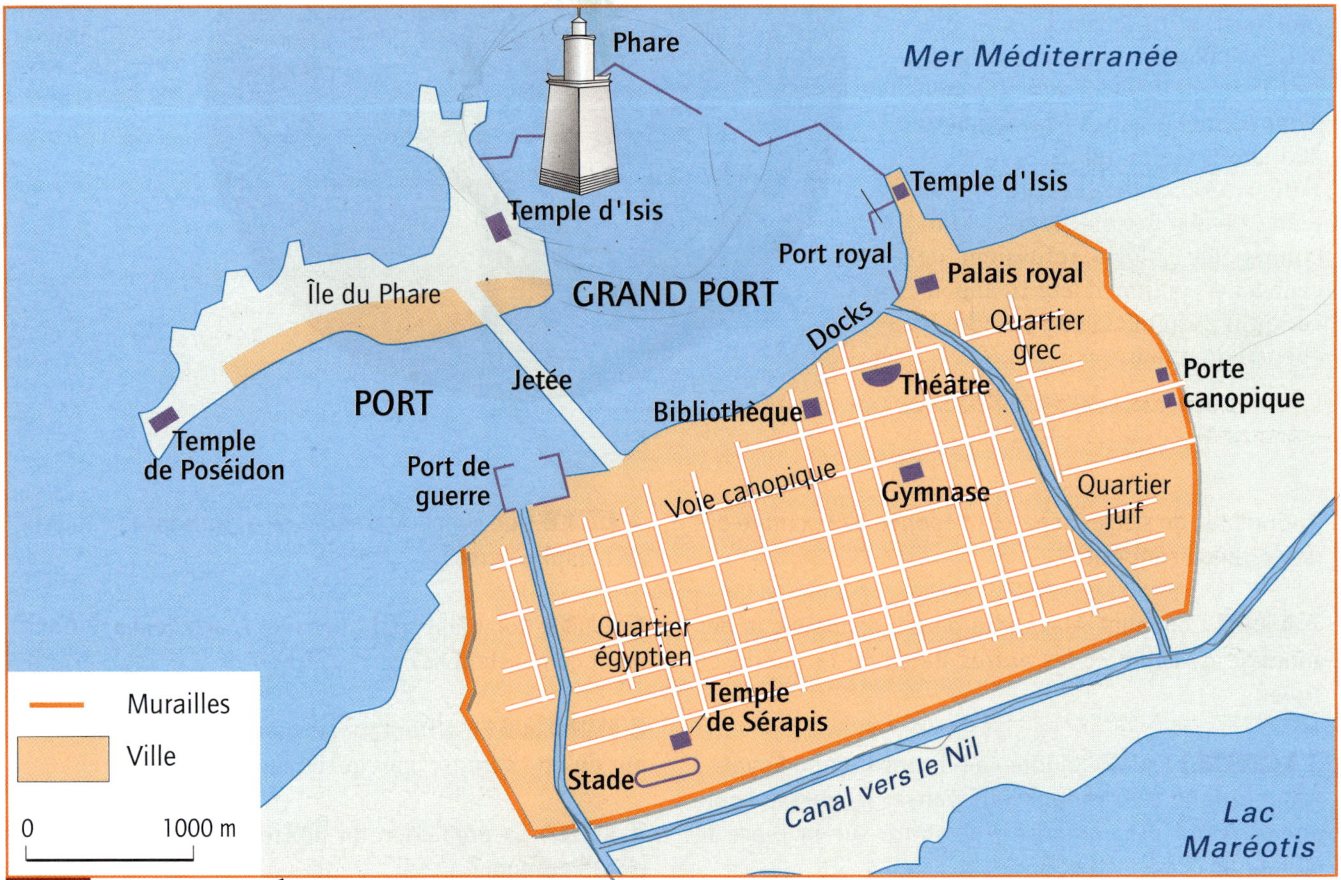

Doc 3 Alexandrie d'Égypte à l'époque hellénistique (plan de la ville au 3e siècle av. J.-C.).

Doc 4 **Le phare d'Alexandrie, l'une des Sept Merveilles du Monde,** mosaïque du 3ᵉ siècle, Ostie.

Doc 5 La découverte d'une statue de l'époque hellénistique dans le port d'Alexandrie en 1995.

Doc 6 Une bibliothèque fabuleuse

Chargé de la bibliothèque du roi, Démétrios de Phalère reçut des sommes importantes pour réunir, au complet si possible, tous les ouvrages parus dans le monde entier. En procédant à des achats et à des transcriptions, il réussit à mener à bien le projet du roi.
J'étais là quand lui fut posée la question : « Combien de dizaines de milliers de volumes y a-t-il au juste ? » Il répondit : « Plus de vingt, ô roi, mais je vais m'occuper d'urgence de ce qui reste à faire pour atteindre cinq cent mille. On m'a fait savoir qu'il y aurait aussi des lois des Juifs qui mériteraient d'être transcrites et de faire partie de ta bibliothèque. Il faut les traduire en grec car on emploie en Judée des caractères spéciaux pour l'écriture. »

D'après *Lettre d'Aristée à Philocrate*, 3ᵉ siècle av. J.-C.

1 Doc 1 D'où viennent les grandes routes commerciales aboutissant à Alexandrie ?

2 Doc 2 et 3 Quels éléments de la description de la ville par Strabon retrouves-tu sur le plan ?

3 Doc 3 Quels sont les monuments et les lieux qui montrent qu'Alexandrie est :
- une ville de civilisation grecque ?
- en Égypte ?
- une capitale de royaume ?
- un grand port de commerce ?
- un centre culturel et religieux ?

4 Doc 4 D'où vient le mot « Phare » ? Pourquoi le Phare d'Alexandrie impressionnait-il les hommes de l'Antiquité ?

5 Doc 5 Quel est l'objet découvert ? Où et comment ?

6 Doc 6 Qu'y a-t-il d'extraordinaire dans le projet de la bibliothèque d'Alexandrie ? Relève la phrase qui montre l'importance de la langue grecque ?

Je découvre

17. Pergame

→ Qu'est-ce qui fait de Pergame une grande ville hellénistique ?

Pergame est la capitale d'un petit mais puissant royaume hellénistique né de l'éclatement de l'empire d'Alexandre. Entourée d'une campagne fertile, dotée de mines d'or et d'argent, elle s'enrichit aussi du commerce entre l'Orient et le monde méditerranéen. Aux 3e et 2e siècles avant J.-C., ses rois font construire de grands monuments inspirés de l'Athènes de Périclès.

Doc 2 **La bibliothèque de Pergame**

Les rois de Pergame firent chercher des livres de toute nature pour composer une grande bibliothèque. Jaloux, les rois Ptolémées interdirent l'exportation du papyrus d'Égypte.
On inventa alors à Pergame le parchemin[1].

D'après Strabon, *Géographie*, et Pline l'Ancien, *Histoire naturelle*, 1er siècle ap. J.-C.

1. Peau d'animal (mouton, agneau, chèvre) préparée pour l'écriture. Du grec *pergamina* : peau de Pergame.

Doc 1 Vestiges du théâtre de Pergame.

Doc 3 **Fragment de la frise de l'autel de Zeus.** La frise raconte la légende du combat entre les dieux de l'Olympe et des monstres, les Géants, pour dominer le Monde.

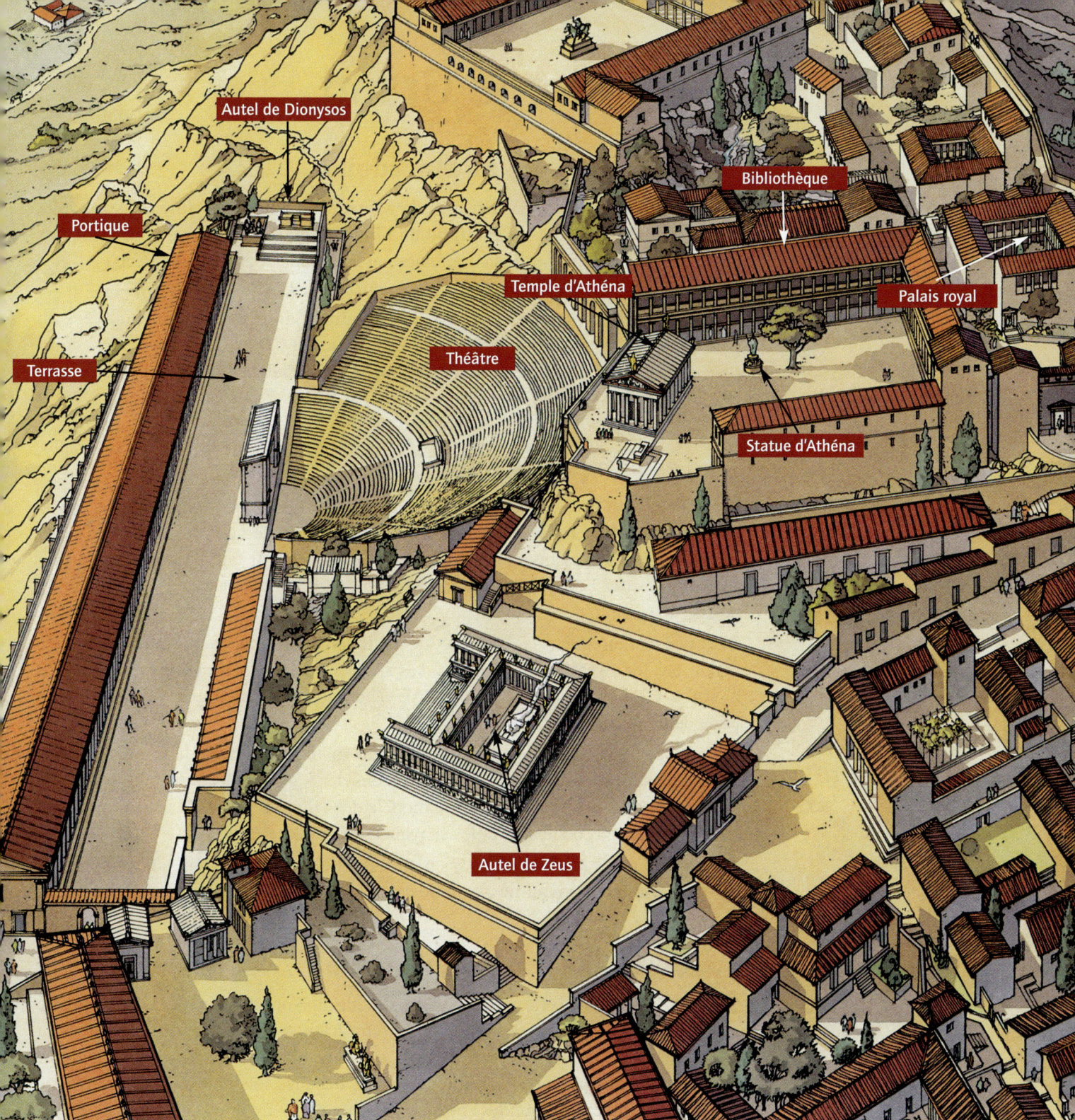

Doc 4 Reconstitution d'une partie de l'Acropole de Pergame (J. Martin, P. de Broche).

1. Situe Pergame (voir page 94).

2 Doc 1 et 4 Quels édifices et quels lieux d'une ville grecque trouve-t-on à Pergame ? Quels dieux et quelle déesse y sont adorés ? Quelle ville a servi de modèle à Pergame ? Quel édifice indique que Pergame est la capitale d'un royaume ?

3 Doc 2 Dans quel domaine les rois de Pergame cherchent-ils à rivaliser avec Alexandrie ?

4 Doc 3 Quel monument décorait cette sculpture ? Où sont les dieux ? Où est le Géant ? Comment est-il représenté ? Qu'est-ce qui, dans cette sculpture, rappelle la sculpture grecque au temps de l'apogée d'Athènes et qu'est-ce qui l'en distingue ?

Bilan

Alexandre le Grand

A Alexandre, roi de Macédoine

1. Au début du **4ᵉ siècle avant J.-C.**, la Macédoine, petit pays situé au Nord de la Grèce, est dirigée par le roi **Philippe de Macédoine**. Il a profité de la division des cités grecques pour imposer sa domination à une grande partie de la Grèce.

2. À la mort de Philippe, en 336 avant J.-C., **Alexandre** succède à son père ; il est alors âgé de vingt ans. Alexandre a reçu une **éducation grecque**. Il a été l'élève du philosophe Aristote. Il connaît parfaitement l'*Iliade* et l'*Odyssée*. Il rêve d'être comparé aux héros d'Homère. Il veut s'emparer des fabuleuses richesses du roi des Perses, Darius.

B Les conquêtes d'Alexandre le Grand

1. En **334 avant J.-C.**, à la tête d'une armée de 40 000 soldats macédoniens et grecs, Alexandre envahit l'Asie Mineure. Sous son commandement, les cavaliers et les phalanges de fantassins volent de victoire en victoire. Il fait la **conquête de l'Égypte et de tout l'empire perse** de Darius. Il détruit la capitale de l'empire, Persépolis.

2. Traversant montagnes et déserts, Alexandre arrive en Inde, aux limites du monde connu par les Grecs. Mais, épuisés, ses soldats refusent d'aller plus loin. En **323 avant J.-C.**, sur le chemin du retour, Alexandre le Conquérant meurt à Babylone, à l'âge de trente-trois ans.

3. Au fil de ses conquêtes, Alexandre bâtit un **vaste empire** dans lequel il veut **rapprocher les Grecs et les peuples d'Asie**, considérés jusque-là comme des Barbares. Il **fonde de nombreuses villes** sur le modèle des villes grecques. Mais il respecte, et parfois adopte, les coutumes et les croyances orientales.

4. Après la mort d'Alexandre, ses généraux se disputent l'empire qui finit par être divisé en **plusieurs royaumes**, comme celui de la dynastie des Ptolémées en Égypte.

C La civilisation hellénistique

1. En 332 avant J.-C., Alexandre fonde une ville au Nord de l'Égypte, en bordure de la mer Méditerranée, et lui donne son nom : **Alexandrie d'Égypte**. Rapidement construite, elle devient la capitale du royaume des Ptolémées, après la mort d'Alexandre. **Pergame** est une ville ancienne, mais les rois qui fondent le royaume de Pergame lancent de grandes constructions pour en faire une brillante capitale.

2. Capitales de royaumes, **Alexandrie d'Égypte** et **Pergame** sont des villes construites comme des villes grecques : on trouve dans chacune des agoras, des temples, un théâtre, des gymnases, une grande bibliothèque et un musée.

3. Ces deux villes s'enrichissent du **commerce avec l'Orient** et avec tout le **monde méditerranéen**. Elles accueillent des peuples de diverses origines qui influent les uns sur les autres. La **langue grecque** se diffuse tandis que les Grecs adoptent des **divinités orientales** ou égyptiennes, comme Isis.

4. La rencontre des civilisations de la Grèce et de l'Orient donne naissance à la civilisation hellénistique. Les connaissances géographiques et mathématiques progressent. L'art exprime avec force le mouvement et les sentiments.

CARTE REPÈRE
PAGES 90-91

DOCUMENTS REPÈRES
PAGES 92-93

DOCUMENTS REPÈRES
3 PAGE 94
4 PAGE 97

Vocabulaire

phalange
Troupe de soldats à pied, équipés de longues lances et de boucliers, et qui attaque en formation serrée sur plusieurs rangs.

dynastie
Succession de rois issus d'une même famille.

musée
Lieu d'études, de recherches et de séjour pour les savants. Le mot vient de « muses », les déesses grecques de la littérature et des sciences.

civilisation hellénistique
Civilisation née de la rencontre entre la civilisation grecque et les civilisations de l'Orient.

Personnage

ALEXANDRE LE GRAND

Jeune roi de Macédoine, nourri de culture grecque, il entreprend avec son armée la conquête de l'immense l'empire perse. Il parvient jusqu'aux portes de l'Inde et fonde un empire dans lequel il veut rapprocher la civilisation grecque et les civilisations d'Asie.

Dates

Deuxième moitié du 4ᵉ siècle av. J.-C. : épopée d'Alexandre
De 323 à 30 avant J.-C. : royaumes hellénistiques
3ᵉ siècle avant J.-C. : apogée d'Alexandrie d'Égypte

Retenir autrement

Roi de Macédoine, Alexandre a reçu une éducation grecque. En 334 avant J.-C., il se lance à la conquête de l'empire perse.

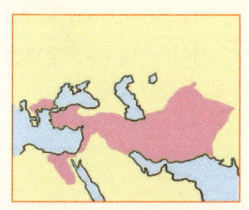
En quelques années, Alexandre construit un immense empire, de l'Asie Mineure à l'Inde. Il fonde des villes sur le modèle des villes grecques.

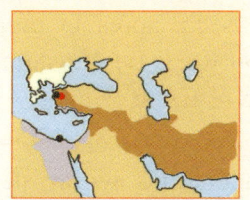
Après la mort d'Alexandre, son empire éclate en plusieurs royaumes.

Alexandrie et Pergame sont les deux principales capitales de la civilisation hellénistique. Dans ces villes, la civilisation grecque se mélange aux civilisations orientales.

→Exercices

1. Se repérer dans le temps

1. Colorie en rouge le siècle de l'apogée d'Athènes, en jaune le siècle de l'épopée d'Alexandre, en vert la période de la civilisation hellénistique.
2. Place à la bonne flèche : *Iliade* et *Odyssée*, bataille de Marathon, Périclès.
3. Donne un titre à la frise et complète la légende avec les bonnes couleurs.

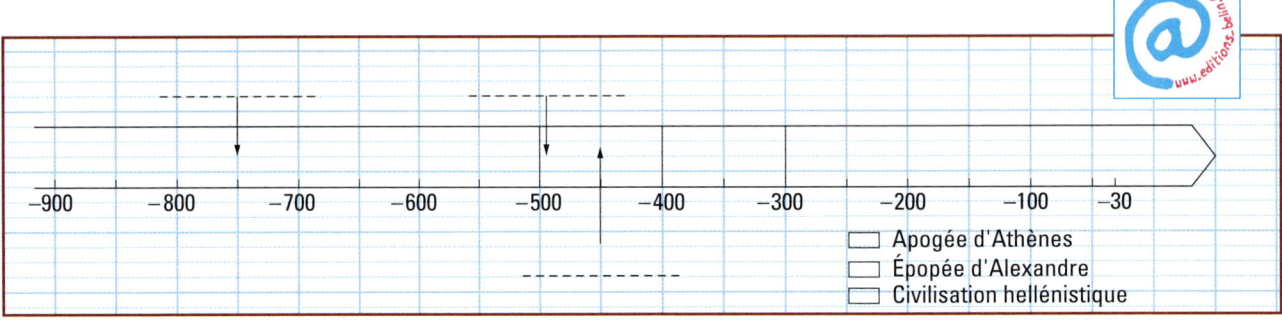

2. Se repérer dans l'espace

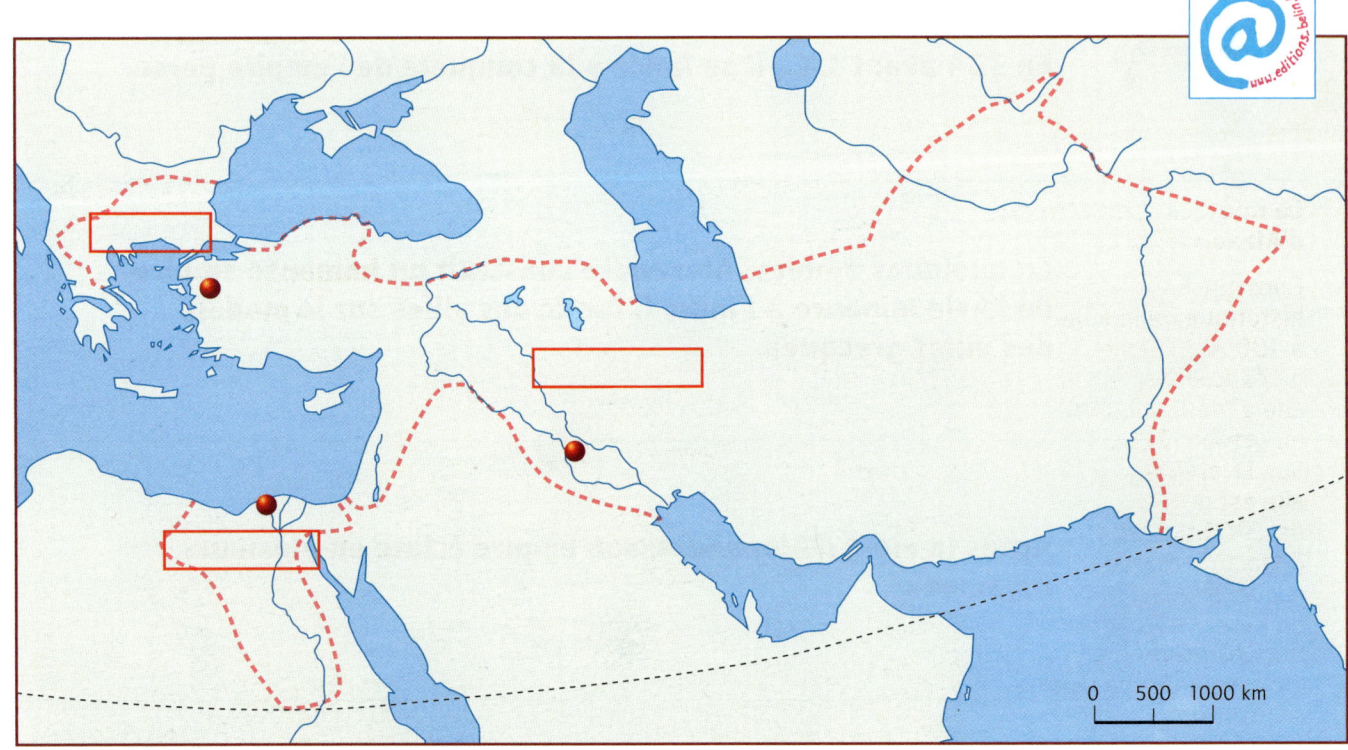

1. Complète la carte avec les mots suivants :

   ❏ Pergame   ❏ Babylone   ❏ Empire perse   ❏ Indus   ❏ Océan Indien
   ❏ Alexandrie   ❏ Macédoine   ❏ Égypte   ❏ Mer Rouge

2. Souligne le nom d'une grande ville de la civilisation hellénistique étudiée en classe.

100

3. Rédiger

- Imagine que tu es un soldat macédonien qui a participé à l'expédition d'Alexandre. À ton retour en Macédoine, tu racontes à ta famille ce que tu as vu et ce que tu as fait aux côtés d'Alexandre.

  ❏ comme Achille
  ❏ le sanctuaire d'Amon
  ❏ la fondation d'Alexandrie
  ❏ la phalange
  ❏ la bataille d'Arbèles
  ❏ déserts et montagnes
  ❏ Inde
  ❏ Alexandre meurt à Babylone

4. Comprendre un vestige du passé

1. Quel est ce vestige du passé ?
2. Quel personnage est représenté ? De quoi est-il coiffé ?
3. Quelle partie de sa coiffe évoque l'Égypte ? L'Asie ?
4. Que t'apprend ce vestige sur l'attitude d'Alexandre à l'égard des civilisations qui ne sont pas grecques ?

Monnaie à l'effigie d'Alexandre, fin du 4e siècle avant J.-C.
- Cobra dressé
- Corne de bélier du dieu Amon
- Casque des rois d'Orient représentant un éléphant

5. Comprendre une référence au passé aujourd'hui

La nouvelle bibliothèque d'Alexandrie.

Construite sur le port historique de la ville, à 100 m à l'Ouest de l'ancienne, elle a été inaugurée en octobre 2002. Sur 11 étages, elle est dotée de 2000 bureaux de lecture et peut accueillir 8 millions de livres. Sur son mur ont été gravés les alphabets des anciennes civilisations.

1. Qui a fondé Alexandrie ? Dans quelle région de l'Égypte ?
2. Qu'est ce qui dans cette ville rappelait la civilisation grecque ? La civilisation égyptienne ?
3. Quel lieu et quel projet extraordinaire de l'époque hellénistique à Alexandrie rappellent le bâtiment photographié ?

chapitre 5
Rome : de la République à l'Empire

▶ **Comment la cité de Rome devient-elle la capitale d'un vaste empire ?**

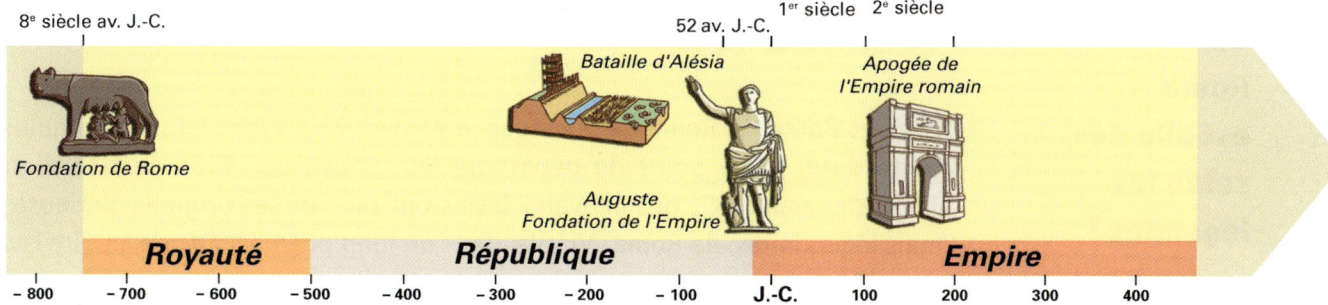

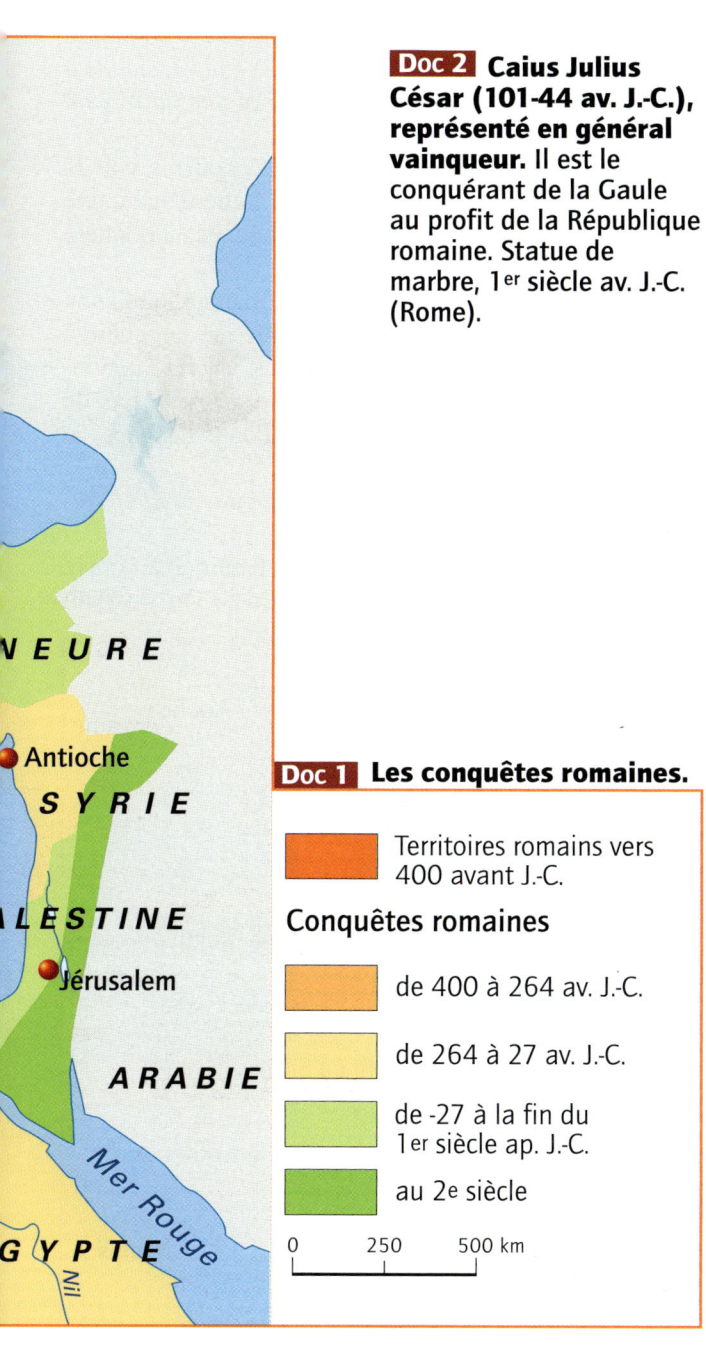

Doc 1 Les conquêtes romaines.

- Territoires romains vers 400 avant J.-C.

Conquêtes romaines
- de 400 à 264 av. J.-C.
- de 264 à 27 av. J.-C.
- de -27 à la fin du 1er siècle ap. J.-C.
- au 2e siècle

Doc 2 Caius Julius César (101-44 av. J.-C.), représenté en général vainqueur. Il est le conquérant de la Gaule au profit de la République romaine. Statue de marbre, 1er siècle av. J.-C. (Rome).

CHAPITRE 5 • ROME : DE LA RÉPUBLIQUE À L'EMPIRE 103

Patrimoine

 Comment Rome est-elle née, selon les légendes ?

1. Légendes des origines de Rome

Pour les Romains, Rome a été fondée le 21 avril 753 avant J.-C. par Romulus. Cette date est le point de départ de leur calendrier. Bien plus tard, au 1er siècle avant J.-C., des écrivains latins ont raconté les origines glorieuses, mais légendaires, de Rome : Virgile, dans un long poème, l'*Énéide*, et Tite-Live dans l'*Histoire romaine*.

Doc 2 Les enfants d'Énée

Selon la légende, les Romains descendent des Troyens. Énée est le fils de la déesse Vénus (Aphrodite). Avec son père, Anchise, et son fils, Ascagne, il réussit à fuir la ville de Troie, mise à sac par les rois grecs. Virgile décrit une scène où le bateau d'Énée va couler dans une tempête. Vénus demande à son père, Jupiter (Zeus) d'intervenir. Voilà ce que lui répond son père.

Ne crains rien, comme je te l'ai promis, tu pourras voir la ville de Lavinium. Sous tes yeux, Énée en Italie mènera une rude guerre, il anéantira des peuplades farouches ; il donnera à ses guerriers des remparts et des lois.

Après lui, son fils Ascagne quittera Lavinium pour établir son trône au roc d'Albe. La prêtresse de famille royale, chère à Mars, aura deux fils jumeaux. Puis Romulus, à son tour, donnera son nom au peuple des Romains. Je ne mets pas de limites à leur puissance ni dans le temps ni dans l'espace ; je leur ai donné un empire sans fin.

Plus loin, il décrit le bouclier d'Énée, forgé par le dieu Vulcain (Héphaïstos).

Sur ce bouclier, Vulcain, qui connaissait l'avenir, avait gravé l'histoire de l'Italie et les victoires romaines. On y voyait toute la race des descendants d'Ascagne et leurs guerres successives.

Dans la grotte verdoyante de Mars, la louve était représentée ; les deux enfants jouaient pendus à ses mamelles et tétaient leur nourrice sans trembler.

D'après Virgile, l'*Énéide*, I, 1er siècle av. J.-C.

Doc 1 **Énée s'enfuit de Troie en portant son père, Anchise**, statue du Bernin, 17e siècle (Galerie Borghese, Rome).

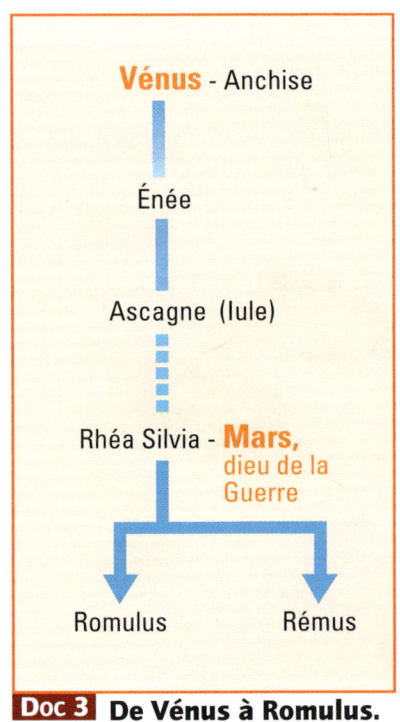

Doc 3 De Vénus à Romulus.

Doc 4 **La louve romaine allaitant Romulus et Rémus,** bronze étrusque, vers 500 av. J.-C. (musée du Capitole, Rome). Abandonné sur le Tibre, le berceau des jumeaux a échoué au pied du Palatin.

Doc 5 **Romulus devient le premier roi de Rome**

Comme ils étaient jumeaux, l'âge ne pouvait rien décider entre Romulus et Rémus. Ils en appelèrent donc aux dieux : c'était à eux de désigner celui qui donnerait son nom à la cité nouvelle. Romulus alla se placer sur le Palatin, Rémus sur l'Aventin. C'est à Rémus qu'apparut le premier augure[1] : six vautours. Romulus en aperçut deux fois plus. Chacun d'eux est proclamé roi par les siens. Les uns s'appuient sur la première apparition, les autres sur le nombre des oiseaux. On discute, on s'échauffe. La querelle dégénère en bagarre sanglante, Rémus tombe frappé à mort.

Une autre tradition, plus répandue, prétend que pour narguer son frère, il aurait d'un saut franchi les nouvelles murailles et que Romulus dans sa colère l'aurait tué en s'écriant : « Périsse ainsi quiconque franchira mes remparts ».

D'après Tite-Live, *Histoire romaine,* 1er siècle av. J.-C.

[1]. Augure : prévision tirée d'un signe du ciel

Doc 6 **L'enlèvement des Sabines**

« Rome était assez forte pour ne redouter aucune des cités voisines. Mais, manquant de femmes, sa puissance se trouvait limitée à une seule génération.

Alors Romulus envoya des ambassadeurs aux nations voisines pour leur proposer une alliance par des mariages. Ces ambassades ne trouvèrent nulle part un accueil favorable.

Romulus dissimula son dépit et fit annoncer une fête dans toute la région. On y vint de partout.

Les Sabins arrivèrent au grand complet en amenant avec eux leurs femmes et leurs enfants. Ils reçurent à Rome la plus large hospitalité et furent logés chez les habitants.

Les jeux commencent. Ils retiennent toute l'attention des spectateurs. C'est alors que les jeunes Romains s'emparent des jeunes filles rencontrées au passage. La panique fait cesser la fête. Les parents s'enfuient se récriant contre cette violation des droits de l'hospitalité…

Les Sabins reviennent attaquer Rome.

Alors les Sabines, dont l'enlèvement avait déclenché la guerre, cheveux épars, vêtements déchirés, bravant les flèches qui pleuvent des deux côtés, se jettent entre les deux armées. Les chefs et les soldats en sont émus. Le silence se fait. La rage guerrière s'apaise. Les deux cités n'en feront plus qu'une. »

D'après Tite-Live, *Histoire romaine,* 1er siècle av. J.-C.

1 **Doc 3** Pourquoi les Romains se disent-ils descendants des dieux ?

2 **Doc 1 et 2** Quelle ville fuit Énée ? Pourquoi ? Avec qui et comment ? Où arrive-t-il ? Quelle est la prédiction de Zeus à propos de Romulus ?

3 **Doc 2 et 4** Recopie la phrase du texte illustré par la statue.

4 **Doc 5** Pourquoi Romulus et Rémus se disputent-ils ? Comment les Romains prennent-ils l'avis des dieux ? Qui fonde Rome, selon la légende ?

5 **Doc 6** Pourquoi les Romains s'emparent-ils des Sabines ? De quelle manière ? Quelle est l'issue de cet épisode ?

6. Résume en quelques phrases ce que racontent les légendes sur les origines de Rome.

Je découvre

Que savons-nous de la Rome des premiers temps ?

2. La cité des origines

L'histoire et l'archéologie ont prouvé qu'au 1er millénaire différents peuples vivaient dans la péninsule italienne. Au 8e siècle avant J.-C., le site de Rome est occupé par les Latins, peuple de bergers et de paysans. Mais vers 600 avant J.-C., les Étrusques étendent leur domination sur la région qui entoure Rome, le Latium. Ce sont les rois étrusques qui ont certainement donné à la bourgade de Rome l'aspect d'une ville.

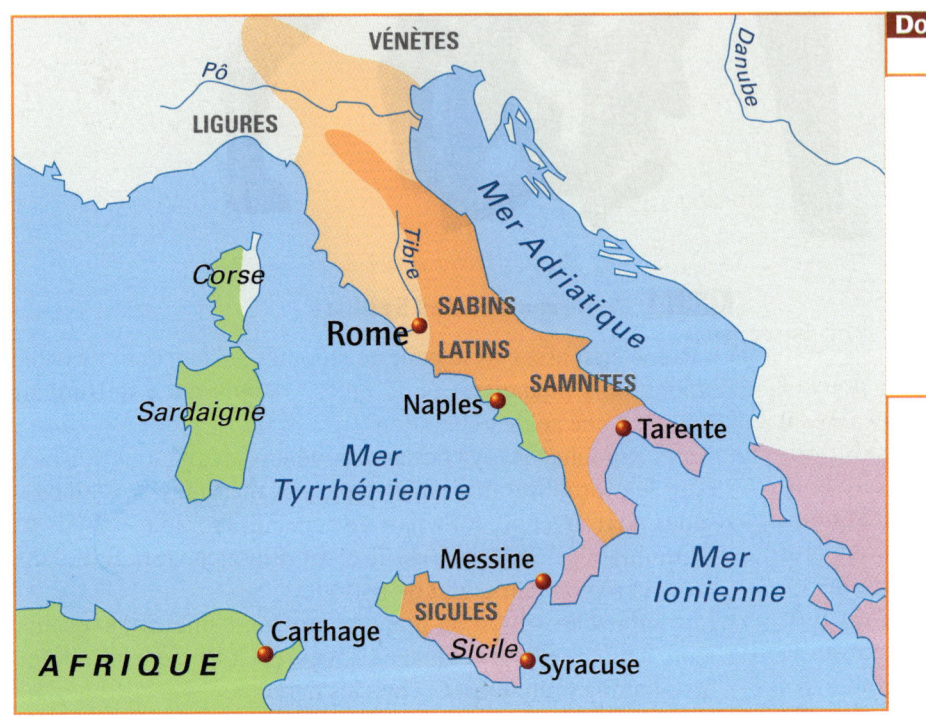

Doc 1 Les peuples de l'Italie vers 600 av. J.-C.

Doc 2 Un fond de cabane latine sur le Palatin, 8e siècle av. J.-C.

Doc 3 Une urne funéraire latine, bronze, 8e siècle av. J.-C. L'urne contenait les cendres d'un mort. Elle a la forme d'une cabane.

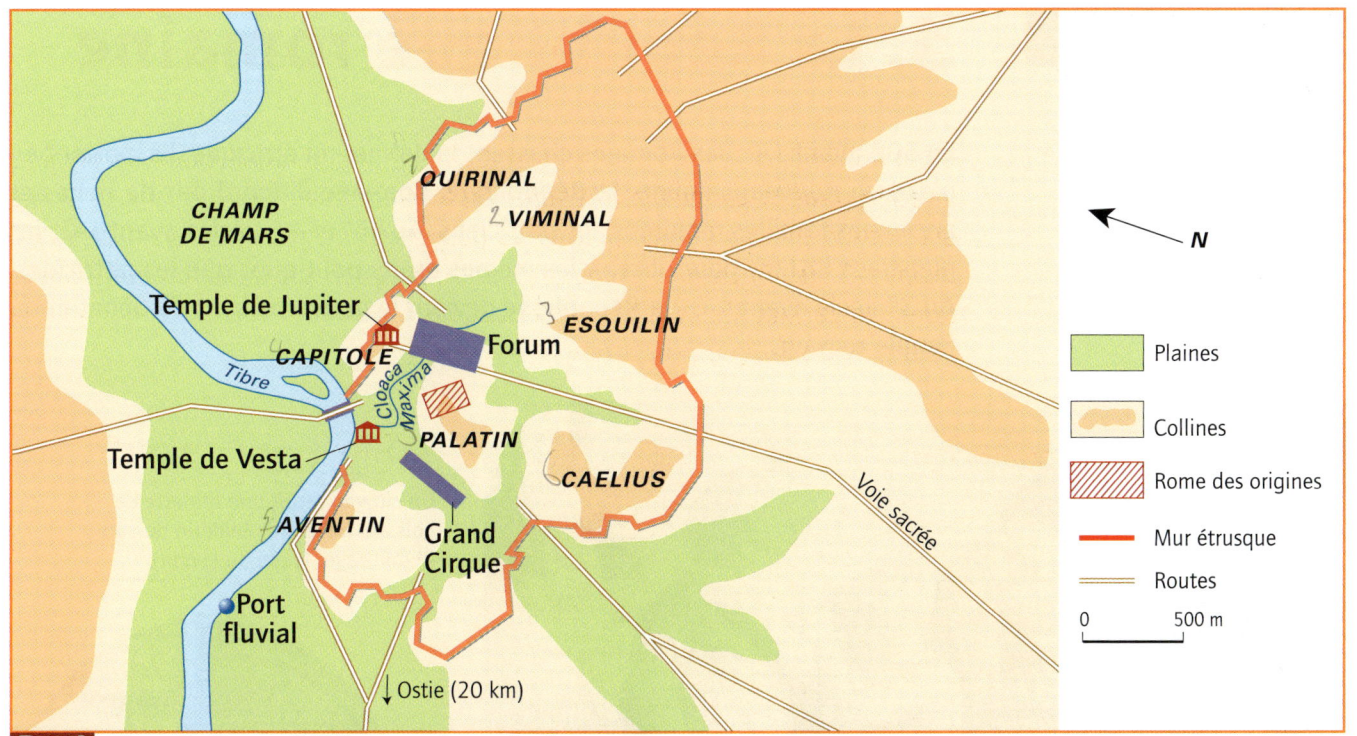

Doc 4 Plan de Rome à l'époque des rois étrusques.

Doc 5 La « Cloaca maxima » : égout construit par le roi étrusque Tarquin le Superbe au 6e siècle av. J.-C. Il se jette dans le Tibre.

Doc 6 La muraille du roi Servius Tullius. Elle fut construite autour de la ville, au 7e siècle av. J.-C., et englobait les sept collines de Rome.

1 **Doc 1** Quels peuples vivent en Italie vers 600 avant J.-C. ?

2 **Doc 2 et 4** Où a-t-on retrouvé les traces de cette cabane ? De quand daterait-elle ? À quoi pouvaient servir les trous ?

3 **Doc 3** Propose une hypothèse expliquant pourquoi l'urne a la forme d'une cabane ?

4 **Doc 4** Près de quel fleuve Rome a-t-elle été fondée ? Combien de collines y a-t-il à Rome ? Nomme-les. Quel dieu est honoré sur le Capitole ? À quoi servait le Grand Cirque ?

5 **Doc 5 et 6** Qui dirigeait Rome lorsque l'égout et la muraille ont été construits ?

CHAPITRE 5 · ROME : DE LA RÉPUBLIQUE À L'EMPIRE

Je découvre

Comment est dirigée la cité de Rome ?

3. La République romaine

En 509 avant J.-C., les Romains chassent le dernier roi étrusque. Ils mettent en place un nouveau régime, la République, dominée d'abord par de riches et anciennes familles romaines, les patriciens. Aux 5e et 4e siècles avant J.-C., les plébéiens luttent pour obtenir les mêmes droits politiques que les patriciens. Au 3e siècle avant J.-C., la République devient le gouvernement du Sénat et du Peuple romain.

Doc 1 **Le recensement des citoyens**, bas-relief, 1er siècle av. J.-C. (musée du Louvre). Selon leur fortune, les citoyens sont répartis en cinq classes pour payer l'impôt direct et servir dans l'armée.

Un citoyen reçoit une tablette de bois qui lui sert de bulletin de vote (il doit rayer le oui ou le non).

Après être passé sur un pont qui lui sert d'isoloir, il dépose le bulletin dans l'urne.

Doc 2 Un citoyen vote à une assemblée, monnaie 2e siècle av. J.-C. (BNF).

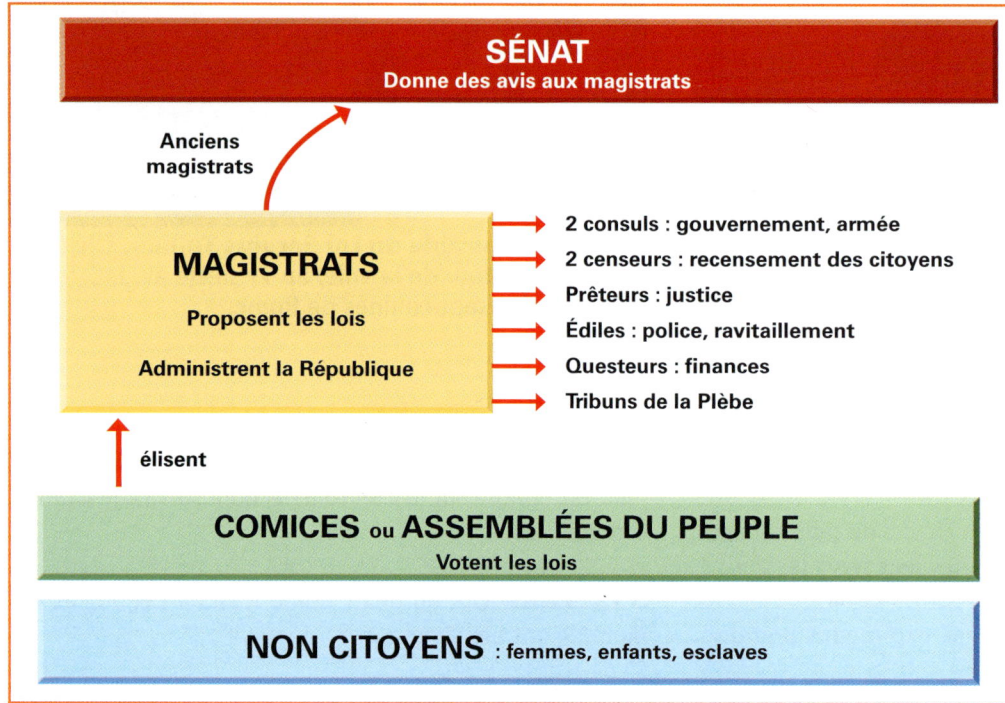

Doc 3 Les institutions de la République romaine.

Doc 4 — Le peuple et la République

Un tribun s'adresse aux plébéiens.
Nous sommes citoyens comme les patriciens. Si nous n'avons pas les mêmes richesses, nous avons la même patrie qu'eux. Ma proposition de loi n'a rien de nouveau. Elle ne fait que réclamer un droit qui appartient au peuple : celui de confier les charges publiques à qui bon lui semble. Sentez-vous, hommes de la plèbe, dans quel mépris on vous tient ?
Dans ces conditions, aucun de nous ne s'enrôlera dans l'armée. Aucun de nous n'est décidé à se battre pour des maîtres orgueilleux qui nous refusent de devenir magistrats.

D'après Tite-Live, *Histoire romaine*, 1er siècle av. J.-C.

Doc 5 — Un patricien en toge.

Il appartient à l'une des grandes familles aristocratiques de Rome. Il tient en main les bustes de ses ancêtres, marbre, 1er siècle après J.-C.
(musée du Capitole, Rome).

Doc 6 — Le pouvoir des consuls

À examiner les pouvoirs des consuls, on eût dit un régime monarchique ; à en juger ceux du sénat, c'était au contraire une aristocratie ; enfin si l'on considérait les droits du peuple, il semblait bien que ce fût nettement une démocratie.
Les consuls, quand ils se trouvent à Rome, avant d'emmener les troupes en campagne, ont la haute main sur les affaires publiques. Tous les autres magistrats, à l'exception des tribuns de la plèbe, leur sont subordonnés et exécutent leurs ordres. Ce sont eux qui soumettent au Sénat les questions urgentes et appliquent ses décisions. Ce sont eux qui réunissent les assemblées, qui proposent les mesures à prendre et qui appliquent les décrets pris à la majorité. Pour les opérations militaires, ils ont un pouvoir presque illimité.

D'après Polybe, *Histoires*, 2e siècle av. J.-C.

---

1 **Doc 1 et 3** Qui sont les habitants de Rome exclus du recensement ? Quel est le but de celui-ci ?

2 **Doc 2** Décris la façon de voter des citoyens romains. Comment est préservé le secret du vote ?

3 **Doc 3** Qui choisit les magistrats et vote les lois ? Qui administre la République ? Dans quels domaines ? De qui est composé le Sénat ?

4 **Doc 3 et 6** Quels sont les pouvoirs des consuls ?

5 **Doc 4 et 5** Qu'est-ce qu'un patricien ? Comment est-il vêtu ? Pourquoi se fait-il représenter avec les bustes de ses ancêtres ? Qu'est-ce qu'un plébéien ? Que réclame le tribun ? De quoi menace-t-il les patriciens s'il n'est pas donné satisfaction aux plébéiens ? Est-ce grave ?

6 Rédige quelques phrases expliquant comment Rome est gouvernée.

Je découvre

➡ Pourquoi le Forum est-il le cœur de la cité ?

4. Le Forum

Le Forum est une vaste place de 200 m de long sur 60 m de large. Sous la République, il est le centre politique de la cité : c'est là que le peuple romain, le Sénat et les magistrats prennent les décisions et que la justice est rendue. Le Forum est aussi un centre religieux, avec ses temples où sont honorés les dieux de la cité, et un centre commercial, avec ses marchés.

Doc 1 Les vestiges du Forum romain aujourd'hui.

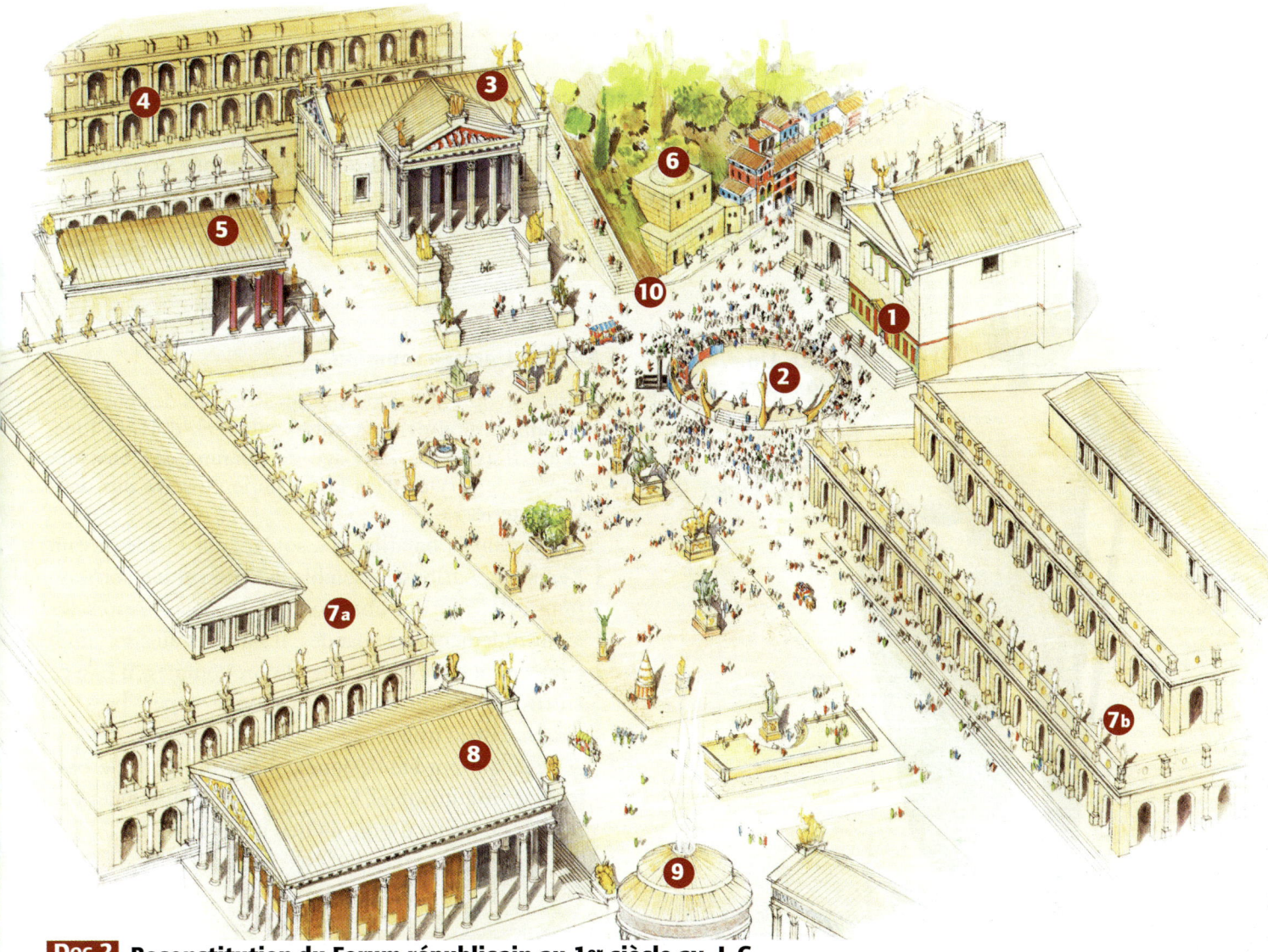

Doc 2 Reconstitution du Forum républicain au 1er siècle av. J.-C.

1. la Curie, lieu de réunion du Sénat
2. le Comitium, place circulaire où se réunissaient les citoyens au début de la République
3. le temple de la Concorde est le signe de l'unité du peuple romain
4. le tabularium, les archives
5. le temple de Saturne abrite le trésor public
6. la prison Mamertine
7. les basiliques Julia (a) et Aemilia (b) où l'on rend la justice. Elles sont entourées de boutiques.
8. le temple de Castor et Pollux, divinités protectrices de Rome
9. le temple de Vesta où des jeunes filles gardaient le feu de la cité
10. l'escalier des gémonies, où sont exposés les cadavres des condamnés à mort

1 Doc 1 et 2 À l'aide du document 2, nomme les lieux et les bâtiments indiqués par des lettres sur la photographie. Quels vestiges du Forum actuel ne retrouves-tu pas sur la reconstitution ?

2 Doc 2 Recopie le tableau et classe les lieux et les bâtiments du Forum selon leur fonction (leur rôle) :

Gouvernement de la cité	Religion	Justice	Commerce

CHAPITRE 5 · ROME : DE LA RÉPUBLIQUE À L'EMPIRE

Je découvre

→ **Comment les Romains ont-ils conquis le monde méditerranéen ?**

5. Les conquêtes de la République

La puissante armée des citoyens romains a permis à la République romaine de faire la conquête de la péninsule italienne, puis, après trois guerres contre Carthage, des régions qui bordent la mer Méditerranée occidentale. Au 1er siècle avant J.-C., la domination romaine s'étend à tout le bassin méditerranéen.

Doc 1 Un légionnaire romain, reconstitution (musée de la civilisation romaine, Rome).

Doc 2 **L'armée romaine**

Après avoir élu les consuls, les Romains désignent les tribuns militaires. Les autres citoyens doivent tous, avant d'avoir atteint l'âge de quarante-six ans, dix années de service dans la cavalerie ou seize ans dans l'infanterie.

Si pendant la bataille, des soldats ont reculé devant l'ennemi, le tribun rassemble la légion et fait sortir du rang ceux qui ont abandonné leur poste. Après les avoir rudement réprimandés, il fait tirer au sort tantôt cinq, tantôt huit, tantôt vingt de ces hommes. Il fixe ce chiffre de façon qu'il corresponde à peu près au dixième de la troupe.

À ceux qui ont été désignés, il fait infliger une bastonnade impitoyable. Aux autres, il fait distribuer des rations de farine d'orge au lieu de blé.

D'après Polybe, *Histoires*, 2e siècle av. J.-C.

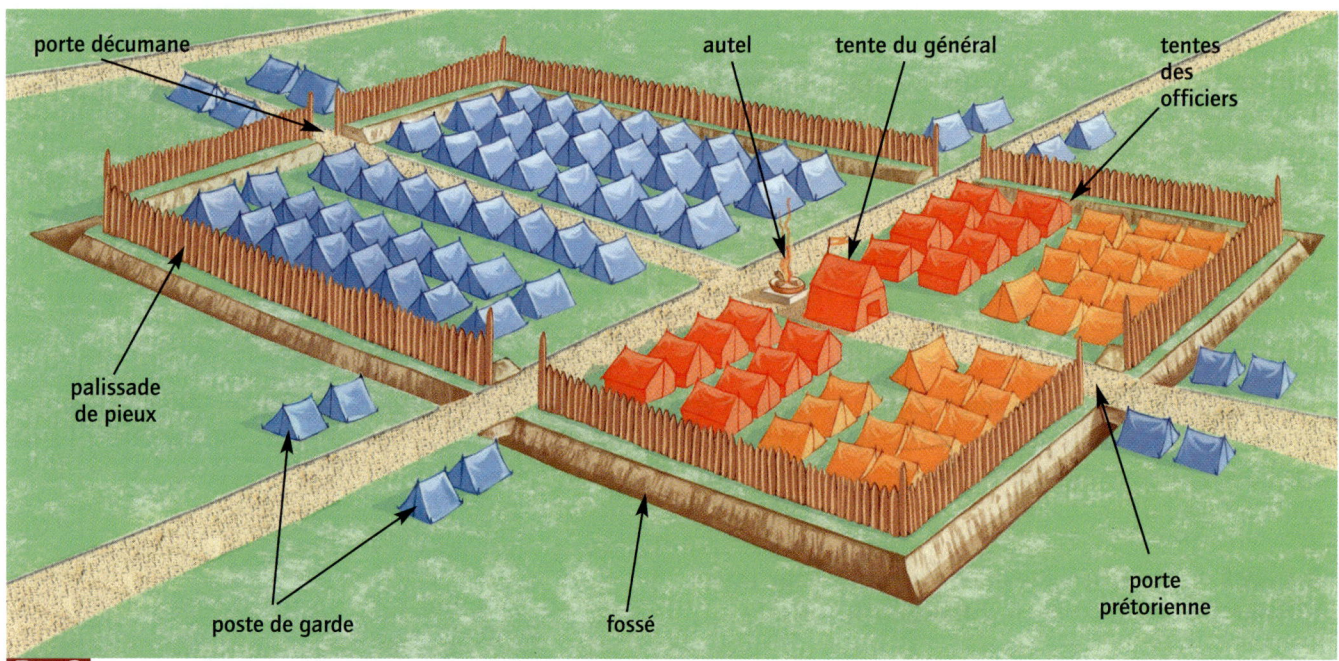

Doc 3 Reconstitution d'un camp de légionnaires romains.

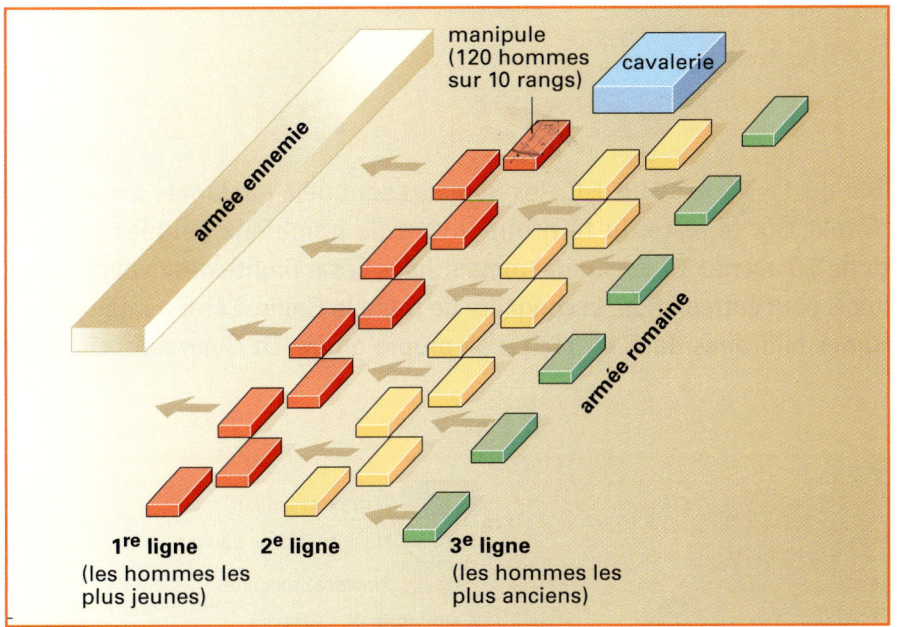

Doc 4 L'armée romaine en ordre de bataille.

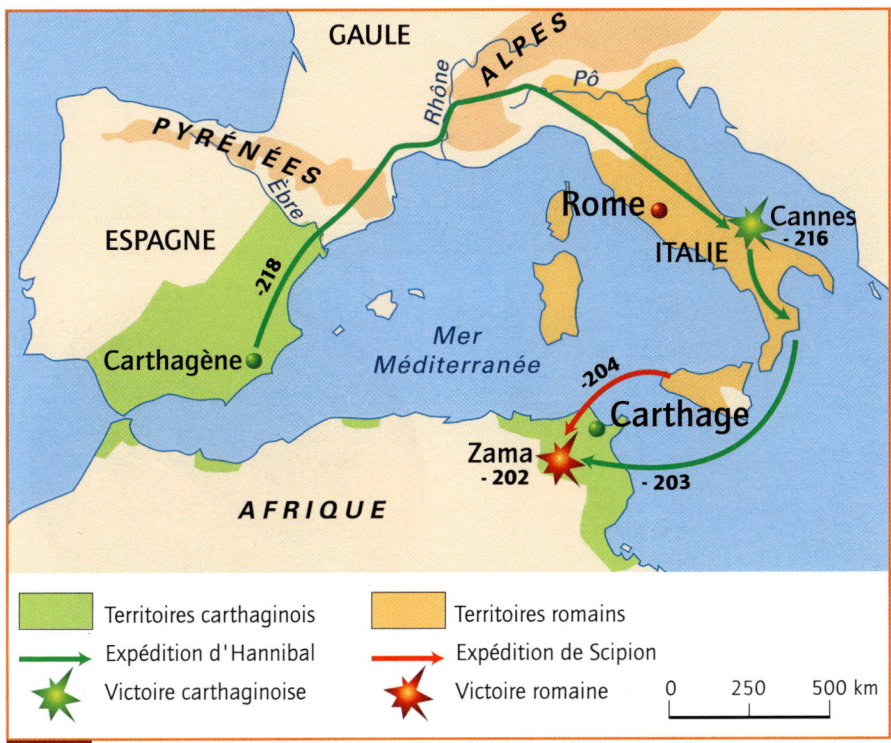

Doc 6 La deuxième guerre punique (218-201 av. J.-C.).

Doc 5 Les causes de la guerre contre Carthage

Les Romains, constatant que les Carthaginois avaient étendu leur domination non seulement sur les rivages de l'Afrique, mais encore sur une bonne partie de l'Espagne et qu'ils étaient en outre maîtres de toutes les îles de la mer Tyrrhénienne, songeaient avec inquiétude que si la Sicile tombait également entre leurs mains, ils auraient là des voisins excessivement encombrants et dangereux par lesquels ils se trouvaient encerclés et qui pourraient menacer directement toute l'Italie.

D'après Polybe, *Histoires*, 2e siècle av. J.-C.

Doc 7 Le triomphe d'un consul

En 168 av. J.-C., l'armée romaine remporte une victoire contre Persée, roi de Macédoine. Un an plus tard, son commandant, le consul Paul Émile, rentre à Rome. Le premier jour suffit à peine aux statues, aux tableaux, portés sur 200 chariots. Le lendemain 3 000 hommes portent les pièces d'argent dans 750 vases pesant 90 kg, tenus par quatre hommes. Le troisième jour, marchent ceux qui portent les pièces d'or dans 77 vases. Puis viennent, prisonniers, les enfants de Persée et Persée lui-même. Enfin, Paul Émile, vêtu d'une robe de pourpre brodée d'or, tenant de la main droite une branche de laurier. Toute l'armée chantait des hymnes de triomphe pour célébrer les exploits de Paul Émile.

D'après Plutarque, *Vie des hommes illustres*, 1er siècle.

---

1 **Doc 1** De quoi se compose l'équipement d'un légionnaire romain ?

2 **Doc 2** De qui est composée l'armée romaine ? Qu'est-ce que l'infanterie ? Comment sont punis les soldats qui ont reculé devant l'ennemi ?

3 **Doc 2 et 4** D'après le texte et le schéma, qu'est-ce qui fait la force de l'armée romaine ?

4 **Doc 3** Comment est organisé et protégé un camp romain ?

5 **Doc 5 et 6** Où est située Carthage ? Quels territoires domine-t-elle ? Quelle est la crainte des Romains vis-à-vis des Carthaginois ? Quelle est la durée de la deuxième guerre punique ? Décris le trajet d'Hannibal. Qui gagne finalement la guerre ?

6 **Doc 7** Où et contre qui l'armée romaine est-elle partie combattre ? Comment se déroule le triomphe du consul ?

Patrimoine

→ Comment César a-t-il conquis la Gaule ?

6. Récits de la *Guerre des Gaules*

Au début du 1er siècle avant J.-C., les Romains sont déjà implantés dans le Sud de la Gaule. Sur le reste du territoire vivent de nombreux peuples gaulois. À partir de 58 avant J.-C., le général romain Jules César profite des rivalités entre les Gaulois pour entreprendre la conquête de toute la Gaule. César a rapporté ses campagnes militaires dans un récit à sa propre gloire, *La Guerre des Gaules*.

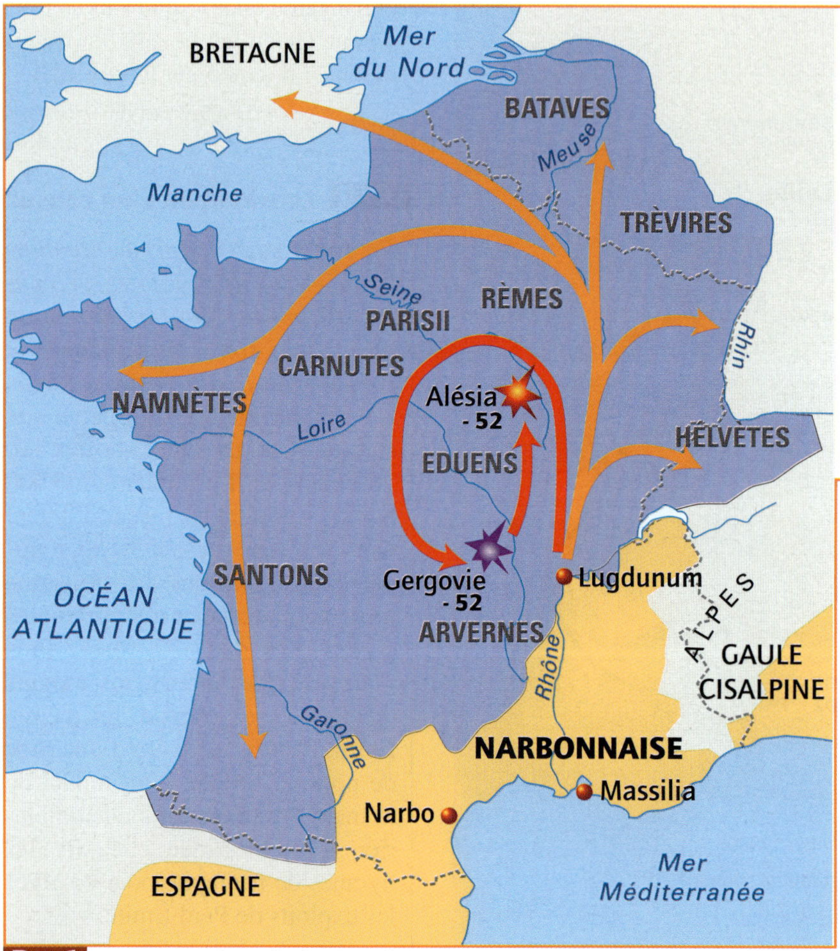

Doc 1 La conquête de la Gaule.

Doc 2 Vercingétorix, (mort en 46 av. J.-C.), monnaie arverne (BNF).

Doc 3 La révolte de Vercingétorix vue par César

Vercingétorix, un jeune chef qui était parmi les plus puissants du pays, rallie à sa cause tous ceux qu'il rencontre ; il leur demande de prendre les armes pour la liberté de la Gaule ; il rassemble de grandes forces. Ses partisans le proclament roi. Il ordonne qu'un nombre déterminé de soldats lui soit amené sans délai et il fixe quelle quantité d'armes chaque cité doit fabriquer ; il donne un soin particulier à la cavalerie. Il est d'une sévérité extrême : pour une faute grave, c'est la mort par le feu, pour une faute légère, il fait couper les oreilles au coupable ou lui fait crever les yeux…
Puisqu'il dispose d'une cavalerie très nombreuse, rien n'est plus facile que d'empêcher les Romains de se procurer du blé et de faire du fourrage ; seulement, ses hommes ne devront pas hésiter à détruire eux-mêmes leurs récoltes et à brûler leurs granges…

D'après Jules César, *La guerre des Gaules*, 1er siècle av. J.-C.

Doc 4 Le site d'Alésia, sur le mont Auxois (Côte-d'Or). Les Romains avaient entouré Alésia de lignes de fortifications et de camps de légionnaires.

Vers Alésia →

Doc 5 Reconstitution des fortifications romaines devant Alésia.
Les fortifications étaient disposées en double ligne : l'une face à Alésia assiégée, l'autre face aux armées gauloises de secours. De gauche à droite, remblai et palissade flanquée de tours de guet tous les 250 m, surplombant deux fossés de 4,50 m de large ; celui de droite est rempli d'eau. Puis branchages taillés en pointe et plantés, serrés, profondément. Enfin, zone de pièges, masqués de branches et plantés de pieux aigus durcis au feu. (Musée des Antiquités nationales, Saint-Germain-en-Laye).

Doc 6 Vercingétorix se rend à César

Vercingétorix, ayant convoqué l'assemblée des Gaulois, déclare que, s'il a entrepris cette guerre, ce n'était pas dans son intérêt personnel mais pour sauver la liberté de tous. Il s'offre pour qu'on apaise les Romains par sa mort ou qu'on le livre vivant. On envoie à ce sujet une délégation à César qui ordonne qu'on lui livre les armes et qu'on lui amène les chefs. On lui livra Vercingétorix et on jeta les armes à ses pieds.

D'après Jules César, *La guerre des Gaules*, 1er siècle av. J.-C.

1 Doc 1 Combien d'années ont duré les guerres de César contre les Gaulois ? Décris le trajet des armées romaines. Quelles batailles ont lieu en 52 avant J.-C. ?

2 Doc 3 Pour quelle raison, selon César, Vercingétorix veut-il combattre les Romains ? Comment organise-t-il son armée ? Explique en quoi consiste sa tactique.

3 Doc 4 et 5 Comment se présente le site d'Alésia ? Comment César y assiège-t-il les Gaulois ? Fais la liste des obstacles à franchir pour sortir d'Alésia.

4 Doc 6 Que propose Vercingétorix à l'assemblée des Gaulois ? Que décide César ?

5. Imagine un dialogue entre César vainqueur et Vercingétorix vaincu.

Bilan

Rome : la cité et son expansion

CARTE REPÈRE PAGE 107

A Des origines à la fondation de la République romaine

1. Au 2e millénaire avant J.-C., un peuple italiote, les **Latins**, s'installe dans le **Latium**. C'est une petite plaine du centre de l'Italie, traversée par un fleuve, le **Tibre**, et dominée par de nombreuses collines. C'est sur l'une d'elles, le **Palatin**, que **Rome** est fondée au 8e siècle avant J.-C.

2. Au 6e siècle avant J.-C., Rome passe sous la **domination des Étrusques**. Ils font de Rome **une ville** qui se développe grâce à sa position de carrefour commercial. À la fin du 6e siècle avant J.-C., les habitants de Rome se révoltent contre un roi étrusque autoritaire. Ils mettent en place un gouvernement sans roi : la République.

B La République : le Sénat et le Peuple romain

1. Au début de son existence, la République est gouvernée par de riches et anciennes familles romaines, les patriciens, alors que le petit peuple des artisans, des commerçants et des paysans, les plébéiens, sont privés de droits politiques. Mais au 3e siècle avant J.-C., après deux siècles de lutte, les plébéiens deviennent des citoyens à part entière.

2. Comme en Grèce, le **citoyen romain** est un **homme libre** qui a des **droits** que les femmes, les étrangers et les esclaves n'ont pas, comme celui de témoigner en justice et de posséder des terres. Les citoyens se réunissent sur le Forum ou sur le Champ de Mars dans des assemblées, les **comices**, pour voter les lois et élire chaque année les magistrats qui vont gouverner la cité. Parmi ces magistrats, les deux consuls jouent un rôle important : ils font appliquer les lois et commandent l'armée des citoyens.

3. Le Sénat est composé de 300 anciens magistrats nommés à vie. Ils dirigent les finances de la cité, décident de la paix et de la guerre et conseillent les magistrats en exercice.

C Les conquêtes de la République

1. L'armée romaine est composée de citoyens, répartis en légions selon leur niveau de richesse au moment du recensement. Les **légionnaires** sont soumis à une discipline très sévère. Combattre pour Rome est un devoir pour les citoyens romains. Mais, à partir du 2e siècle avant J.-C., ils se lassent des guerres : l'armée se compose alors de plus en plus de soldats professionnels.

2. Du 5e siècle au 3e siècle avant J.-C., les Romains font la conquête de toute la **péninsule italienne**. Puis, ils construisent une flotte puissante pour **dominer la Méditerranée**. Les Romains doivent alors combattre et vaincre **Carthage**, qui est à la tête d'un grand empire maritime. Ils détruisent cette ville en 146 avant J.-C.

3. Les Romains conquièrent ensuite l'Espagne, le **Sud de la Gaule** et les royaumes hellénistiques. Au 1er siècle avant J.-C., la Méditerranée devient la mer des Romains : *Mare Nostrum* (« notre mer »). Après la victoire de **Jules César** à **Alésia**, en **52 avant J.-C.**, toute la **Gaule** est conquise.

4. Grâce à ses conquêtes, Rome s'enrichit et le mode de vie des Romains se transforme profondément.

DOCUMENTS REPÈRES PAGES 114-115

Vocabulaire

République
Du latin *res publica*, la chose publique : forme de gouvernement où le pouvoir n'est pas détenu par une seule personne mais par une partie de la population ou l'ensemble des citoyens.

patriciens
Descendants des plus anciennes et des plus riches familles de Rome.

plébéiens
À l'origine, tous ceux qui ne sont pas patriciens : les artisans, les commerçants, les paysans qui s'installent et travaillent à Rome.

citoyen
Voir page 87.

Forum
À Rome, vaste place publique qui est le centre de la vie politique, religieuse et économique de la cité.

magistrat
Personne à qui le peuple a reconnu le pouvoir d'administrer la cité, de commander l'armée ou de juger.

consuls
Les deux magistrats les plus importants de la République romaine ; ils commandent l'armée.

Sénat
Assemblée d'anciens magistrats chargée de conseiller les magistrats en exercice, de décider de la guerre et de la paix.

légions
Principale unité de l'armée romaine qui regroupe environ 4 000 hommes.

recensement
Opération de comptage des citoyens romains et de leur répartition dans les légions de l'armée selon leur fortune.

Personnage

JULES CÉSAR

Issu d'une grande famille patricienne, il devient consul et gouverneur de la Gaule Narbonnaise. En 58 avant J.-C., il entreprend la conquête de toute la Gaule qui se termine par sa victoire à Alésia contre Vercingétorix, en 52 avant J.-C. Il a rédigé le récit de sa conquête dans *La Guerre des Gaules*.

Dates

8e siècle avant J.-C. : naissance de Rome
De 509 à 27 avant J.-C. : la République romaine
52 avant J.-C. : bataille d'Alésia

Retenir autrement

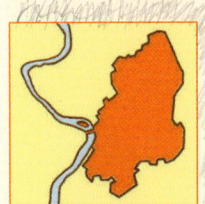
Rome est fondée au 8e siècle avant J.-C. au bord du Tibre, dans la plaine du Latium. Elle est gouvernée par des rois, avant de devenir une République.

Les patriciens doivent partager le pouvoir avec les plébéiens. La République romaine est gouvernée par les citoyens, les magistrats et le Sénat.

Grâce à sa puissante armée de légionnaires, Rome fait la conquête de l'Italie et de tout le bassin méditerranéen.

Au milieu du 1er siècle avant J.-C., toute la Gaule est conquise par les armées de Jules César.

→Exercices

1. Se repérer dans le temps

1. Que symbolisent les deux petits dessins ?
2. Quelle est la date des événements auxquels ils font référence ?
3. Combien de siècles se sont écoulés entre ces deux événements ? Combien d'années ?
4. Lequel de ces dessins rappelle une légende ? Que raconte-t-elle ?

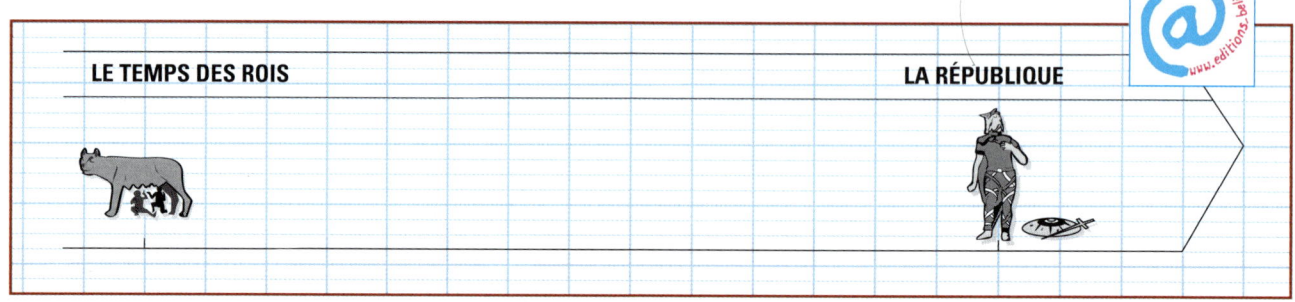

2. Se repérer dans l'espace

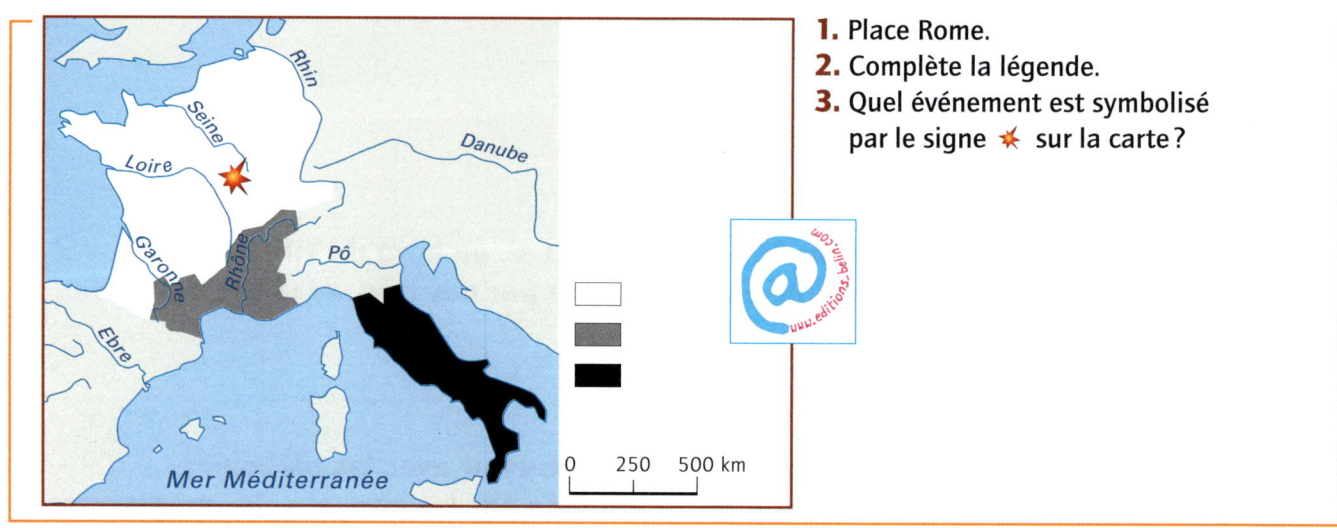

1. Place Rome.
2. Complète la légende.
3. Quel événement est symbolisé par le signe ✹ sur la carte ?

3. Construire un schéma

SÉNATEURS	CONSULS	CITOYENS

1. Reproduis le schéma ;
2. Indique à l'aide d'une flèche bleue qui élit les consuls, et à l'aide d'une flèche rouge qui les conseille.
3. Recopie dans la bonne case les expressions à placer. Donne un titre à ce schéma.

   ❏ votent les lois   ❏ dirigent la cité et commandent l'armée
   ❏ décident de la guerre et de la paix   ❏ se réunissent en assemblées

4. Comprendre un texte

En 202 avant J.-C., lors de la deuxième guerre punique, les armées romaines commandées par Scipion remportent une victoire contre les soldats carthaginois d'Hannibal à la bataille de Zama (Tunisie).

Hannibal couvrit le front de sa bataille par quatre-vingts éléphants qui devaient porter le trouble dans la première ligne des soldats de Scipion. Contre cet ordre de bataille, Scipion rangea sur trois lignes l'élite des légions. Mais au lieu de colonnes ininterrompues, il ouvrit des intervalles par lesquels les éléphants pouvaient passer sans rompre les rangs. Pour qu'il n'y eût point de vide, il remplit ses intervalles de légionnaires munis d'armes légères avec ordre de se retirer rapidement devant les éléphants.

D'après Frontin, *Les Stratagèmes*, 1er siècle après J.-C.

1. Est-ce la première fois que Rome est en guerre contre Carthage ? Où est située Carthage ? D'après tes connaissances, pourquoi Rome voyait-elle en elle une rivale ?
2. Qu'y a-t-il d'original dans l'armée d'Hannibal ? Quelle est la tactique de bataille du Carthaginois ? Comment est-elle contrée par Scipion ?
3. Qu'est-ce qu'une légion ?
4. Après avoir définitivement vaincu Carthage, quels territoires vont dominer les Romains en Méditerranée occidentale ?

5. Lire et comprendre une image

En Gaule, en 52 av. J.-C. : le vainqueur et le vaincu.
Tableau de Lionel Royer, 19e siècle, musée des Beaux-Arts du Puy-en-Velay.

1. Quand a été peint ce tableau ? Quel est le nom de l'artiste ?
2. Après quelle bataille peut-on situer la scène peinte ?
3. Qui en sont les deux personnages principaux ? Comment l'artiste a-t-il représenté le vainqueur ? Comment a-t-il indiqué que le vaincu se rendait à lui ?
4. Relève la dernière phrase du doc 6, page 115. Selon toi, l'artiste s'en est-il inspiré ?

Je découvre

➡ **Comment le gouvernement de Rome se transforme-t-il ?**

7. Rome devient un Empire

Rentré à Rome après ses victoires en Gaule, César devient l'homme fort de la République romaine. Mais, soupçonné de vouloir devenir roi, il est assassiné en 44 avant J.-C. Pendant plus de dix ans, une guerre civile pour le pouvoir oppose son fils adoptif, Octave, à des rivaux. Sorti vainqueur, Octave reçoit du Sénat le titre d'*Auguste* (« élu des dieux ») et fonde un nouveau régime en 27 avant J.-C. : l'Empire.

Doc 1 **Monnaie de César**, (1er siècle av. J.-C.). Elle représente probablement Vercingétorix enchaîné (BNF).

Doc 3 **L'empereur Octave Auguste**, statue de marbre, 1er siècle ap. J.-C. (musée du Vatican, Rome).

Labels on statue: Apollon ; Déméter ; Un amour, symbole de Vénus.

Doc 2 **L'assassinat de César**

Lorsque César fut assis au Sénat, les conjurés l'entourèrent. Quand il vit de tous côtés des poignards levés sur lui, il s'enveloppa la tête de sa toge. C'est alors qu'il fut transpercé de vingt-trois coups. Certains ont rapporté qu'il dit à Marcus Brutus se ruant sur lui : « Toi aussi, mon fils ! »

D'après Suétone, *Jules César*, 2e siècle.

Doc 4 Le Prince

« Quand Auguste eut séduit le soldat par ses dons, le peuple par ses distributions de blé, tout le monde par les douceurs de la paix, il commença à s'élever et à tirer à lui les prérogatives du Sénat, des magistrats, des lois. Nul ne lui résistait. […] Ils préféraient le présent et sa sécurité au passé et à ses dangers. […] La révolution était donc un fait accompli et il ne restait rien de l'ancien esprit : chacun, répudiant l'égalité, épiait les ordres du prince. »

Tacite, *Annales*, 1er siècle.

Doc 5 L'empereur Marc-Aurèle reçoit une demande de citoyens sur le Forum, haut relief, 2e siècle ap. J.-C. (musée des Conservateurs, Rome).

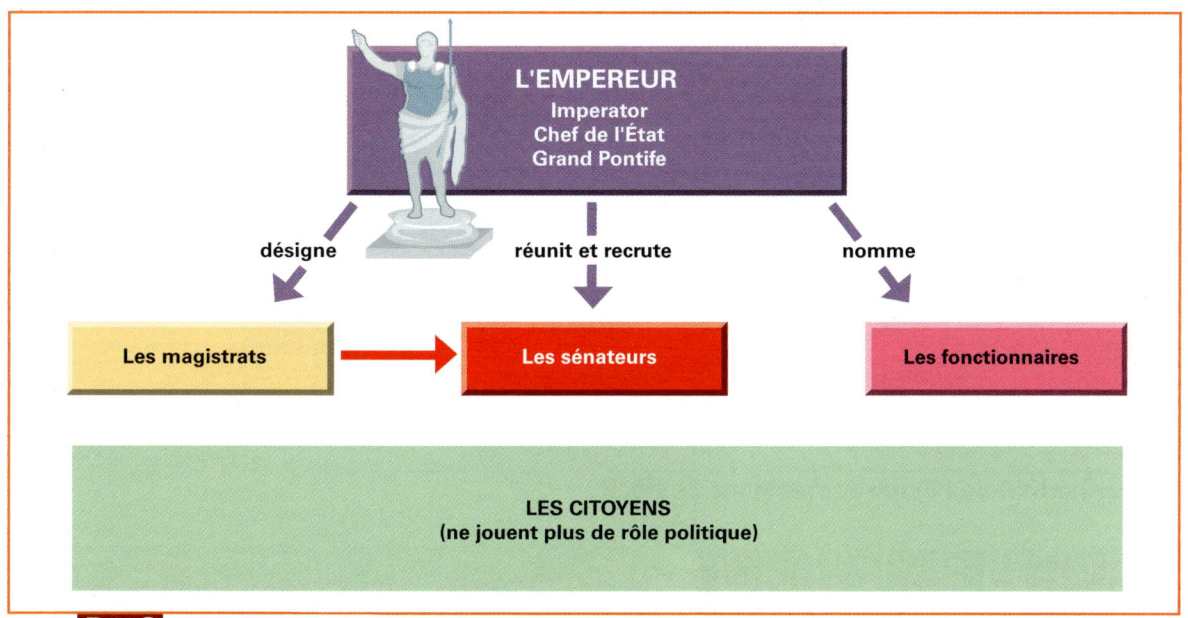

Doc 6 L'empereur et le Peuple romain.

---

1 **Doc 1** Comment César fait-il connaître à tous les Romains sa victoire en Gaule et la soumission de Vercingétorix ?

2 **Doc 2** Par qui César est-il assassiné ? De quelle manière ?

3 **Doc 4** Selon Tacite, comment Auguste s'y est-il pris pour accroître son pouvoir ?

4 **Doc 6** Comment l'empereur contrôle-t-il tous les pouvoirs à Rome ? Compare ce schéma avec celui de la page 108.

5 **Doc 5** Comment est vêtu Marc-Aurèle ? Que veut montrer cette scène sur les rapports entre l'empereur et les citoyens ?

6. Rédige quelques phrases expliquant les différences entre le gouvernement de Rome sous la République et sous l'Empire.

CHAPITRE 5 • ROME : DE LA RÉPUBLIQUE À L'EMPIRE

Je découvre

 Comment se présente l'Empire romain à son apogée ?

8. L'Empire romain au 2ᵉ siècle

Au 2ᵉ siècle, l'Empire romain atteint sa plus grande extension. Protégé sur ses frontières, desservi par un gigantesque réseau de voies terrestres et maritimes, bien administré, l'Empire connaît une période de paix et de prospérité : c'est le temps de la « paix romaine ».

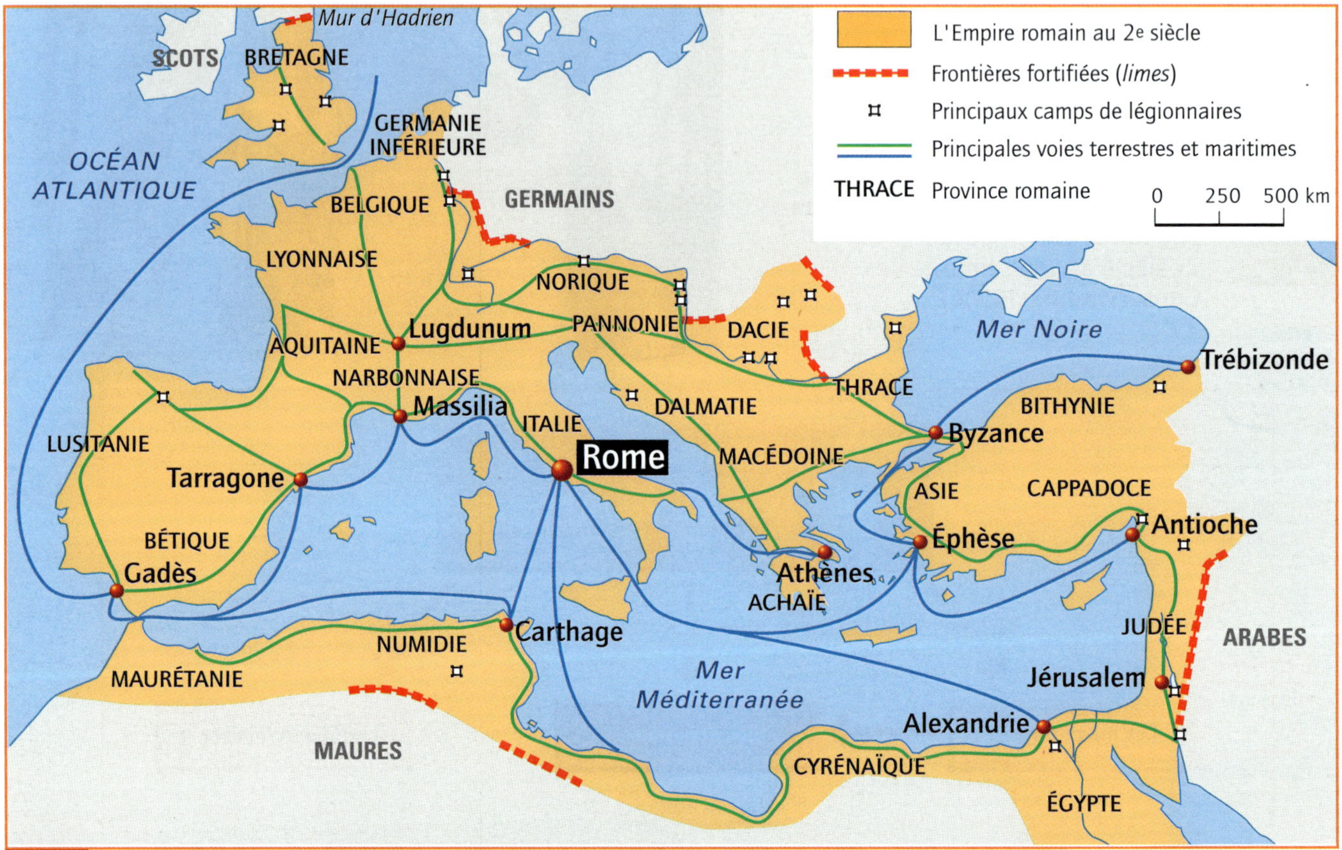

Doc 1 L'organisation de l'Empire romain au 2ᵉ siècle.

Doc 2 Une voie romaine en Gaule.

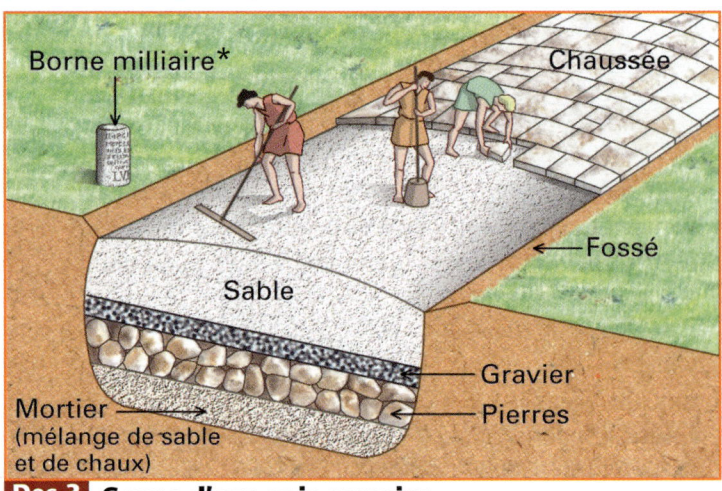

Doc 3 Coupe d'une voie romaine.
* borne placée de mille en mille (1 478,50 cm)

Doc 4 L'armée romaine protège l'Empire sur les rives du Danube. Détail de la colonne de Trajan, 2ᵉ siècle.

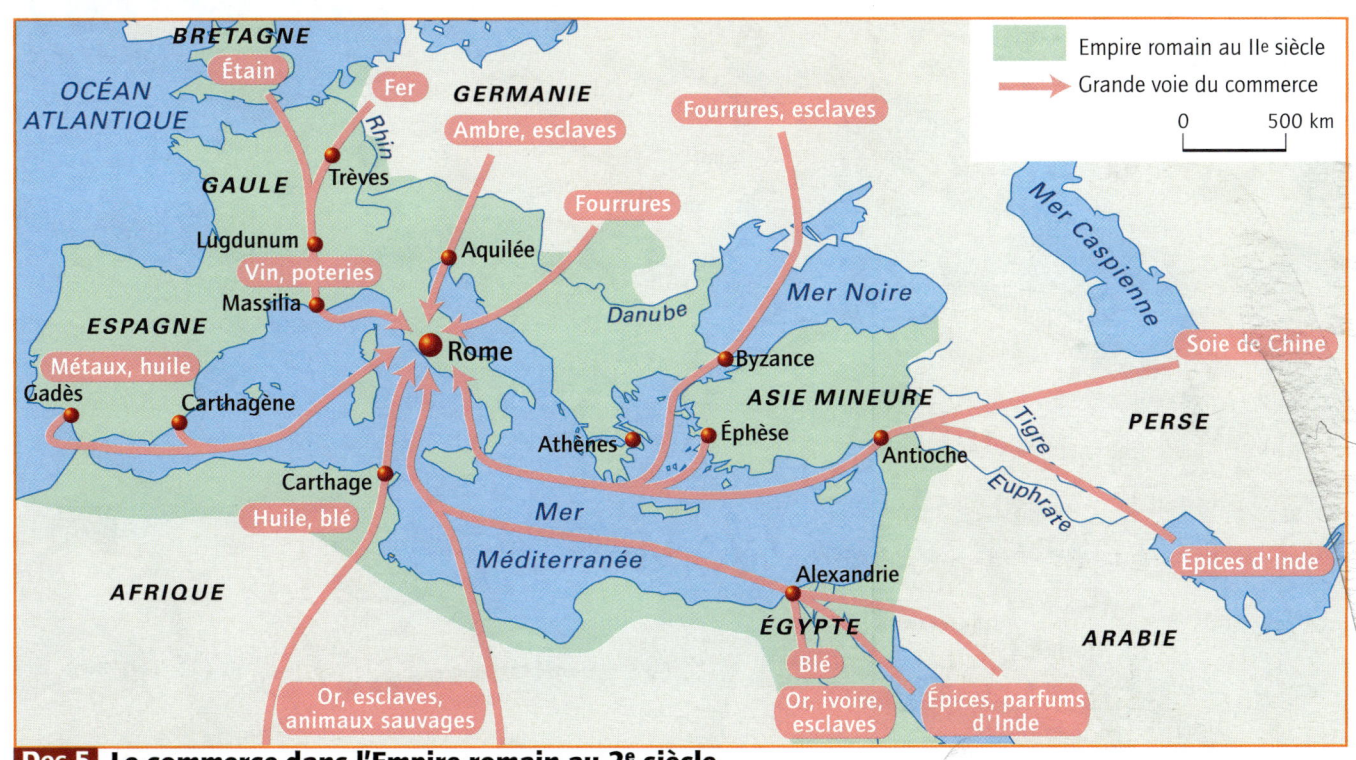

Doc 5 Le commerce dans l'Empire romain au 2ᵉ siècle.

1 **Doc 1** Calcule l'extension de l'Empire romain d'Est en Ouest ? Pour chacun des continents, relève deux noms de provinces romaines.

2 **Doc 1 et 4** Comment les frontières de l'Empire sont-elles protégées ? Contre qui ? Qui sont les personnages représentés dans le doc 4 ? Que font-ils ?

3 **Doc 1, 2 et 3** Pouvait-on circuler facilement dans l'Empire romain ? À quoi servent les voies romaines sur les plans : militaire, administratif, commercial ?

4 **Doc 5** Où arrivent toutes les grandes voies de commerce ? Quels produits proviennent d'Afrique ? d'Asie ?

5. Rédige quelques phrases expliquant pourquoi on définit le 2ᵉ siècle comme celui de la « paix romaine » dans l'Empire.

CHAPITRE 5 • ROME : DE LA RÉPUBLIQUE À L'EMPIRE **123**

Patrimoine

 Qu'est-ce qui fait de Rome la capitale de l'Empire ?

9. Rome, capitale de l'Empire

À l'apogée de l'Empire au 2e siècle, la Rome aux sept collines est devenue une ville de plus d'un million d'habitants que les empereurs embellissent de monuments grandioses, dignes de son rôle impérial. Capitale politique et économique de l'Empire, Rome fait l'admiration de ceux qui la visitent et sert de modèle aux autres villes romaines.

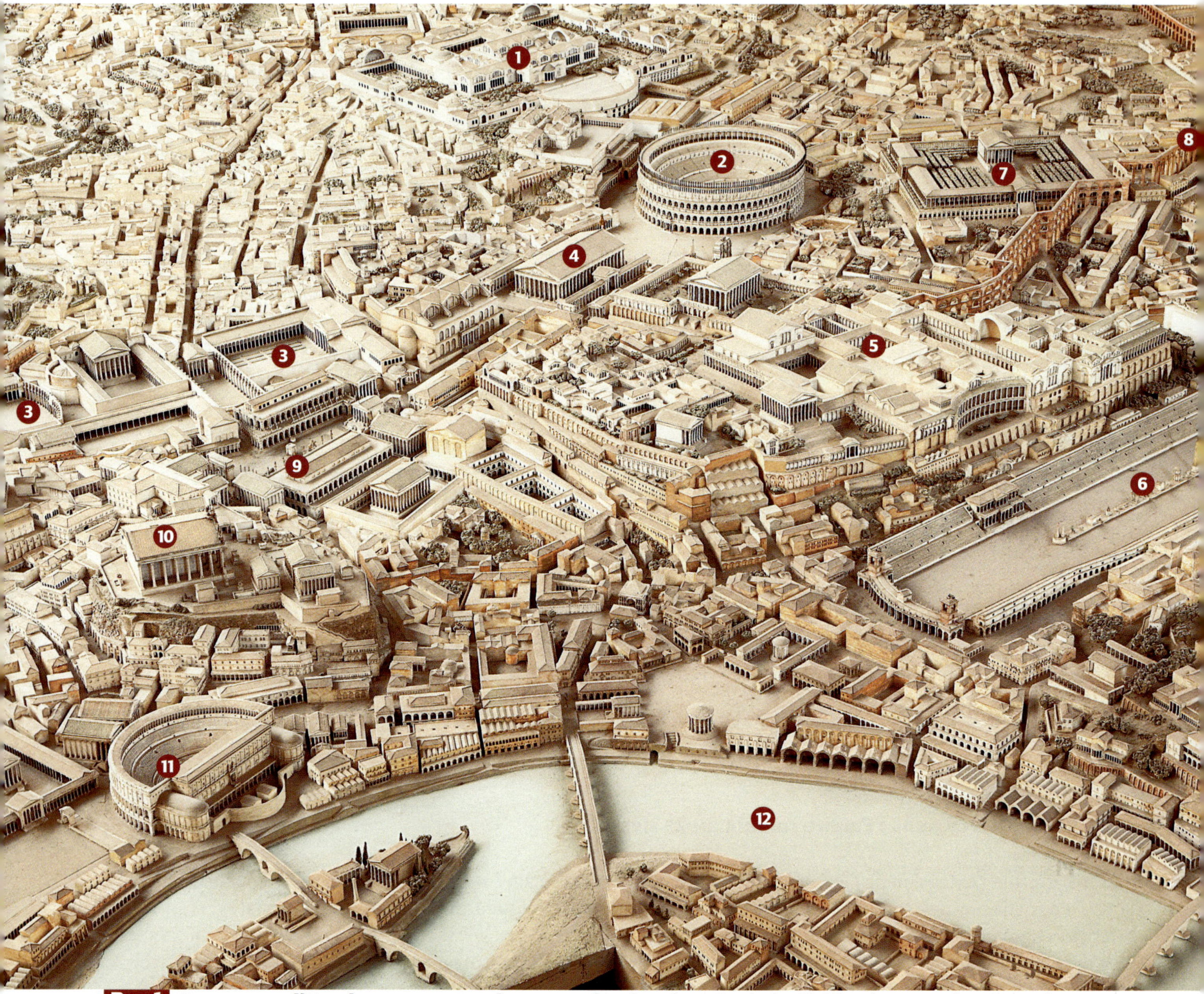

Doc 1 Rome sous l'Empire, maquette de reconstitution (musée de la Civilisation romaine, Rome).

❶ ❷ ❸ ❹ ❺ ❻ Voir document 4.   ❼ Temple de Claude   ❽ Aqueduc   ❾ Forum républicain   ❿ Temple de Jupiter   ⓫ Théâtre de Marcellus   ⓬ Tibre

Doc 2 Éloge de l'Empire romain

De toute la terre et de toute la mer arrive chez vous (à Rome) tout ce que font pousser les saisons, tout ce que produisent les divers pays. Et la ville est comme un marché universel […]. Les cargaisons venues de chez les Indiens, et même de chez les habitants de l'Arabie, on peut les voir ici. Les tissus de Babylone et les bijoux des pays barbares d'au-delà arrivent ici plus facilement qu'à Athènes. Vos champs ce sont l'Égypte, la Sicile et la partie cultivée de l'Afrique. Dans votre port[1], les navires ne cessent d'arriver et de partir.

Aelius Aristide,
Éloge de Rome, 2ᵉ siècle.

1. Ostie.

Doc 3 L'arc de triomphe de Septime Sévère, empereur de 193 à 211.

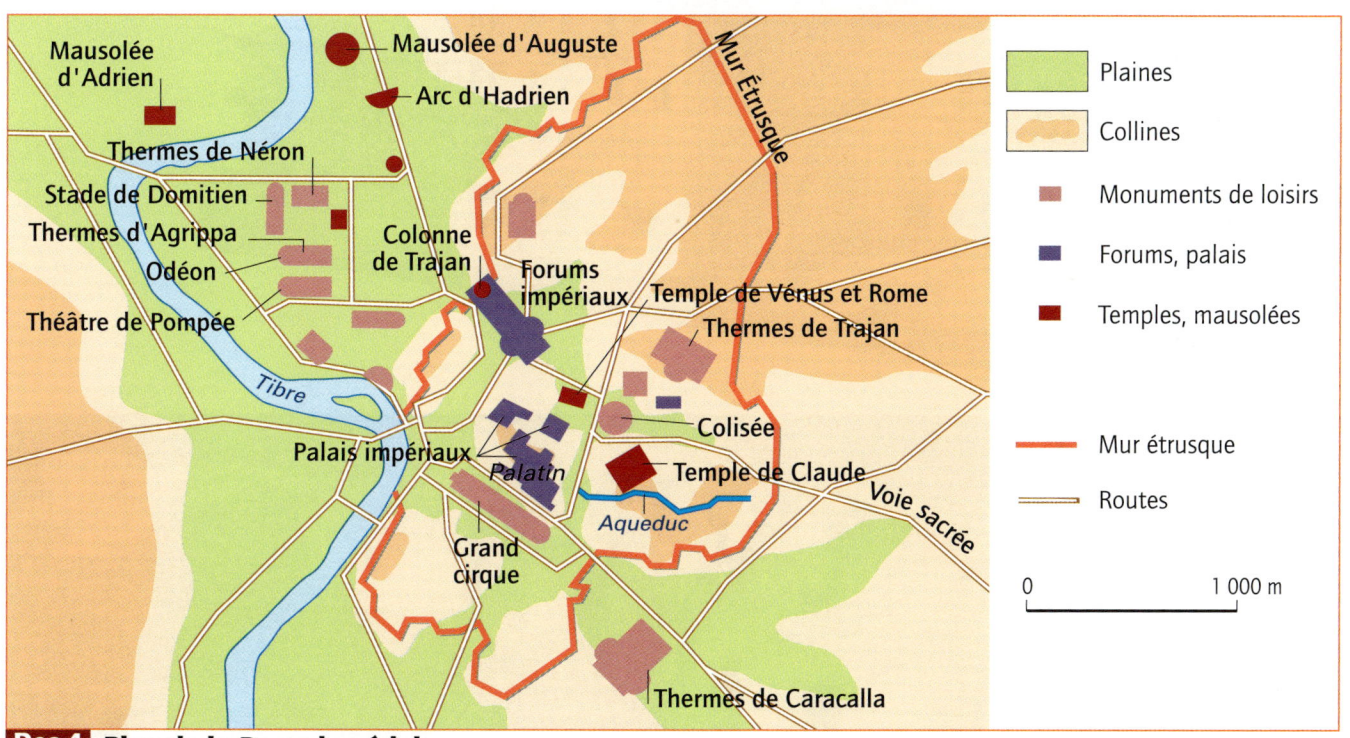

Doc 4 Plan de la Rome impériale.

1 **Doc 1 et 4** Retrouve à l'aide du plan (doc 4) le nom des édifices numérotés de 1 à 6 sur la maquette. Quels édifices correspondent à des lieux de loisirs et de spectacles ? Quels bâtiments ont une fonction religieuse ? Comment la ville est-elle approvisionnée en eau ?

2 **Doc 1, 3 et 4** Quels monuments montrent que Rome est le lieu du pouvoir impérial ? Le Forum républicain est-il toujours le centre du gouvernement ?

3 **Doc 2** Comment s'appelle le port maritime de Rome ? Que veut dire l'auteur en qualifiant Rome de « marché universel » ?

CHAPITRE 5 · ROME : DE LA RÉPUBLIQUE À L'EMPIRE 125

Je découvre

→ Quel est le mode de vie romain ?

10. Vivre à Rome

Rome donnait au visiteur l'image d'une ville bruyante et grouillante de monde. Pour loger une population sans cesse plus nombreuse, il faut construire des immeubles à étages dans de nouveaux quartiers. Rome est une ville de loisirs. Les empereurs et de très riches Romains offrent à la population des lieux et des bâtiments destinés à la détente et aux spectacles.

Doc 1 Dans les rues de Rome

Il faut être riche pour pouvoir dormir dans cette ville. Le passage des voitures dans les rues étroites et sinueuses, les querelles du troupeau qui n'avance plus, ôteraient le sommeil à des veaux marins […]. Le flot qui me précède fait obstacle à ma hâte ; la foule pressée qui me suit me comprime les reins. L'un me heurte du coude […], en voici un qui me cogne la tête avec une poutre. Mes jambes se couvrent d'une boue grasse. Un soldat m'écrase le pied […]. Considère également les dangers de la nuit […]. Il ne manquera pas de gens pour te dépouiller une fois les maisons closes, quand partout les boutiques font silence, volets fermés, chaînes de sécurité en place. Il arrive aussi que surgisse un bandit qui joue du couteau.

Juvénal, *Satires,* 1er-2e siècles.

Doc 2 Maquette d'immeubles romains dont les habitants paient un loyer *(insula)*.

Doc 3 Les thermes de Caracalla, empereur de 211 à 217.
❶ *Frigidarium* : bain froid ❷ *Tepidarium* : bain tiède ❸ *Caldarium* : bain chaud ❹ Palestre ❺ Stade ❻ Gymnase ❼ Jardins ❽ Bibliothèque

Doc 4 Le Colisée. Construit vers 80 ap. J.-C., cet amphithéâtre était le plus grand du Monde romain (190 m de long, 155 m de large, 48 m de haut). Il y avait 76 entrées pour les 70 000 spectateurs qu'il pouvait contenir. Au centre, l'arène était couverte de sable et, en dessous, des cages renfermaient les bêtes sauvages.

Doc 5 Combats de gladiateurs, mosaïque du 2e siècle ap. J.-C. (galerie Borghèse, Rome).

1 Doc 1 Quels sont les inconvénients de la vie à Rome, selon Juvénal ? Recherche la définition d'une « satire ».

2 Doc 2 Décris une *insula*. Pourquoi construisait-on ces immeubles ?

3 Doc 3 Montre que les thermes étaient un lieu de détente. Quelles activités pouvait-on y pratiquer ?

4 Doc 4 et 5 Quelle est la forme du Colisée ? Comment s'appelle l'espace central ? Où sont placés les spectateurs ? À quelles sortes de spectacles pouvaient-ils assister ?

5. Rédige quelques phrases sur les avantages et les inconvénients de la vie en Rome.

CHAPITRE 5 • ROME : DE LA RÉPUBLIQUE À L'EMPIRE

Je découvre

Comment la Gaule s'est-elle romanisée ?

11. La Gaule romaine

Divisée en plusieurs provinces, la Gaule profite de la « paix romaine ». L'agriculture, l'artisanat et le commerce sont prospères. Dans les villes qu'ils fondent, les Romains diffusent leur mode de vie et leur langue. Les Gaulois adoptent la religion romaine ou mélangent leurs dieux à ceux des Romains.

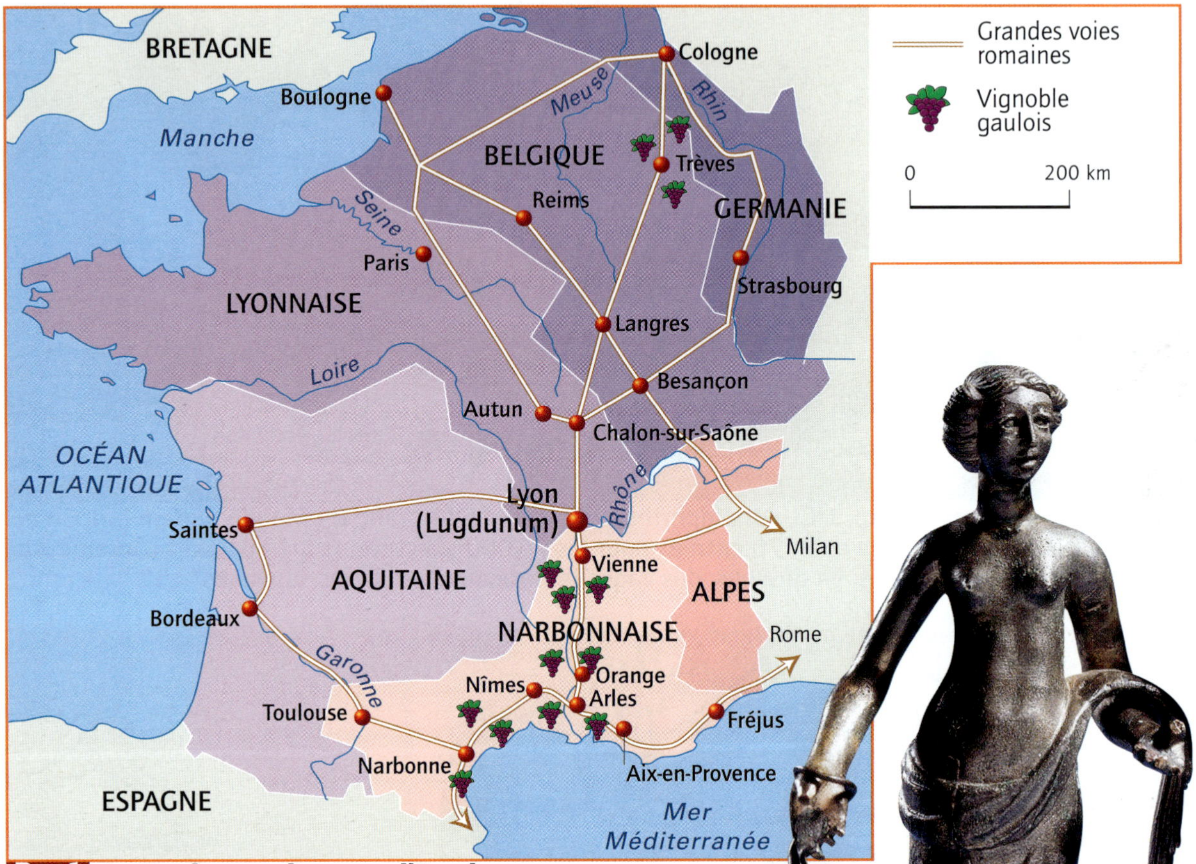

Doc 1 La Gaule romaine sous l'Empire.

Doc 3 Sirona, déesse gauloise et Apollon, statuette de 15,7 cm de haut, 2e siècle ap. J.-C.

Doc 2 L'arc de triomphe d'Orange (France). Il est dédié aux légionnaires romains, 1er siècle ap. J.-C.

Doc 4 **Des bateliers sur le Rhône,** bas-relief gallo-romain, 2ᵉ siècle ap. J.-C. (musée Calvet, Avignon).
Les Gaulois sont les inventeurs du tonneau, qui concurrence l'amphore romaine.

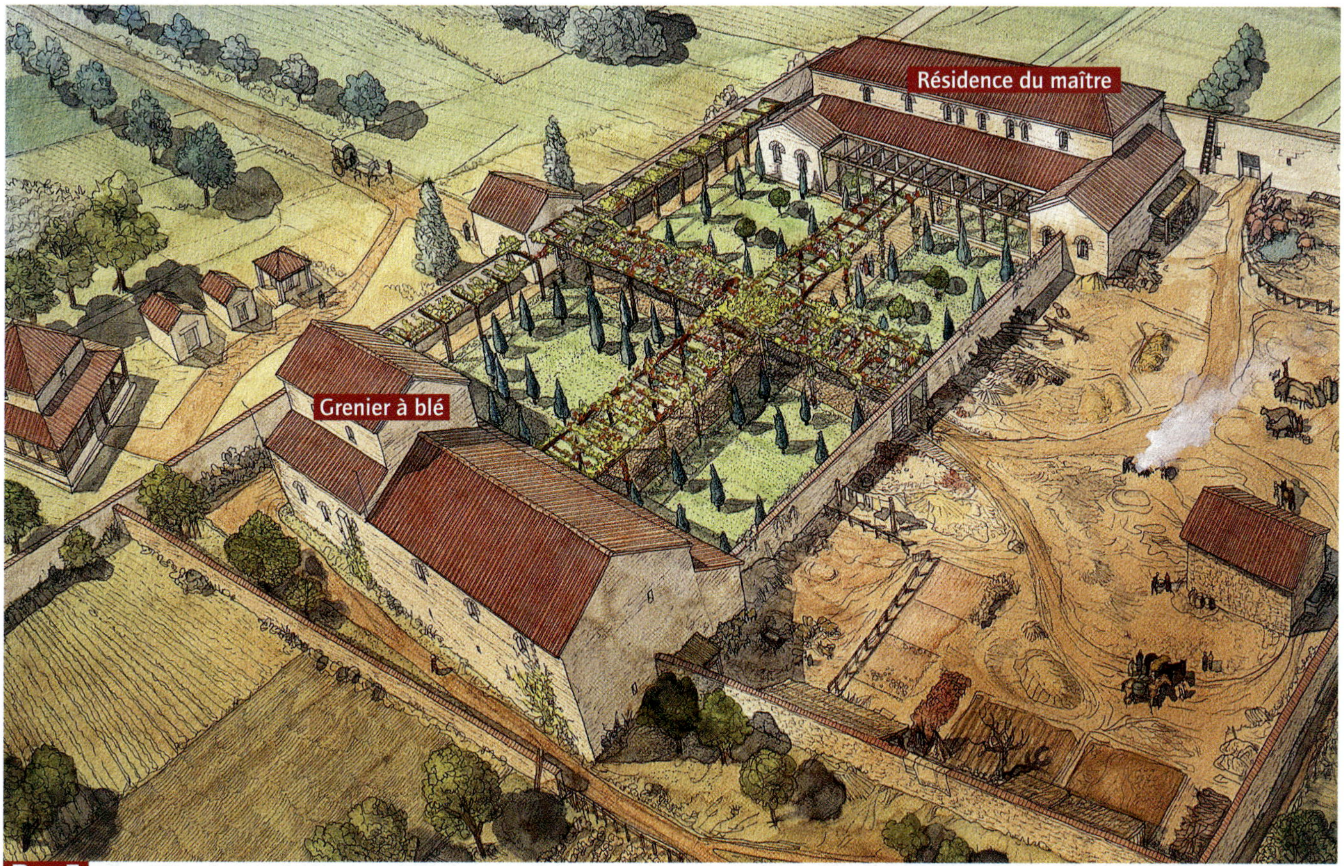

Doc 5 **La villa de Richebourg (Eure-et-Loir),** domaine agricole gallo-romain (dessin de J.-C. Golvin).

1 **Doc 1** Quelles sont les quatre provinces romaines de la Gaule ? Dans quelle ancienne province habites-tu ? Y existe-t-il des vestiges romains connus ?

2 **Doc 1 et 4** Quel est le produit transporté ? De quelle manière ? De quelle activité agricole de la Gaule ce produit est-il issu ?

3 **Doc 5** Quel nom latin donne-t-on à ce domaine agricole ? Décris-le.

4 **Doc 2** À l'aide de la carte, indique où est située la ville d'Orange. En l'honneur de qui cet arc de triomphe a-t-il été construit ?

5 **Doc 3** Que prouve la présence de ces deux divinités côte à côte ?

CHAPITRE 5 • ROME : DE LA RÉPUBLIQUE À L'EMPIRE

Patrimoine

 Comment se présente une ville romaine en Gaule ?

12. Lyon, capitale de la Gaule

Lyon (*Lugdunum* en latin) est fondée en 43 avant J.-C. Octave Auguste en fait la capitale religieuse des Trois Gaule (Belgique, Lyonnaise, Aquitaine) : tous les ans, les délégués des cités gauloises viennent y célébrer le culte de Rome et de l'empereur. À la confluence du Rhône et de la Saône et principal nœud routier de la Gaule, Lyon est aussi un grand carrefour commercial.

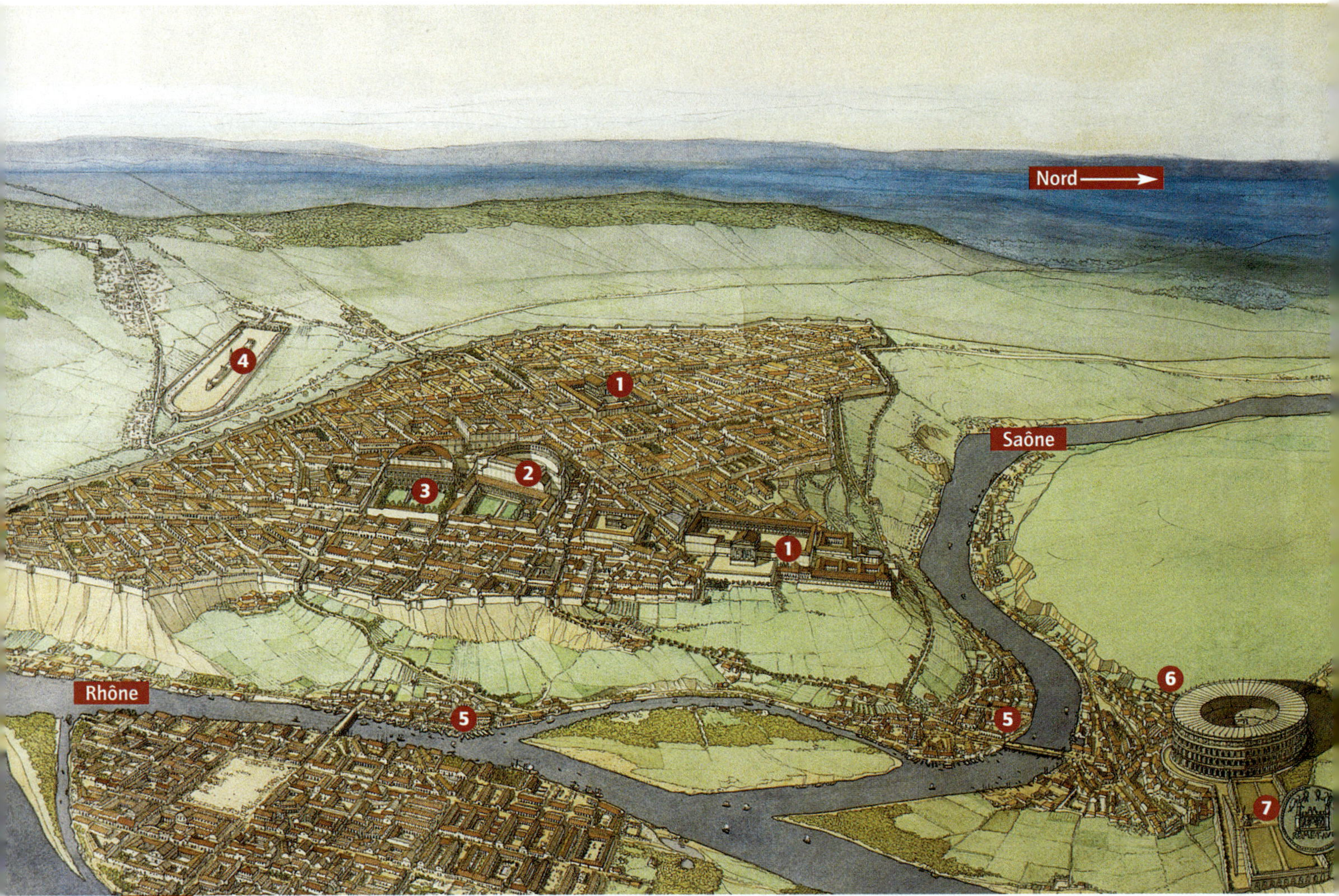

Doc 1 **Lugdunum (Lyon)**, à l'époque romaine (dessin de J.-C. Golvin). ❶ Forums ❷ théâtre ❸ Odéon ❹ cirque ❺ ports ❻ amphithéâtre ❼ sanctuaire des Trois Gaules

Doc 2 Un géographe décrit la ville

Lugdunum est bâtie au pied d'une colline, au confluent de la Saône et du Rhône. Agrippa[1] en a fait le point de départ des grandes routes, celle de l'Aquitaine, celle du Rhin, celle de l'Océan (la Manche), celle qui conduit en Narbonnaise. La population en est plus nombreuse que celle des autres villes, sauf Narbonne. Lugdunum est une place de commerce et les gouverneurs romains y frappent la monnaie d'argent et d'or. Le sanctuaire, dédié à César Auguste par l'ensemble de tous les Gaulois, est situé en avant de la ville. S'y trouve un autel considérable qui porte inscrits les noms des soixante peuples de Gaule et des statues personnifiant chacun d'eux.

D'après Strabon, *Géographie*, 1er siècle.

1. Général romain, administrateur de la Gaule, ami et conseiller d'Auguste.

Doc 3 L'aqueduc du Gier. Il alimentait Lugdunum. Long de 75 km, il supporte une canalisation dans laquelle l'eau s'écoule en pente douce.

Doc 4 L'Odéon et le théâtre de Lyon (1er et 2e siècles ap. J.-C.). Le théâtre pouvait recevoir 10 000 personnes, l'odéon 2 500.

1 **Doc 1 et 2** À la confluence de quels cours d'eau et sur quel type de relief la ville est-elle construite? Relève la phrase du texte indiquant que Lyon est un carrefour routier.

2 **Doc 3** Comment Lyon est-elle approvisionnée en eau?

3 **Doc 1 et 4** Quels lieux et monuments de type Romain retrouve-t-on à Lyon? Quels vestiges de ces bâtiments peut-on encore voir aujourd'hui?

4 **Doc 1 et 2** Quel monument montre que Lyon est la capitale des Gaules?

5. Imagine que tu es un Romain habitant Lyon et que tu fais visiter la ville à un ami venu de Rome.

CHAPITRE 5 • ROME : DE LA RÉPUBLIQUE À L'EMPIRE

Je découvre

Comment devient-on citoyen romain ?

13. Être citoyen romain dans l'Empire

L'Empire romain compte près de 50 millions d'habitants. Mais tous n'ont pas les mêmes droits. Certains en ont même aucun. Parmi les hommes libres, les citoyens romains sont ceux qui en ont le plus : droit de propriété, droit de participer à l'administration de la cité, droit de faire appel d'un jugement devant le peuple romain. À partir du 2e siècle, pour fidéliser les peuples à Rome et à l'empereur, la citoyenneté romaine est de plus en plus accordée.

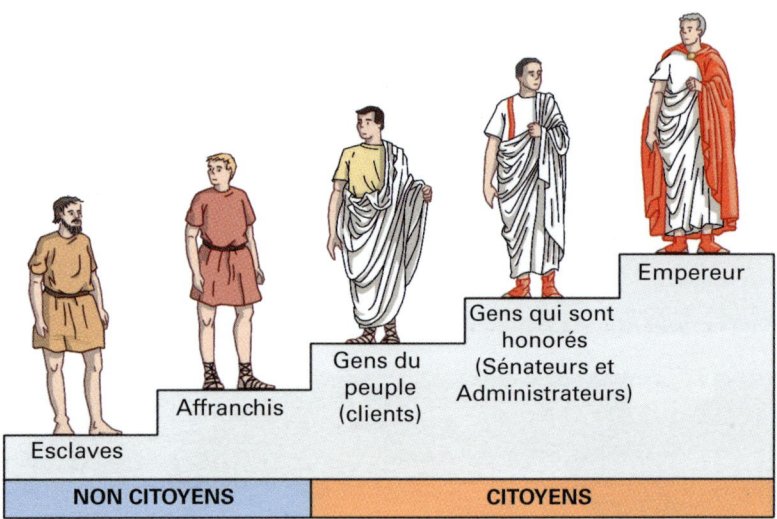

Doc 1 De l'esclave à l'empereur.

Doc 3 **Un citoyen gallo-romain.** La toge est le signe qui distingue les citoyens, statue en bronze du 2e siècle ap. J.-C. (musée de Vienne, Isère).

Doc 2 **Des esclaves berbères d'Afrique du Nord,** mosaïque du début du 3e siècle ap. J.-C. (musée de Tipasa, Algérie).

Doc 4 Comment devenir citoyen romain ?

a) L'empereur César Vespasien Auguste aux fantassins et aux cavaliers qui servent dans les dix cohortes se trouvant dans la province de Mésie et qui ont servi vingt-cinq ans ou plus, il est fait don de la citoyenneté romaine à eux-mêmes, à leurs enfants et leurs descendants.

D'après un *diplôme militaire*, 1er siècle.

b) Quand les magistrats d'Irni auront quitté leur magistrature, qu'ils deviennent citoyens romains, ainsi que leurs parents, leurs femmes et leurs enfants, nés d'un mariage légitime, et leurs petits-enfants.

D'après une *loi impériale*, 1er siècle.

Doc 6 La petite et la grande patrie

« Bordeaux est mon pays natal. On peut y admirer des voies bien tracées, des maisons bien alignées, des portes directement vis-à-vis des carrefours ; au milieu de la ville, le lit d'un fleuve alimenté de sources. C'est ma patrie.
Mais au-dessus de toutes les patries, il y a Rome. Mon amour à Bordeaux, à Rome mon respect. Je suis citoyen dans l'une, consul dans les deux ; mon berceau est ici, là-bas mon siège curule[1]. »

Ausone, *Classement des villes célèbres*, 4e siècle.

1. Siège curule : siège d'ivoire réservé aux consuls.

Doc 7 Temple d'Auguste à Vienne (Isère), 1er siècle ap. J.-C.
Il est destiné au culte impérial.

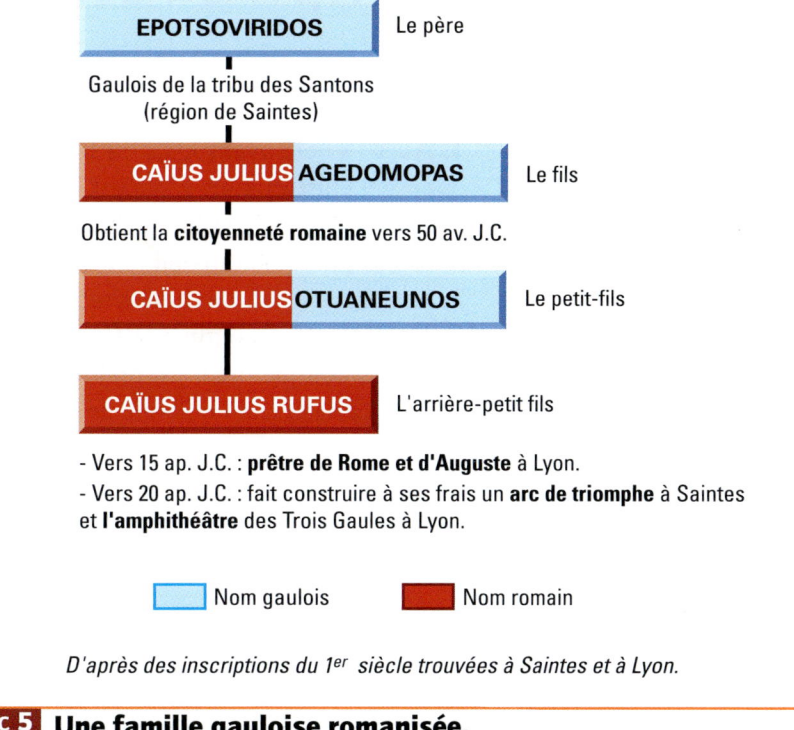

Doc 5 Une famille gauloise romanisée.

---

1 Doc 1 Quels sont les deux grandes catégories de la société romaine ? Une partie de la société n'a pas été représentée sur le dessin : laquelle ?

2 Doc 2 Quels éléments indiquent que ces personnages sont des esclaves ?

3 Doc 3 À quoi reconnaît-on un citoyen ?

4 Doc 4 et 5 Quelles sont ici les deux manières d'obtenir la citoyenneté romaine ? Comment la famille évoquée sur le schéma a-t-elle accédé à la citoyenneté romaine ? À quoi voit-on qu'elle s'est de plus en plus romanisée ?

5 Doc 6 Quelle est la grande patrie d'Ausone ?

6 Doc 7 S'agit-il d'un grand temple ? En l'honneur de qui a-t-il été construit ? Quel culte y célèbre-t-on ?

Bilan — L'Empire romain

A La naissance de l'Empire

1. Au 1er siècle avant J.-C., la **République** est **affaiblie** par des guerres civiles qui opposent entre eux les généraux victorieux. Après sa victoire en Gaule, **Jules César** oblige le Sénat à le nommer dictateur à vie. En **44 avant J.-C.**, il est **assassiné** par des sénateurs qui craignent un retour à la royauté.

2. Son fils adoptif, **Octave**, rétablit l'ordre dans la République. En **27 avant J.-C.**, il fonde un nouveau régime : l'**Empire**. Octave conserve en apparence les institutions de la République, mais en réalité c'est l'**empereur** qui a **tous les pouvoirs** : il a le titre d'Auguste qui lui donne un caractère sacré ; il est consul à vie et chef de l'armée avec le titre d'Imperator ; il nomme les sénateurs et les magistrats ; il fait les lois ; il est le chef de la religion avec le titre de Grand Pontife. Octave Auguste laisse se développer le culte impérial. L'empereur désigne son successeur : c'est ainsi que se constituent des **dynasties impériales**.

B La paix romaine dans l'Empire

1. Au 2e siècle, l'Empire romain est à son apogée. Les empereurs ont accru les conquêtes romaines. L'**Empire** devient **immense** : il s'étend à tous les territoires riverains de la mer Méditerranée, atteint l'océan Atlantique, le Nord de l'Angleterre, le Rhin et le Danube. L'Empire est divisé en **provinces** administrées par des **gouverneurs** qui représentent l'empereur et **lèvent les impôts**. L'**armée**, qui compte près de 400 000 soldats, assure l'ordre et la sécurité ; elle protège l'empire sur ses frontières contre des invasions.

2. L'**Empire est prospère**. Les productions agricoles et artisanales augmentent. Un bon réseau de **voies romaines** pavées favorise la circulation des marchandises, tout en permettant aux légions de se déplacer rapidement.

3. Rome devient la **capitale économique** de l'Empire : les produits venus de tout l'Empire et même au-delà convergent vers elle. Le **port d'Ostie** est aménagé pour recevoir bateaux et marchandises. C'est aussi la **capitale politique, religieuse et culturelle** du monde romain. Les empereurs embellissent la ville en y faisant construire des **forums**, des arcs de triomphe, des temples, des aqueducs et des lieux de loisirs (thermes, théâtres, amphithéâtre, cirque). Ils offrent à la nombreuse population des **jeux** et des **spectacles**.

C La romanisation des peuples de l'Empire

1. Empereurs et gouverneurs des provinces encouragent partout dans l'Empire la création ou l'aménagement de **villes**. Elles s'organisent autour d'un forum. Les Romains y construisent les mêmes types de bâtiments qu'à Rome. Dans les villes, le **mode de vie des Romains** et leur langue, le **latin**, se répandent : c'est la romanisation.

2. La **Gaule** est l'un des meilleurs exemples de la romanisation. Elle est divisée en quatre provinces, bien desservies par un réseau routier. Les **grands domaines agricoles** fournissent des céréales et du vin. L'**artisanat** (tonneaux, poteries) est florissant. Dans les **villes**, comme Lyon, de nombreux Gaulois vivent comme les Romains et mêlent les **divinités gauloises** aux **dieux romains**. Collectivement ou individuellement, des Gaulois obtiennent la **citoyenneté romaine**, en récompense de leur loyauté envers Rome. Ils participent alors au **culte de Rome et de l'empereur**.

CARTES REPÈRES
PAGE 122
PAGE 123

CARTE REPÈRE
PAGE 125

DOCUMENTS REPÈRES
PAGES 130-131

CARTE REPÈRE
PAGE 128

Vocabulaire

guerre civile
Guerre qui oppose les habitants d'un même pays.

dictateur
Magistrat romain désigné pour une courte période afin de régler une situation grave.

Auguste
« Élu des dieux »; titre donné à Auguste qui lui reconnaît une autorité d'origine divine.

Imperator
Titre donné aux généraux romains victorieux; a donné le mot « empereur ».

Grand Pontife
Chef de la religion romaine.

culte impérial
Ensemble des pratiques religieuses en l'honneur de l'empereur, adoré comme un dieu.

apogée
Une période durant laquelle un peuple est au sommet de sa puissance.

arc de triomphe
Monument construit pour célébrer une victoire ou un événement important.

aqueduc
Conduite d'eau approvisionnant une ville.

thermes
Bains publics.

amphithéâtre
Bâtiment à gradins, de forme ovale ou ronde, pour des combats de gladiateurs.

cirque
Sorte de stade entouré de gradins pour les courses de chevaux et de chars.

romanisation
Adoption du mode de vie, de la langue, des croyances des Romains par différents peuples de l'Empire.

Personnage

AUGUSTE

Octave est le petit-neveu et le fils adoptif de Jules César. Après la mort de ce dernier, il gagne la guerre civile contre son rival Antoine. Devenu Auguste, il exerce peu à peu tous les pouvoirs. Il est le fondateur de l'Empire.

Dates

44 avant J.-C. : assassinat de César
43 avant J.-C. : fondation de Lyon (Lugdunum)
27 avant J.-C. : Octave Auguste fonde l'Empire
2e siècle après J.-C. : apogée de l'Empire romain

Retenir autrement

À partir d'Auguste, la République romaine devient un Empire à la tête duquel l'empereur a un pouvoir presque absolu.

Au 2e siècle, l'Empire romain atteint son apogée. Il est vaste, bien administré, en sécurité et prospère : c'est le temps de la « paix romaine ».

Rome est la grande capitale politique, économique, religieuse et culturelle de l'Empire. Elle fait l'admiration de tout le monde romain.

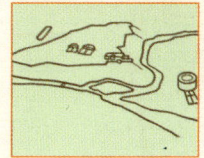
L'Empire est romanisé. La civilisation romaine s'y enracine. Rome accorde aux peuples et aux individus qui lui sont fidèles la citoyenneté romaine.

→ Exercices

1. Comprendre un vestige : une pièce de monnaie romaine

AUG(ustus) : Auguste

GER(manicus) : Vainqueur des Germains

DAC(icus) : Vainqueur des Daces

P(ontifex) M(aximus) : Grand Pontife

TRI(bunicia) P(otestate) : Détenteur du pouvoir de proposer des lois

CO(n)S(ul) V : Consul pour la 5e fois

P(ater) P(atriae) : Père de la Patrie

NERVAE TRAJANO : Trajan, fils de Nerva

CAES(ar) : César

IMP(erator) : Général victorieux et empereur

Doc 1 Pièce de monnaie datant du règne de l'empereur Trajan (98-117).

1. De quelle sorte de vestige s'agit-il ? De quand date-t-il ?
2. Qui est représenté ?
3. Classe les titres portés par ce personnage selon qu'ils indiquent :
   a) son pouvoir et ses actions militaires
   b) sa fonction de chef de l'État
   c) sa fonction de chef religieux
4. Pourquoi, selon toi, l'empereur se fait représenter ainsi ?

2. Se repérer dans l'espace

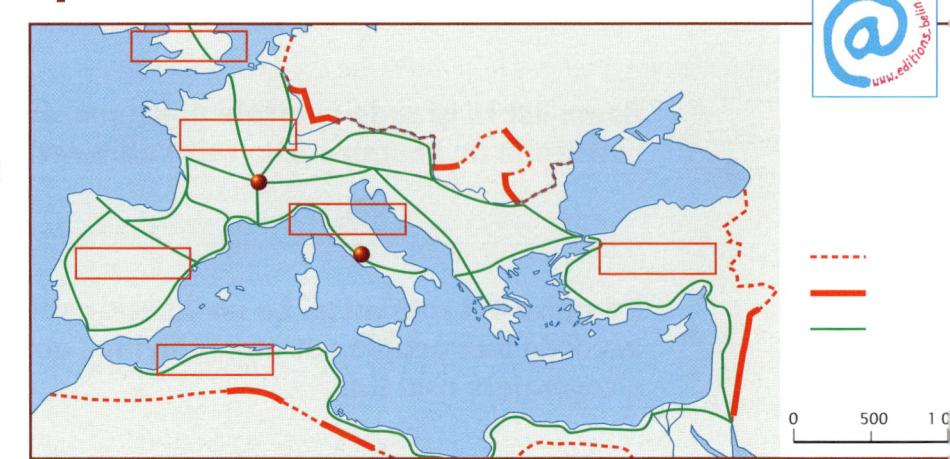

1. Complète la carte avec les mots suivants :
   - Lyon
   - Gaule
   - Asie Mineure
   - Italie
   - Rome
   - Afrique du Nord
   - Bretagne
   - Espagne

2. Complète la légende.

3. Identifier une ville et des constructions romaines

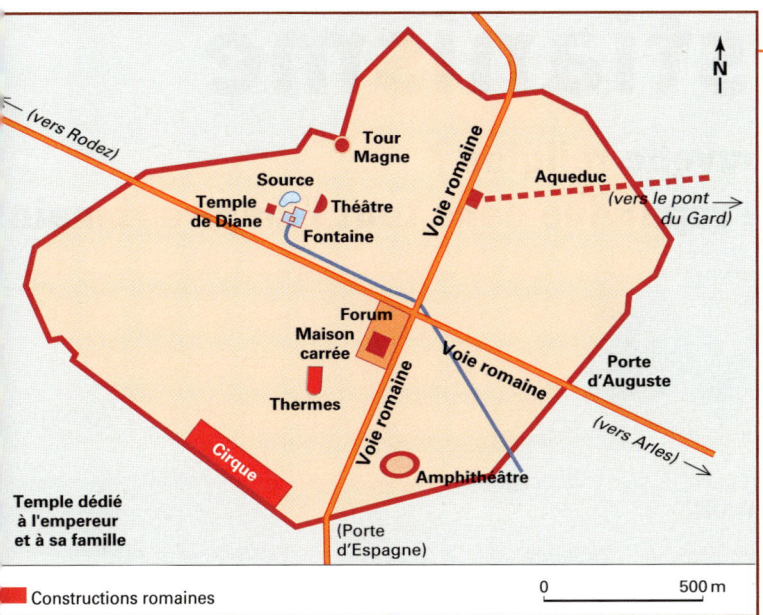

Doc 1 **Plan de Nîmes (Gard) à l'époque romaine.**

Doc 2 **Constructions romaines.**

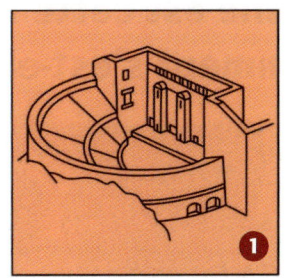

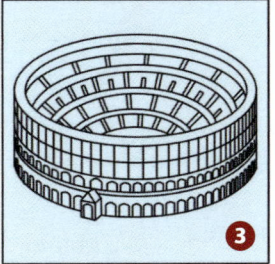

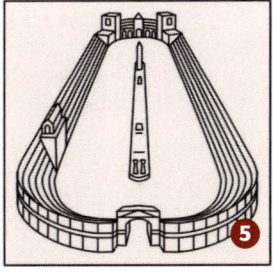

1. Dans quelle province romaine était située la ville de Nîmes ?
2. Sur le plan, où est précisément situé le forum ?
3. Définis « thermes ».
4. Quelle construction romaine est dessinée sur chaque vignette ? Indique pour chacune à quoi elle servait.
5. À l'aide des documents, rédige un petit paragraphe présentant Nîmes aux temps des Romains : les lieux et monuments de la ville, les loisirs de ses habitants.

4. Comprendre un texte

Nous avons lu la demande formulée par Julianus, de la tribu des Zegrensis. Ce n'est pas la coutume de donner la citoyenneté romaine à de tels membres de tribus, sauf quand l'empereur veut remercier des services rendus à Rome. Cependant, comme selon toi, cet homme est un des notables[1] de son peuple et qu'il a résolument prouvé sa totale fidélité à notre égard, nous lui accordons la citoyenneté romaine à lui-même, à son épouse, ainsi qu'à ses enfants Julianus, Maximus, Maximinus et Diogenianus.

D'après la *lettre* de l'empereur Marc-Aurèle au gouverneur de la province de Maurétanie (Maroc), 168-169 après J.-C.

1. Personne importante.

1. Qui est l'auteur de la lettre ? À qui écrit-il ?
2. Julianus est-il romain ? Que lui est-il accordé ? Pour quelles raisons ?
3. Quels droits va-t-il acquérir ?
4. Qu'est-ce qui indique que la famille de Julianus est en fait déjà romanisée ?

chapitre 6
Les débuts du christianisme

▶ **Quelle est cette nouvelle religion ?**
▶ **Comment s'est-elle répandue dans tout l'Empire romain ?**

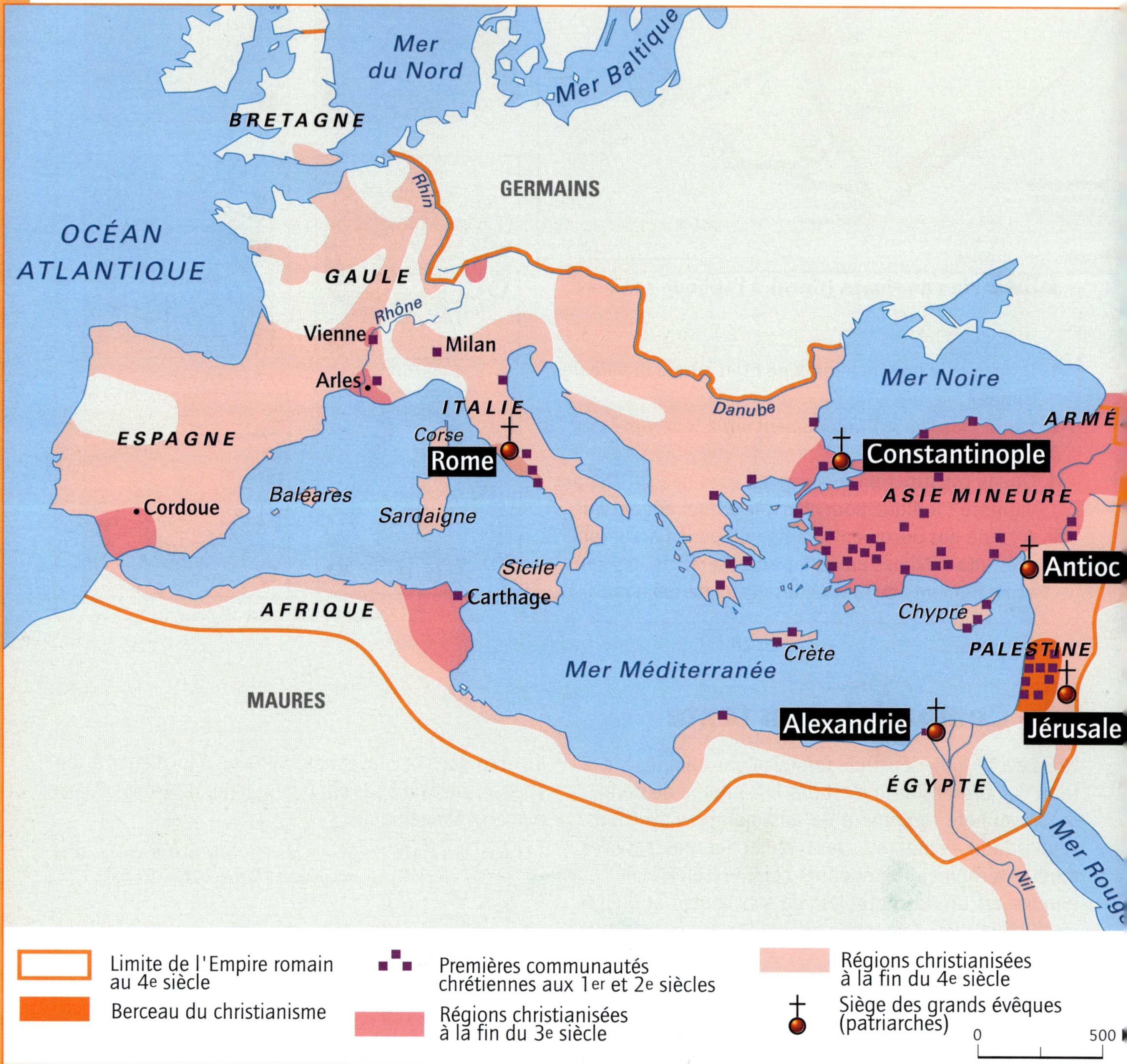

Doc 1 L'expansion du christianisme.

Légende :
- Limite de l'Empire romain au 4e siècle
- Berceau du christianisme
- Premières communautés chrétiennes aux 1er et 2e siècles
- Régions christianisées à la fin du 3e siècle
- Régions christianisées à la fin du 4e siècle
- Siège des grands évêques (patriarches)

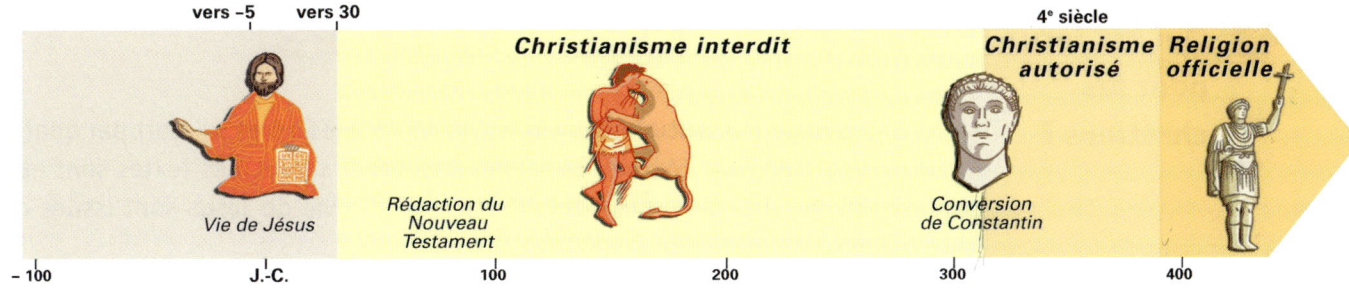

Doc 2 Une représentation de Jésus.
De part et d'autre du visage les lettres grecques alpha et omega, première et dernière lettres de l'alphabet grec. Cela signifie que pour les chrétiens, Jésus est le début et la fin de toute chose.
Fresque du 4ᵉ siècle. Cimetière de Sainte-Commodille, Rome.

Je découvre

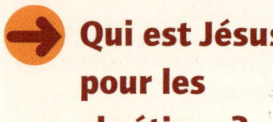

→ Qui est Jésus pour les chrétiens ?

1. La vie de Jésus dans les *Évangiles*

Jésus n'a laissé aucun écrit. Quatre livres rédigés après sa mort par quatre disciples, Jean, Luc, Marc et Matthieu, racontent sa vie. Ces textes sont appelés *Évangiles*. Les croyances des chrétiens sur la vie de Jésus sont issues de ces écrits.

Doc 1 — La Nativité : naissance de Jésus

À ce moment, l'empereur de Rome, Auguste, décide de compter tous les habitants du monde. Quirinus est alors gouverneur de la Syrie. Chacun doit aller donner son nom, dans le pays de sa famille.
Joseph, lui aussi, quitte donc la ville de Nazareth en Galilée ; il monte en Judée à la ville de sa famille, celle de David, appelée Bethléem.

Il emmène avec lui, Marie, sa fiancée, qui attend l'enfant annoncé. Pendant qu'ils sont dans cette ville, au moment voulu, elle met au monde son enfant. Elle l'enveloppe de linges. Elle le couche dans une crèche[1] ; car il n'y avait pas de place pour eux à l'hôtellerie.

D'après l'*Évangile de Luc* 2, 1 à 7.

1. crèche : mangeoire pour les bestiaux

Doc 2 Les trois rois mages devant Marie et Jésus, détail d'un sarcophage chrétien du 4e siècle (musée Pio Cristiano, Vatican).

Doc 3 — Des prodiges

Jésus parcourait toute la Galilée, enseignant dans les synagogues, proclamant la Bonne Nouvelle du royaume de Dieu et guérissant toute maladie parmi le peuple. Sa renommée gagna toute la Syrie, et on lui amena tous les malheureux atteints de maladies et d'infirmités. Il les guérit. De grandes foules se mirent à le suivre, venues de la Galilée, de Jérusalem, de la Judée et d'au-delà du Jourdain.

D'après l'*Évangile de Matthieu* 4, 23-25.

Doc 4 — La Cène : Le dernier repas de Jésus

Le soir est venu. Jésus et les douze apôtres sont à table.
Tandis qu'ils mangent, Jésus dit : « En vérité, je vous le dis, l'un d'entre vous me trahira. » Grandement attristés, chacun des apôtres lui demande : « Serait-ce moi, Seigneur ? » Prenant la parole, Judas, celui qui allait livrer Jésus, lui demande : « Serait-ce moi, Seigneur ? » « Tu l'as dit », réponds Jésus.
Pendant qu'ils mangent, Jésus prend du pain. Il rend gloire à Dieu. Il partage le pain. Il le donne à ses disciples en disant : « Prenez et mangez, ceci est mon corps. »
Puis il prend une coupe de vin. Il remercie Dieu. Il leur donne la coupe en disant : « Buvez-en tous, car ceci est mon sang, le sang de l'Alliance Nouvelle qui va être donné pour un très grand nombre pour le pardon des péchés. »

D'après l'*Évangile de Matthieu* 26, 20 et 26-29.

Doc 5 **La Cène,** mosaïque de Saint-Apollinaire, Ravenne, 6ᵉ siècle.

Doc 6 La Passion

Le supplice de Jésus
Ils emmènent donc Jésus, et, portant lui-même sa croix, il part vers un endroit appelé le Golgotha… C'est là qu'ils le crucifient et avec lui deux autres hommes : un de chaque côté, Jésus au milieu. Pilate[1] a fait écrire sur la croix au-dessus de Jésus : Jésus de Nazareth, le roi des Juifs.

D'après l'*Évangile de Jean* 19, 17-20.

1. Pilate : gouverneur romain de Judée.

Doc 8 La Résurrection de Jésus

« Lorsque le sabbat fut passé, Marie de Magdala, Marie, mère de Jacques, et Salomé achetèrent des aromates pour embaumer Jésus. Et de grand matin, elles vont au tombeau, comme le soleil se levait. Elles se disaient entre elles : "Qui nous roulera la pierre hors de l'entrée du tombeau ?" Mais elles virent que la pierre avait été roulée de côté : or elle était fort grande. Étant entrées dans le tombeau, elles virent un jeune homme assis à droite, vêtu d'une robe blanche, et elles furent saisies de stupeur. Mais il leur dit : "Ne vous effrayez pas, c'est Jésus le Nazaréen que vous cherchez, le Crucifié ; il est ressuscité, il n'est pas ici." »

Évangile de Marc 16, 1.

Doc 7 **Le Christ crucifié,** panneau de coffret d'ivoire, 5ᵉ siècle (British Museum, Londres).

❶ l'apôtre Judas   ❷ Marie
❸ l'apôtre Jean   ❹ « Roi des Juifs »
❺ un soldat romain

1 **Doc 1 et 2** Quel est l'ordre de l'empereur ? Où habitaient les parents de Jésus ? Où naît-il, selon le texte ? Dans quelles circonstances ? Quel épisode, après sa naissance, est évoqué par la sculpture ?

2 **Doc 3** Qu'annonce Jésus aux Juifs ? Où prêche-t-il ? Quel pouvoir extraordinaire l'auteur du texte lui attribue-t-il ?

3 **Doc 4 et 5** Comment se déroule le dernier repas de Jésus : combien de compagnons sont à sa table ? Que partagent-ils avec eux ? Comment distingue-t-on Jésus sur la mosaïque ?

4 **Doc 6 et 7** Comment Jésus meurt-il ? Qui le fait exécuter ? Quels éléments du texte figurent sur le document 7 ?

5 **Doc 8** Que croient les chrétiens sur Jésus après sa mort ?

CHAPITRE 6 • LES DÉBUTS DU CHRISTIANISME

Je découvre

 Qu'a enseigné Jésus, selon les chrétiens ?

2. Le message de Jésus dans le *Nouveau Testament*

Les quatre *Évangiles*, les *Lettres des Apôtres* ainsi que d'autres écrits (doc 7, page 145) constituent le *Nouveau Testament*, c'est-à-dire pour les chrétiens la suite et la fin de la Bible hébraïque. Le *Nouveau Testament* rapporte les paroles et les actes de Jésus pour délivrer son message aux hommes. Il est la source des croyances religieuses des chrétiens.

Doc 1 Dieu, le Père

Jésus enseigne aux apôtres à prier Dieu, le Père.
Priez ainsi : « Notre Père céleste, fais-toi reconnaître comme Dieu, fais venir ton règne, fais se réaliser ta volonté sur la terre à l'image du ciel. Donne-nous aujourd'hui le pain dont nous avons besoin, pardonne-nous nos torts envers toi, comme nous-mêmes nous avons pardonné à ceux qui avaient des torts envers nous, et ne nous expose pas à la tentation, mais délivre-nous du tentateur. »

Évangile de Matthieu 6, 9-13.

Doc 2 L'amour du prochain

« Et qui est mon prochain ? » demanda-t-on à Jésus. Il répondit : « Un homme descendait de Jérusalem à Jéricho ; il tomba sur des brigands qui, l'ayant dépouillé et roué de coups, s'en allèrent, le laissant à moitié mort. Un prêtre vint à passer par là ; il vit l'homme mais ne s'arrêta pas. Mais un Samaritain[1], qui était en voyage, arriva près de l'homme : il le vit et fut pris de pitié. Il s'approcha de lui, banda ses plaies et le chargea sur sa propre monture ; il le conduisit à une auberge et prit soin de l'homme. Le lendemain, il donna deux pièces d'argent à l'aubergiste en disant : "Prends soin de lui." Lequel s'est montré le prochain de l'homme qui était tombé sur des brigands ? » demanda Jésus. « C'est celui qui a fait preuve de bonté envers lui », lui répondit-on. Alors Jésus dit : « Va, et, toi aussi, fais de même. »

D'après *l'Évangile de Luc* 10, 29-37.

1. habitant de la province de Samarie

Doc 3 La parabole du bon Samaritain, illustration du *Codex Rossanensis* (détail), 6ᵉ siècle.

Doc 4 Heureux ceux...

Jésus monta dans la montagne. Il s'assit, et ses disciples s'approchèrent de lui. Prenant la parole, il leur dit :
Heureux les pauvres de cœur : le Royaume de cieux est à eux.
Heureux les doux : ils auront la terre en partage.
Heureux ceux qui pleurent : ils seront consolés.
Heureux ceux qui ont faim et soif de la justice : ils seront rassasiés.
Heureux les miséricordieux : il leur sera fait miséricorde.
Heureux les cœurs purs, ils verront Dieu.
Heureux ceux qui font œuvre de paix : ils seront appelés fils de Dieu.
Heureux ceux qui sont persécutés pour la justice : le Royaume des cieux est à eux.

D'après l'*Évangile de Matthieu* 5, 1-11.

Doc 5 Deux symboles chrétiens.
Le poisson est l'un des signes que les premiers chrétiens utilisent pour se reconnaître. Poisson en grec se dit ICHTUS. Chaque lettre correspond à la première lettre des mots qui composent la phrase en grec : **I**esous **CH**ristos **T**heou **U**ios **S**ôter. Elle signifie : « Jésus-Christ, Fils de Dieu, Sauveur ».
Bas relief, 4ᵉ siècle, calcaire (musée du Louvre, Paris).

Doc 6 Le Jugement dernier

Dans un passage des Évangiles, Jésus annonce la fin du monde. Tous les morts ressusciteront et se présenteront devant lui.
Le Messie, fils de Dieu, sera entouré de ses anges ; devant lui, tous les hommes seront rassemblés. Il les séparera, tout comme le berger sépare les brebis des chèvres. Alors le Roi dira à ceux de droite :
« Vous qui avez été choisis ! Recevez le royaume qui a été préparé pour vous depuis le commencement du monde. J'ai eu faim et vous m'avez donné à manger. J'ai eu soif et vous m'avez donné à boire. J'étais un étranger et vous m'avez reçu, nu et vous m'avez habillé, malade et vous m'avez soigné, prisonnier et vous êtes venus me voir. »
Alors, les amis de Dieu lui répondront :
« Seigneur, quand nous est-il arrivé de faire tout cela ? »
Le Roi leur répondra :
« Je vous le dis, dans la mesure où vous avez fait cela à l'un des plus petits de mes frères c'est à moi que vous l'avez fait. »
Alors il dira à ceux de gauche :
« Vous que Dieu a rejetés, allez loin de moi dans le feu qui ne s'éteint pas et qui a été préparé pour le Diable. »

D'après l'*Évangile de Matthieu* 24, 14 et 31-41.

Doc 7 Le Christ trônant au dessus-de l'Univers, détail d'un sarcophage, 4ᵉ siècle, Rome.

1 Doc 1 Relève dans le texte la phrase montrant que la religion chrétienne est une religion monothéiste. Que demande un chrétien au dieu en lequel il croit ?

2 Doc 2 et 3 Comment Jésus répond-il à la question qui lui est posée ? Recherche la définition d'une « parabole » ? Quels moments du récit sont représentés sur le document 3 ? Qui est le « prochain » pour Jésus ? Quelle attitude demande-t-il d'avoir à son égard ?

3 Doc 4 Que promet Jésus ? À qui ?

4 Doc 5 Que signifient les deux symboles ?

5 Doc 6 et 7 Par quels mots est désigné Jésus dans le texte ? Qu'est-ce que le Jugement dernier pour les chrétiens ? Que deviendront, selon le texte, « ceux de droite » ? « ceux de gauche » ? Pourquoi ? Comment Jésus est-il représenté sur ce fragment de sarcophage ?

Je découvre

Que savons-nous de la naissance du christianisme ?

3. La naissance d'une nouvelle religion

Les historiens pensent que Jésus a existé mais ils connaissent bien peu de choses sur sa vie. C'est par l'action et les écrits de ses disciples que son enseignement s'est propagé et a donné naissance à une nouvelle religion.

Doc 1 Jésus, le christianisme et l'historien

Qu'est-ce que l'historien peut dire de Jésus ? Jésus a-t-il existé ? Que sait-on de sa vie ? Certaines interrogations resteront toujours hors du champ de compétence de l'historien : Jésus est-il fils de Dieu ? Est-il le Messie annoncé par certains textes ? Est-il ressuscité ? L'historien n'affirme rien sans preuve. La première difficulté à résoudre est donc celle des sources. Suffisent-elles à démontrer l'existence de Jésus ? Le témoignage relativement concordant des sources chrétiennes les plus anciennes et un témoignage direct d'un non-chrétien sur Jésus permettent d'établir son existence dans l'histoire. Mais sur la vie de Jésus, il n'est pas grand-chose d'assuré. En revanche, on est en mesure de comprendre le stupéfiant succès d'une religion nouvelle. Au lendemain de la mort de Jésus, vers 30, ses fidèles sont une centaine tout au plus. À la fin du 4e siècle, le christianisme a conquis le bassin méditerranéen.

D'après la revue *L'Histoire*, n° 227, décembre 1998.

Doc 2 Jésus vu par un historien juif de l'Antiquité

À cette époque vécut Jésus, un homme exceptionnel, car il accomplissait des choses prodigieuses. Maîtres de gens qui étaient tout disposés à faire bon accueil à ses paroles, il gagna beaucoup de monde parmi les Juifs et jusque parmi les Grecs. Lorsque sur la dénonciation de nos notables, Pilate l'eut condamné à la croix, ceux qui lui avaient donné leur affection au début ne cessèrent pas de l'aimer. Ils rapportèrent qu'il leur était apparu trois jours après sa crucifixion, de nouveau vivant. Par conséquent, il était peut-être le Messie, celui dont les prophètes ont raconté tant de merveilles. De nos jours encore ne s'est pas tarie la lignée de ceux qu'à cause de lui, on appelle chrétiens.

D'après Flavius Josèphe (37-100 après J.-C.), *Les Antiquités juives*, 18, 63-64.

Doc 4 La Palestine au temps de Jésus.

Doc 3 Une trace historique : l'inscription de Césarée. On y déchiffre « Ponce Pilate, préfet de Judée » (Musée d'Israël).

Doc 5 Les premiers chrétiens à Jérusalem

Le cœur bouleversé, ils demandèrent à Pierre et aux autres apôtres : « Que ferons-nous, frères ? Pierre leur répondit : Convertissez-vous : que chacun de vous reçoive le baptême au nom de Jésus-Christ pour le pardon de ses péchés, et vous recevrez le don du Saint-Esprit. »

Ceux qui accueillirent sa parole reçurent le baptême, et il y eut environ trois mille personnes ce jour-là qui se joignirent à eux. Ils étaient assidus à l'enseignement des apôtres et à la communion fraternelle, à la fraction du pain et aux prières. Tous ceux qui étaient devenus croyants étaient unis et mettaient tout en commun. Ils vendaient leurs propriétés et leurs biens, pour en partager le prix entre tous, selon les besoins de chacun.

D'après les *Actes des apôtres*, 2, 37-46.

Doc 6 Les quatre évangélistes représentés par des symboles (miniature du 9e siècle).

Doc 7 La Bible des chrétiens

Les livres de la Bible	Contenu	Dates d'écriture
ANCIEN TESTAMENT (Bible hébraïque)		
+		
NOUVEAU TESTAMENT		
Les *Évangiles* de Matthieu Marc Luc Jean	Récits de la vie de Jésus et son message	Entre 70 et 95 après J.-C.
Les *Actes des Apôtres* (Luc)	Les débuts du christianisme	Entre 80 et 90 après J.-C.
Les *Épîtres des Apôtres* (Paul, Jacques, Pierre, Jean, Jude)	Lettres aux premières communautés chrétiennes pour les conseiller	Entre 50 et 90 après J.-C.
L'*Apocalypse* (Jean)	Vision de la fin d'un monde et du jugement de tous les hommes par Dieu	Fin du 1er siècle après J.-C.

1 Doc 1 À quelles questions l'historien peut-il répondre ? Pourquoi ? Quelles questions ne sont pas de son domaine ?

2 Doc 2 Combien de temps après les faits rapportés l'auteur écrit-il ? Que dit-il de Jésus ? Comment a-t-il eu connaissance de la croyance en la résurrection de Jésus ?

3 Doc 3 et 4 Quelles sont les régions de Palestine directement administrées par les Romains ? Comment est confirmée l'existence historique de Ponce Pilate ?

4 Doc 5 Selon le texte, sous la direction de quelles personnes une première communauté chrétienne naît-elle après la mort de Jésus ? Comment les premiers chrétiens manifestent-ils leur attachement à la nouvelle religion ? De quelle manière vivent-ils ?

5 Doc 6 et 7 Quelles sont les deux grandes parties de la Bible des chrétiens ? De quoi est composé le *Nouveau Testament* ? À quel siècle a-t-il été rédigé ? Qui sont les auteurs des *Évangiles* ?

Je découvre

→ **Comment naissent les premières communautés chrétiennes ?**

4. Les premiers chrétiens

Au 1er siècle, Paul de Tarse, un Juif converti, joue un grand rôle dans la diffusion du christianisme en Méditerranée orientale. Progressivement, les premiers groupes de chrétiens s'organisent. Ils se donnent des règles de vie inspirées des actes et des paroles de Jésus. Ils adoptent des pratiques religieuses communes.

→ Le 2e voyage de Paul au départ d'Antioche (50-52)

Doc 1 Un des voyages de l'apôtre Paul.

Doc 2 Être chrétien

Vous êtes tous fils de Dieu par la foi dans Jésus-Christ. Oui, vous tous qui avez été baptisés. Il n'y a plus ni Juif ni Grec ; il n'y a plus ni esclave, ni homme libre ; il n'y a plus l'homme et la femme, car tous vous êtes un dans Jésus-Christ.

D'après Paul, *Épître aux Galates* 3, 26-28, milieu du 1er siècle.

Que l'amour fraternel demeure. N'oubliez pas l'hospitalité. Souvenez-vous de ceux qui sont en prison, comme si vous étiez prisonniers avec eux, de ceux qui sont maltraités. Que le mariage soit honoré de tous, le lit conjugal sans souillure, car les débauchés et les adultères seront jugés par Dieu. Que l'amour de l'argent n'inspire pas votre conduite.

D'après Paul, *Épître aux Hébreux* 13, 1-5.

Doc 3 **Une famille chrétienne en prière.** Peinture murale dans la catacombe de San Gennaro, Naples, 3e siècle.

Doc 4 Les rites chrétiens

Le dimanche, tous les chrétiens, qu'ils habitent les villes ou les campagnes, se réunissent dans un même lieu. Nous nous réunissons ce jour-là parce que c'est le premier jour où Dieu créa le monde, et parce que c'est ce même jour que Jésus-Christ ressuscita d'entre les morts.
Lors de ces réunions, on lit les *Actes des Apôtres* et les écrits des prophètes. Puis, celui qui préside la réunion fait un discours pour inviter à imiter ces beaux exemples. Ensuite, on se lève et on fait des prières à haute voix. Enfin, on apporte du pain et du vin. Celui qui préside rend grâce *(il remercie Dieu)*, et tout le monde répond *Amen*[1]. Alors à lieu la distribution et le partage des aliments consacrés, et l'on envoie les diacres porter leur part aux absents.

D'après Justin, *Apologie*, vers 150.

1 signifie : ainsi soit-il

Doc 5 Les grandes fêtes chrétiennes dans les débuts du christianisme

Noël	Naissance de Jésus	date fixe, 25 décembre
Dimanche des Rameaux	Jésus arrive à Jérusalem	date mobile
Jeudi saint	La Cène	dates mobiles
Vendredi saint	La Crucifixion de Jésus	entre le 22 mars
Dimanche de Pâques	Résurrection de Jésus	et le 25 avril
Ascension	Montée du Christ au ciel	40 jours après Pâques
Pentecôte	Les Apôtres annoncent la « Bonne Nouvelle »	50 jours après Pâques

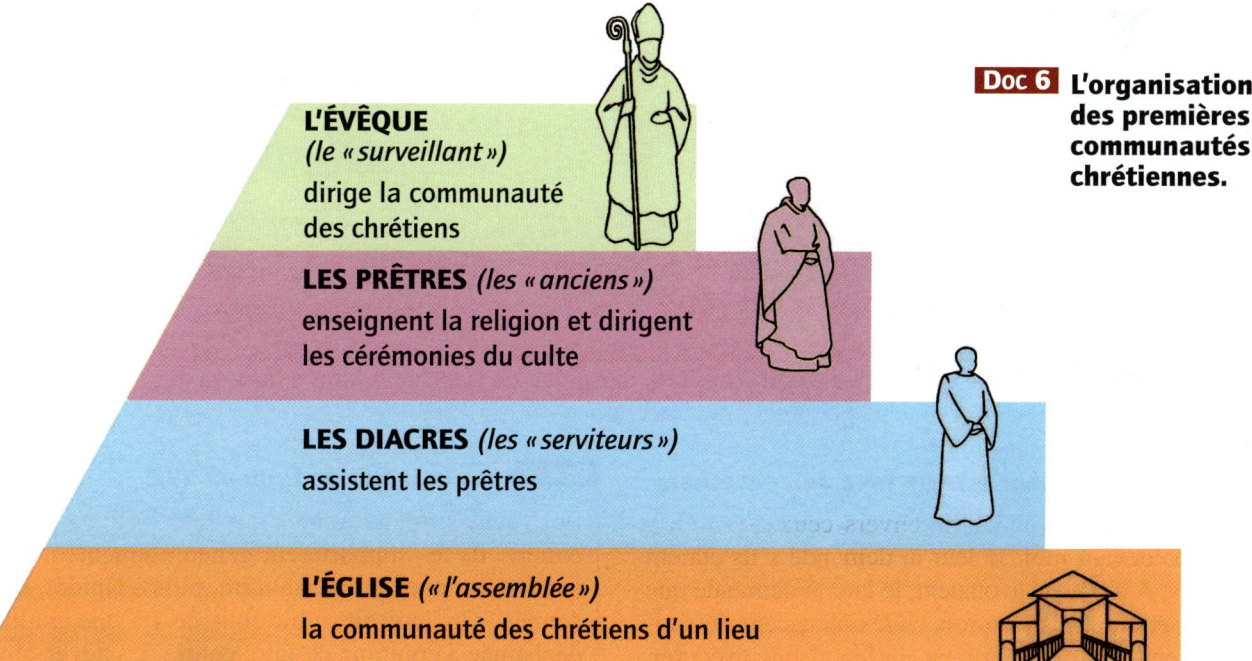

Doc 6 L'organisation des premières communautés chrétiennes.

L'ÉVÊQUE *(le « surveillant »)* dirige la communauté des chrétiens

LES PRÊTRES *(les « anciens »)* enseignent la religion et dirigent les cérémonies du culte

LES DIACRES *(les « serviteurs »)* assistent les prêtres

L'ÉGLISE *(« l'assemblée »)* la communauté des chrétiens d'un lieu

---

1 Doc 1 Dans quelles parties de l'Empire romain Paul se rend-il ? Dans quelles villes sont fondées des églises chrétiennes ?

2 Doc 2 Relève dans le premier texte les formules signifiant que pour le christianisme tous les hommes sont frères et égaux entre eux ? Quelles règles de vie et de conduite sont demandées aux chrétiens dans le second texte ?

3 Doc 3 Décris les gestes de ces chrétiens pour prier.

4 Doc 4 Pourquoi les chrétiens se réunissent-ils le dimanche ? Quelles sont les différentes étapes de la cérémonie ? À quel épisode de la vie de Jésus correspond le passage « on apporte du pain et du vin » ?

5 Doc 5 À quels événements racontés par les *Évangiles* correspondent les fêtes de Noël, de Pâques, de l'Ascension ?

6 Doc 6 Qui est à la tête d'une communauté chrétienne ? Que veut dire le mot « prêtre » ? Quel est son rôle ?

Je découvre

Comment le christianisme a-t-il conquis l'Empire romain ?

5. L'Empire romain devient chrétien

Le christianisme est d'abord interdit et souvent persécuté dans l'Empire romain. Mais cela n'arrête pas l'expansion de cette nouvelle religion. Au 4e siècle, il devient la religion obligatoire de l'Empire.

Doc 1 **Un chrétien dans l'arène d'un amphithéâtre,** mosaïque de Dar Buc Ammera (Musée des antiquités de Tripoli, Libye).

Doc 2 Un gouverneur romain face aux chrétiens

Voici la règle que j'ai suivie envers ceux que l'on a emmenés devant moi. Je leur ai demandé s'ils étaient chrétiens. À ceux qui avouaient, je leur ai demandé une seconde et une troisième fois en les menaçant du supplice ; ceux qui persévéraient, je les ai fait exécuter. J'étais sûr qu'il fallait punir cet entêtement. Ceux qui niaient être chrétiens ou l'avoir été, s'ils adoraient ton image ainsi que les statues des dieux, selon une formule que je leur dictais, et s'ils blasphémaient le Christ, j'ai pensé qu'il fallait les relâcher.
Toute leur faute et leur erreur se bornent à avoir l'habitude de se réunir à jour fixe avant le lever du soleil, de chanter un hymne au Christ comme à un dieu, de se réunir pour prendre leur nourriture, qui quoiqu'on en dise*, est ordinaire et innocente.

D'après Pline le Jeune, *Lettre à l'empereur Trajan,* fin du 1er siècle.

* On accusait les chrétiens de consommer de la chair humaine.

Doc 3 Les martyrs de Lyon en 177

Les sévices innombrables que leur infligeait la foule entière, ils les supportèrent généreusement : ils furent insultés, frappés, traînés à terre, pillés, lapidés, emprisonnés. On leur fit subir tout ce qu'une multitude déchaînée a coutume de faire contre des adversaires et des ennemis.
Blandine, une jeune esclave, fut remplie d'une telle force qu'elle découragea ceux qui l'avaient torturée depuis le matin. C'était pour elle un réconfort, un repos, que de dire : « Je suis chrétienne ; chez nous, il ne se fait rien de mal. » Après les fouets, après le gril, on finit par la jeter dans un filet et la livrer ainsi à un taureau. Longtemps, elle fut projetée par l'animal, mais elle ne sentait rien, grâce à sa foi. On finit par l'égorger et les païens reconnurent que jamais une femme n'avait supporté, chez eux, autant de pareils tourments.

D'après Eusèbe de Césarée, *Histoire ecclésiastique,* fin 3e-début du 4e siècle.

Doc 4 **L'empereur Constantin Ier (306-337).** Un écrivain romain chrétien, Lactance raconte qu'à la veille d'une bataille contre son rival Maxence, Constantin eut un rêve : il devait inscrire le nom du Christ sur le bouclier de ses soldats, ce qu'il fit. Il gagna la bataille.

Doc 6 L'empereur Valentinien 1er (364-375), statue en bronze, 4e siècle, Barletta, Italie.

Doc 5 De la tolérance à la religion officielle de l'Empire

Nous, Constantin et Licinius[1], empereurs, réunis à Milan, avons décidé de permettre dorénavant à tous ceux qui ont la détermination d'observer la religion chrétienne, de le faire librement et complètement, sans être inquiétés ni molestés.

D'après *l'édit de Milan*, 313.

Nous prévenons que sont passibles de la peine de mort ceux dont on aura prouvé qu'ils ont participé aux sacrifices ou honoré des idoles.

Édit de l'empereur Constance II, 356.

---
1 Depuis la fin du 3e siècle, l'Empire romain est dirigé par deux empereurs, l'un en Occident, l'autre en Orient.

Doc 7 Le dimanche, jour férié dans l'Empire

Le jour du soleil, que nos ancêtres ont justement appelé le jour du Seigneur, les poursuites judiciaires et les travaux des tribunaux seront totalement suspendus. Personne ne demandera le paiement d'une dette publique ou privée. Quiconque ne respectera pas cette règle, et se détournera ainsi du rituel de la Sainte religion, sera jugé non seulement infâme mais aussi sacrilège.

D'après une *décision impériale*, 386.

1 **Doc 2** Qui écrit cette lettre ? À qui ? Comment agit-il à l'égard des chrétiens qui persistent dans leur foi ? Que demande-t-il de faire à ceux qui nient être chrétiens ? Pourquoi ?

2 **Doc 1 et 3** Comment les chrétiens sont-ils persécutés ? L'auteur du texte rapporte un fait extraordinaire : lequel ? Quel est le but de cet auteur, qui est chrétien ?

3 **Doc 4 et 5** (premier texte) Qui accorde l'édit de Milan ? Qu'autorise cet édit ? Pourquoi dit-on de Constantin qu'il est le premier empereur romain chrétien ?

4 **Doc 5** (second texte), **Doc 6 et 7** Montre à partir des trois documents que le christianisme triomphe dans l'Empire romain ?

Patrimoine

 Quelles traces a laissées le christianisme des origines ?

6. Les premiers monuments chrétiens

Les chrétiens ont construit des lieux et des monuments pour pouvoir pratiquer leur religion, d'abord clandestinement puis au grand jour. Ces vestiges nous renseignent sur leurs croyances et sur leurs pratiques religieuses.

Doc 1 **Un baptistère (cuve de baptême),** 6e siècle (musée du Bardo, Tunis).

Doc 2 **Le baptême**

Lorsque celui qui est baptisé sera descendu dans l'eau, celui qui baptise lui dira : « Crois-tu en Dieu, le Père tout-puissant ? » Et celui qui est baptisé dira à son tour : « Je crois. » Et aussitôt celui qui baptise le baptisera une fois. Ensuite, il dira : « Crois-tu au Christ Jésus, Fils de Dieu, qui est né par le Saint Esprit, de la Vierge Marie, a été crucifié sous Ponce Pilate, est mort et ressuscité le troisième jour, vivant d'entre les morts, est monté aux cieux et est assis à la droite du Père ? » Et quand il aura dit : « Je crois », il sera baptisé une seconde fois. De nouveau, celui qui baptise dira : « Crois-tu en l'Esprit Saint ? » Celui qui est baptisé dira : « Je crois », et ainsi il sera baptisé une troisième fois.

D'après Hippolyte de Rome, prêtre, *La tradition apostolique*, début du 3e siècle.

Doc 3 **Les catacombes chrétiennes de Priscilla,** à Rome, 3e siècle.

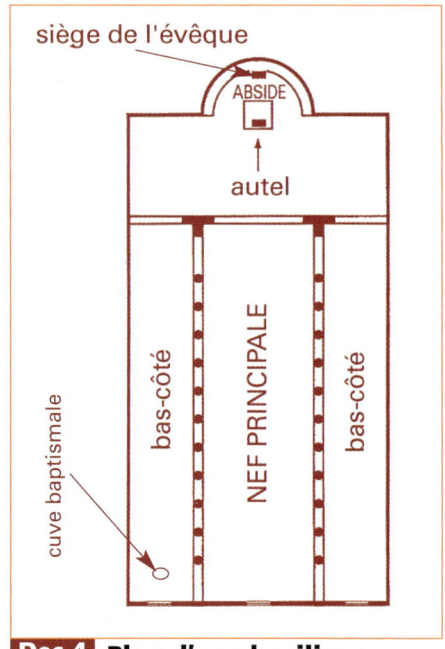

Doc 4 **Plan d'une basilique chrétienne.**

Doc 5 **La basilique Sainte Sabine à Rome** (début du 5ᵉ siècle).

Doc 6 **Jésus remet à Pierre le livre de la Nouvelle Loi,** mosaïque de la basilique Sainte Constance à Rome, 4ᵉ siècle.

1 **Doc 1 et 2** Quelle est la forme de la cuve baptismale ? Comment est pratiqué le baptême aux premiers temps du christianisme ? Quelle est sa signification pour les chrétiens ?

2 **Doc 3** Cherche la définition du mot « catacombe ». À quoi correspondent les niches ouvertes dans les murs ?

3 **Doc 4 et 5** Qui se réunit dans une basilique et à quelle occasion ? Quelle est sa forme générale ? À l'aide du plan, indique à quoi correspondent les parties numérotées (1, 2, 3, 4) de la basilique Sainte Sabine ?

4 **Doc 6** Quel livre Jésus remet-il à Pierre ? Qui est Pierre ?

CHAPITRE 6 · LES DÉBUTS DU CHRISTIANISME

Bilan — La naissance du christianisme

DOCUMENTS REPÈRES
PAGES 140-141
PAGES 142-143

A Jésus : ce que disent les *Évangiles*

1. Jésus est né à Bethléem, en **Palestine** occupée par les Romains, sous le règne de l'empereur Auguste. Il a grandi à Nazareth dans la famille de Joseph et de Marie. Vers l'âge de trente ans, il parcourt la Palestine, accompagné de douze apôtres.

2. Il délivre aux foules un **message religieux**. Pour lui, **tous les hommes**, et pas seulement les Juifs, sont des **enfants de Dieu**. Pour aimer Dieu, il ne suffit pas d'observer les règles de l'ancienne loi juive, il faut aussi que **les hommes s'aiment les uns les autres**, pratiquent la justice et la charité. À ceux qui suivront ces règles, Jésus promet une **vie éternelle après la mort** dans le royaume de Dieu.

3. Les *Évangiles* racontent que Jésus accomplit des **miracles**. Par ses paroles et ses actes, nombreux sont ceux qui voient en lui le Messie (ou Christ) et le **Fils de Dieu**. Considéré comme un faux messie par les autorités religieuses juives et comme un agitateur par les Romains, il est **arrêté à Jérusalem** et condamné à mourir crucifié.

4. Ses disciples annoncent que Jésus est ressuscité avant d'aller au Ciel, qu'ils l'ont rencontré après sa mort et qu'il leur a demandé de répandre son message.

CARTE REPÈRE
PAGE 144

B Jésus : ce que disent les historiens

1. Au premier siècle avant J.-C., la **Palestine est sous l'autorité de Rome**. La province de Judée est administrée par un gouverneur romain qui se nomme **Ponce Pilate**. Beaucoup de Juifs attendent la venue d'un messie qui délivrera le peuple juif de la domination romaine et restaurera le royaume d'Israël.

2. Quelques témoignages concordants permettent d'affirmer que **Jésus a existé**. Il est probablement né vers 6 ou 4 avant notre ère. Mais **les historiens savent peu de choses à son sujet**, faute de pouvoir confronter les Évangiles, écrits plusieurs décennies après la mort de Jésus, à d'autres sources historiques.

3. Après la mort de Jésus, des **communautés** chrétiennes se forment à Jérusalem, à Antioche et à Damas grâce à l'action de l'apôtre Paul. Elles accueillent **sans distinction pauvres et riches, esclaves et hommes libres, Romains et Barbares.**

CARTE REPÈRE
PAGE 146

C Une nouvelle religion dans l'Empire romain

1. Pour entrer dans la communauté, il faut se purifier par le baptême. Les chrétiens se rassemblent pour **lire les *Évangiles*, prier et partager le pain et le vin**, en souvenir du dernier repas de Jésus avec ses apôtres : c'est la communion. Chaque communauté locale forme une Église dirigée par un évêque.

2. Dans l'Empire romain, les chrétiens subissent périodiquement des persécutions parce qu'ils **refusent de participer au culte de l'empereur** et de porter les armes. Certains sont torturés ou livrés aux bêtes dans les amphithéâtres. Ces violences ne diminuent pas leur nombre. Le courage des martyrs entraîne de nombreuses conversions.

CARTE REPÈRE
PAGE 138

3. Au début du 4ᵉ siècle, l'empereur **Constantin** se convertit au christianisme et **autorise les chrétiens à pratiquer librement leur religion** par l'**édit de Milan**, en **313**. À partir de 325, le calendrier romain adopte les **fêtes chrétiennes**. À **la fin du 4ᵉ siècle**, les temples païens sont fermés et les sacrifices interdits. Le **christianisme devient la religion obligatoire dans l'Empire** romain. De somptueux bâtiments, les basiliques, sont construits pour le culte chrétien. En Occident, le pape est reconnu comme le chef de l'Église.

DOCUMENTS REPÈRES
PAGES 150-151

Vocabulaire

Évangile
(« Bonne nouvelle » en grec), livre qui rapporte la vie et l'enseignement de Jésus.

apôtre
L'un des douze compagnons de Jésus chargé par lui de faire connaître son message aux hommes.

Messie
(ou **Christ**, en grec), envoyé de Dieu en hébreux.

crucifier
Attacher un condamné sur une croix pour le faire mourir. Ce supplice s'appelle la **crucifixion**.

ressusciter
Revenir de la mort à la vie. Ce retour est la **Résurrection**.

chrétien
Personne qui croit en Jésus-Christ et en son message, qui a pour religion le **christianisme**.

baptême
(Du grec « plonger »), rite de purification par l'eau par lequel on devient chrétien.

communion
Partage du pain et du vin en souvenir du dernier repas de Jésus.

Église
(Du grec *ecclésia*, assemblée), communauté de chrétiens. Plus tard, le mot désigne le bâtiment où se réunissent les chrétiens.

persécutions
Brimades et violences contre une personne en raison de ses croyances ou de ses idées.

évêque
Chef d'une communauté chrétienne.

martyr
Personne qui accepte de mourir pour ses croyances.

conversion
Changement de religion.

païen
Pour les chrétiens, quelqu'un qui est polythéiste.

basilique
Une église chrétienne est un lieu construit sur le modèle d'une salle de réunion romaine.

pape
Évêque de Rome, chef de l'ensemble des chrétiens.

Personnages

JÉSUS

Né vers 6 ou 4 avant notre ère, il ne nous est connu que par les *Évangiles* et quelques rares témoignages non-chrétiens. Son enseignement donne naissance à la religion chrétienne.

CONSTANTIN

Empereur romain du début du 4e siècle, il se convertit à la religion chrétienne et l'autorise dans l'Empire romain en 313.

Dates

6-30 avant J.-C. : vie de Jésus ; début de l'ère chrétienne

1er-3e siècles : persécutions des chrétiens

4e siècle ap. J.-C. : conversion de Constantin

Fin du 4e siècle : christianisme, religion officielle dans l'Empire romain

Retenir autrement

Les *Évangiles* racontent la vie de Jésus qui vit en Palestine au début du premier siècle de notre ère et qui délivre un message religieux : si les hommes s'aiment les uns les autres, ils auront une vie éternelle après la mort dans le royaume de Dieu.

Les *Évangiles* ne sont pas des livres d'histoire. Les historiens pensent que Jésus a existé mais ils savent peu de choses sur lui. Ils connaissent mieux la manière dont sont nées les communautés chrétiennes.

Les premiers chrétiens forment des communautés dans lesquelles on entre par le baptême. Ils rendent un culte à un dieu unique et honorent Jésus par des prières et la communion.

D'abord persécuté, le christianisme se diffuse dans l'Empire romain. Au 4e siècle, il est autorisé puis devient la religion officielle dans le monde romain.

→ Exercices

1. Se repérer dans l'espace

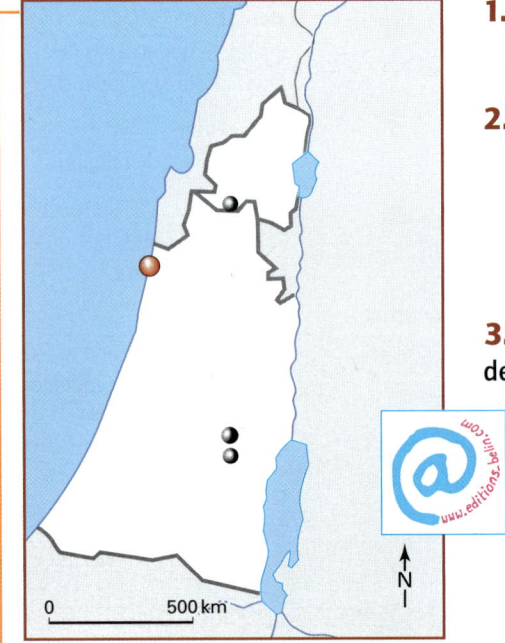

1. Colorie en orange la province romaine de Judée-Samarie et en vert la province de Galilée. Élabore une légende.

2. Donne leurs noms aux mers, aux villes, au lac et au fleuve.
   Mots à utiliser
   - Lac de Tibériade
   - Nazareth
   - Bethléem
   - Césarée
   - Mer Méditerranée
   - Jérusalem
   - Mer Morte
   - Jourdain

3. Souligne en rouge le nom de la capitale romaine et en noir le nom de la ville où est situé le Temple.

2. Se repérer dans le temps

1. Combien de siècles séparent la naissance de Jésus de la conversion de Constantin ?
2. Qu'appelle-t-on ère chrétienne ?
3. Existe-t-il une année zéro ?

3. Connaître le vocabulaire du christianisme

VERTICAL
A. Les 12 compagnons de Jésus
B. Les chrétiens en furent d'abord les victimes
C. Les chrétiens s'y réunissent après 313
D. Supplice infligé à Jésus
E. Chef d'une communauté chrétienne

HORIZONTAL
1. Évêque de Rome, chef des chrétiens
2. Celui qui est prêt à mourir pour ses croyances
3. Celui de 313 autorise le christianisme
4. Désigne Jésus (traduit du grec)
5. Communauté des chrétiens
6. Rappelle le dernier repas de Jésus
7. Changement de religion

4. Reconnaître dans une œuvre d'art des scènes de la vie de Jésus, tirées des *Évangiles*

Extraits de *La Passion du Christ* par Duccio, 14e siècle, Musée de la Cathédrale de Sienne (Italie).

❶

❷

❹

- Donne un titre à ces images qui représentent des scènes racontées dans les *Évangiles*.

❸

5. Reconnaître des symboles chrétiens

1. Nomme ces symboles et donne la signification de chacun.
2. Que constates-tu ?

❶

❷

❸

6. Rechercher

→ Pour chercher plus d'informations sur les catacombes, va sur le site :

http://www.catacombe.roma.it/

chapitre 7

CONCLUSION

La fin de l'Antiquité et ses héritages

▶ Pourquoi l'Empire romain disparaît-il ?
▶ Que devons-nous aux civilisations de l'Antiquité ?

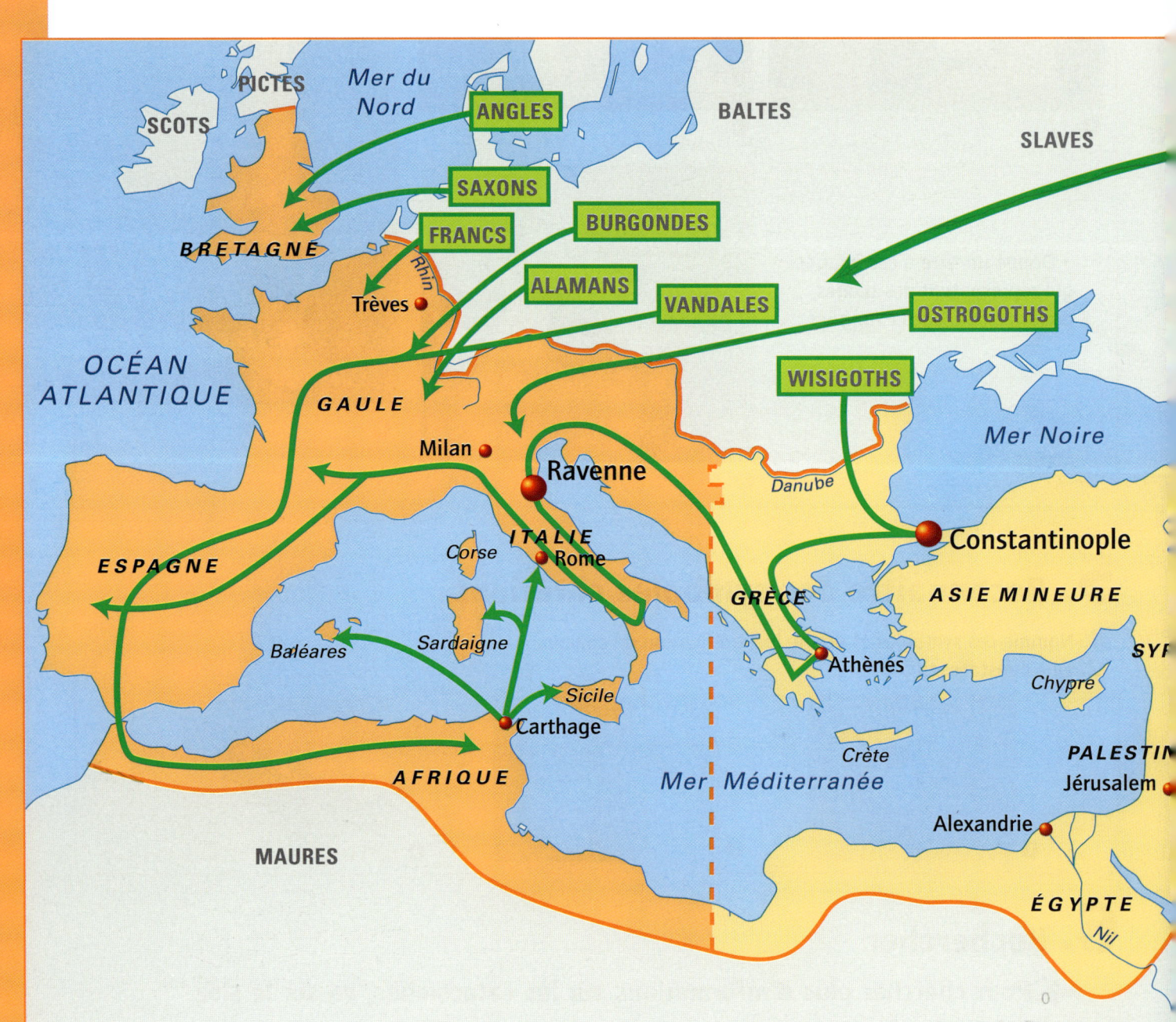

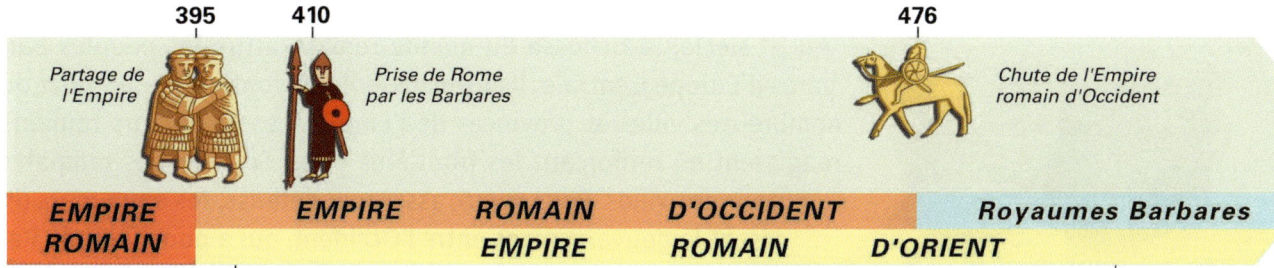

L'Empire romain

- Limite de l'Empire romain au 4e siècle, et son partage en 395
- Empire romain d'Occident
- Empire romain d'Orient
- ● Capitale

Les invasions barbares

- ANGLES Peuple attaquant l'Empire
- → Trajet suivi

0   500 km

Doc 2 **Un guerrier wisigoth,** dessin sur un manuscrit du 12e siècle (British Museum, Londres).

Doc 1 **Les grandes invasions barbares au 5e siècle.**

CHAPITRE 7 • LA FIN DE L'ANTIQUITÉ ET SES HÉRITAGES

1. L'Empire romain disparaît

Au 3e siècle, la richesse du monde romain attire les peuples barbares d'Europe Centrale. Ils franchissent les frontières pour piller de nombreuses villes et provinces de l'Empire. Les empereurs romains réagissent en renforçant les frontières et en édifiant des remparts autour des villes. Pour mieux assurer la défense, les empereurs divisent le gouvernement entre l'Occident, qui a pour capitale Ravenne, et l'Orient, qui a pour capitale Constantinople. En 395, la division de l'Empire devient définitive.

Au 5e siècle, les Germains franchissent le Rhin et le Danube, poussés par un peuple venu d'Asie centrale, les Huns. Ils envahissent massivement l'Empire romain pour s'y réfugier. Les armées romaines ne parviennent pas à arrêter ce déferlement qu'on appelle les grandes invasions. Rome est pillée à deux reprises par les Wisigoths, puis par les Vandales. Les barbares s'installent en Occident et fondent des royaumes. En 476, l'Empire romain d'Occident disparaît. Il ne subsiste de l'ancien Empire que sa partie orientale : l'Empire romain d'Orient.

Doc 1 **Dioclétien, empereur d'Orient et Maximien, empereur d'Occident, 3e siècle,** bas-relief (musée du Vatican).

Doc 2 **La muraille d'Aurélien (empereur de 270 à 275) à Rome.** Longue de plus de 18 km, haute de 19 m selon les endroits, elle protège la ville impériale.

Doc 3 — Les Huns et les Germains

Le bruit s'est répandu parmi les populations germaniques de la soudaine apparition d'une race d'hommes inconnue, étrange, qui tantôt s'abat comme l'ouragan du sommet des montagnes, tantôt semble sortir de dessous la terre et toujours anéantit tout ce qui se trouve sous ses pas : les Huns. Ils dépassent en férocité et en barbarie tout ce que l'on peut imaginer. Éternellement nomades, ils vivent comme des animaux. Ils ne font cuire ni n'assaisonnent leurs aliments, vivant de racines sauvages et de viandes attendries sous leurs selles. Presque tous les Germains cherchent à s'installer hors de portée de ses nouveaux venus. Nos frontières s'ouvrent devant cette émigration armée, le sol barbare vomit, comme la lave de l'Etna, ses enfants sur notre territoire.

D'après Ammien Marcellin, *Histoires*, fin du 4e siècle.

Doc 4 — L'invasion de la Gaule

Nous survivons en petit nombre. Des peuples innombrables et très féroces occupent l'ensemble de la Gaule. Tout le pays qui s'étend entre les Alpes et les Pyrénées, tout ce que limitent l'Océan et le Rhin est dévasté par les Vandales, les Saxons, les Burgondes, les Alamans. Mayence, cité jadis illustre, a été prise et saccagée ; dans son église, des milliers d'hommes ont été massacrés. Les villes de Reims, Amiens, Arras, Strasbourg ont vu leur population transférée en Germanie.

D'après saint Jérôme, *lettre*, vers 406-407.

Doc 5 — Le sac de Rome par les Goths en 410

Une rumeur terrifiante nous parvient : Rome est prise ; les citoyens rachètent leur vie à prix d'or, mais après avoir été dépouillés, ils perdent tout de même leur vie. Ma voix s'étrangle et les sanglots m'interrompent tandis que je dicte ses mots. Elle est conquise cette ville qui a conquis l'univers ! Quelle douleur pour moi de voir cette puissance ancienne, cette sécurité, cette richesse aboutir à une telle misère !

D'après saint Jérôme, *lettre*, 410.

Doc 6 — Les royaumes barbares en 476.

2. Les héritages de l'Antiquité

Des techniques et des pratiques

Doc 1 Les sociétés du Croissant fertile ont mis au point **l'agriculture** à partir du 8e millénaire av. J.-C., puis des techniques d'irrigation.

Doc 2 Les sociétés du Croissant fertile inventent **l'écriture** au 4e millénaire av. J.-C., puis l'alphabet.

Doc 3 Les Grecs inventent la **monnaie** au 7e siècle av. J.-C. qui remplace progressivement le troc.

Doc 4 Les sociétés de l'Antiquité inventent **l'architecture** monumentale en pierre dont il reste de nombreux vestiges.

Des formes d'organisation politique

Doc 1 Les premiers **États** naissent dans la région du Croissant fertile. Les sociétés vivent sur un territoire délimité, sous l'autorité d'un roi.

Doc 2 Les États mettent en place une **administration** avec des fonctionnaires spécialisés.

Doc 3 Athènes invente une forme de gouvernement, la **démocratie**, au 5ᵉ siècle av. J.-C.

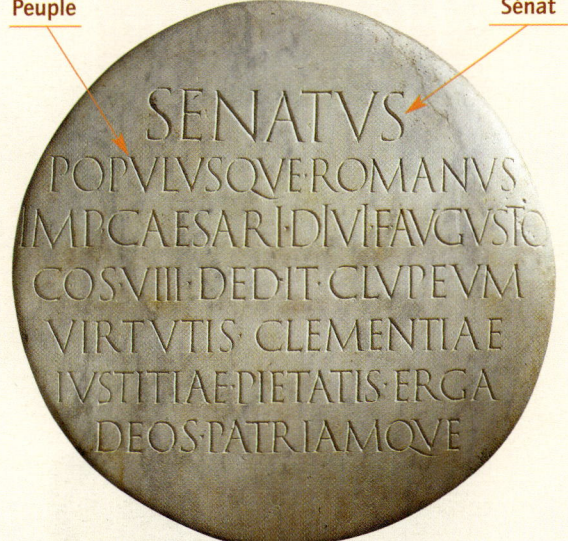

Peuple — Sénat

Doc 4 Rome invente deux formes de gouvernement, la **République**, au 6ᵉ siècle av. J.-C., et **l'Empire**, à la fin du 1ᵉʳ siècle av. J.-C. (Bouclier en marbre offert par le Sénat et le peuple romain à Auguste en 26 av. J.-C.)

3. Les héritages de l'Antiquité

▶ De grands textes

Doc 1 Les Grecs nous ont transmis des **poèmes**, comme l'*Iliade* et l'*Odyssée* (8e siècle av. J.-C.), et des **mythes** qui inspirent encore aujourd'hui des écrivains et des artistes. Ils ont aussi inventé **l'histoire**, au sens de récit historique.

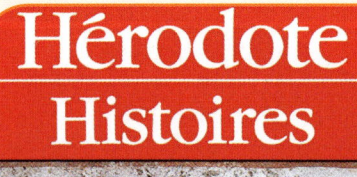

Doc 2 Les Romains nous ont transmis des **œuvres écrites** sur leurs origines et sur leur histoire.

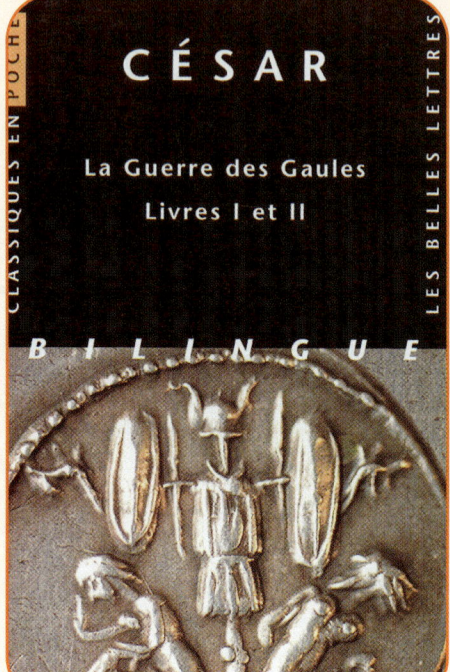

Une culture, une langue

Doc 1 Les Grecs ont inventé le **théâtre**, c'est-à-dire des œuvres littéraires qui sont représentées en action devant un public.

Doc 2 Le **sport** est né dans l'Antiquité. Les Grecs ont créé les **jeux olympiques**.

Doc 3 Les Grecs ont réalisé les chefs-d'œuvre de l'art classique dans la **sculpture** et **l'architecture** qui a souvent été imité par la suite.

Doc 4 La langue française et la plupart des langues européennes sont issues du grec ou du latin, ou des deux.

Quelques mots d'origine grecque
politique vient de *politikos* = ce qui concerne la cité
démocratie vient de *dêmos* = le peuple et *kratein* = commander, gouverner
polythéisme vient de *polus* = nombreux et *théos* = dieu
histoire vient de *historia* = recherche, enquête
orthographe vient de *orthos* = droit, juste et *graphein* = écrire
bibliothèque vient de *biblion* = livre et *thêkê* = coffre, lieu de dépôt.
Quelques mots d'origine latine
peuple vient de *populus* = ensemble des habitants d'un État
république vient de *res* = chose et *publica* = publique
collège vient de *collegium* = ensemble, groupement
dictée vient de *dictare* = dire en répétant

4. Les héritages de l'Antiquité

▶ Des croyances et une manière de compter le temps

Doc 1 Les Hébreux ont fondé la première **religion monothéiste** de l'Histoire qui est devenue la religion juive.

Doc 2 La religion juive est fondée sur la **Bible hébraïque**. La religion chrétienne est fondée sur l'Ancien Testament et le Nouveau Testament.

Mois de JANUS, dieu romain à deux faces tourné à la fois vers le passé et l'avenir

Mois de purifications (*februo* = se purifier)

Mois du dieu romain de la guerre

Mois où la nature s'ouvre, mois des bourgeons

Mois de Maia déesse romaine de la croissance

Mois de Junon déesse romaine des épouses et des mères

8e mois — **9e mois** — **10e mois**

[Calendrier des douze mois avec les saints du jour]

- **Jules César fixe le début de l'année au 1er janvier**
- **Jules César fait ajouter un jour supplémentaire tous les quatre ans (année bissextile)**
- **Pour les Juifs et les Chrétiens le monde fut créé en 7 jours**
- **Mois en l'honneur de Jules (Julius) César**
- **Mois en l'honneur de l'empereur Auguste**
- **7e mois de l'année (jusqu'en 153 av. J.-C. l'année commençait en mars)**
- **Année de 365 jours instituée par Jules César**

Doc 3 Notre **calendrier** est un héritage des Égyptiens pour le nombre de jours dans l'année, des Hébreux pour la semaine de sept jours, des Romains pour le nombre de mois et des Chrétiens pour les fêtes religieuses.

Lundi : jour de la Lune
Mardi : jour du dieu Mars
Mercredi : jour du dieu Mercure
Jeudi : jour du dieu Jupiter
Vendredi : jour de la déesse Vénus
Samedi : jour du Sabbat
Dimanche : jour du Seigneur

Des monuments qui ont traversé les siècles

Doc 1 Des tombeaux égyptiens : les **pyramides** de Gizeh.

Doc 2 Le dernier **temple** de Jérusalem : le mur des Lamentations.

Doc 3 Un temple : le **Parthénon** sur l'Acropole à Athènes.

Doc 5 Une église chrétienne : la **basilique** Sainte Sabine, à Rome.

Doc 4 Un **amphithéâtre** : le Colisée, à Rome.

CHAPITRE 7 • LA FIN DE L'ANTIQUITÉ ET SES HÉRITAGES

chapitre 8 — La Terre

1. La Terre : continents et océans

La Terre est une planète bleue : les océans recouvrent plus de 70 % de sa surface.

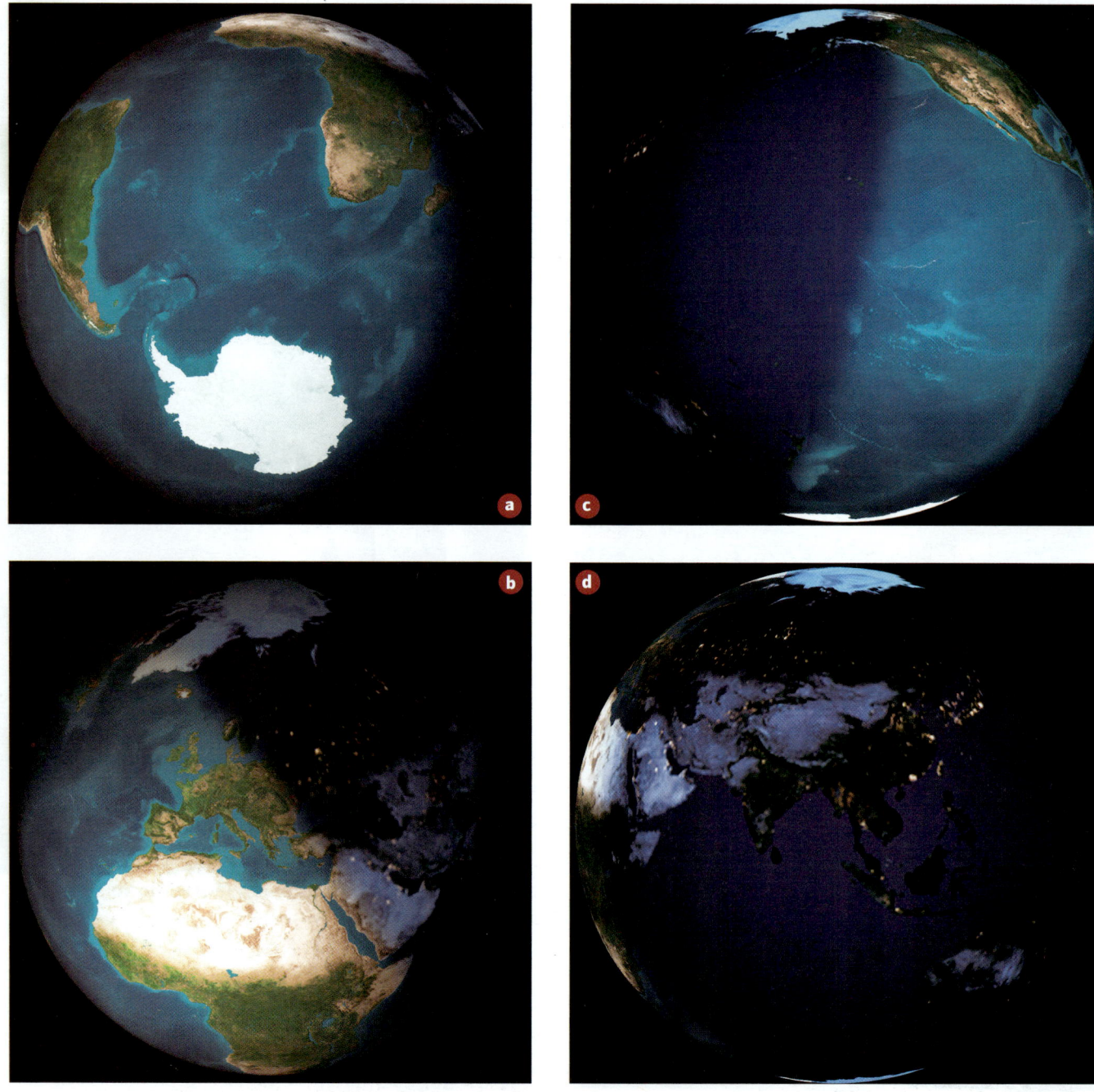

Doc 1 Quatre images de la Terre vue depuis l'espace.

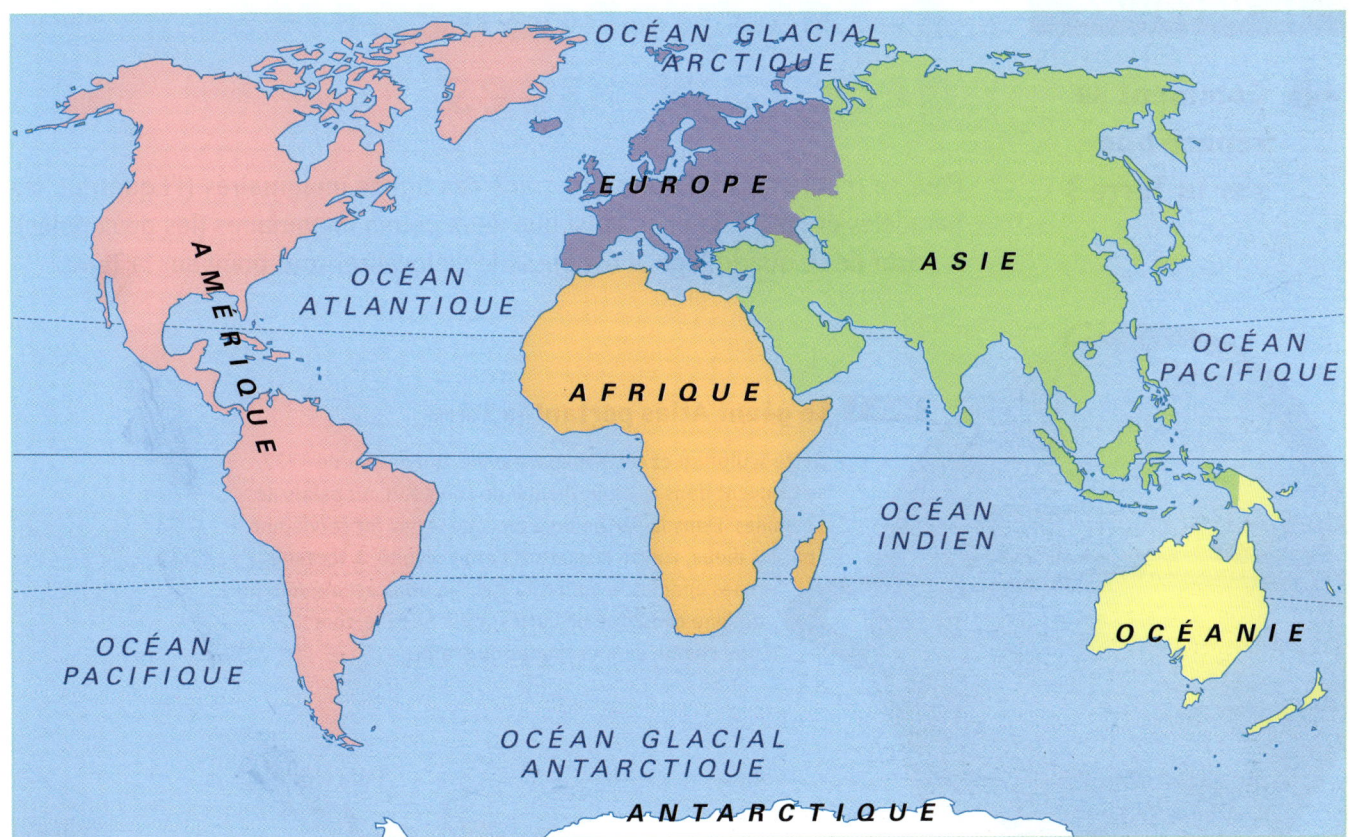

Doc 2 Continents et océans.

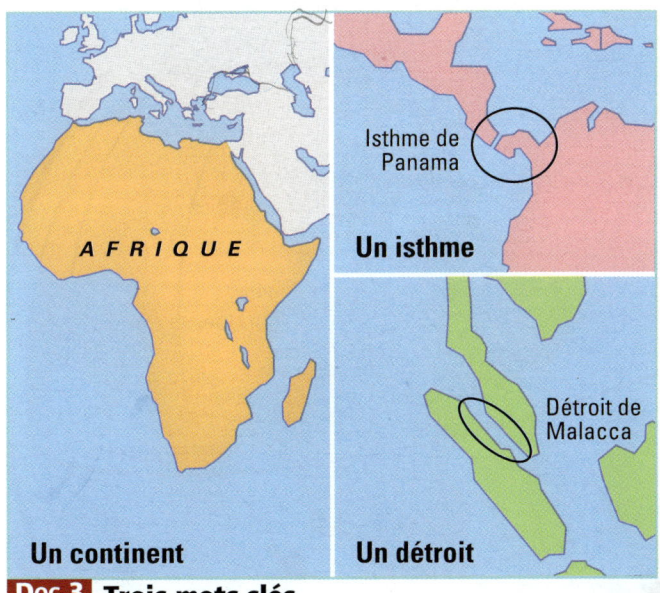

Doc 3 Trois mots-clés.

Doc 4 L'étendue des océans et des continents (en millions de km²)

Océan Pacifique	180
Océan Atlantique	92
Océan Indien	75
Océan glacial Arctique	14
Océan glacial Antarctique	20
Océans (total)	**381**
Asie	44
Afrique	30
Amérique du Nord	24
Amérique du Sud	18
Europe	10
Océanie	9
Continents (total)	**135**

1 **Doc 1** Décalque chacune des quatre images de la Terre vue de l'espace et nomme les continents et les océans identifiables.

2 **Doc 1** Pourquoi le continent antarctique apparaît-il en blanc ?

3 **Doc 2** Quel est le nom du détroit qui sépare l'Europe de l'Afrique (voir carte p. 217) ?

4 **Doc 2** Quel est le nom de l'isthme qui réunit l'Amérique du Nord à l'Amérique du Sud ? Cet isthme a été percé d'un canal en 1914 ; pour relier quels océans ? Les États-Unis avaient intérêt à percer ce canal, après avoir regardé la carte de la page 170, explique pour quelle raison.

5 **Doc 3** Pourquoi le détroit de Malacca est-il important ? Sur quel itinéraire se trouve-t-il ?

CHAPITRE 8 • LES GRANDS REPÈRES GÉOGRAPHIQUES DU MONDE **167**

Je découvre

Comment se repère-t-on sur la Terre ?

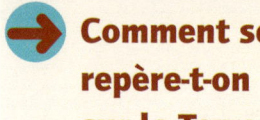

2. Les grands repères géographiques

Pour se repérer, les hommes ont tracé des lignes imaginaires (l'Équateur, les parallèles et les méridiens), ainsi que deux points imaginaires (les deux pôles). À partir de ce quadrillage, il est possible de localiser tout point sur la Terre.

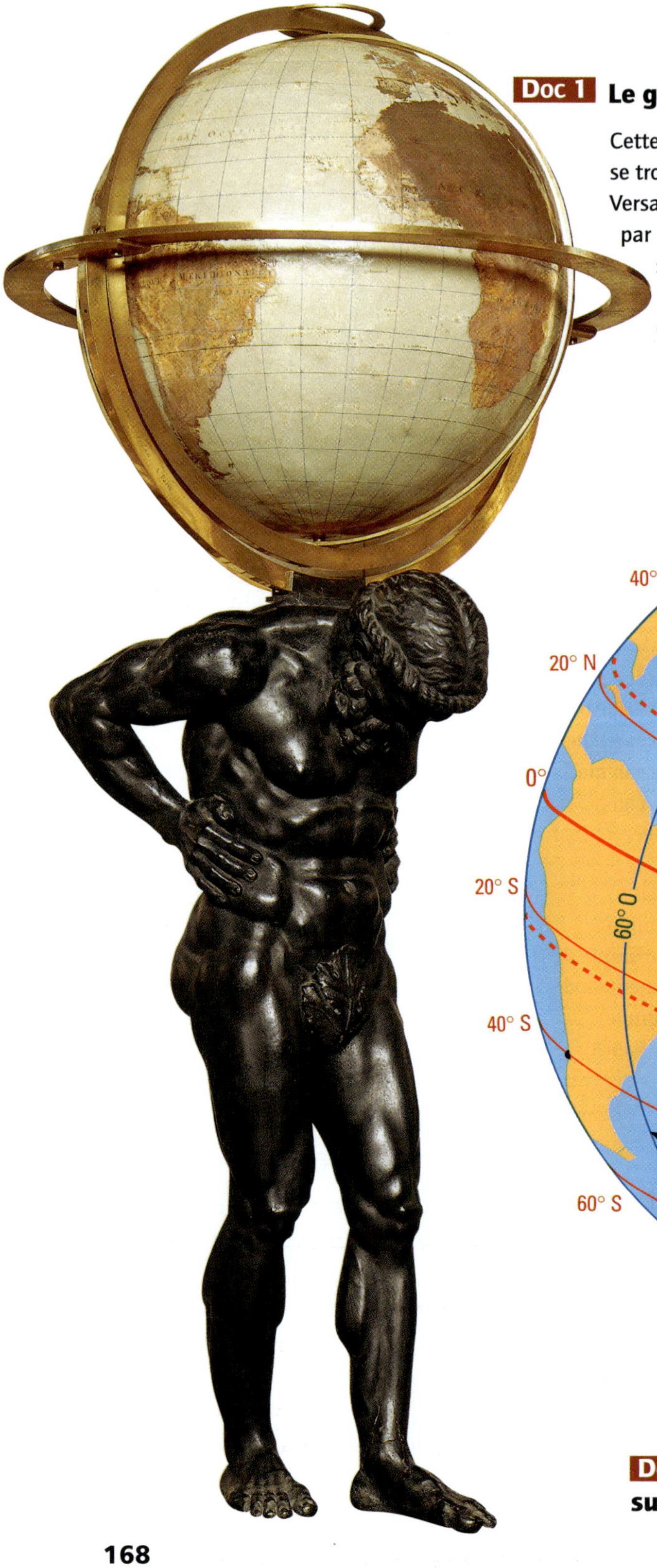

Doc 1 **Le géant Atlas portant la Terre.**

Cette sculpture et cette mappemonde, qui datent de 1777, se trouvent dans la bibliothèque de Louis XVI, au palais de Versailles. Dans la mythologie grecque, Atlas fut condamné par les dieux, contre lesquels il s'était révolté, à soutenir sur ses épaules la voûte du ciel. Un atlas est aujourd'hui un livre constitué de cartes ; c'est aussi le nom d'une chaîne de montagnes du Maroc.

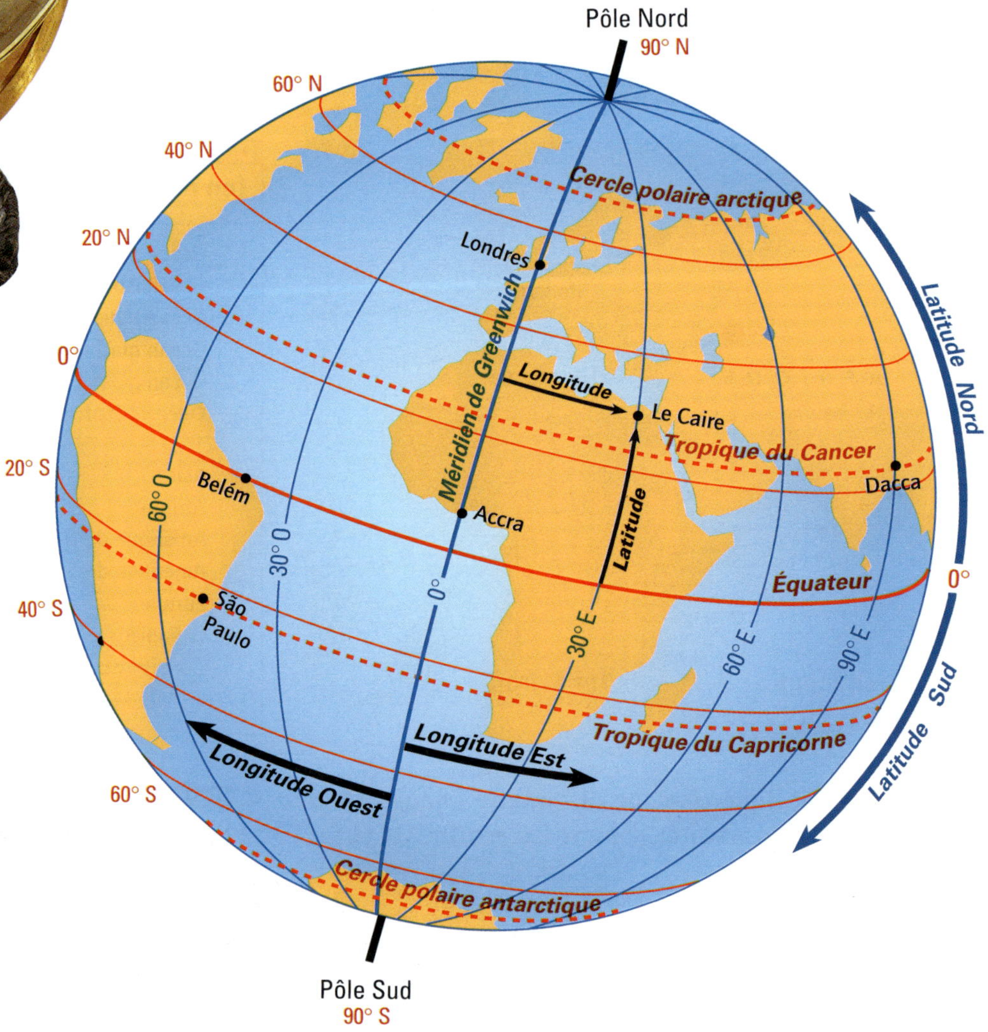

Doc 2 **Le globe terrestre : pour localiser un point sur la Terre on indique sa longitude et sa latitude.**

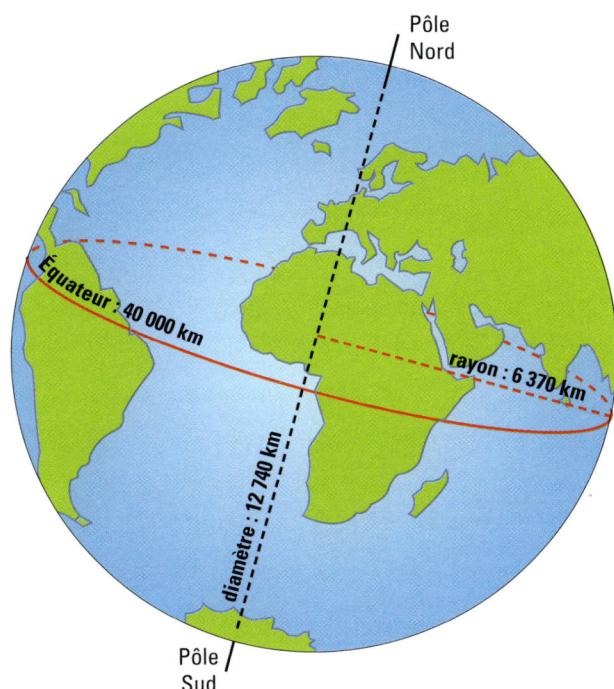

Doc 3 Les dimensions de la Terre.

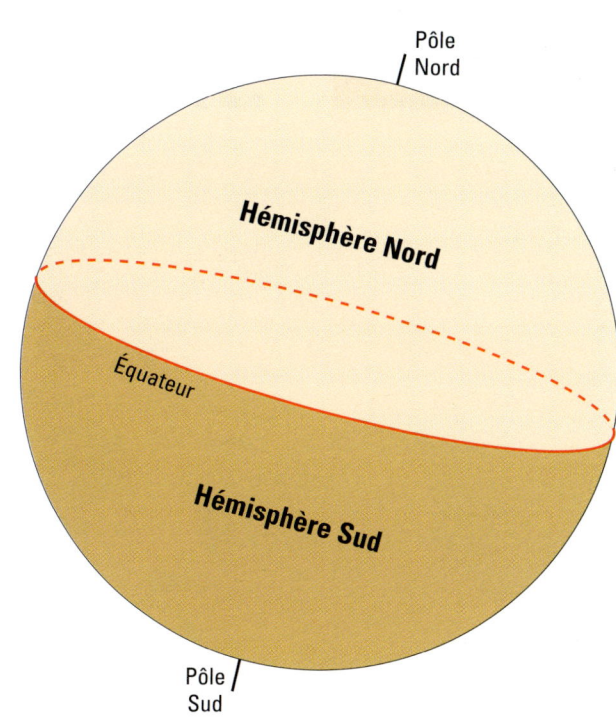

Doc 4 Les deux hémisphères.

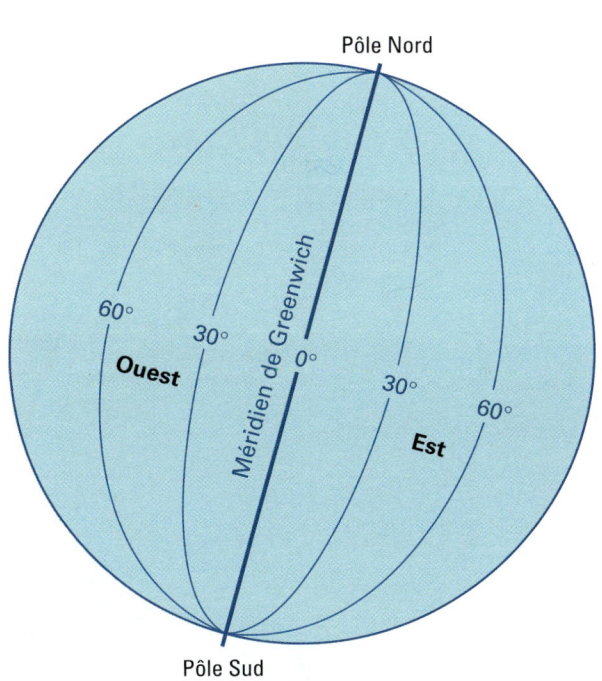

Doc 5 Les méridiens.

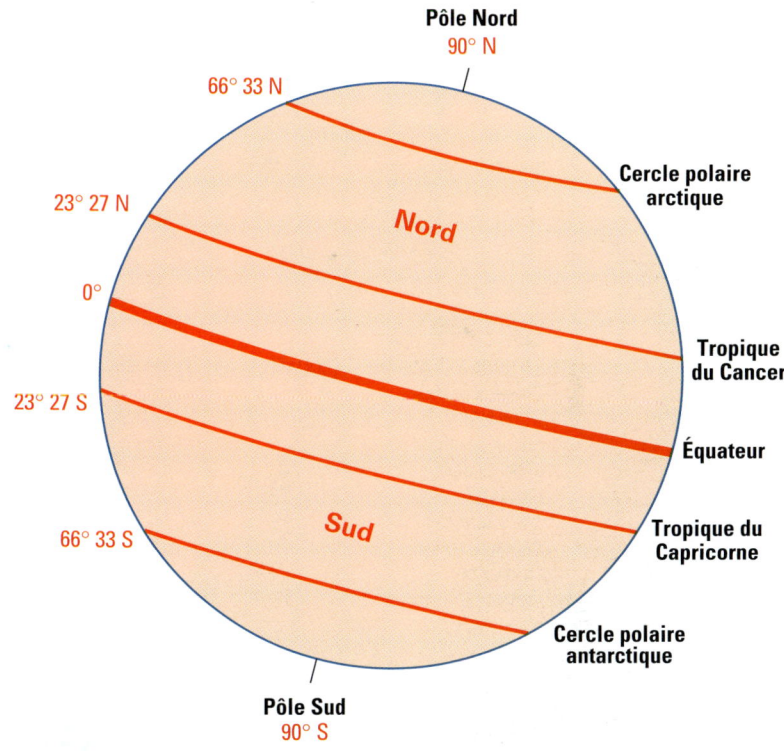

Doc 6 Les principaux parallèles.

1 **Doc 2 et 6** Comment les parallèles sont-ils numérotés ? Quel est le plus long des parallèles représentés ? Combien de kilomètres mesure-t-il ? Quels sont les plus petits des principaux parallèles ?

2 **Doc 5** Par où tous les méridiens passent-ils ? Ont-ils des longueurs différentes ?

3 **Doc 2** Indique la latitude (c'est-à-dire la position par rapport à l'Équateur) de Belém, São Paulo et Dacca, et la longitude (c'est-à-dire la position par rapport au méridien de Greenwich) de Londres et du Caire.

4 **Doc 2** Localise sur le globe terrestre Saint-Pétersbourg (60°Nord 30°Est), la mer d'Aral (45°Nord 60°Est).

Je découvre
3. Les États du Monde

Je découvre

Comment photographie-t-on la Terre ?

4. Paysages géographiques

Le programme de géographie de la classe de 6e accorde une grande importance aux paysages de la Terre. La photographie permet de reproduire ces paysages. Il existe plusieurs manières de photographier les paysages, toutes aident à mieux comprendre la Terre.

Doc 1 Un même lieu photographié de trois manières différentes

Burj el Arab est un hôtel géant (321 m de hauteur) situé sur une partie du nouveau littoral touristique de Dubaï, en bordure du Golfe persique. Dubaï est un émirat pétrolier qui doit sa richesse au pétrole de son sous-sol. Mais, il est prévu que d'ici à 2015, ces réserves soient épuisées. C'est pourquoi l'Émirat mise sur l'aménagement touristique et ambitionne de recevoir alors 15 millions de touristes.

Doc 2 Prise de vue verticale depuis un satellite à 680 km au-dessus de la Terre.

Doc 3 Vue d'avion, oblique.

Doc 4 Vue au sol, horizontale.

a. Au sol, vue horizontale
L'appareil photographique est à quelques mètres ou quelques dizaines de mètres du paysage photographié.

b. Vue d'avion, oblique
L'appareil photographique est à quelques centaines de mètres au-dessus du paysage photographié.

c. Vue d'avion, verticale
L'appareil photographique est à quelques milliers de mètres du paysage photographié.

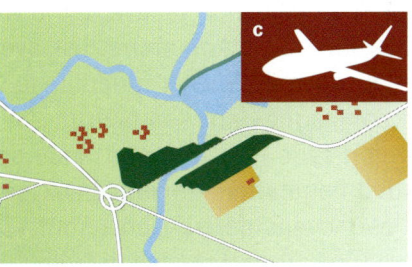

d. Vue de satellite, verticale
Le satellite est à quelques centaines ou milliers de kilomètres du paysage.

Doc 5 Les quatre possibilités de photographier un paysage.

1 **Doc 2** Décris cette image : quels sont les éléments identifiables ? À quel autre document géographique fait-elle penser ?

2 **Doc 3** Qu'est-ce que cette photographie apporte de plus que la précédente ?

3 **Doc 4** Cette photographie montre-t-elle des détails qui n'apparaissent pas dans les deux autres photographies ?

4 **Doc 2 et 3** Un satellite est beaucoup plus éloigné de la surface de la Terre qu'un avion. Par conséquent, il permet généralement de photographier des étendues terrestres beaucoup plus vastes. Est-ce le cas ici ? Comment expliquer la précision des détails ?

→ Exercices

1. Le *Tour du Monde en 80 jours*, de Jules Verne

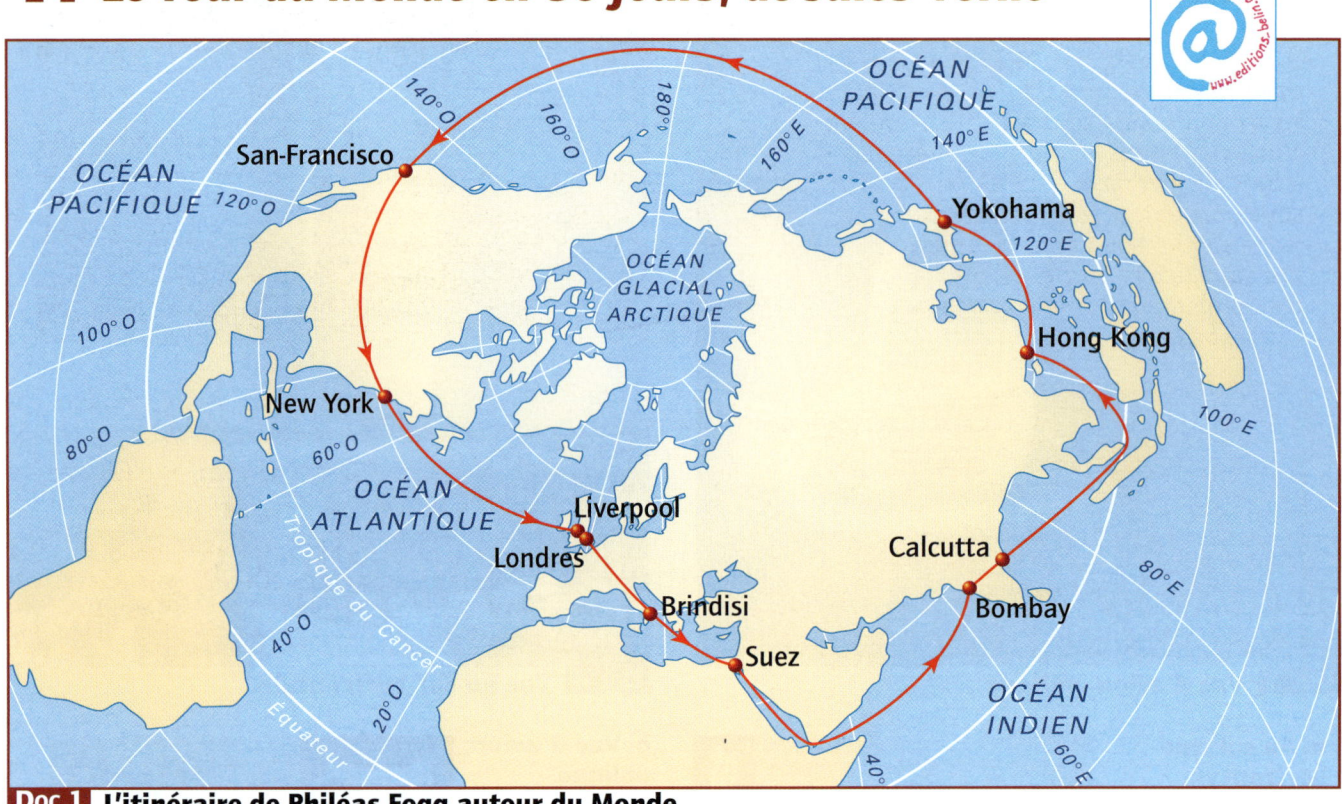

Doc 1 L'itinéraire de Philéas Fogg autour du Monde.

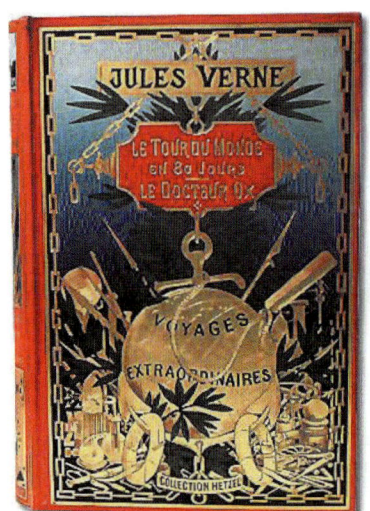

Doc 2 Fac similé de l'ouvrage écrit par Jules Vernes (édition originale parue chez J. Hetzel et Cie).

C'est en 1873 que Jules Verne publia *Le tour du Monde en 80 jours*. Ce roman d'aventures, l'un des plus diffusés dans le Monde, raconte le défi extraordinaire lancé par un gentleman anglais, Philéas Fogg, qui, lors d'une partie de cartes, dans son club, prit le pari qu'il parviendrait à faire le tour du Monde en 80 jours. Il partit, durant son périple accompagné par son valet parisien, Jean, dit « Passepartout », sans se douter qu'il était suivi par un détective qui le soupçonne d'être l'auteur d'un vol à la banque d'Angleterre. Les aventures se succèdent alors : aux Indes, il sauve du bûcher funéraire la veuve d'un maharadjah, laquelle l'accompagne dans son périple et finit par l'épouser ; en Amérique, où il doit faire face à une attaque de train par les Sioux, Philéas Fogg, aussi flegmatique qu'ingénieux, se tire de toutes les situations. Tous les moyens de transport sont employés : paquebots, chemin de fer, voitures, yachts, traîneaux, éléphants. Alors qu'il croit avoir une journée de retard, le héros s'aperçoit qu'il a gagné vingt-quatre heures sur le calendrier en voyageant d'Ouest en Est et se rend donc à son club à l'instant précis où expire le délai imparti.

1. Philéas Fogg s'embarque à Brindisi pour l'Inde : par où passe-t-il pour sortir de Méditerranée ?
2. Quel détroit emprunte-t-il pour se rendre de Calcutta à Hong Kong ?
3. Dans son long voyage, traverse-t-il l'Équateur ? Combien de fois passe-t-il sous le Tropique du Cancer ? Et sous le Tropique du Capricorne ?
4. Aujourd'hui, comment ferait Philéas Fogg pour se rendre de Londres au Japon sans prendre l'avion ? Et pourquoi ne le fit-il pas en 1873 ?

2. Le *Vendée Globe*

Doc 1 **Le navigateur Philippe Poupon dans la course en 1992.** Aujourd'hui, les navigateurs disposent pour se guider d'un système informatique embarqué à bord de leur navire qui les relie constamment au monde extérieur : leur situation précise est fournie via des satellites et les prévisions météorologiques arrivent de leur correspondant, à terre.

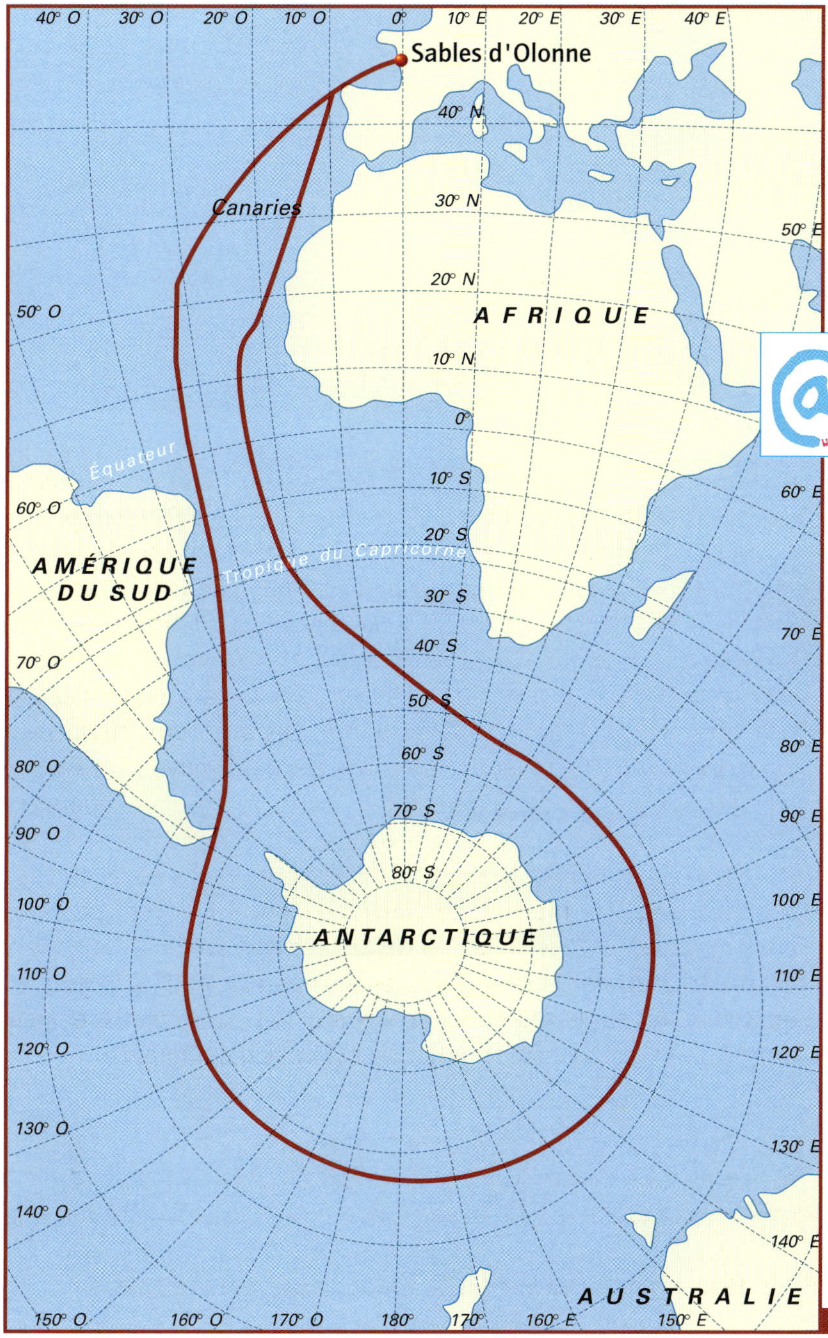

Il s'agit d'une course en solitaire à la voile autour du Monde, qui part et arrive aux Sables d'Olonne, en Vendée. Créée en 1996, sa 4ᵉ édition s'est déroulée en novembre 2004.

1. Quel pôle voit-on sur cette carte ?
2. Dans quels océans se déroule cette course ?
3. Sur une copie de cette carte repasse en rouge l'Équateur, en vert le Tropique du Capricorne, en bleu, le cercle polaire et en jaune le méridien d'origine (méridien de Greenwich).

Doc 2 Carte de la course.

chapitre 9
La répartition de la

▶ La Terre est très inégalement habitée.

Doc 1 Des dunes de sable à perte de vue dans le désert du Sahara.

population mondiale

Doc 2 L'avenue des Ramblas, au centre de Barcelone (Espagne).

Je découvre

→ Comment se répartissent les 6,3 milliards d'habitants de la Terre ?

1. La population mondiale et les grandes agglomérations urbaines

Les grands foyers de peuplement sont des espaces où la population est très nombreuse, depuis très longtemps (plusieurs siècles).

Doc 1 Nombre d'habitants et densités de population dans quelques États

État	Nombre d'habitants (millions)	Densité de la population (habitants par km²)
Canada	31	3,1
France	59	107
Chine	1 273	133
Inde	1 033	314
Bangladesh	134	927

Doc 2 La répartition des hommes sur la Terre.

- 1 point représente 500 000 habitants
- ● Agglomération de plus de 9 millions d'habitants
- ◯ (rouge) Grand foyer de peuplement
- ◯ (orange) Foyer de peuplement secondaire

NORD-EST DES ÉTATS-UNIS : 140 MILLIONS

SUD-EST DU BRÉ[SIL] : 90 MILLIONS

178

1 Doc 1 En t'aidant du planisphère p. 167, dis quel est le continent qui rassemble les principaux foyers de peuplement de la planète.

2 Doc 2 À l'aide du planisphère p. 170, pour chaque grand foyer de peuplement, identifie au moins l'État principal.

3 Doc 2 Nomme des espaces vides d'hommes. À quelle(s) latitude(s) se trouvent les espaces vides ?

Je découvre

 À quoi sert le calcul de la densité de la population ?

2. La notion de densité de population

Le calcul de la densité de population sert à comparer différentes formes de présence humaine sur la Terre. On peut la calculer à l'échelle de territoires de taille différentes : département, région, État, continent, etc.

A Calculer la densité

La densité de population est le nombre d'habitants divisé par la superficie. Elle s'exprime en habitants par kilomètre carré (hab./km²).
Elle est calculée en faisant une division : population | superficie
densité

Exemple de calcul : 59 200 000 hab. | 551 500 km²
la densité de la France métropolitaine[1] | 107,3 habitants par kilomètre carré

---
1. Ce résultat est une moyenne : en fait, certaines régions ont une densité beaucoup plus élevée (foyers de peuplement), d'autres beaucoup plus faibles (déserts humains).

1. Calcule la densité moyenne de l'Égypte en sachant que la population est de 70 500 000 habitants et la superficie de 1 101 500 km².

2. Calcule la densité moyenne de l'Islande en sachant que la population est de 300 000 habitants et la superficie de 103 000 km².

B Représenter la densité

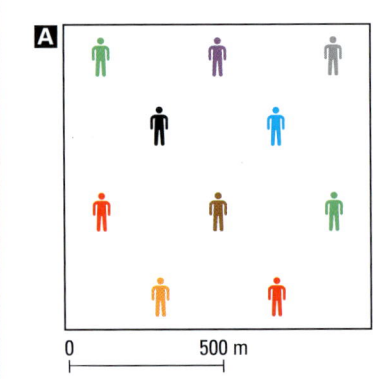

Carré A. Ce carré a une surface de 1 km².
On compte 10 habitants.
La densité est donc de 10 habitants par km².

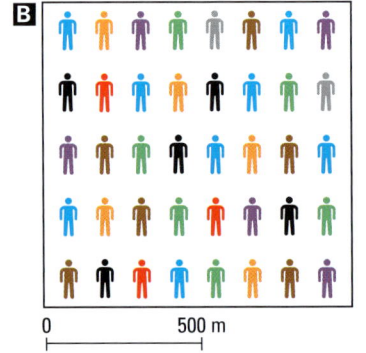

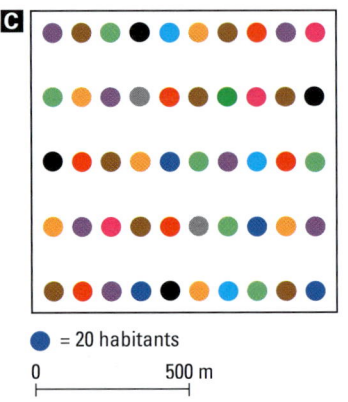

● = 20 habitants

3. Combien compte-t-on d'habitants dans le carré B ? Quelle est la densité de population par kilomètre carré ?

4. La densité dans le carré C est de 1 000 hab. par km². Comment est-elle représentée ?

5. En utilisant la même méthode, représente la densité du Brésil (20 hab. par km²).

6. Selon cette méthode, peut-on représenter la densité de Singapour (6 750 hab. par km²) ? Pour y parvenir que doit-on modifier ?

Doc 1 La représentation de la densité.

Le Canada est un immense territoire (10 millions de km²), plus vaste que les États-Unis (9,5 millions de km²), mais peuplé seulement de 31 millions d'habitants (291 millions aux États-Unis). Pour représenter la densité de population, on utilise surtout des cartes. Chaque couleur montre une densité moyenne comprise entre deux valeurs.

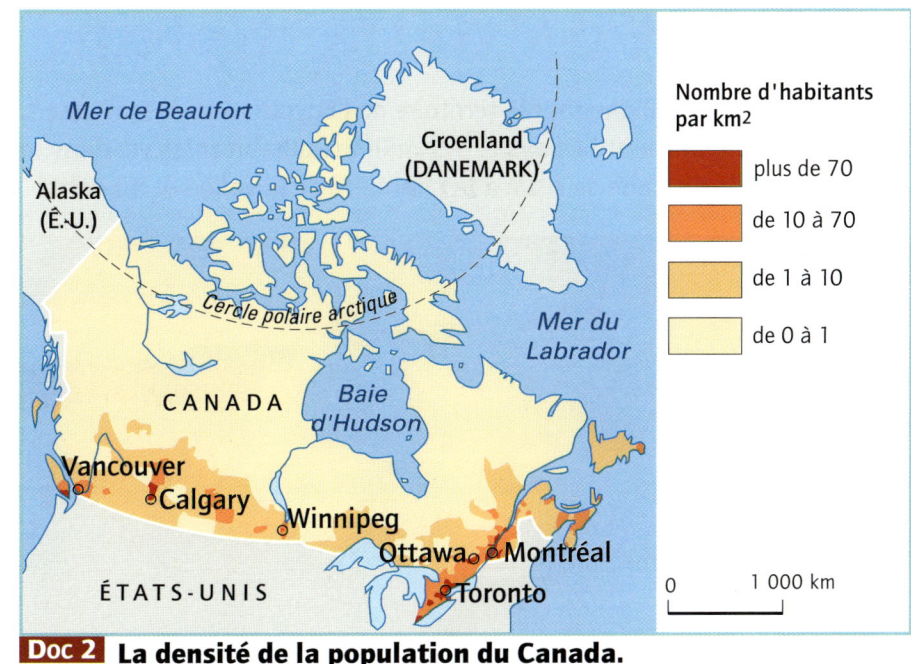

Doc 2 La densité de la population du Canada.

7. D'après la légende, relève les densités les plus faibles, les plus élevées.

8. À quoi correspondent les régions de densité très faible ?

9. Où se concentre la population du Canada ? Pour quelles raisons ?

10. Calcule la densité moyenne du Canada.

11. Cette densité moyenne est-elle utile pour rendre compte de la répartition de la population de ce pays ?

C Un autre mode de représentation du peuplement

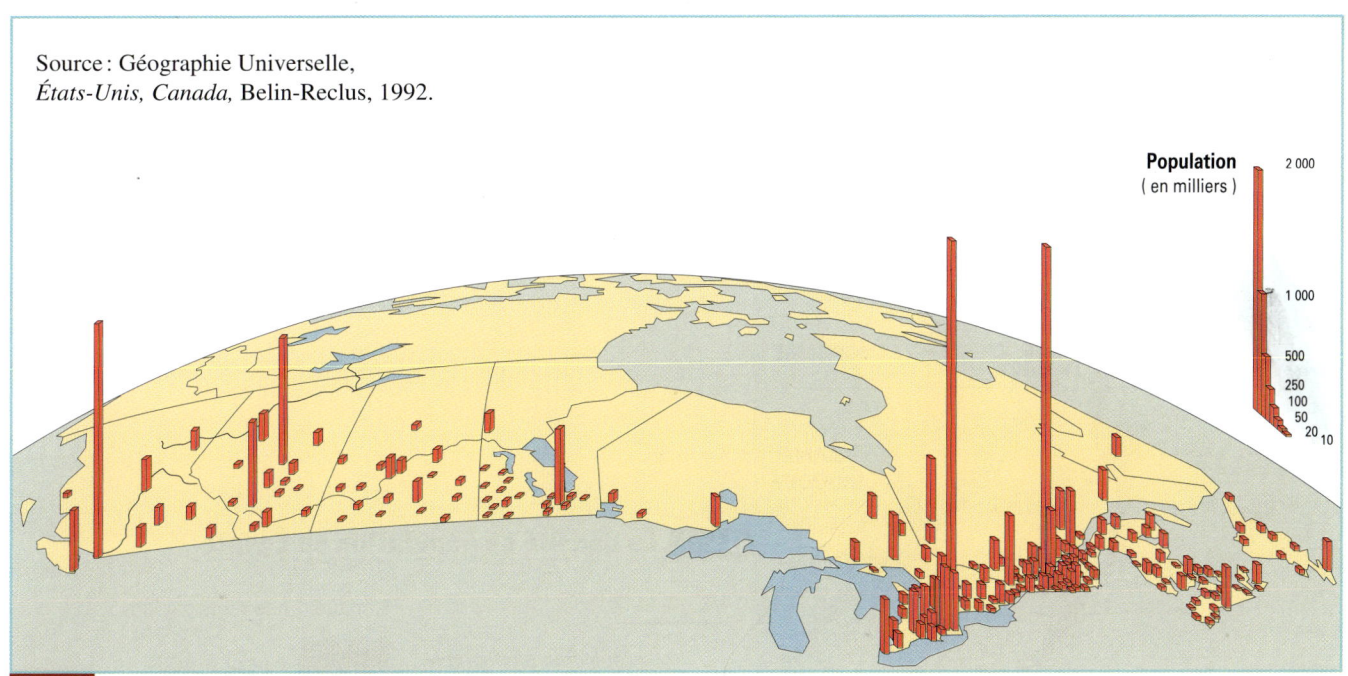

Doc 3 La répartition de la population au Canada.

12. En quoi la représentation du Canada diffère-t-elle de la précédente ?

13. Comment la population est-elle ici représentée ?

14. À quoi correspondent les colonnes les plus élevées ?

15. Quel est, des deux modes de représentation de la répartition de la population, le plus expressif ?

Je découvre

Comment les hommes occupent-ils l'espace ?

3. Densités et formes de peuplement : l'exemple du delta du Nil

C'est grâce aux eaux du Nil que tout le territoire de l'Égypte n'est pas un désert. Presque toute la population du pays (70,5 millions d'habitants) vit dans la vallée du Nil. La ville du Caire se situe à la charnière de la vallée et du delta.

Doc 1 Le delta du Nil vu par satellite.

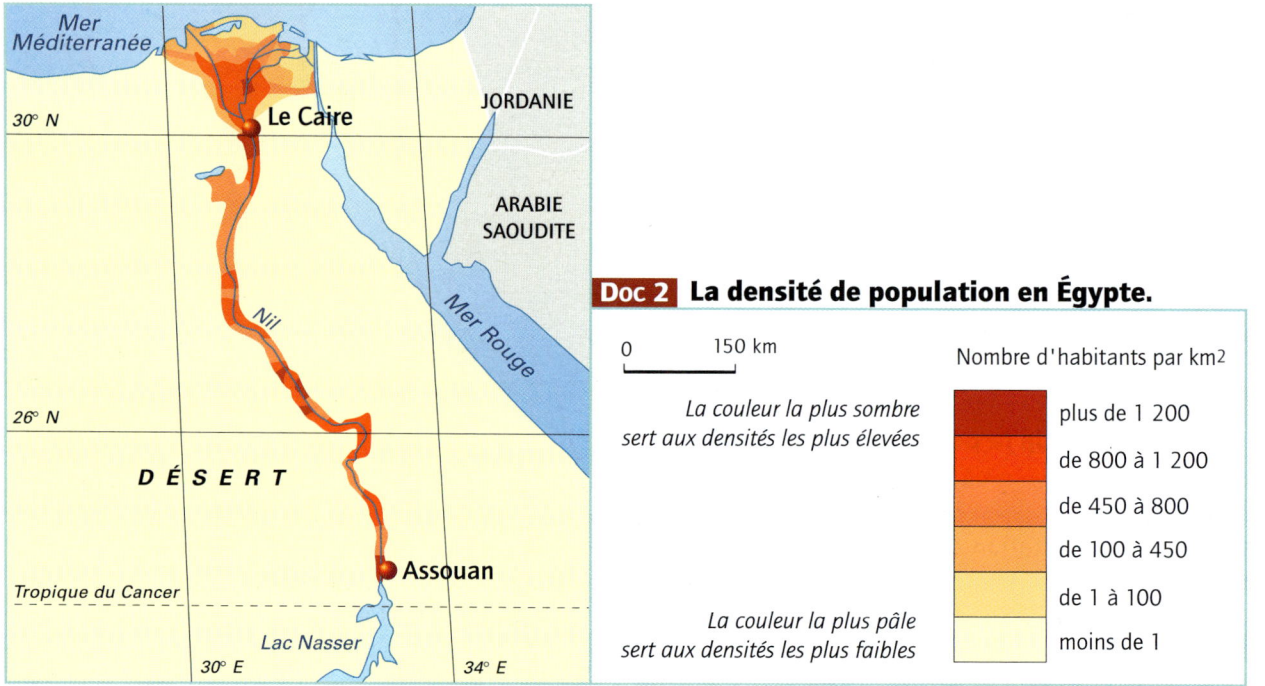
Doc 2 La densité de population en Égypte.

Nombre d'habitants par km²
- plus de 1 200
- de 800 à 1 200
- de 450 à 800
- de 100 à 450
- de 1 à 100
- moins de 1

La couleur la plus sombre sert aux densités les plus élevées
La couleur la plus pâle sert aux densités les plus faibles

Doc 3 Les pyramides, au-delà de la banlieue du Caire.

Doc 4 Le centre du Caire.

Doc 5 Aux portes du Caire.

1 **Doc 2** Décris la répartition de la population de l'Égypte. Quelle est la partie la plus densément peuplée du pays ?

2 **Doc 1** Que nous montre cette image prise depuis l'espace ?

3 **Doc 3** Combien de plans peut-on distinguer sur cette photographie ? Décris chacun d'entre eux.

4 **Doc 5** Décris cette photographie. Comment expliquer ce contraste ?

Je découvre

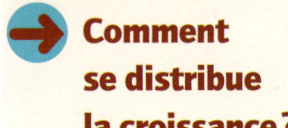

Comment se distribue la croissance ?

4. L'évolution de la population

La population mondiale augmente de près de 90 millions de personnes par an : cette croissance est-elle bien répartie ?

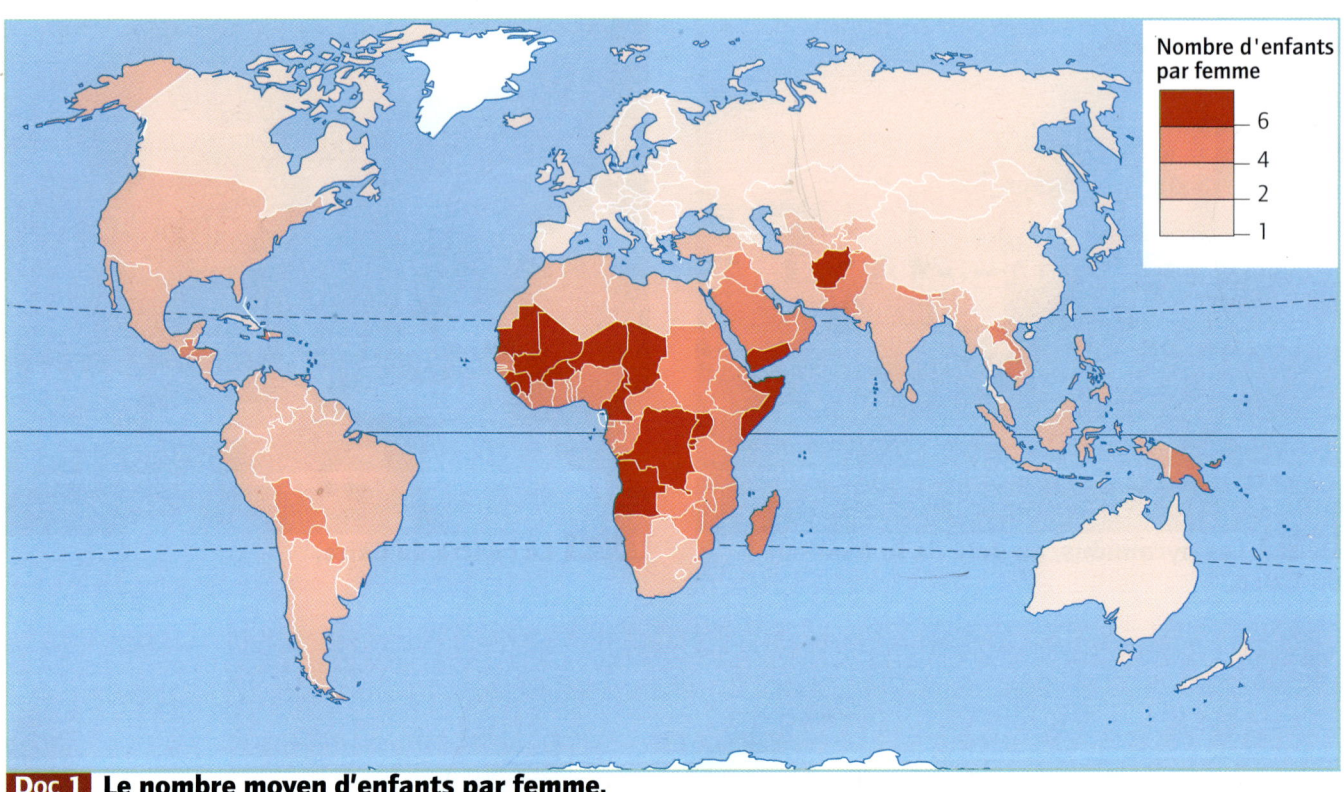

Doc 1 Le nombre moyen d'enfants par femme.

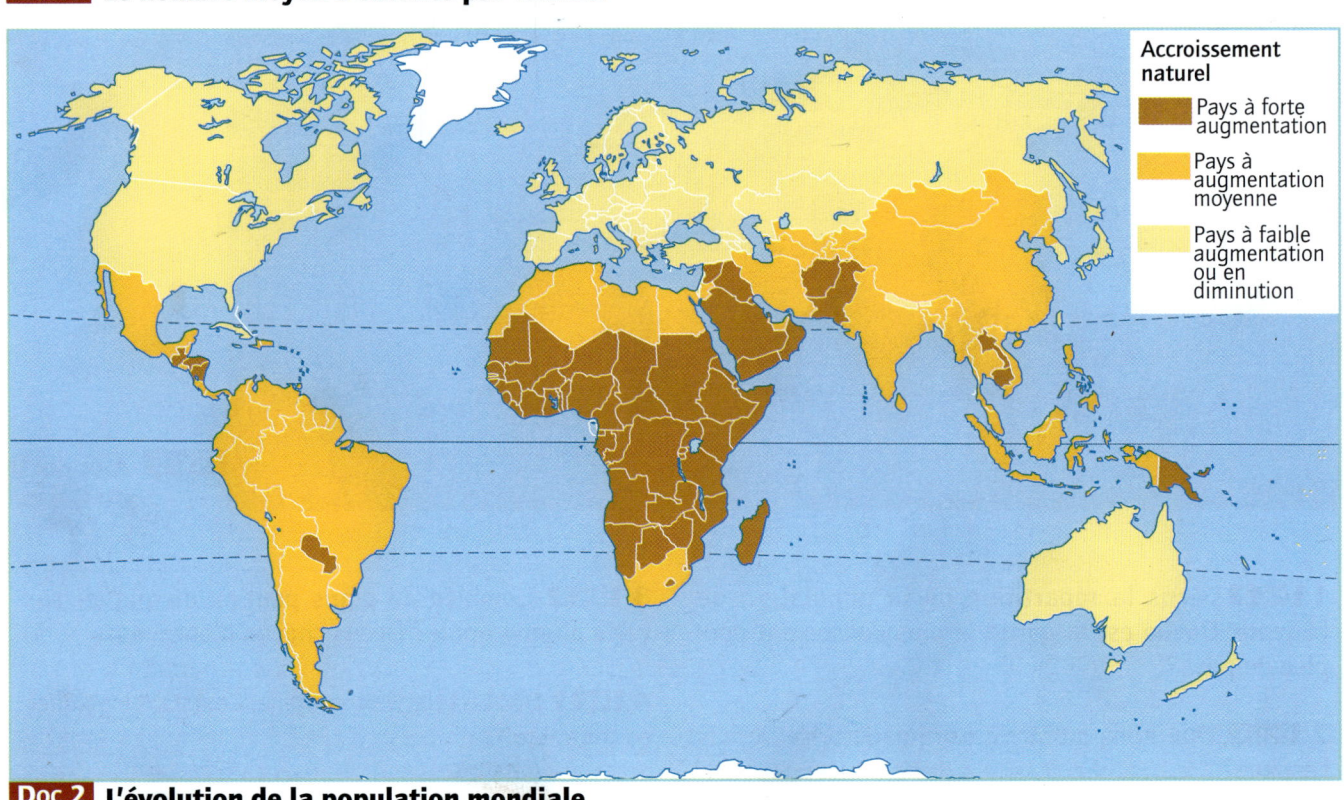

Doc 2 L'évolution de la population mondiale.

184

Doc 3 Affiche pour le planning familial au Canada, 1991.

Doc 4 Affiche pour le planning familial en Palestine, 1996.

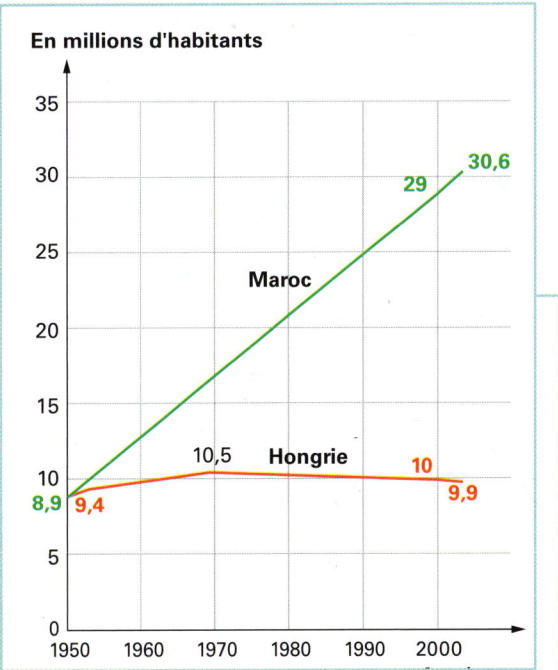

La population en 2003	Hongrie	Maroc
■ Taux d'accroissement de la population	− 0,5 %	1,6 %
■ Mortalité infantile	8,8 ‰	42,1 ‰

Part des jeunes et des personnes âgées dans la population totale (2003)	Hongrie	Maroc
■ Part des moins de 15 ans	16 %	32 %
■ Part des plus de 60 ans	15 %	4,5 %

Doc 5 L'évolution des populations hongroise et marocaine.

1 **Doc 1** Dans quelle partie du Monde les femmes ont-elles le plus d'enfants ? Cite deux pays avec plus de 6 enfants par femme, en moyenne (voir carte pp. 170-171). Dans quelle partie du Monde, les femmes ont-elles le moins d'enfants ? Cite deux pays où le nombre moyen d'enfants est inférieur à 2.

2 **Doc 2** À quelle catégorie de pays correspondent les diminutions ou les faibles augmentations de population ?

3 **Doc 3 et 4** Au Canada, le nombre moyen d'enfants par femme est de 1,5 et, en Palestine, de 5,7. Décris les deux affiches et dis en quoi elles traduisent cette réalité.

4 **Doc 5** Quel est le pays dont la population est la plus jeune ? Pourquoi y a-t-il plus de naissances dans un pays jeune que dans un pays plus âgé ? La Hongrie et le Maroc avaient des populations comparables en 1950. Qu'en est-il aujourd'hui ? Compare les deux évolutions.

Bilan : La répartition de la population

Avec 6,3 milliards d'habitants en 2003, la Terre a une densité moyenne de 47 habitants par km². Mais cette moyenne dissimule de considérables différences, car la population de la Terre est très inégalement répartie. On observe aussi de fortes différences dans l'évolution de la population mondiale.

CARTES REPÈRES
PAGES 170-171
PAGES 178-179

A Les grands foyers de peuplement

1. Trois grands foyers de peuplement rassemblent un peu plus de la moitié de la population mondiale : **l'Asie de l'Est, l'Asie du Sud** et **l'Europe.**

2. Le plus important de ces foyers est **l'Asie de l'Est**, principalement constitué par la **Chine**, le pays le plus peuplé de la planète : un habitant de la Terre sur cinq est chinois. Le foyer de l'Asie du Sud est organisé autour de l'**Inde**, le deuxième État le plus peuplé du Monde.

3. Tous ces grands foyers ont un point commun : ils sont **peuplés depuis très longtemps**. Il y a deux mille ans, se trouvaient déjà là les trois premiers foyers de population de la Terre. Ce sont donc les foyers qui ont, les premiers, mis au point des agricultures permettant de nourrir des populations de plus en plus nombreuses.

B Les espaces vides

1. De **vastes parties du Monde** sont **très peu habitées**, sauf de manière très ponctuelle : les **régions polaires**, tout l'**intérieur du continent asiatique**, le **Sahara**, l'intérieur de l'**Australie**, l'**Amazonie**, le **Sud de l'Amérique du Sud**. Les grandes montagnes sont généralement peu peuplées en dehors de quelques vallées.

2. La faiblesse du peuplement dans ces régions s'explique principalement par l'importance des **contraintes** que les hommes subissent : trop de froid près des pôles ou en haute montagne ; pas assez d'eau dans les **déserts** chauds (Sahara, Australie, etc.) ; trop d'humidité et une végétation envahissante dans le cas de la forêt dense d'Amazonie.

C Là où la population s'accroît très vite

1. En Afrique et dans une partie de l'Asie, l'accroissement naturel est encore **très rapide** : dans une population jeune, le nombre des naissances, natalité, est très supérieur à celui des décès, mortalité.

2. Dans ces pays pauvres, beaucoup de femmes ne peuvent limiter le nombre de leurs enfants. Parfois, elles ne le souhaitent pas car les enfants peuvent rapporter de l'argent en travaillant très jeunes et ne coûtent pas aussi cher à éduquer que dans les pays riches. Dans d'autres cas, elles ne le peuvent pas, parce qu'elles n'ont pas les moyens d'acheter la pilule.

3. Une solution partielle consiste à émigrer vers des pays riches, d'où un solde migratoire négatif.

D Là où l'accroissement démographique est faible

1. En **Europe**, en **Amérique du Nord** ou au **Japon**, la **croissance de la population** est **très faible** : la **natalité** dépasse de peu la **mortalité**. En **Allemagne** ou en **Hongrie**, il y a même, chaque année, plus de décès que de naissances.

2. Dans ces pays riches, où beaucoup de femmes travaillent à l'extérieur, **le nombre des** naissances est contrôlé. Il devient de plus en plus rare que les femmes aient plus de deux enfants.

Vocabulaire

accroissement naturel
C'est le nombre de naissances moins le nombre de décès.

natalité
Nombre de naissances.

mortalité
Nombre de décès.

solde migratoire
C'est le nombre d'arrivées (immigrants) moins le nombre de sorties (émigrants).

contrôle des naissances
Ensemble des moyens utilisés par les couples pour avoir le nombre d'enfants qu'ils souhaitent.

Retenir autrement

Les formes de peuplement

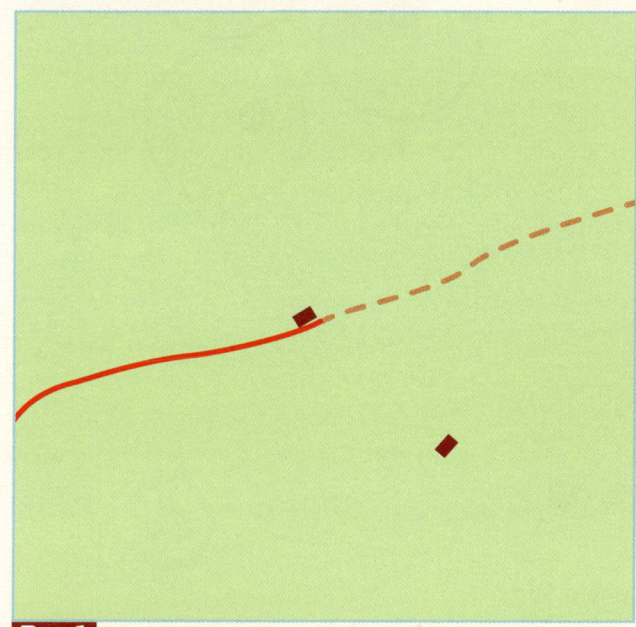

Doc 1 Habitat isolé.

Doc 2 Village.

Doc 3 Bourg.

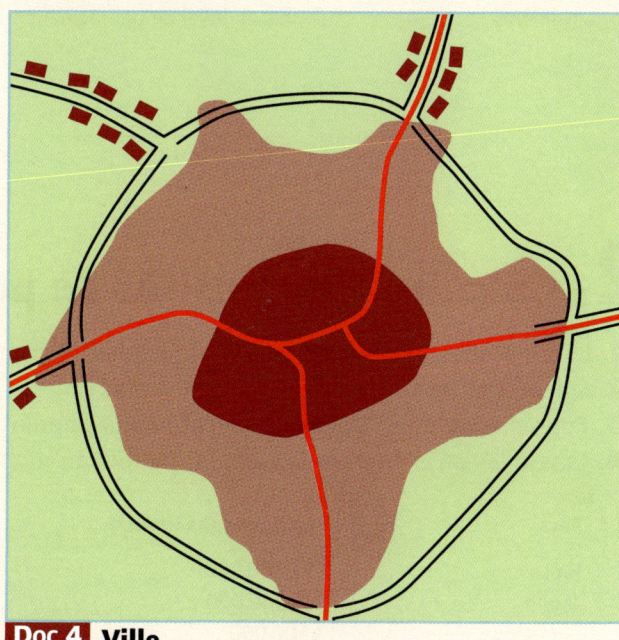

Doc 4 Ville.

→ Exercices

1. Identifier des foyers de peuplement et des déserts

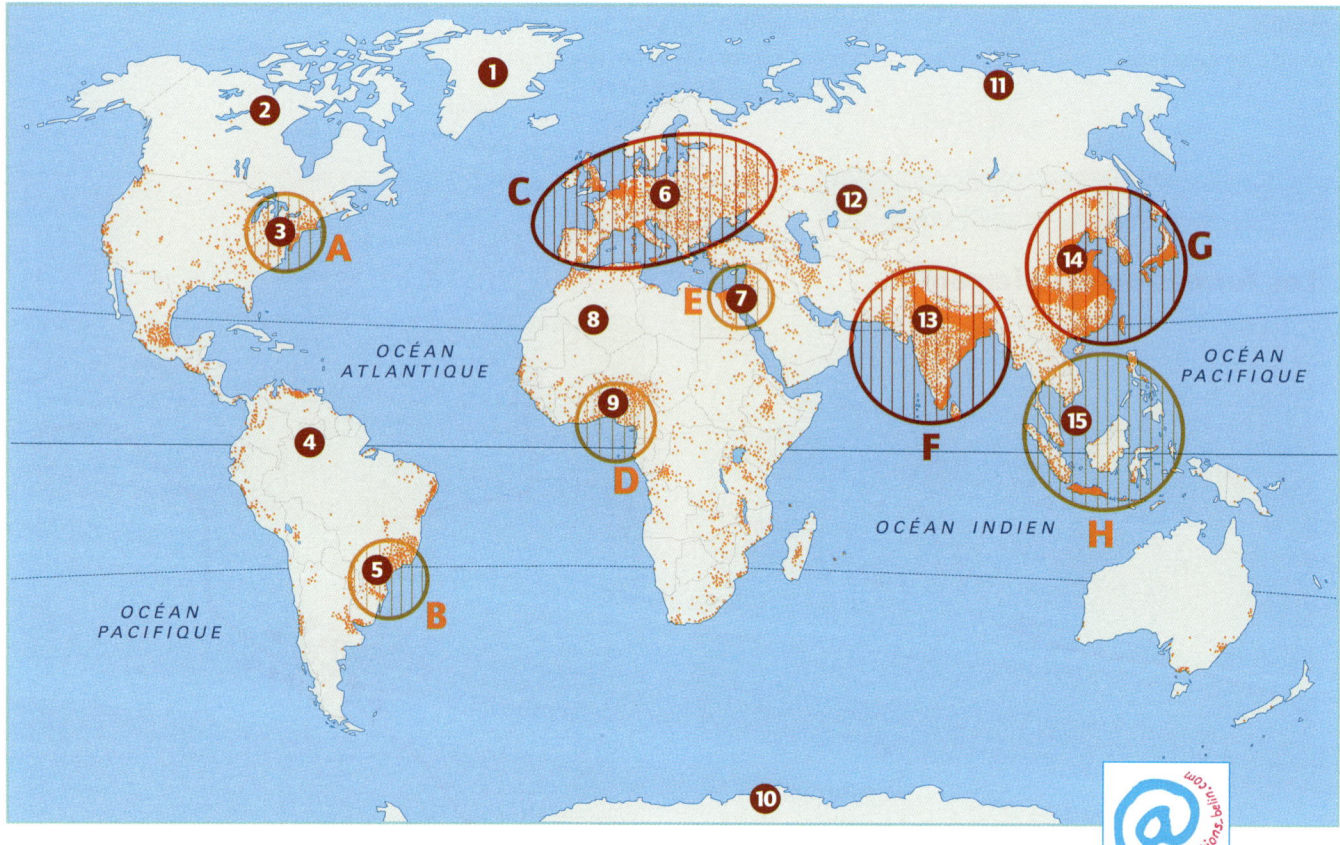

1. Donne un nom à chacun des espaces hachurés.
2. Combien y a-t-il de foyers de peuplement dans l'hémisphère Sud ?
3. Recopie et complète le tableau suivant à l'aide des numéros figurant sur la carte.

Numéros	Désert ou foyer de peuplement	Nom du continent

2. Calculer des densités de population

1. Localise chacun des pays sur un planisphère (voir pp. 170-171).
2. Quels sont les continents non représentés ?
3. Pour chaque pays, calcule la densité de la population.
4. Classe les pays du plus densément peuplé au moins densément peuplé.

Pays	Population (habitants)	Superficie (km²)
Brésil	171 800 000	8 547 400
Japon	127 100 000	377 800
Singapour	4 100 000	620
Libye	5 200 000	1 759 540

3. Localiser les dix premières agglomérations mondiales

1. À quelle agglomération correspond chaque numéro ?
2. À quel pays appartient chaque agglomération ?

4. Comparer deux courbes d'évolution de la population

1. Décalque le graphique et construis les deux courbes d'évolution de la population de l'Algérie et de l'Italie.
2. Décris les deux courbes.
3. Rédige un paragraphe pour expliquer la différence de croissance entre les deux pays.

Population de l'Algérie et de l'Italie (en millions d'habitants)				
	1970	1980	1990	2003
Algérie	14	19	24	31
Italie	54	56,4	57	57,5

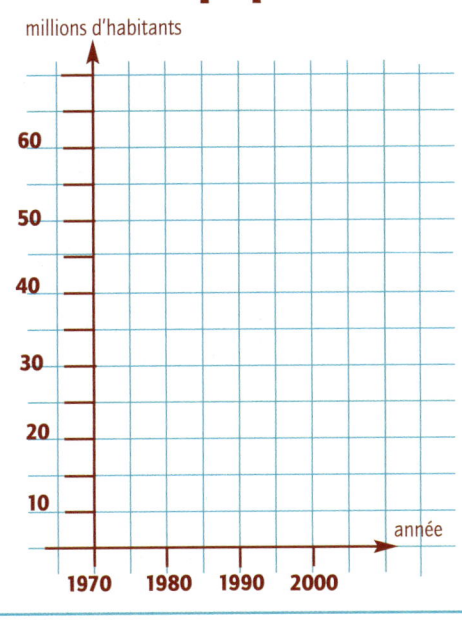

chapitre 10
L'inégale répartition
Comparer un pays pauvre et un pays riche

Doc 1 Une famille au Mali avec tous ses biens.

de la richesse

En 2002	Mali	Royaume-Uni
Population (en millions)	12,6	59,1
PIB total (en milliards d'euros)	8,98	1 456,9
PIB / habitant (en euros)	810	24 703
Espérance de vie (en années)	48,6	78,2
Nombre de médecins (pour ‰ hab)	0,06	1,80
Accès à Internet (pour ‰ hab)	2,89	406
Livres publiés (nombre de titres)	33	110 965

Doc 2 Une famille au Royaume-Uni avec tous ses biens.

Je découvre

→ **Comment se répartit la richesse dans le Monde ?**

1. Pays riches et pays pauvres

Les différences de richesse entre les États sont considérables : les États-Unis, pays le plus riche du Monde, produisent 40 fois plus de richesse que la Russie, seulement deux fois moins peuplée. De même, un Américain a, en moyenne, un revenu 340 fois supérieur à celui d'un Éthiopien.

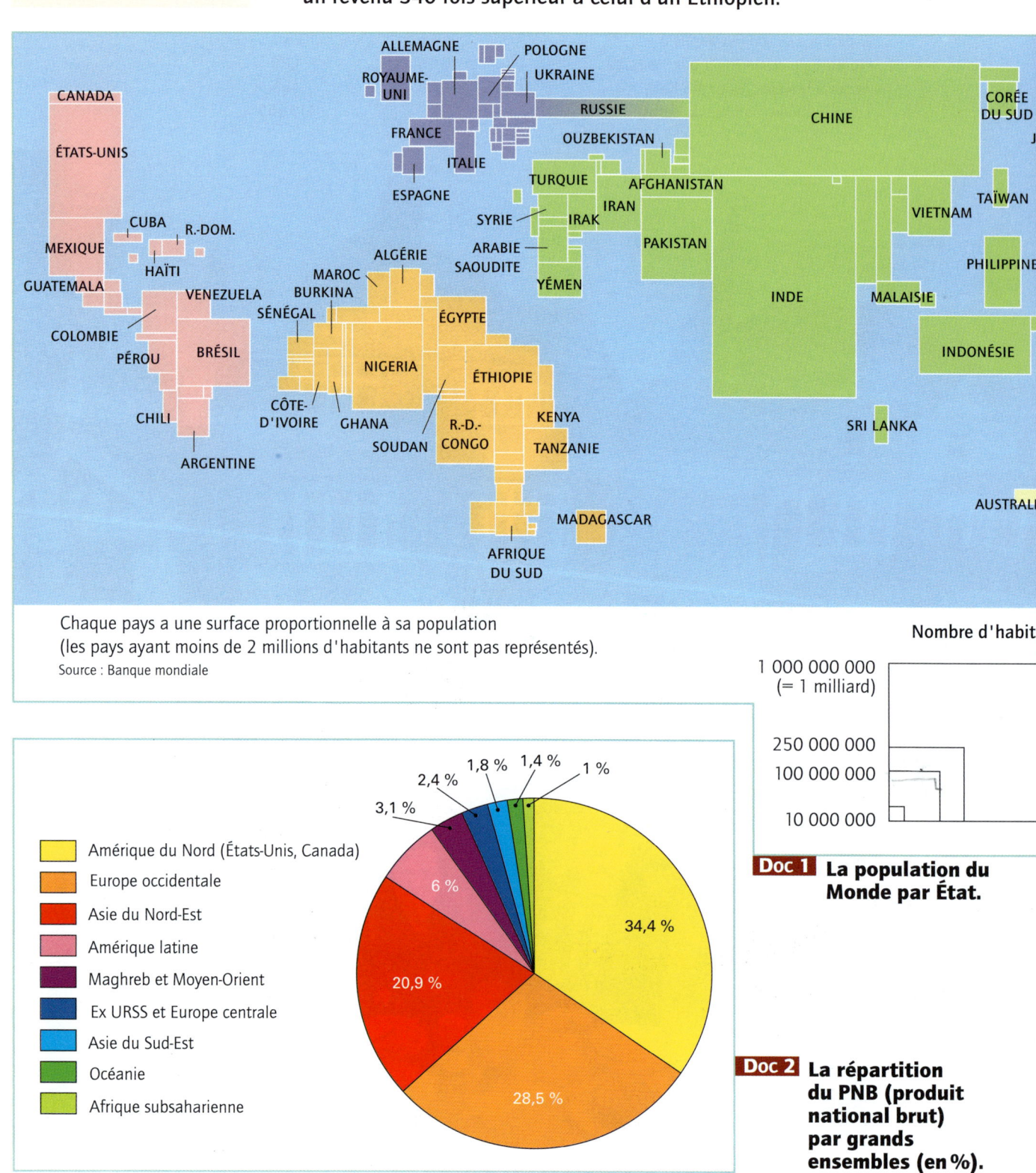

Chaque pays a une surface proportionnelle à sa population (les pays ayant moins de 2 millions d'habitants ne sont pas représentés).
Source : Banque mondiale

Doc 1 La population du Monde par État.

Légende du camembert :
- Amérique du Nord (États-Unis, Canada) — 34,4 %
- Europe occidentale — 28,5 %
- Asie du Nord-Est — 20,9 %
- Amérique latine — 6 %
- Maghreb et Moyen-Orient — 3,1 %
- Ex URSS et Europe centrale — 2,4 %
- Asie du Sud-Est — 1,8 %
- Océanie — 1,4 %
- Afrique subsaharienne — 1 %

Doc 2 La répartition du PNB (produit national brut) par grands ensembles (en %).

Doc 3 Les premiers PNB (en millions d'euros) en 2003

1	États-Unis	9 780 800
2	Japon	4 523 300
3	Allemagne	1 939 600
4	Royaume-Uni	1 476 800
5	France	1 380 700
6	Chine	1 131 200
7	Italie	1 123 800
8	Canada	681 600
9	Espagne	588 000
10	Mexique	550 200

Doc 4 Les derniers PNB (millions d'euros) en 2003

1	Burundi	4 771
2	Erythrée	4 341
3	Somalie	4 100
4	Libéria	3 600
5	République du Congo	3 022
6	Gambie	2 747
7	Sierra Leone	2 419
8	Guinée équatoriale	2 560
9	Guinée-Bissau	1 187
10	Bhoutan	1 136

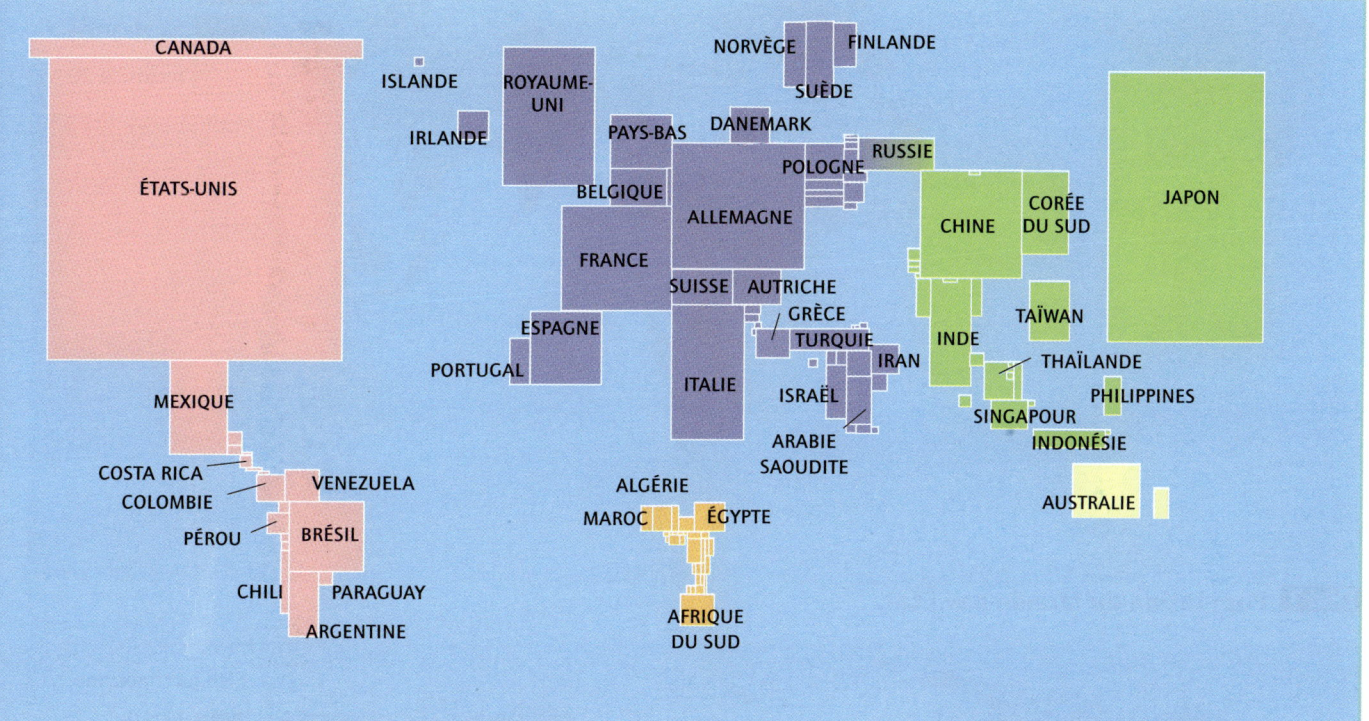

Chaque pays a une surface proportionnelle à son PNB (les pays ayant un PNB inférieur à 1 milliard de dollars ne sont pas représentés).

Source : Banque mondiale

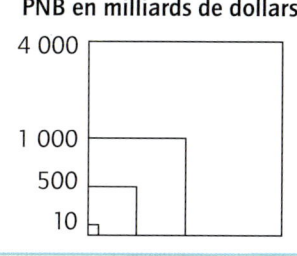

PNB en milliards de dollars

Doc 5 Le PNB par État.

1 **Doc 1** Quel est le continent qui abrite les plus grandes masses de population ? Quel continent compte le plus grand nombre de pays pauvres ?

2 **Doc 5** Repère la France, le Japon, les États-Unis, la Corée du Sud, la Russie. À quels groupes appartiennent-ils ? Identifie cinq pays où les habitants sont très riches. Identifie cinq pays où les habitants sont très pauvres.

3 **Doc 5** Quel est le continent qu'on ne voit presque plus ? Pour quelle raison ? Quel est l'État le plus riche ?

4 **Doc 4 et 5** Les pays du doc 4 sont-ils visibles sur le doc 5 ? Pour quelle raison ?

Je découvre

→ Quel lien entre la densité et la richesse ?

2. Population, richesse et pauvreté

La population est inégalement répartie, de même que la richesse. La correspondance entre les deux n'est jamais directe.

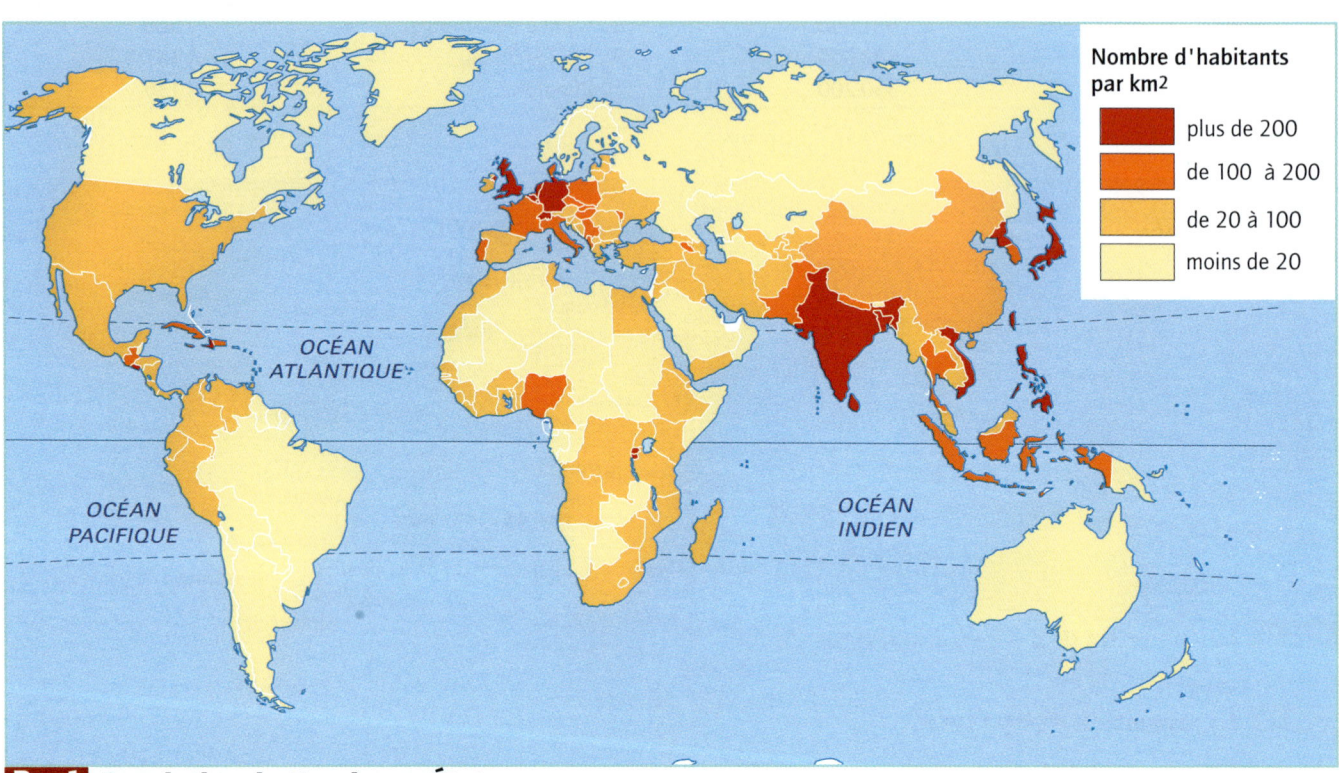

Doc 1 Population du Monde par État.

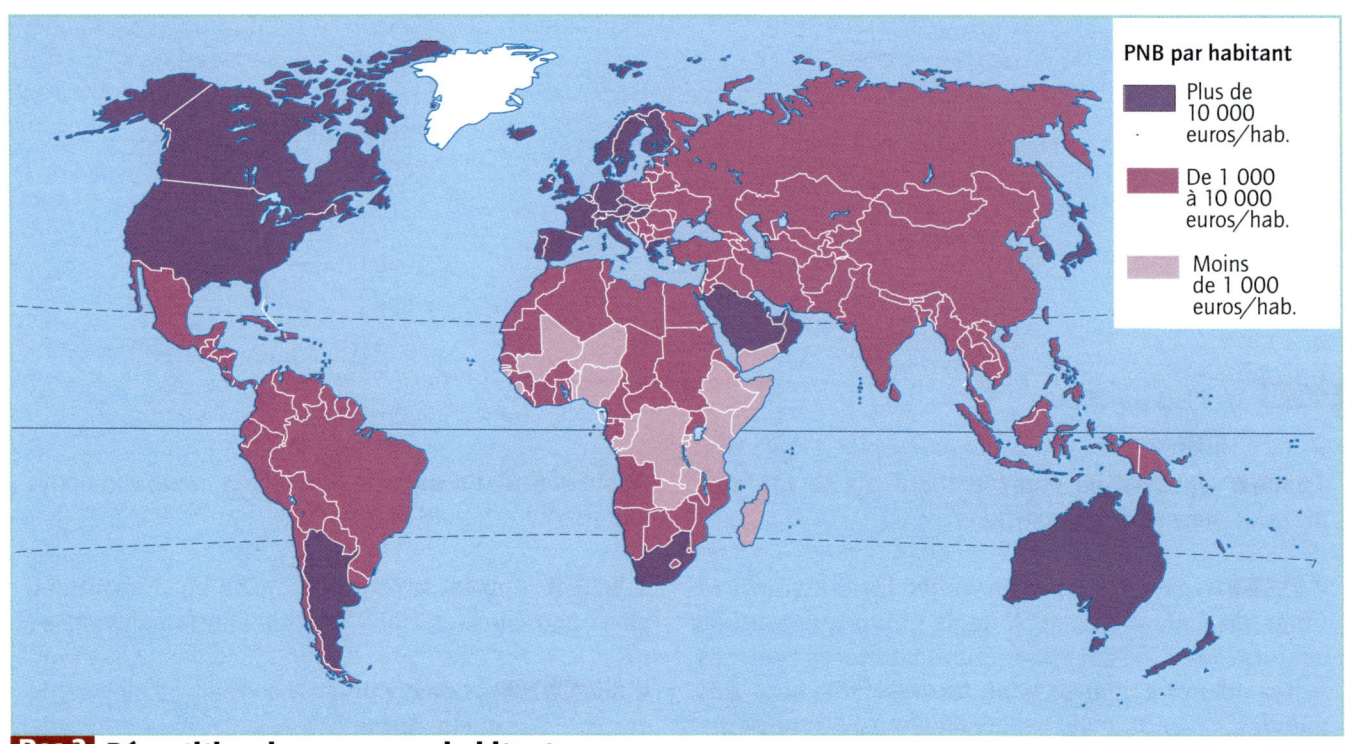

Doc 2 Répartition du revenu par habitant.

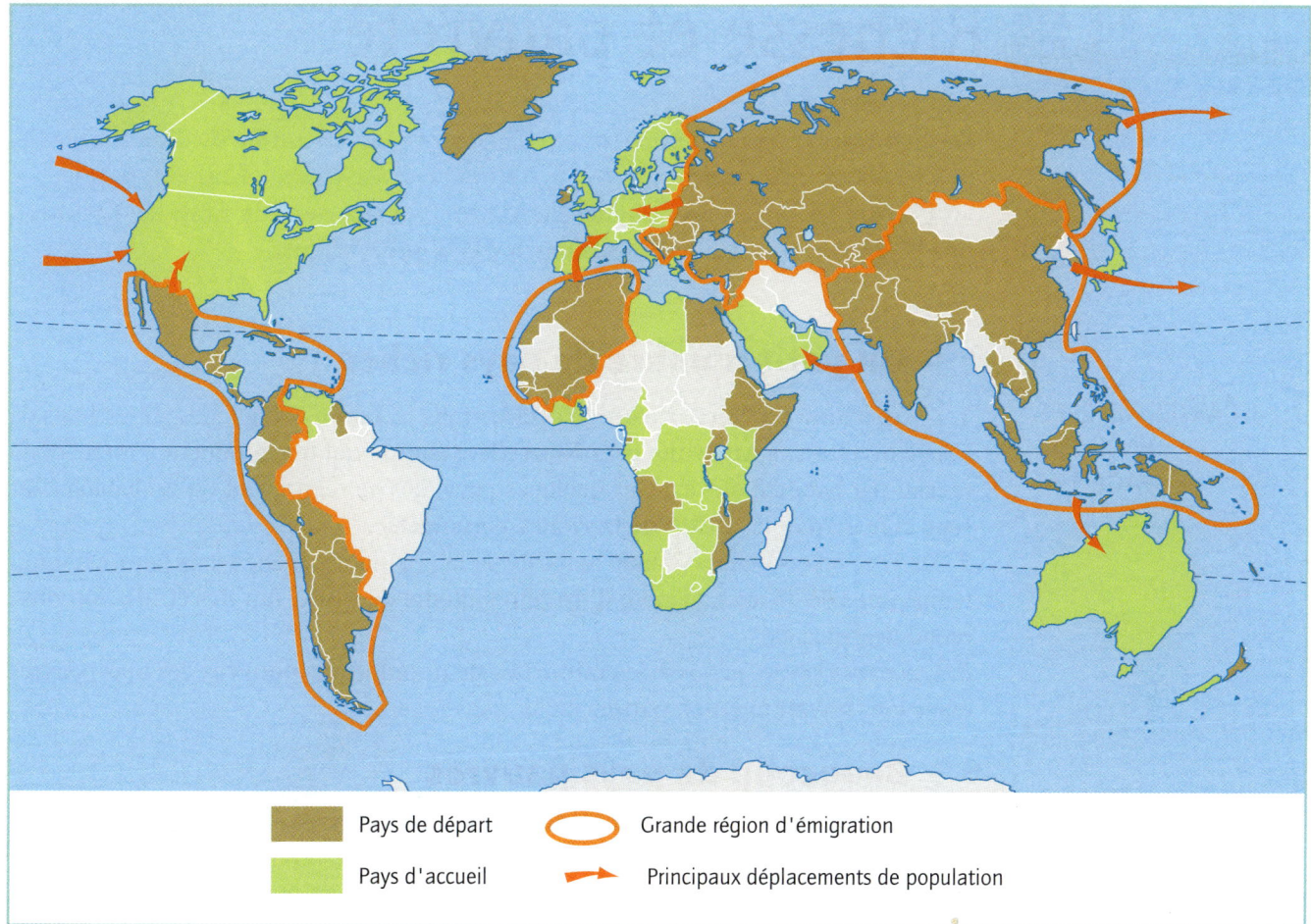

| | Pays de départ | ◯ Grande région d'émigration |
| | Pays d'accueil | → Principaux déplacements de population |

Doc 3 Les aires de départ et d'arrivée.

Doc 4 La migration des pauvres

Jamais les pays du Nord, quelles que soient les mesures répressives imaginées, ne réussiront à s'ériger des frontières étanches pour éviter une « invasion des gueux » venus du Sud. L'espoir d'échapper à la misère sera toujours plus fort que la peur de la matraque, des menottes et de la prison.

La soif de la liberté et l'espérance d'une vie meilleure sont porteuses de toutes les révolutions qu'aucune armature juridique ni force répressive n'a encore réussi à vaincre. L'intérêt des pays riches c'est d'être convaincus de ce devoir de solidarité envers les pays pauvres. En effet, ne vaut-il pas mieux les aider franchement à créer chez eux les conditions d'une vie meilleure qu'à vouloir s'enfermer dans des tours d'ivoire égoïstes…

D'après D. Toure, *L'hebdomadaire du Burkina*, n° 206, du 7 février au 13 mars 2003.

1 **Doc 1** Où se situent les plus fortes densités de population ? et les plus faibles ?

2 **Doc 2** Où se situent les pays les plus riches ? Où se situent les pays les plus pauvres ?

3 **Doc 1 et 2** Les pays pauvres sont-ils les plus densément peuplés ? Les pays riches sont-ils les moins densément peuplés ?

4 **Doc 3** Où se situent les principales régions de départ ? et les principales régions d'arrivée ?

5 **Doc 2 et 3** Les pays pauvres sont-ils des régions de départ ou d'arrivée de migrants ? Les pays riches sont-ils des régions de départ ou d'arrivée de migrants ?

6 **Doc 4** Dans quel pays ce texte a-t-il été écrit ? Autrement dit, quel point de vue exprime-t-il ?

7 **Doc 4** Quelles sont les raisons du départ évoquées dans ce texte ? Pourquoi est-il vrai que les pays du Nord n'arriveront pas à construire des « barrières étanches » ? En connais-tu des exemples ?

Bilan

Richesse et pauvreté

La richesse est très inégalement partagée entre les 6,3 milliards d'habitants de la Terre. Les différences sont fortes à l'intérieur de chaque État et très fortes aussi entre les différentes parties du Monde. La richesse des États se mesure par le PNB ; celle des habitants par le PNB par habitant.

CARTES REPÈRES
PAGE 193
PAGE 194

A Un petit nombre de pays riches

1. L'**Amérique du Nord**, l'**Europe occidentale**, le **Japon** et quelques autres États de l'Asie orientale, l'**Australie** et la **Nouvelle-Zélande** ont une production totale et un revenu par habitant élevés. Ces quelques pays, qui ne regroupent qu'un habitant sur sept, concentrent les **8/10e de la richesse mondiale.**

2. Dans ces pays, la très grande majorité de la population mange à sa faim, vit longtemps (plus de 75 ans), dispose d'**un bon système de santé**, **fait des études longues,** prend des vacances.

3. Les pays riches ont aussi des **minorités de populations pauvres**, les plus pauvres étant sans travail régulier, parfois même sans logement.

B Beaucoup de pays pauvres

1. Sept habitants sur dix vivent dans des pays pauvres. Ils sont principalement situés dans la **zone intertropicale**, en **Afrique**, en **Asie** et en **Amérique latine**.

2. La majorité des populations y souffrent de malnutrition et de sous-nutrition, sont peu éduquées, mal soignées, vivent moins longtemps et manquent de travail régulier. Dans des populations où le nombre d'enfants est très élevé, la **mortalité infantile** est encore **élevée**.

3. Dans ces pays pauvres, toute la population n'est pas pauvre : des **classes moyennes**, pourvues d'un emploi, sont **en développement**. On y trouve aussi des **minorités de population très riches** (grands propriétaires, industriels, gouvernants).

4. Dans les pays pauvres, il y a des **régions riches**, qui produisent beaucoup et sont en relation directe avec les métropoles des pays riches : comme la **région de São Paulo** au Brésil, de **Mexico au Mexique**, **Shanghai en Chine**, etc.

5. Le **nombre des pays pauvres décroît**, du fait du développement économique de beaucoup d'entre eux : ainsi, au cours des trois dernières décennies, la **Corée du Sud**, **Singapour** ou **Taïwan** sont entrés dans le camp des pays développés.

C Densités de population et richesse

1. Il n'y a pas de lien direct entre la densité de la population et la richesse.

2. En effet, parmi les pays riches, on trouve des **pays à fortes densités** comme les **Pays-Bas**, **Singapour** ou le **Japon**, comme on trouve des pays à **densités faibles**, comme le **Canada** ou l'**Australie**.

3. Inversement, parmi les pays pauvres, on trouve aussi bien des pays à fortes densités (comme le Bangladesh ou l'Inde) que des pays à très faibles densités (comme le Mali ou le Burkina-Faso).

4. Dans la plupart des pays pauvres, une partie de la population aspire à émigrer, à la recherche d'une vie meilleure. Les migrations de population les plus importantes mènent des habitants des pays pauvres vers les pays riches.

Vocabulaire

PNB
Le PNB mesure l'ensemble des richesses produites par un État en un an.
Afin de pouvoir faire des comparaisons entre tous les pays du Monde, il s'exprime en milliards de dollars ou d'euros.

PNB par habitant
Le PNB/habitant mesure la richesse moyenne des habitants d'un État.
Pour le calculer, on divise le produit national brut par le nombre total d'habitants. Il s'exprime également en dollars ou en euros.

malnutrition
Alimentation déséquilibrée.

sous-nutrition
Alimentation insuffisante.

migration
Voir page 51.

émigrer
Quitter son pays pour aller vivre dans un autre pays.

immigrer
Venir habiter dans un pays autre que le sien.

Retenir autrement

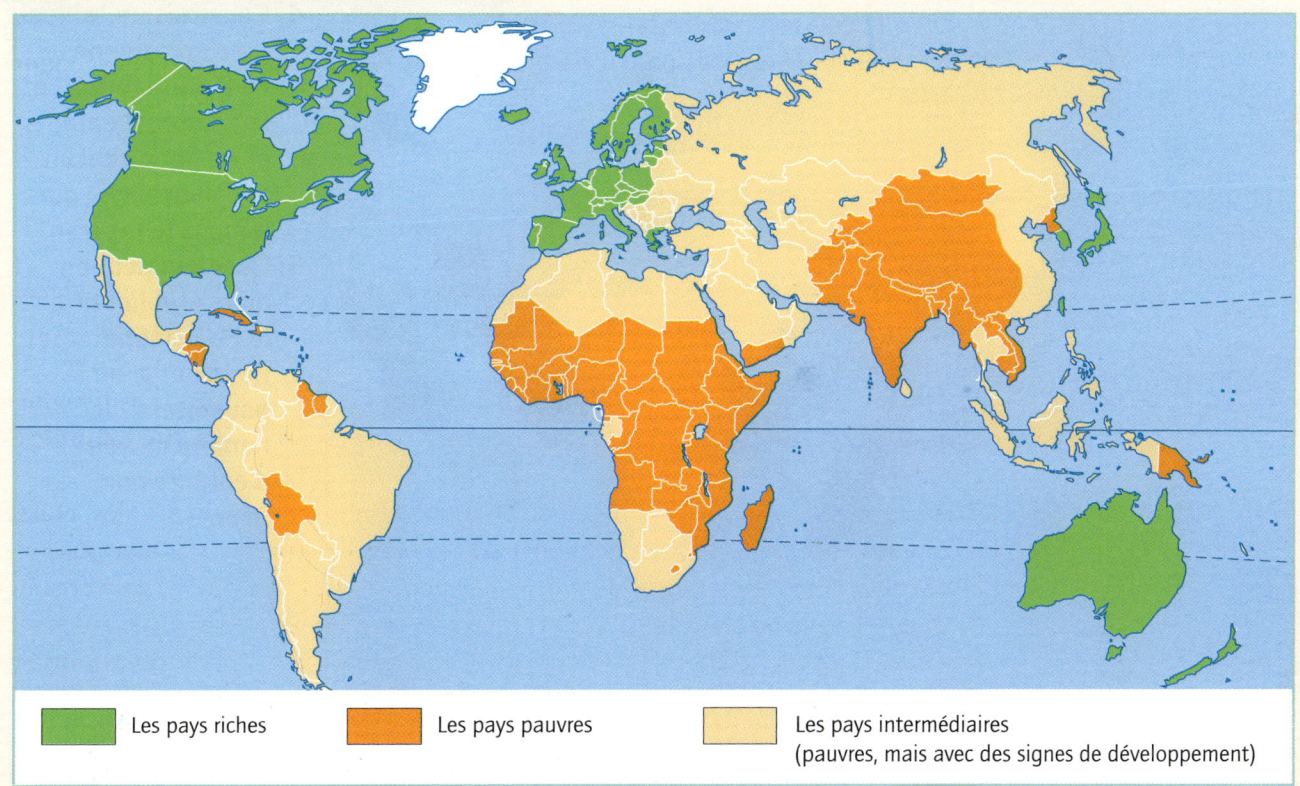

Les pays riches — Les pays pauvres — Les pays intermédiaires (pauvres, mais avec des signes de développement)

Doc 1 Répartition de la richesse dans le Monde.

Doc 2 Le travail des enfants en Inde, dans une briqueterie.

→ Exercices

1. Comparer deux planisphères

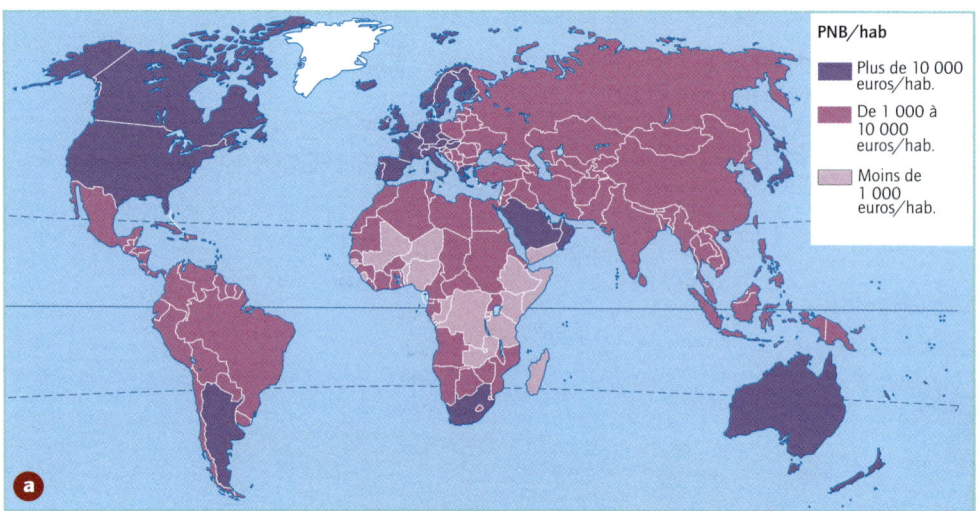

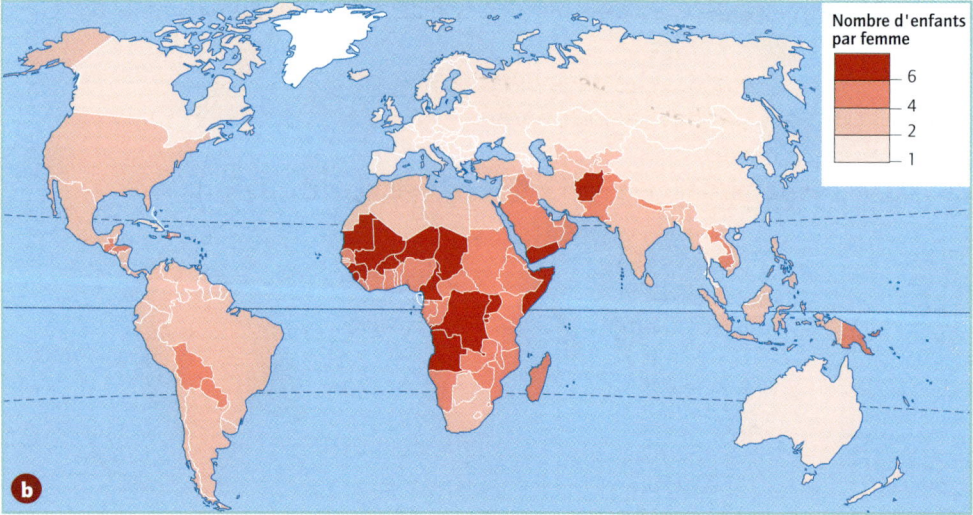

1. **Doc a** Dans quelle catégorie se situe la France ?
2. Dans quelle catégorie se situe le Niger (voir carte p. 170) ?
3. **Doc b** Dans quelle catégorie se situe la France ? le Niger ?
4. Construis un tableau avec en colonne le PNB par habitant et le nombre d'enfants, et en ligne chacun des deux pays ; puis remplis le tableau.
5. Quel lien peut-on alors établir entre le PNB par habitant (la richesse ou la pauvreté) et le nombre moyen d'enfants par femme ?

2. Analyser et compléter un tableau de statistiques

1. Compare les données ligne par ligne : l'avantage est-il toujours en faveur du même État ?
2. Quel est le plus riche des deux pays, le n° 1 ou le n° 2 ?
3. Les deux pays du tableau sont le Cambodge et la Nouvelle-Zélande : sachant que le PNB par habitant en Nouvelle-Zélande est de 19 160 euros et de 1 860 euros au Cambodge, identifie le pays n° 1 et le pays n° 2.
4. À quel continent appartiennent ces États (voir planisphère page 170) ?

	Pays n° 1	Pays n° 2
Espérance de vie (années)	78	57
Taux de mortalité infantile	5,8	73
Nombre de médecins (% hab.)	2,20	0,30
Accès à Internet (% hab.)	485	2,18

3. Étudier deux tableaux de données statistiques

A. Comparaison entre le nombre total d'habitants et la densité de population (tableau 1)

1. Les 5 pays sont classés par ordre décroissant de leur nombre d'habitants : établis un classement par ordre décroissant de densité, de la plus élevée à la plus faible.
2. Le classement obtenu est-il le même que celui du nombre total d'habitants ?
3. Autrement dit, les pays les plus peuplés sont-ils ceux qui ont les densités de population les plus élevées ?

Tableau 1

Pays	Nombre d'habitants (en millions)	Densité (nb d'hab./km²)
Chine	1 295	135
États-Unis	291	30
Bangladesh	144	999
France (métropole)	59,8	108,5
Pays-Bas	16	386

B. Comparaison entre la densité de population et la richesse par habitant (tableau 2)

1. Après avoir trié les pays par densité décroissante, classe-les par richesse décroissante, du plus riche au moins riche.
2. Le classement obtenu est-il le même que pour la densité de population ?
3. Cite un pays à forte densité dont la richesse par habitant est élevée.
4. Cite un pays à faible densité et à richesse élevée.
5. Autrement dit, peut-on établir un lien entre densité de population et niveau de richesse ?

Tableau 2

Pays	Densité de population	Richesse (PNB/habitant)
Allemagne	230	25 350
Bangladesh	999	1 610
Chine	135	4 020
États-Unis	30	34 320
France (métropole)	108,5	23 990
Pays-Bas	386	27 190

4. Résumer les différences entre pays riches et pays pauvres

1. Recopie ce tableau.
2. Complète la colonne des indicateurs qui permettent de définir la richesse ou la pauvreté d'un pays.
3. Puis remplis le tableau grâce aux connaissances que tu as acquises.

Indicateur	Caractéristiques des pays riches	Caractéristiques des pays pauvres

chapitre 11 — Les domaines bioclin[matiques]

> La Terre offre aux hommes des conditions de vie très différentes.

Doc 1 Un paysage englacé : le glacier Ruth, en Alaska.

Doc 2 Une plage de sable blanc, aux îles Hawaï.

...tiques

Doc 3 Un désert : les dunes de Sossusvlei, en Namibie.

Doc 4 Une forêt humide, dans l'État de Washington, au Nord-Ouest des États-Unis.

Je découvre

Comment se répartissent les précipitations et les températures à la surface de la Terre ?

1. Les zones climatiques

Températures et précipitations sont très contrastées à la surface de la Terre. Elles se répartissent principalement en zones parallèles à l'Équateur.

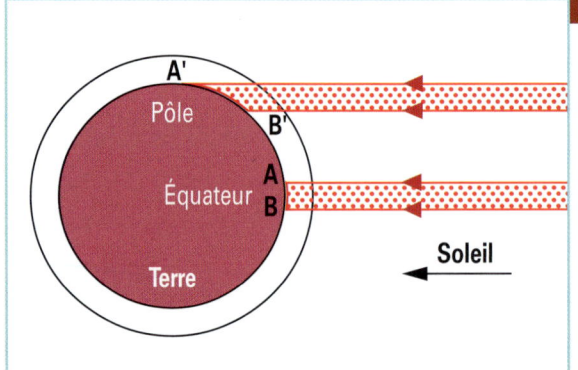

Doc 1 **La Terre et les rayons du Soleil.**
À l'Équateur, les rayons du Soleil se concentrent sur une surface limitée (A-B) et l'échauffent beaucoup ; aux pôles, où les rayons sont bas sur l'horizon, ils dispersent leur énergie sur une vaste surface (A'-B'), qui ne se réchauffe que très peu.

Doc 2 Midi au pôle Nord.

Doc 3 Midi sous le tropique du Cancer.

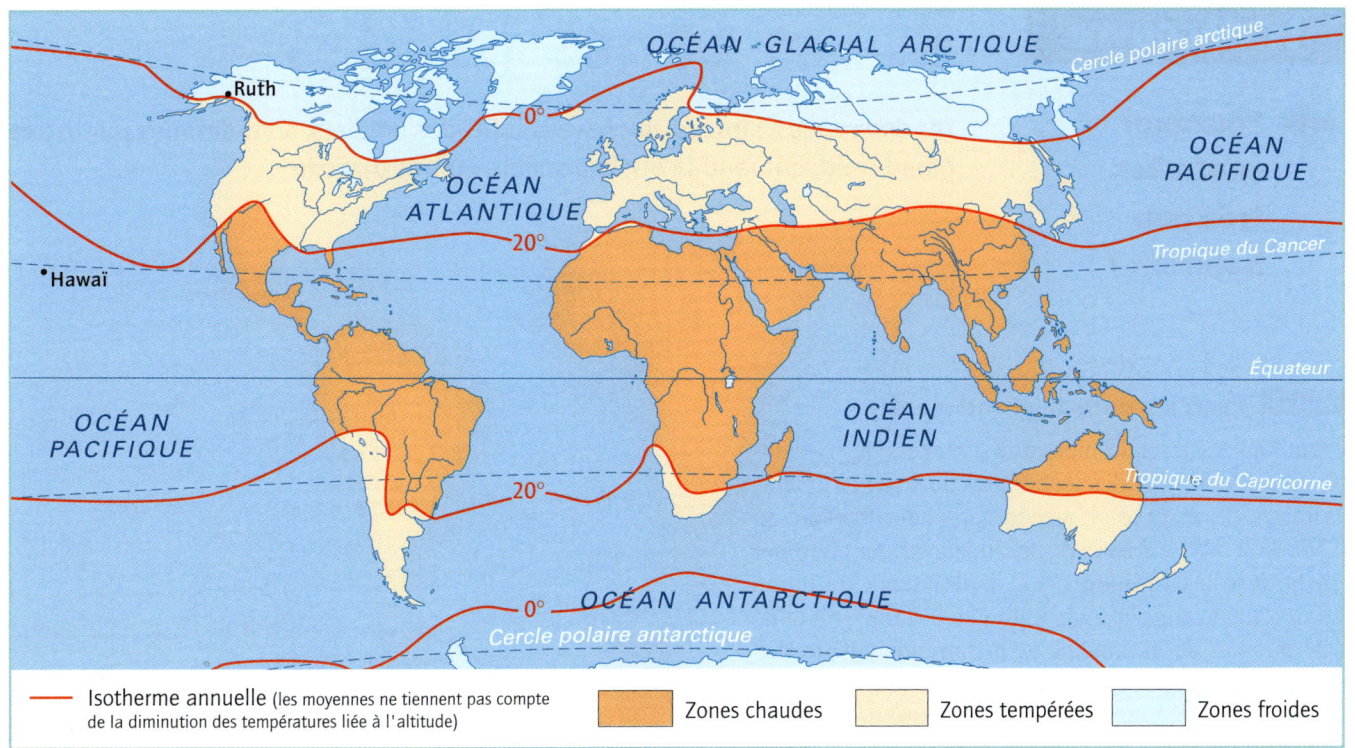

Doc 4 Les zones de chaleur.

Légende : Isotherme annuelle (les moyennes ne tiennent pas compte de la diminution des températures liée à l'altitude) — Zones chaudes — Zones tempérées — Zones froides

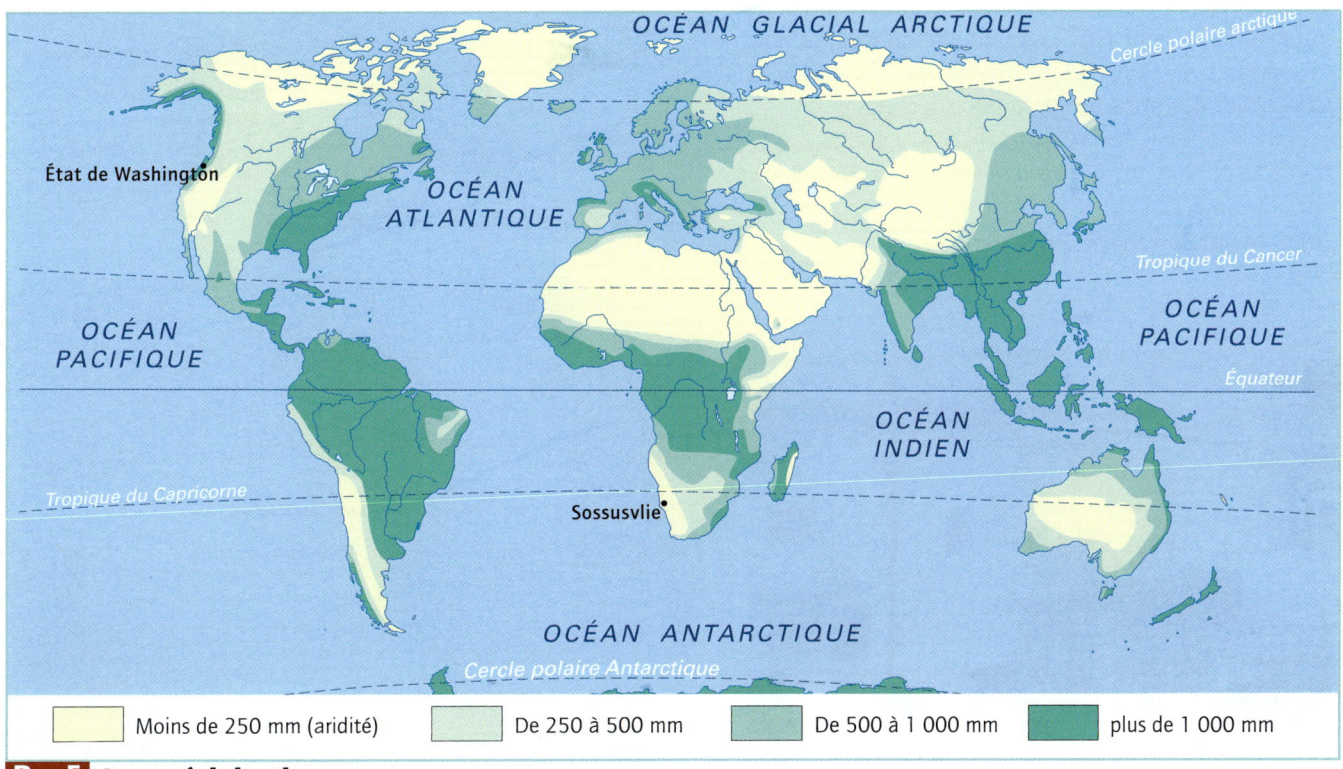

Légende : Moins de 250 mm (aridité) — De 250 à 500 mm — De 500 à 1 000 mm — plus de 1 000 mm

Doc 5 Les précipitations.

1 **Doc 2** À quelle hauteur se situe le Soleil ? Comment est l'ombre ?

2 **Doc 3** Où est le Soleil ? Comment l'ombre peut-elle aider à répondre à la question ?

3 **Doc 2 et 3** Où fait-il le plus chaud ? Et le plus froid ?

4 **Doc 2 et 3** Pourquoi le Soleil chauffe-t-il plus dans un cas que dans l'autre ?

5 **Doc 4** Où trouve-t-on les températures les plus élevées ?

6 **Doc 5** Quelle est la latitude des précipitations les plus fortes ?

CHAPITRE 11 · LES DOMAINES BIOCLIMATIQUES 203

Je découvre

 Pourquoi sont-elles très peu habitées ?

2. Les zones froides

Les deux zones, situées aux hautes latitudes polaires, sont définies par le très grand froid, qui rend la vie impossible ou très difficile.

Doc 1 — Exercice dans le grand Nord

Du 8 au 15 mars dernier, douze rangers de Kugluktuk[1] ont enseigné des techniques de survie à 72 militaires de réserve. L'armée canadienne a fait du Nord du 60e un terrain de prédilection pour entraîner à la dure les militaires. Le déploiement du camp s'est étendu sur plusieurs kilomètres, à une vingtaine de minutes de motoneige de la communauté de Kugluktuk. Le site, déployé au grand vent, n'offrait aucune protection face au froid extrême de cette journée typique de l'hiver septentrional. Le mercure a frôlé les – 60 °C. Même si on est chaudement habillé, le froid traverse les vêtements qui, une fois humides, ne sèchent pas. Les rangers ont montré aux réservistes à faire de la pêche sur la glace, à construire des abris temporaires et à chasser.

D'après J. Plourde, *L'hebdomadaire du Grand Nord canadien*, 21/03/2003.

[1]. Localité située au Nunavut (Canada du Nord).

Doc 2 — Zone polaire arctique.

Doc 3 — L'hiver au Québec.

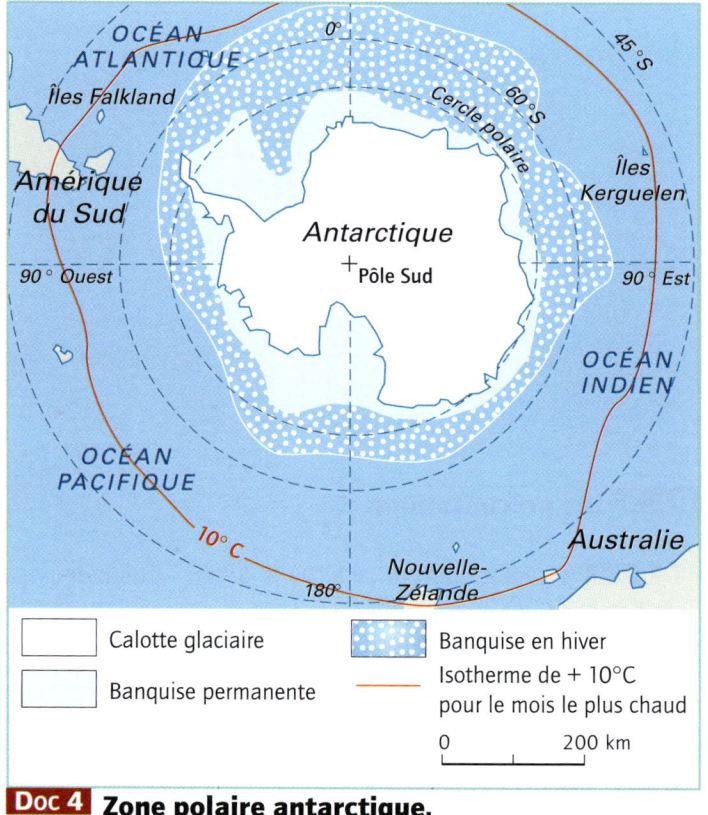

Doc 4 — Zone polaire antarctique.

Doc 5 L'île de Saint-Pierre-et-Miquelon, en hiver.

Doc 6 L'île de Saint-Pierre-et-Miquelon, en été.

1 [Doc 2 et 4] Observe les deux cartes, quelles sont les régions représentées ? Quels repères de latitude peux-tu identifier ? Quelle est la situation géographique de ces régions ?

2 [Doc 3 et 5] Localise précisément chaque paysage sur les cartes ; indique dans quel hémisphère ils sont situés.

3 [Doc 3, 5 et 6] Sur les paysages, relève plusieurs indices qui montrent qu'il s'agit de zones froides.

4 [Doc 5 et 6] Décris les changements d'une saison à l'autre. Comment s'appelle la végétation qui apparaît en été ?

5 [Doc 3] Décris l'installation des hommes. Est-il facile de vivre ici ? Pour quelles raisons ?

6. Rédige quelques phrases dans lesquelles tu présenteras les contraintes des zones froides.

CHAPITRE 11 · LES DOMAINES BIOCLIMATIQUES

Je découvre

Quels types de milieux trouve-t-on dans la zone chaude ?

3. La zone chaude

L'unité de cette zone située entre les tropiques provient des températures, chaudes toute l'année. C'est l'humidité qui différencie les climats de cette zone. Les déserts chauds sont définis par l'aridité, c'est-à-dire l'absence ou la rareté des précipitations. Ailleurs, les précipitations sont souvent très abondantes, pendant la saison des pluies (mousson) ou bien toute l'année, dans les régions équatoriales.

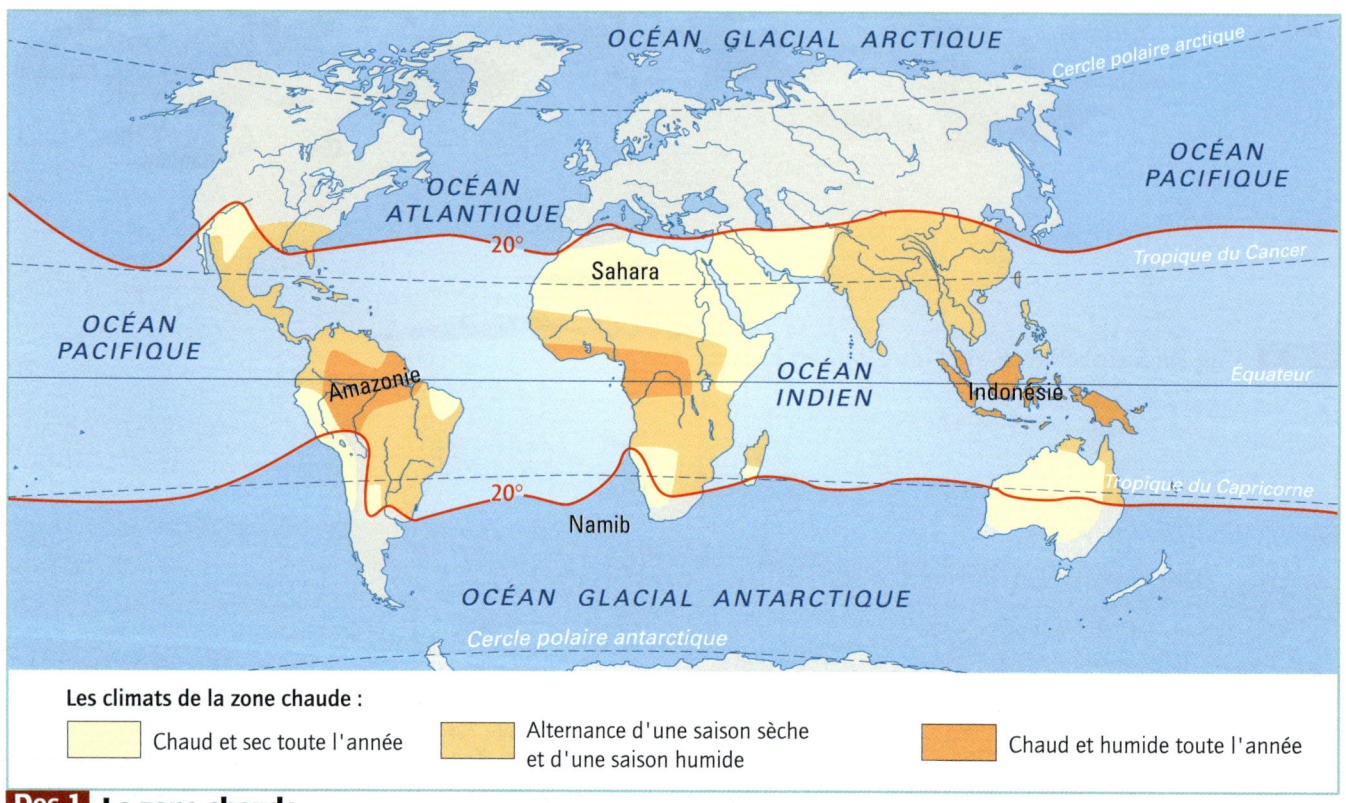

Les climats de la zone chaude :
- Chaud et sec toute l'année
- Alternance d'une saison sèche et d'une saison humide
- Chaud et humide toute l'année

Doc 1 La zone chaude.

Doc 2 Nomade dans le désert du Sahara, au Niger.

Doc 3 La forêt dense (Indonésie).

Doc 4 La savane (Kenya).

Doc 5 Le désert du Namib

« Une mer de sable et de dunes qui s'étend à perte de vue, dans une mosaïque de couleurs allant du jaune à l'orange pâle ou plus soutenu, en passant par le rouge brique, la couleur abricot, l'ocre et le doré. Spectacle fascinant combinant jeux de lumières et de couleurs.

Ce n'est pas sans émotion que nous atteindrons ce site magique. Flambant neuf, notre bus tombe en panne sèche à quelques kilomètres du but de l'étape du jour. Sous un soleil de plomb et une chaleur suffocante (les températures diurnes montent fréquemment à 45 degrés pour redescendre à 5 degrés au milieu de la nuit), nous attendrons patiemment le retour de notre guide et des jerricanes qu'il est parti chercher. Nous finirons par atteindre le camp de Sesriem, et le dîner pris en commun sous les étoiles, dans la bonne humeur, nous fera vite oublier cet incident.

Il conviendra de quitter Sesriem aux aurores pour profiter de la fraîcheur matinale. C'est si tôt le matin que les couleurs sont les plus belles. Après soixante kilomètres de piste, on atteint Sossusvlie, oasis asséchée l'essentiel de l'année, perdue au cœur du Namib, dans un site écrasé de lumière. »

F. Lanz, *Construire*, N° 18, 02/05/2000.

1 **Doc 1** Localise chacun des trois paysages sur le planisphère. À quel type de climat correspondent-ils ?

2 **Doc 2** Décris ce paysage : en quoi est-il caractéristique d'un désert ?

3 **Doc 4** Décris ce paysage. Quels sont les éléments qui le situent à mi-chemin entre l'Équateur et le désert du Sahara ?

4 **Doc 5** Relève tous les mots qui décrivent la température. Où l'un des lieux évoqués dans ce texte est-il montré dans le chapitre ?

Je découvre

➡ **Pourquoi ces zones sont-elles appelées « tempérées » ?**

4. Les zones tempérées

Dans chaque hémisphère, la zone tempérée se situe entre la zone froide et la zone chaude. On y trouve donc des caractères empruntés à chacune des deux zones voisines. Le point commun à l'ensemble des climats de la zone tempérée est qu'on y trouve des saisons bien tranchées. Les différences climatiques à l'intérieur de la zone tiennent d'une part à la latitude et d'autre part à la proximité ou non d'un océan.

Doc 1 La lande écossaise.

Doc 2 Un maquis en Corse.

Doc 3 La forêt de Fontainebleau.

Doc 4 La taïga (Finlande).

1. À quelle latitude se situe la zone tempérée (voir doc 4, p. 203)? Quelles sont les températures moyennes rencontrées?

2. Retrouve-t-on la zone tempérée dans les deux hémisphères? L'étendue des terres concernées est-elle la même?

3. Donne trois exemples d'États de l'hémisphère Sud qui sont situés dans la zone tempérée, en Amérique, en Afrique, en Océanie (voir planisphère pages 212-213).

4. Localise les quatre paysages de cette double-page.

5. Chacune de ces photos représente une des quatre saisons caractéristiques de la zone tempérée. Rapporte chaque photo à l'une des saisons; justifie ton choix en notant les éléments du paysage en rapport avec la saison.

Bilan — Les zones climatiques

A L'inégale répartition des températures et des précipitations

1. Le Soleil chauffe la Terre et ses rayons parviennent avec une inégale intensité à sa surface. Plus le Soleil est haut dans le ciel, plus il réchauffe l'air et le sol.

2. Dans la zone située entre les **tropiques**, le Soleil peut se trouver à la verticale : on y trouve la zone chaude, dans laquelle **il n'y a pas de saison froide**.

3. Dans les **régions polaires**, le Soleil est toujours bas, quand il ne fait pas nuit : le froid y règne toute l'année, **sans véritable été**. Le sol est perpétuellement gelé.

4. Entre les zones polaires et la zone chaude s'étendent les **zones tempérées**, dans chaque hémisphère : elles se définissent par l'existence de caractères empruntés aux deux autres zones, selon les saisons : **des hivers froids, des étés chauds**.

5. La **latitude** explique principalement **l'inégale répartition des températures**. L'inégale répartition des précipitations est plus complexe à expliquer.

6. Les grands déserts se situent soit loin dans l'intérieur des continents (l'humidité venant de la mer n'y parvient pas : intérieur de l'Asie), soit au niveau des tropiques (Sahara, Arabie, Australie, etc.) parce que des vents empêchent les masses d'air humide d'y arriver.

7. Les régions situées à **l'Équateur** reçoivent des **précipitations toute l'année.**

B La végétation dépend du climat

1. À chaque zone climatique correspond une végétation naturelle déterminée par la température et les précipitations.

2. Une partie de la zone froide, englacée, n'a pas de végétation du tout. Dans les parties non englacées, c'est le domaine de la toundra.

3. Dans les déserts chauds, la végétation est absente, sauf dans les points d'eau. Dans la partie humide de la zone chaude, chaleur et humidité se conjuguent pour expliquer le développement d'une **végétation très abondante, luxuriante,** avec de grands arbres et des sous-bois très denses. Sous l'Équateur, la végétation est constamment verte (en activité).

4. Dans la **zone intertropicale** à deux saisons, on trouve une végétation de savane, desséchée en saison sèche et qui reverdit en saison humide.

5. Enfin, les **climats des zones tempérées** offrent une **grande variété de végétation** : forêts de conifères (la taïga) sous les climats à hivers très froids, **forêts de feuillus** avec des hivers moins froids. Le climat méditerranéen a des forêts de pins, mais aussi des végétations plus basses : le maquis et la garrigue.

C Peu de climats réellement répulsifs

1. Seuls **le froid permanent ou l'absence totale d'eau** excluent la présence permanente des hommes.

2. Le **reste de la Terre est habité**, quelles que soient les contraintes. Ainsi, la forêt dense des régions équatoriales est un obstacle à la mise en valeur (comme en Amazonie), mais lorsqu'elle est défrichée elle peut accueillir de très fortes densités rurales, comme en Indonésie.

3. Depuis des siècles, les hommes ont agi sur la répartition naturelle de la végétation, en **transportant des plantes**, d'un continent à l'autre, d'une zone climatique à une autre. Ainsi, les palmiers de la Côte d'Azur ont été importés d'Afrique.

Vocabulaire

précipitations
L'humidité qui tombe du ciel sous de multiples formes : pluie, neige, grêle, etc.

désert
Région inhabitée. Dans les déserts chauds, toute agriculture est impossible sans irrigation à cause de l'aridité.

savane
Végétation formée de hautes herbes, d'arbustes et de quelques arbres. Elle est verte en saison humide et jaune en saison sèche.

taïga
Forêt de conifères (sapins, pins) et de bouleaux supportant des hivers froids.

maquis
Végétation méditerranéenne touffue constituée d'arbustes et de buissons.

garrigue
Végétation méditerranéenne aux plantes basses, odorantes et clairsemées.

toundra
Végétation très rase de la zone froide (mousse, lichens, arbustes nains).

Retenir autrement

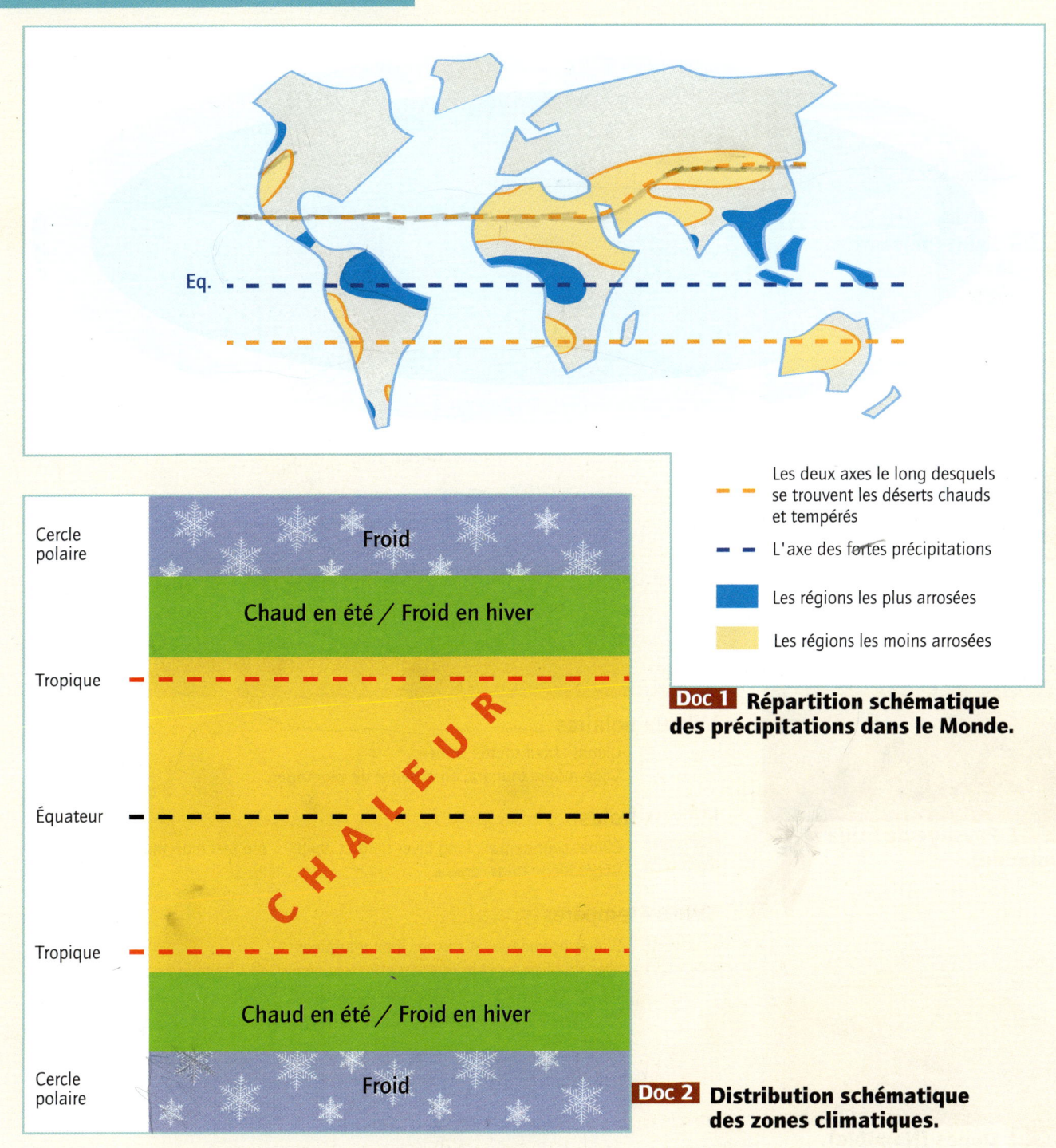

Doc 1 Répartition schématique des précipitations dans le Monde.

Doc 2 Distribution schématique des zones climatiques.

Bilan — Les grands domaines bioclimatiques

Doc 1 Forêt de feuillus (Nord-Ouest des États-Unis).

Doc 2 Saint-Pierre et Miquelon.

Doc 3 Maquis (Corse).

Doc 4 Paysage de taïga (Finlande).

Doc 5 Dunes (Namibie).

Milieux polaires
Climat : froid toute l'année.
Végétation : toundra, ou absence de végétation.

Milieux froids
Climat continental : long hiver froid et neigeux, été bref mais marqué.
Végétation : taïga, prairie.

Milieux tempérés
Climat océanique : 4 saisons bien marquées, avec un hiver assez froid et un été assez chaud, de l'humidité en toutes saisons. Les températures sont douces en bordure des océans.
Végétation : Forêt de feuillus, prairie.

Climat méditerranéen : défini par l'existence d'un été chaud et sec ; hiver doux.
Végétation : maquis ou garrigue.

Doc 6 Savane (Kenya).

Doc 7 Forêt dense (Indonésie).

Doc 8 Montagnes (Alaska).

Doc 9 Îles Hawaï.

lieux tropicaux
Climat tropical à deux saisons : chaud toute l'année, une saison des pluies et une saison sèche.
Végétation : savane et forêt peu dense.

lieux équatoriaux
Climat équatorial : chaud et humide toute l'année.
Végétation : forêt dense humide, toujours verte.

lieux arides
Climat désertique : précipitations très rares. Certains sont chauds toute l'année (Sahara), d'autres ont un hiver très marqué (Asie centrale).
Végétation : généralement absente, sauf oasis et oueds.
Dans les régions semi-arides, une végétation basse et discontinue apparaît : la steppe.

lieux montagnards
Climat de montagne : très divers selon la latitude, plus froid que les plaines voisines.
Végétation : étagée ; se raréfie, puis disparaît en altitude.

1 Localise chaque photographie sur le planisphère, en t'aidant des lettres qui se trouvent à l'emplacement correspondant.

2 Mets en relation chaque paysage avec un type de climat.

→ Exercices

1. Comparer deux paysages d'une même zone climatique

Doc 1

Deux paysages d'Indonésie : `Doc 1` dans l'île de Bali `Doc 2` dans l'île de Java.

Doc 2

1. Dans quelle zone climatique se situe l'Indonésie ?
2. Quelle est la quantité de précipitations annuelles ?
3. Quelle est la moyenne des températures ?
4. Décris la végétation de ces deux paysages.
5. Quel est, des deux paysages, celui qui a été transformé par les hommes ?
6. Montre ce qui, dans ces deux paysages, relève de la nature et ce qui relève du travail des hommes.

2. Étudier un événement climatique

Doc 1 Aramon (Gard, France), bourg de 3 700 habitants, 9 septembre 2002.

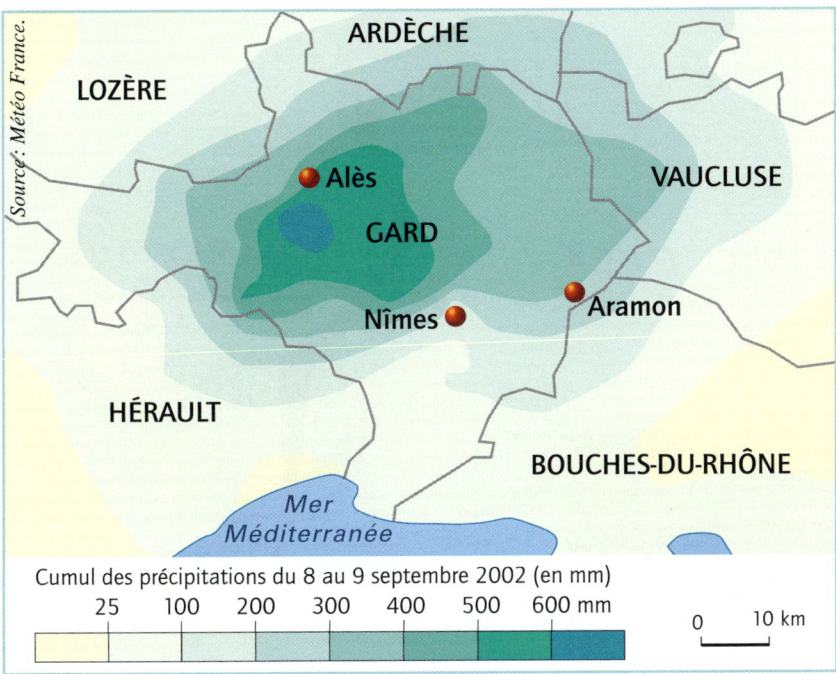

Doc 3 Carte du cumul des précipitations du 8 au 9 septembre 2002.

Doc 2 « L'événement cévenol » de septembre 2002

Les 8 et 9 septembre 2002, le Sud-Est de la France a subi de très fortes précipitations. En 36 heures, il est ainsi tombé dans le Gard autant de pluie qu'à Paris en une année. Conséquences : 24 morts, des milliers de sinistrés et près de 1,2 milliard d'euros de dégâts.

Malgré leur violence, les précipitations de cet été n'ont rien d'inédit : elles sont la manifestation d'un phénomène beaucoup plus fréquent, caractéristique du climat méditerranéen : un « événement cévenol ». Chaque année, à la fin de l'été, les vents chauds et humides en provenance de la mer Méditerranée remontent le long des pentes des Cévennes, des Préalpes ou des Pyrénées. En s'élevant, ils se refroidissent et provoquent de violents orages.

Cette année, les précipitations ont atteint jusqu'à 680 mm en 24 heures à Anduze dans le Gard. Mais cela n'a rien d'un record. On sait que l'homme peut jouer involontairement un rôle amplificateur sur des crues, de simples pluies pouvant prendre une tournure catastrophique. L'urbanisation (routes, bétonnage…) rend les sols imperméables ; le déboisement et certaines pratiques agricoles (labourage des champs, drainage) augmentent les crues.

Quant à comprendre pourquoi tant de personnes ont été touchées, l'explication est simple : beaucoup trop d'habitations ont été construites en zones inondables.

D'après *Science Actualités*, Cité des Sciences.

1. Où se trouve Aramon ? Près de quelle mer ?
2. De quel type de climat s'agit-il ?
3. Décris le paysage de la photographie.
4. Que s'est-il passé les 8 et 9 septembre 2002 ?
5. Quelles ont été les conséquences de cet événement ?
6. Cet événement est-il exceptionnel ?

chapitre 12 Les grands ensembles

◗ **Le relief de la Terre est très varié.**

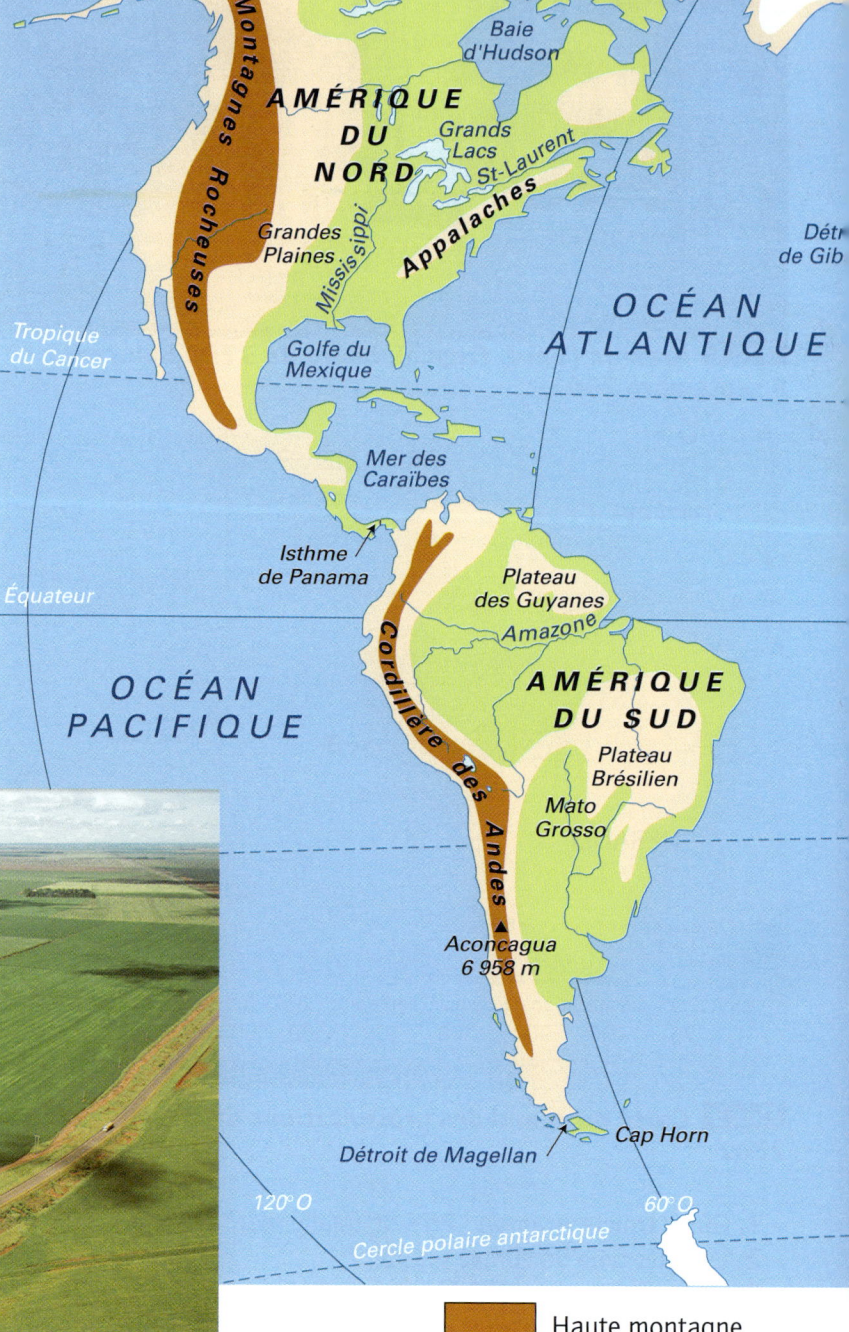

Doc 1 La haute montagne englacée de l'Himalaya.

Doc 2 Une plaine agricole au Brésil (État du Mato Grosso du Nord).

▮ Haute montagne

de relief

Je découvre

Comment joue la pente ?

1. Les montagnes

Les montagnes sont généralement des milieux de vie difficiles. Mais, dans les pays riches, les montagnes sont souvent devenues des milieux attractifs.

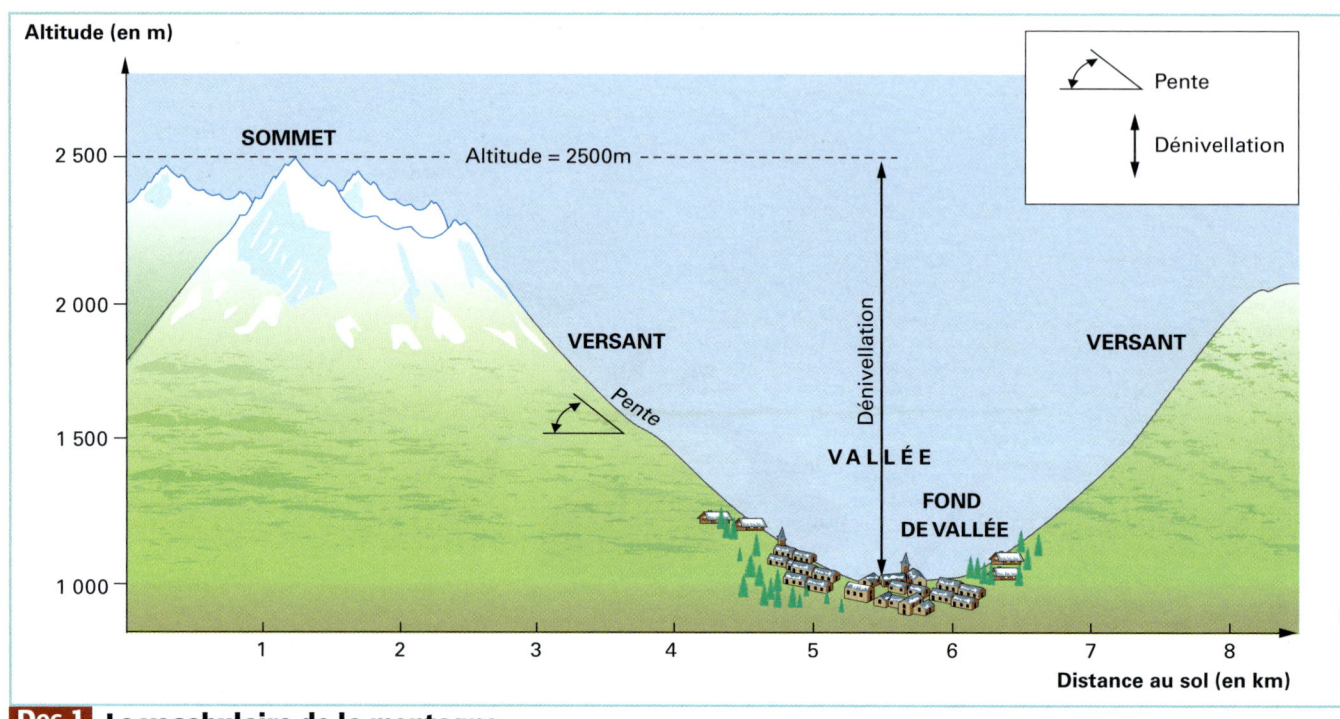

Doc 1 Le vocabulaire de la montagne.

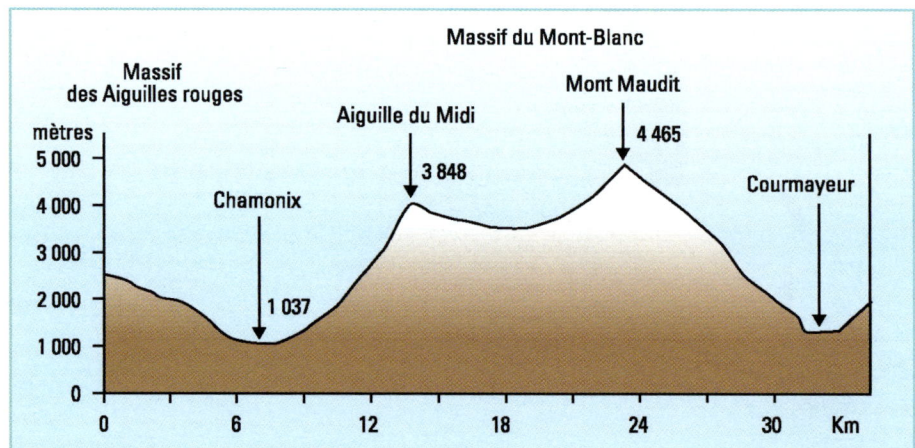

Doc 2 Une haute montagne : les Alpes.

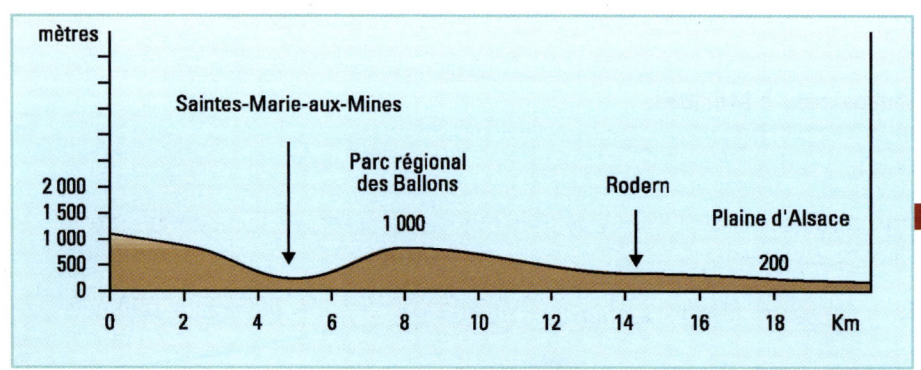

Doc 3 Une moyenne montagne : les Vosges.

Doc 4 Sur les pentes de l'Himalaya, au Népal.

Doc 5 Sur les pentes des Alpes françaises, à Méribel.

1 **Doc 2 et 3** Quelles sont les deux différences principales entre une haute montagne et une moyenne montagne ?

2 **Doc 4** En quoi la pente est-elle ici une difficulté ?

3 **Doc 5** À quoi sert ici la pente ? Est-elle aussi une difficulté pour les hommes ?

CHAPITRE 12 • LES GRANDS ENSEMBLES DE RELIEF   **219**

Je découvre

Pourquoi et comment la montagne a-t-elle été transformée ?

2. Les Deux-Alpes

Les Deux-Alpes sont aujourd'hui une grande station de sports d'hiver des Alpes du Nord. La station a été construite à 1 500 mètres d'altitude dans un alpage, à partir des années 1950. Elle peut accueillir 25 000 vacanciers.

Doc 1 — L'hiver, une saison morte

Cette période de froid et de neige est en montagne une saison morte de quatre à six mois, où non seulement les gens restent sans occupation sauf donner quelques soins au bétail et faire un peu de bois, mais où toutes les communications sont coupées, et surtout où l'on consomme sans rien acquérir.

La médiocre agriculture de montagne était impuissante à alimenter l'année entière une population nombreuse. Les départs d'hiver permettaient de débarrasser la montagne d'un certain nombre de bouches à nourrir, expédiées dans d'autres lieux où elles pourront trouver à manger en travaillant.

D'après R. Blanchard, *Les Alpes et leur destin,* A. Fayard, 1958.

Roche de la Muzelle 3 465 m

1 650 m

Doc 2 — Le site des Deux-Alpes, il y a cinquante-cinq ans.

Doc 3 — La révolution du ski

Voici la grande nouveauté, une révolution peut-on dire : l'hiver alpin, naguère paralysé par la neige, doit à la neige sa plus longue saison touristique, du moins aux altitudes suffisantes pour que s'installe un enneigement régulier et prolongé. Cette transformation est l'œuvre du ski.

D'après P. et G. Veyret, *Les Alpes au cœur de l'Europe,* Flammarion, 1967.

Doc 4 **Les Deux-Alpes aujourd'hui.**

A. Comparer deux photographies d'un même lieu, à deux dates différentes

1 Doc 2 Quelles sont les formes du relief (distingue le premier plan du second plan)? Le lieu est-il habité? Quelle est son utilisation par les hommes? En quelle saison la photographie a-t-elle été prise?

2 Doc 4 Que voit-on au premier plan? En quelle saison la photographie a-t-elle été prise?

3 Doc 2 et 4 Compare les deux photographies qui ont été prises du même endroit: identifie, sur les deux images, la même montagne qui sert de point de repère. Combien d'années approximativement séparent les deux photographies? Quelle est la différence fondamentale entre les deux paysages? Le relief a-t-il changé? Le climat a-t-il changé?

B. Étudier deux textes

4 Doc 1 Pourquoi l'hiver est-il décrit comme une saison morte?

5 Doc 1 À quelle époque ce texte fait-il référence? De quelle photographie peut-on le rapprocher: la 2 ou la 4?

6 Doc 3 Pourquoi le ski est-il décrit comme une révolution? Quelles sont les conditions naturelles pour pouvoir skier? Peut-on skier dans toutes les régions qui remplissent ces conditions? Que faut-il de plus?

C. Rédiger

7. Rédige quelques phrases pour expliquer la transformation des Deux-Alpes.

CHAPITRE 12 • LES GRANDS ENSEMBLES DE RELIEF **221**

Je découvre

Comment distinguer une plaine d'un plateau ?

3. Plaines, plateaux et cours d'eau

Plaines et bas plateaux rassemblent la grande majorité des habitants de la Terre.

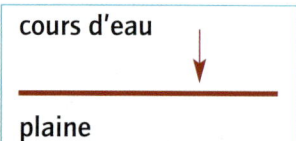
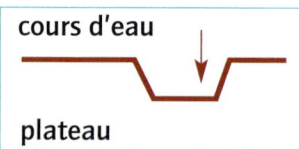

Doc 1 Une côte à falaise, en bordure de la Manche (France, Pays de Caux).

Doc 2 Inondation du Mississippi à Davenport dans l'État d'Iowa, aux États-Unis.

Doc 3 Une gorge encaissée dans un plateau : le Colorado, aux États-Unis.

Doc 4 Un littoral sableux, à Saleccia (Corse).

1 **Doc 1** Décris les formes du relief. À quel type de relief a-t-on à faire ?

2 **Doc 2** Décris ce paysage. Qu'est-ce qui permet d'affirmer qu'il s'agit d'une plaine ?

3 **Doc 3** Décris ce paysage. Quels sont les éléments qui permettent de dire qu'on est en présence d'un plateau.

4 **Doc 4** Quels sont les différents éléments de ce relief ?

Bilan

CARTE REPÈRE
PAGES 216-217

DOCUMENTS REPÈRES
PAGES 218-219

DOCUMENTS REPÈRES
PAGES 222-223

Une grande variété de formes

A Les montagnes

1. Une **montagne** est une **masse de relief** qui se définit par une altitude, une dénivellation et des versants dont la pente est généralement forte.
2. Une vallée est composée de **deux versants** qui se font face ; au fond de la vallée coule généralement un cours d'eau.
3. On distingue entre les vallées les **hautes montagnes** et **moyennes montagnes**. Les **hautes montagnes,** comme l'Himalaya, les Andes ou les Alpes, se caractérisent par des **altitudes très élevées**, de **fortes dénivellations** entre les sommets et les vallées, de **longs versants**. Les **moyennes montagnes** atteignent des **altitudes moins élevées** (souvent moins de 2 000 m), les **dénivellations y sont plus faibles** (rarement plus de 500 m), les pentes moins fortes.
4. Il existe des **climats montagnards** : il **pleut davantage en montagne** que dans les plaines ; plus on monte en altitude, plus les températures diminuent. Conséquence, en altitude, les précipitations tombent sous forme de neige.

B Les plateaux et les plaines

1. Plaines et plateaux sont de **vastes étendues planes**. La différence est due aux cours d'eau :
- dans les plateaux, les **cours d'eau sont encaissés**, dans des vallées bien marquées ; on y trouve les gorges ;
- dans les plaines, **les cours d'eau n'ont pas creusé de vallée encaissée**.
2. Le caractère plan des plaines et leur situation fréquente en bordure de mer expliquent qu'elles accueillent des **populations nombreuses** et des **activités multiples** (agriculture, villes, industries, tourisme).

C Le littoral et les cours d'eau

1. Le **littoral** est **l'espace de contact entre la terre et la mer**. Ses formes sont variées : les plaines se terminent par des **côtes basses, sableuses.** Plateaux et montagnes donnent des **côtes élevées, à falaises.**
2. L'eau qui tombe du ciel coule sur la Terre des points hauts vers les points bas, **de l'** amont **vers l'** aval. Une partie de l'eau qui ne s'infiltre pas dans le sol se rassemble sous forme de **cours d'eau** qui naissent souvent en montagne et se jettent dans la mer.

D Peu de reliefs répulsifs

1. Il est très rare que le relief empêche l'établissement des hommes : par exemple, lorsque les pentes sont très fortes et instables.
2. Mais, si les pentes fortes gênent l'installation des hommes, elles ne les empêchent pas toujours : **l'aménagement en terrasses** par des populations montagnardes permet de remplacer des versants en pente forte par une succession de **plans horizontaux** et, ainsi, de les rendre **cultivables**.
3. Le relief très plat peut aussi être **source de difficultés ou de risques** pour les hommes : ainsi, dans les plaines, lorsque les cours d'eau sortent de leur lit et **inondent** des surfaces plus ou moins vastes.

Vocabulaire

altitude
Hauteur d'un lieu, mesurée à partir du niveau de la mer.

dénivellation
Différence d'altitude entre deux points rapprochés.

versant
L'une des deux pentes d'une vallée.

pente
Inclinaison du terrain.

vallée
Dépression allongée creusée par un cours d'eau.

gorge
Vallée étroite et profonde.

amont
Qui est du côté du mont : en haut d'un point considéré.

aval
Vers le val, c'est-à-dire vers le bas.

Retenir autrement

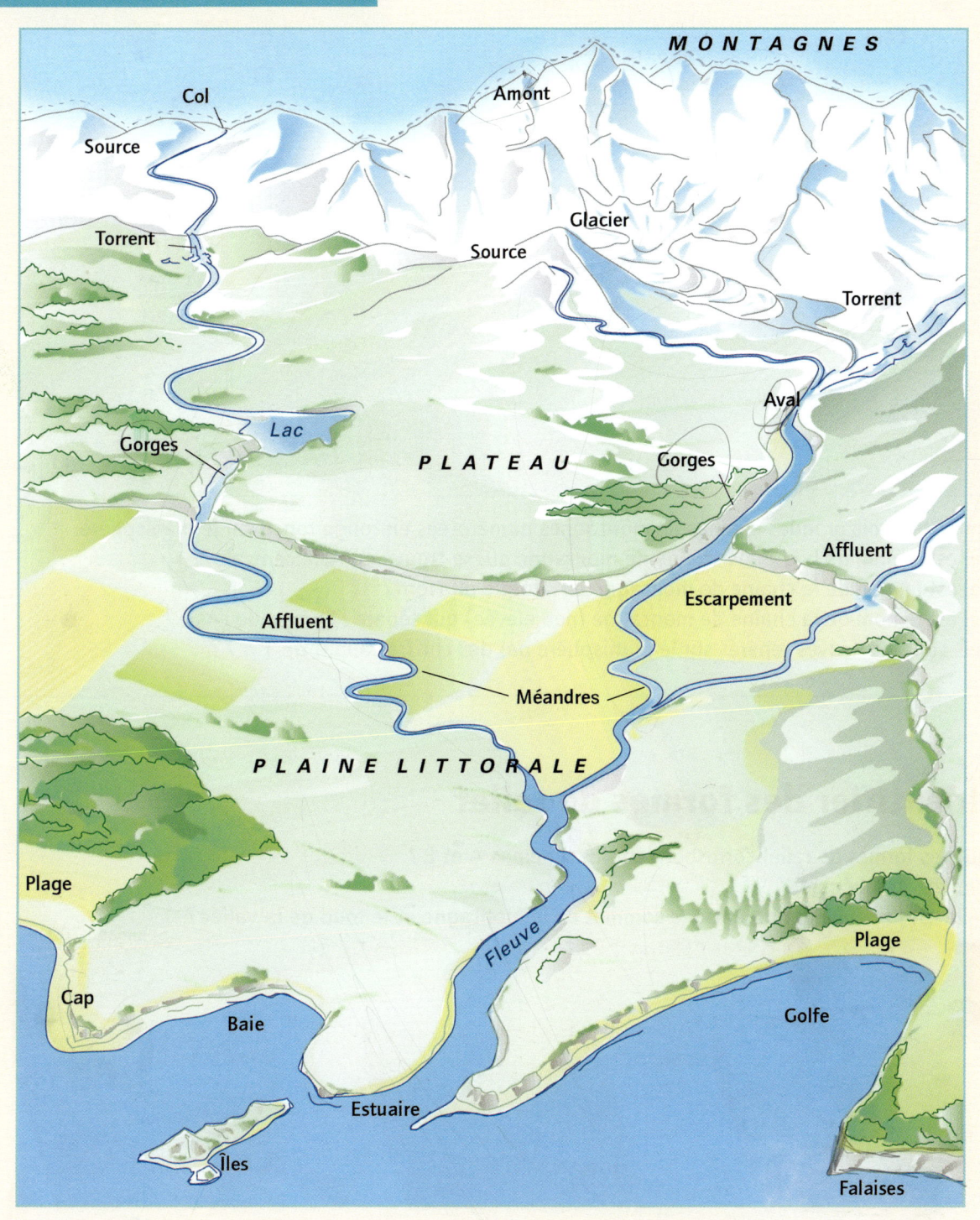

→ Exercices

1. Localiser montagnes et fleuves sur un planisphère

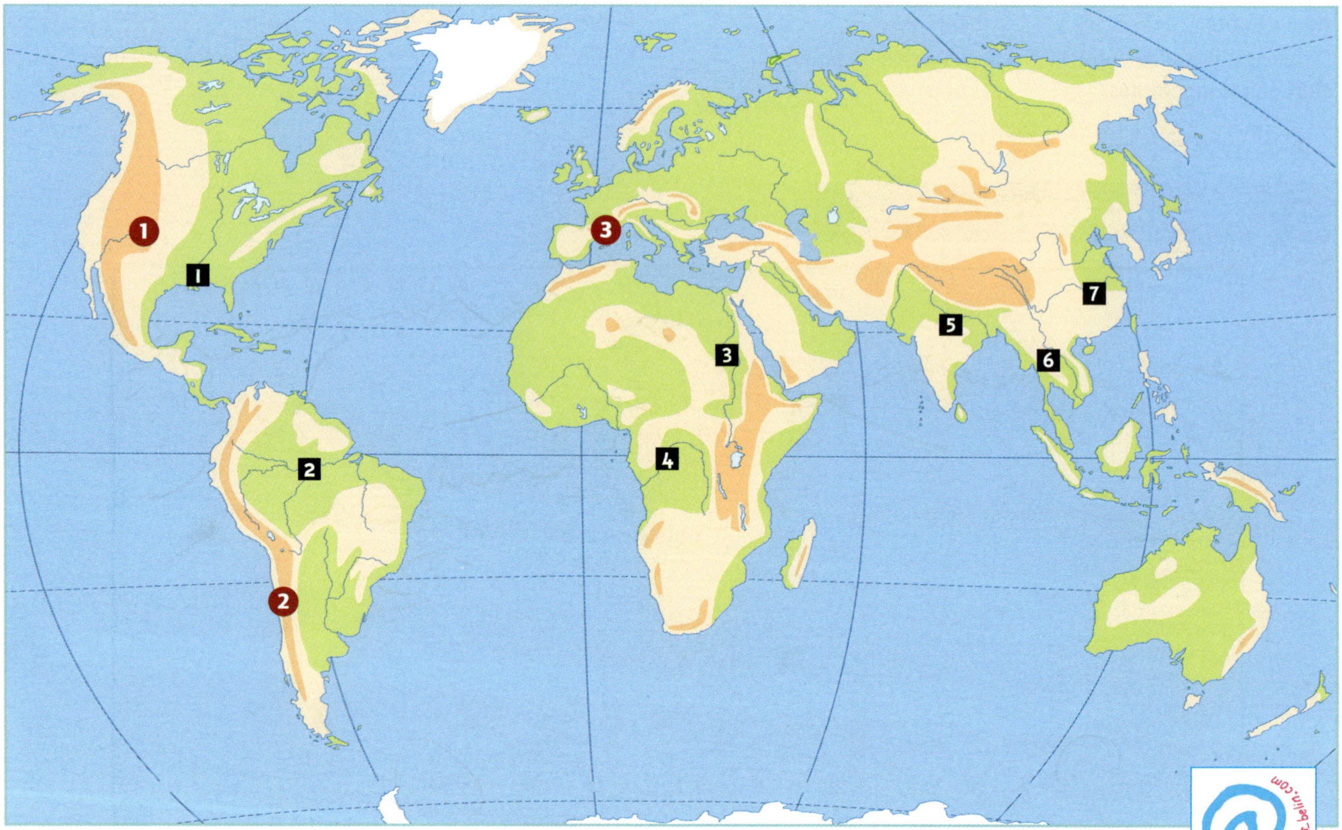

1. Nomme les trois grandes chaînes de montagnes numérotées en rouge foncé sur le planisphère.
2. Quel est le nom de la grande chaîne de montagne qui se trouve en Asie centrale ?
3. Quel est le nom de la chaîne de montagne en Afrique du Nord ?
4. Quel est le nom de la chaîne de montagne (peu élevée) qui sépare l'Europe de l'Asie ?
5. Quels sont les fleuves repérés sur le planisphère par des chiffres allant de 1 à 7 ?

2. Identifier des formes de relief

1. À quelles formes de relief correspondent les schémas A et B ?
2. Complète le schéma C.
3. Quelle est la dénivellation entre le sommet de la montagne et le fond de la vallée ?

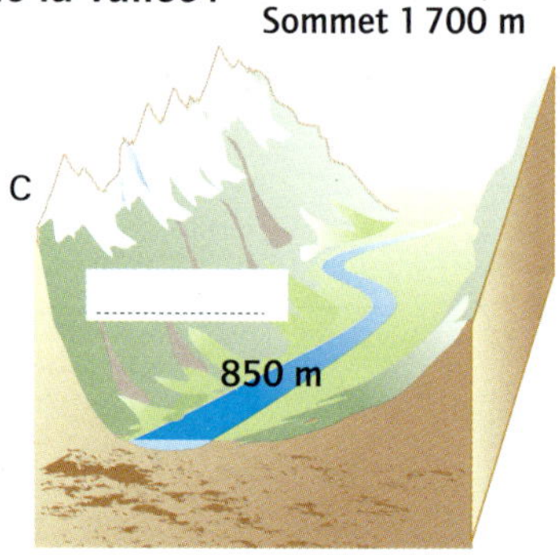

Sommet 1 700 m

850 m

3. Étudier une photographie de paysage

Le Morne Brabant, au Sud de l'île Maurice (océan Indien).

1. De combien d'éléments se compose ce paysage ?
2. Quel type de relief constitue le Morne Brabant ? Décris-le en employant le vocabulaire appris dans le chapitre.
3. Comment s'appelle le relief qui se trouve au pied du Morne Brabant (B) ?
4. Quelle est la dénivellation maximale dans ce paysage ?
5. Décris la côte. Comment nommer la partie blanche (C) ?
6. Comment est-elle utilisée ? Quels sont les facteurs favorables à sa mise en valeur ?

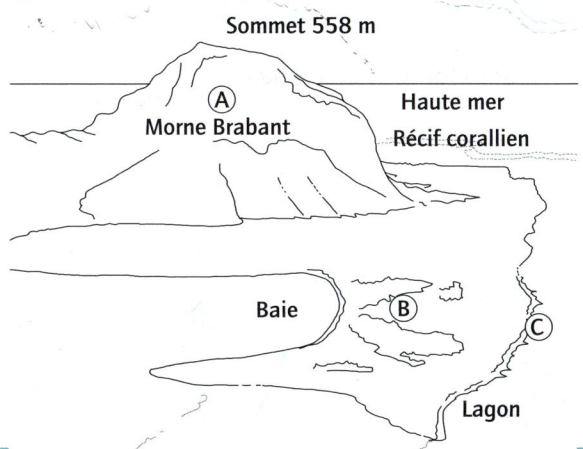

lagon	Étendue d'eau peu profonde et peu agitée, fermée par un récif corallien.
récif corallien	Groupe de rochers à fleur d'eau, constitué de coraux (relief calcaire construit par des animaux des mers chaudes).
haute mer	Mer profonde en avant des récifs de coraux.

CHAPITRE 12 • LES GRANDS ENSEMBLES DE RELIEF

chapitre 13 — Paysages littoraux

Comment expliquer l'urbanisation des littoraux ?

Doc 1 Un littoral industrialisé : Nagasaki, vue aérienne d'une partie de la baie.

Doc 2 Un littoral touristique : Benidorm, en bordure de la Méditerranée.

Lire un paysage

 Comment implanter des usines sur un littoral montagneux ?

1. Nagasaki : localiser et décrire

Un littoral montagneux est un littoral sans espaces plats étendus. Or les usines ont besoin de terrains plats. Il arrive alors que les hommes créent de toutes pièces les terrains nécessaires à l'industrie, au moyen de grands travaux.

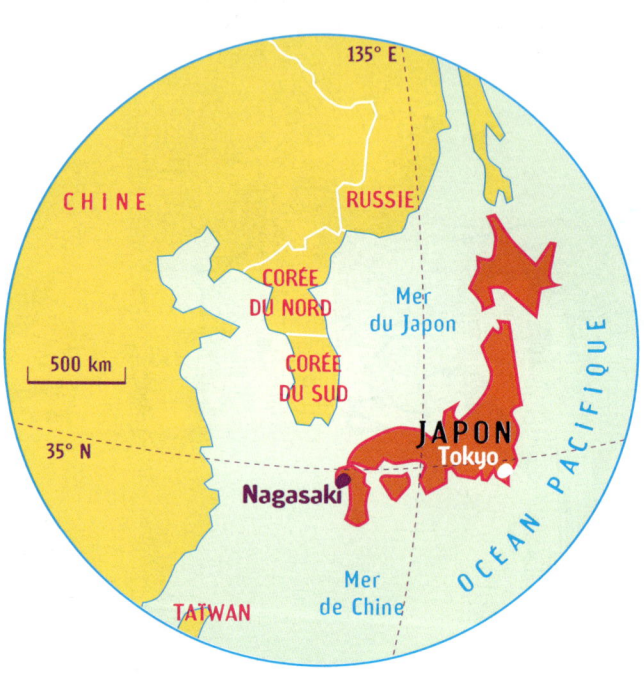

Doc 1 Où se situe Nagasaki ?

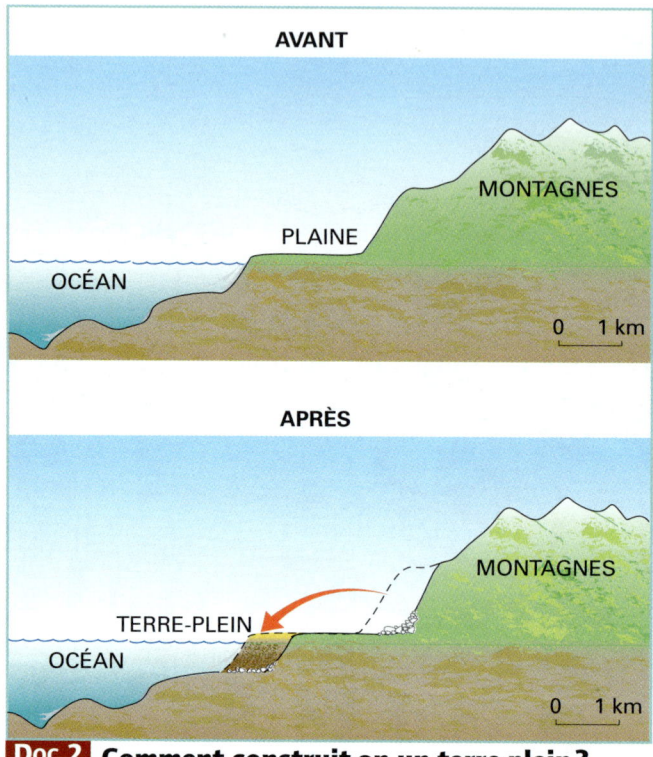

Doc 2 Comment construit-on un terre-plein ?

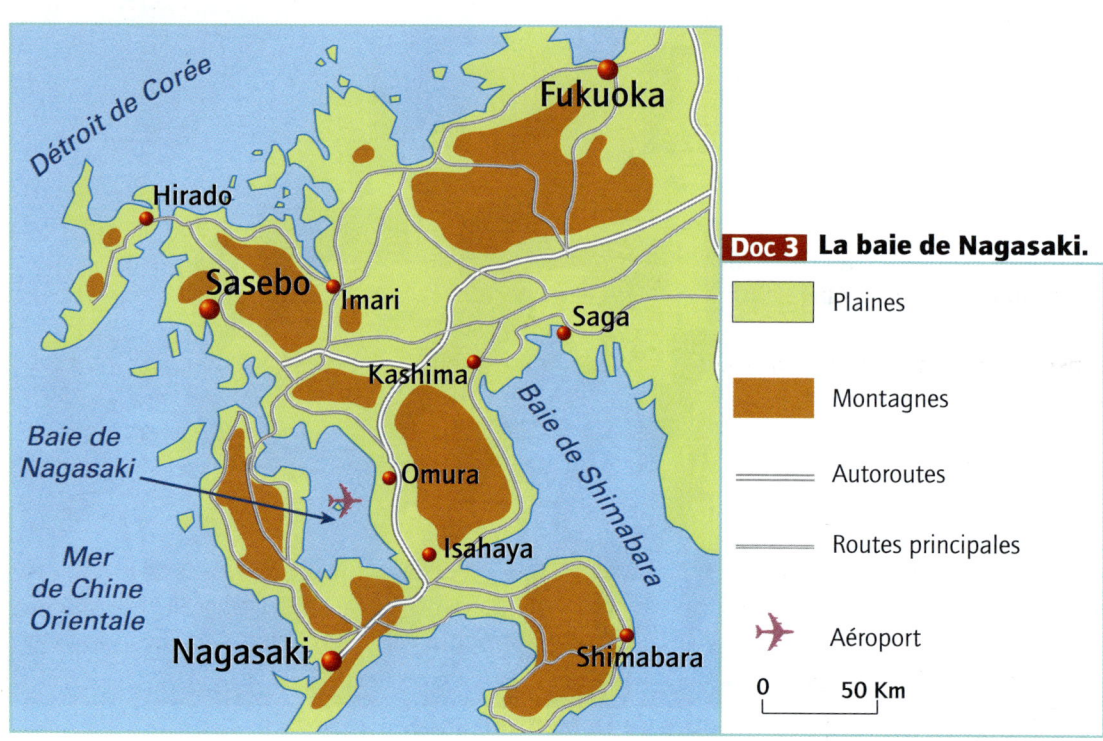

Doc 3 La baie de Nagasaki.

- Plaines
- Montagnes
- Autoroutes
- Routes principales
- Aéroport

Doc 4 Vue générale de la baie de Nagasaki.

Doc 5 Vue aérienne de l'aéroport de Nagasaki.

1 **Doc 3 et 4** Comment se présente le relief dans cette partie du site située au fond de la baie de Nagasaki ?

2 **Doc 2 et 4** Où les installations industrielles ont-elles été construites ? Pourquoi ?

3 **Doc 4** Où s'étend la ville ? Par quoi est-elle limitée dans son extension ?

4 **Doc 2** Mesure, à l'aide de l'échelle, la largeur de la partie plane avant et après les travaux d'aménagement.

5 **Doc 2** En quoi consistent ces travaux : quelles sont les deux opérations nécessaires ?

6 **Doc 5** Décris le paysage. En quoi s'agit-il d'un paysage artificiel, entièrement construit par les hommes ?

7 **Doc 5** Pourquoi a-t-on dû créer cet aéroport en mer ?

8 **Doc 1 p. 228 et Doc 4 et 5** À l'aide de ces trois photographies aériennes, rédige quelques phrases décrivant le site naturel (le relief) de Nagasaki.

9. Rédige en conclusion quelques phrases décrivant les difficultés de développement de la ville et la nécessité de gagner des terrains sur la mer, faute de pouvoir le faire sur terre.

CHAPITRE 13 • PAYSAGES LITTORAUX

Je découvre

Pourquoi l'industrie japonaise est-elle située sur le littoral ?

2. Le Japon : un littoral très aménagé

L'essentiel de l'industrie japonaise est localisé sur le littoral. Cette localisation peut s'expliquer de deux façons : les plaines japonaises sont situées essentiellement sur le littoral ; les usines reçoivent par la mer leurs approvisionnements.

Doc 1 Les zones industrielles au Japon.

Doc 2 Les polders industriels

De 1945 à 1980, au Japon, près de 1 100 km² de terrains sont gagnés sur la mer par comblement. Avec les Pays-Bas et Singapour, le Japon est l'un des rares pays dont la superficie augmente régulièrement.
L'utilisation des polders par l'industrie offre de multiples avantages. Le terrain y est vaste, extensible, rapidement construit, peu coûteux ; les droits de propriété sont faciles à obtenir car l'espace maritime appartient à l'État.

D'après Ph. Pelletier, *Japon, Chine, Corée*, Géographie Universelle, Belin-Reclus, 1994.

Doc 3 **Une usine sidérurgique au Japon.** Dans cette usine, on produit de l'acier, à partir de minerai de fer et de charbon.

Doc 4 **Le terre-plein du constructeur automobile Toyota à Nagoya.**

Doc 5 **L'embarquement de voitures sur un navire transporteur.**

1 **Doc 1** Sur quelle façade littorale sont situées les principales zones industrielles du Japon ?

2 **Doc 2** Pourquoi le Japon a-t-il gagné des terrains sur la mer pour accueillir des industries ?

3 **Doc 3** Pour quelle raison cette usine a-t-elle été construite au bord de la mer ? Comment expliquer la forme géométrique du terrain sur lequel elle a été édifiée ?

4 **Doc 4 et 5** Pourquoi les voitures sont-elles exportées par bateau ?

CHAPITRE 13 · PAYSAGES LITTORAUX

Lire un paysage

 Comment le tourisme a-t-il utilisé le site de Benidorm ?

3. Benidorm : localiser et décrire

Benidorm est située sur la Costa Blanca, à 40 km d'Alicante. Localement, on l'appelle « le petit New York » ou « Beniyork ». On y trouve, depuis 2001, l'hôtel le plus haut d'Espagne (186 m) et 140 immeubles de plus de 20 étages. La station compte 52 000 habitants permanents pour une capacité d'accueil de 250 000 lits touristiques.

Doc 1 Où se situe Benidorm ?

Doc 2 Nombre de tours en Espagne

Ville	Nombre de tours	Immeuble le plus haut
Barcelone	323	154 m
Benidorm	**310**	**186 m**
Bilbao	205	110 m
Madrid	169	250 m

Doc 3 Croquis d'interprétation de la photographie page 229.

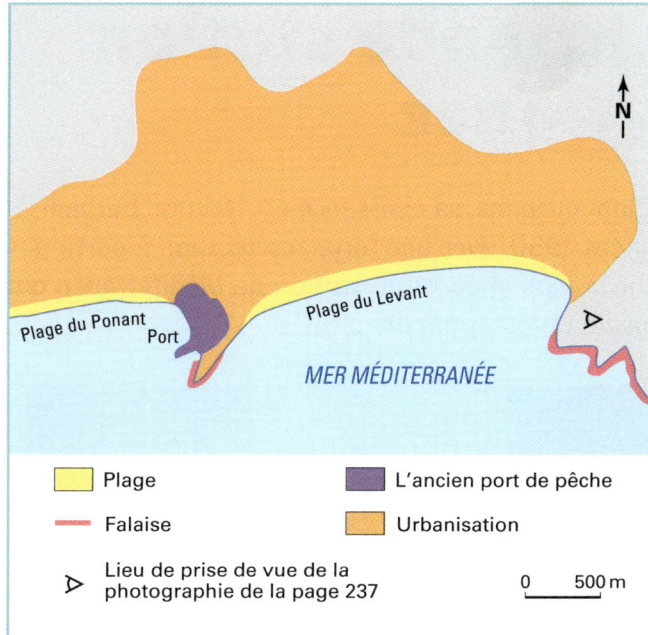

Doc 4 Plan de Benidorm.

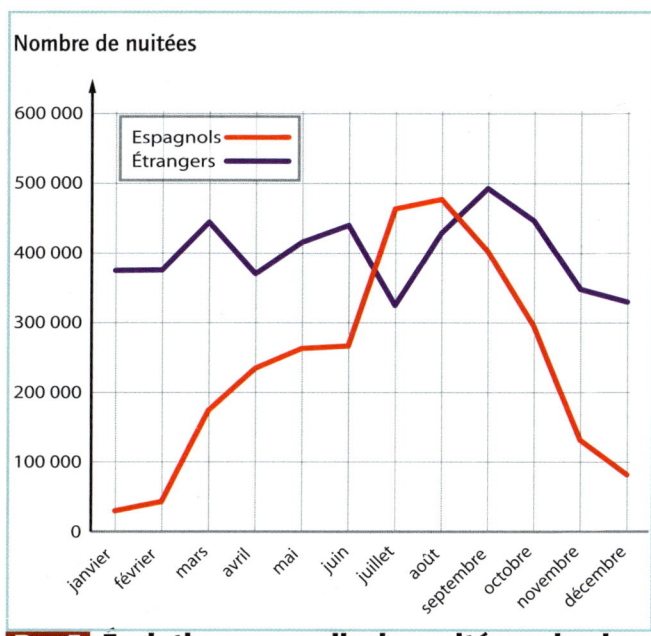

Doc 5 Évolution mensuelle des nuitées selon la nationalité des touristes, en 2000.

Doc 6 Benidorm, la plage du Levant.

1 `Doc 1` Sur quelle côte se trouve Benidorm ? Quelle est la grande ville la plus proche ? Quel est le climat de Benidorm (voir carte pp. 212-213) ?

2 `Doc 3` Combien de plans comporte le croquis ? En te reportant à la photographie p. 229, identifie les quatre repères et décris brièvement chacun des plans.

3 `Doc 5 et 6` À quoi voit-on que Benidorm est une station touristique ?

4 `Doc 2 et 6` Pourquoi la station est-elle appelée « Benyork » ?

CHAPITRE 13 • PAYSAGES LITTORAUX 235

Je découvre

➡ Comment devient-on une station géante ?

4. La plus grande station de Méditerranée

Si Benidorm est de fondation ancienne, sa croissance est récente. L'urbanisation a débuté dans les années 1950, avec une forte accélération à partir des années 1970, pour devenir la plus importante station de Méditerranée qui accueille plus de 4 millions de touristes par an.

Doc 1 Le climat de l'Espagne.

Doc 2 Des touristes dans la station.

Doc 3 Quelques événements dans l'histoire de Benidorm

Dates	Événement
1325	Acte officiel créant la commune et le château (sur le promontoire rocheux entre les deux plages)
2e moitié 18e siècle	Essor des pêcheries
1870	Création d'un premier établissement de bains
Début du 20e siècle	Crise de la marine marchande et crise du phylloxéra (vignes)
1925	Construction des premières villas au bord de la mer
1952	Fermeture des pêcheries
1956	Adoption du plan d'urbanisme d'une ville touristique
1967	Ouverture de l'aéroport international d'Alicante
Fin 60	Construction des premières tours
2002	Le Grand Hôtel Bali, avec ses 186 m de hauteur et ses 52 étages, est le bâtiment le plus haut d'Espagne

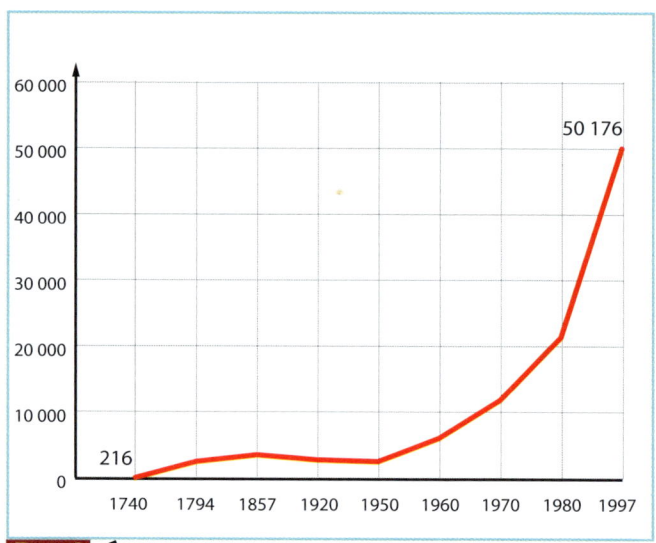

Doc 4 Évolution de la population permanente de Benidorm.

Doc 5 Benidorm en 1955.

Doc 6 Benidorm aujourd'hui : la plage du Levant.

1 **Doc 1** Quel est l'avantage climatique de la région de Benidorm ?

2 **Doc 2** Décris les différents éléments de la photographie. De quel type de tourisme s'agit-il ?

3 **Doc 3** Quand le tourisme est-il né ? À partir de quand l'urbanisation touristique a-t-elle débuté ?

4 **Doc 3 et 4** Quel a été l'événement déterminant la croissance touristique ?

5 **Doc 5** Décris le paysage. De quel type d'habitat s'agit-il ? Comment se présente la plaine ?

6 **Doc 6** Décris le paysage. Où l'urbanisation s'est-elle développée ? Au détriment de quelle occupation de l'espace ?

Bilan

Les littoraux, espaces convoités

DOCUMENTS REPÈRES
PAGES 230-231

A Les littoraux industrialisés

1. Nagasaki nous montre un littoral constitué d'une montagne qui tombe directement dans la mer avec peu d'espaces plats en bord de mer. La ville, Nagasaki, qui vivait de son port, s'est étendue en s'**industrialisant** : l'**urbanisation** a utilisé tout l'espace plat disponible puis elle est montée sur les premières pentes. Mais, pour les besoins de l'industrie, il a fallu **gagner des terrains sur la mer** que l'on appelle terre-pleins **ou polders**.

2. Le Japon possède la **deuxième industrie du Monde** et cette industrie est essentiellement implantée sur le littoral. Cette situation peut s'expliquer de deux manières :
– les **plaines du Japon se situent principalement sur le littoral** : là se sont développées les villes qui se sont ensuite industrialisées ;
– les **usines reçoivent par la mer leurs approvisionnements** et **expédient par bateau** également **les produits qu'elles fabriquent**. C'est ainsi que le Japon produit de l'acier en important du fer et du charbon. Cet acier sert notamment à fabriquer des voitures qui sont ensuite vendues dans le Monde entier.

B Les littoraux touristiques

1. Sur la côte Est, au climat le plus sec et le plus doux d'Espagne, **Benidorm**, pendant longtemps, n'était qu'un **petit port de pêche**.

2. Les débuts du tourisme y remontent à **1893**, mais la croissance touristique fut d'abord lente. Encore dans les années 1950, on n'y trouvait qu'un petit nombre de belles villas appartenant à de riches familles de la région ou de Madrid.

3. L'accélération s'est produite lorsqu'un **aéroport international** a été ouvert, permettant l'arrivée en masse de la clientèle étrangère. Dès lors, le lieu s'est rapidement urbanisé et continue sa croissance en bordure des deux grandes plages. La **multiplication des tours** permet à la fois de **recevoir une population très nombreuse** (près de 250 000 touristes en même temps) et de **ménager des vues sur la mer**.

4. Au total, Benidorm reçoit **4 millions de touristes par an**, plus que tout le Maroc : c'est la **première** station touristique **de Méditerranée** qui est la première région touristique du Monde. La proximité des grandes régions urbaines à populations à haut niveau de vie et l'attrait du climat méditerranéen – sec et chaud en été – en sont responsables.

DOCUMENTS REPÈRES
PAGES 234-235

C Les littoraux concentrent une part croissante des activités

1. Une part croissante de la population mondiale se concentre sur les littoraux : **plus de 50 %** de la population mondiale vit sur les côtes ou à proximité.

2. Cette situation s'explique par plusieurs facteurs :
– de plus en plus **d'échanges de produits** se font par la mer, ce qui favorise l'industrialisation des littoraux ;
– **le tourisme**, en très grand développement partout dans le Monde, profite largement aux littoraux.

3. Conséquence de cette attraction, les littoraux sont des espaces rares, de plus en plus convoités.

Vocabulaire

littoral
Zone de contact entre la terre et la mer.

terre-plein
Espace plan gagné sur la mer, grâce à des remblais.

industrie
Activité qui transforme les produits tirés de la nature en objets destinés à être utilisés par les hommes.

tourisme
Le fait de voyager pour son plaisir, en dehors du temps de travail.

station touristique
Lieu créé par le tourisme.

Retenir autrement

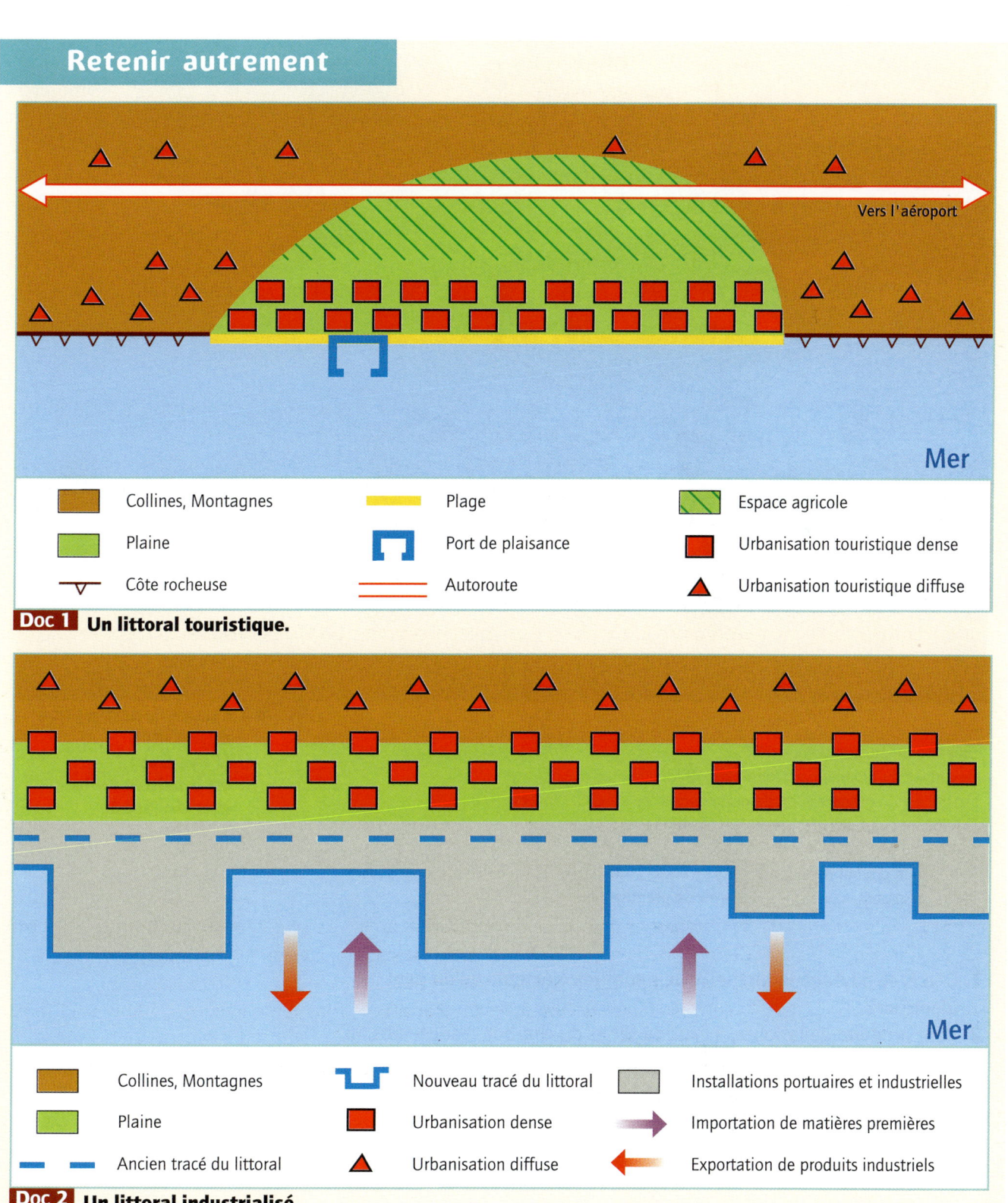

Doc 1 Un littoral touristique.

Doc 2 Un littoral industrialisé.

→ Exercices

1. Étudier un littoral industrialisé

Doc 1 L'usine sidérurgique d'Ijmuiden (Pays-Bas), en bordure de la mer du Nord.

Création du port industriel : 1920
Ouverture du premier haut-fourneau : 1923
L'usine a été agrandie et modernisée durant les années 1960 et 1970
Origine du charbon : Afrique du Sud, Australie, États-Unis
Origine du fer : Suède, Brésil
Cette usine produit de la fonte, puis de l'acier ; une partie de l'acier se présente sous forme de lingots, une autre sous forme de produits laminés.

1. Décris ce paysage industriel : quels sont les éléments qu'on peut identifier ?
2. Pour produire de la fonte, il faut du fer et du charbon. Longtemps, la production de fonte a été localisée, en Europe, sur les gisements de charbon ou de minerai de fer. Qu'est-ce qui montre, sur cette photographie, que le charbon et le fer sont importés par la mer ?
3. Rédige un paragraphe pour expliquer les raisons pour lesquelles cette usine a été créée sur un littoral.

2. Étudier un littoral touristique

Doc 2 La marina de Puerto Portals (Majorque, Baléares, Espagne) ; vue prise en direction du Nord-Est.

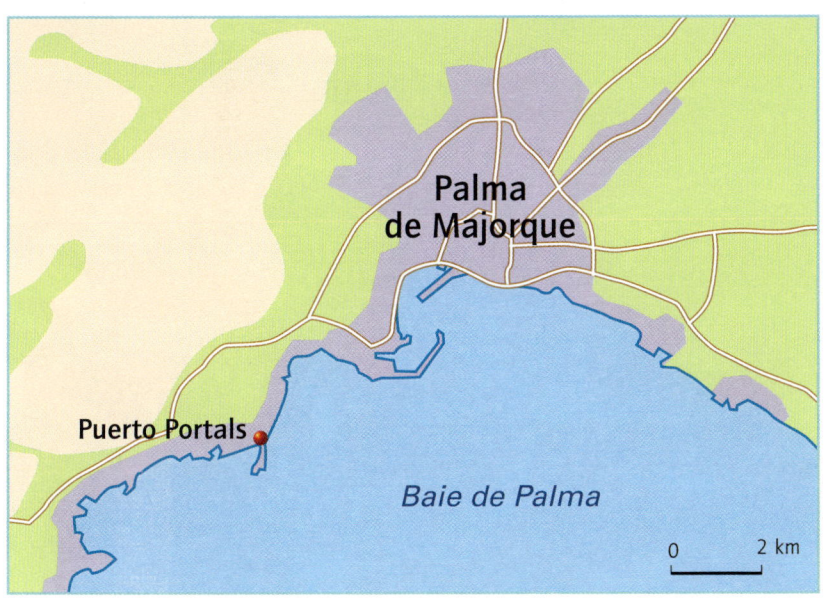

1. Où se situe Puerto Portals ? Dans quelle île ? Dans quel archipel ? Dans quel pays ?
2. Décris le tracé de cette côte.
3. Comment est-elle mise en valeur ?
4. Quelle est la ville qu'on voit à l'avant-dernier plan sur la photographie ?
5. Puerto Portals est au premier plan : de quoi se compose cette marina ?

CHAPITRE 13 • PAYSAGES LITTORAUX 241

chapitre 14 Paysages de métropole
En Europe et en Amérique du Nord

Doc 1 Une métropole d'Europe centrale : Prague. Au premier plan, le quartier de Malà Strana.

Doc 2 Une métropole d'Amérique du Nord : Chicago. Au premier plan, l'Université de Chicago.

Lire un paysage

 Pourquoi Prague est-elle l'une des villes les plus visitées d'Europe ?

1. Prague, localiser et décrire

Prague, capitale de la République tchèque, est une ville fondée au 9e siècle, qui a connu plusieurs périodes de développement brillant (aux 14e-15e siècles et aux 17e-18e siècles) qui y ont laissé de nombreuses traces. En 2003, la ville a reçu près de 10 millions de touristes.

Doc 1 Où se situe Prague ?

Doc 2 L'évolution du centre-ville

Le centre de Prague est abandonné par ses habitants. En effet, les loyers sont tellement chers que « Monsieur tout le monde », n'est pas capable de les payer. Ils ne sont à la portée que de riches sociétés ou de magasins de produits de luxe, pas à celle du boulanger ou épicier du coin, encore moins d'autres petits commerces qui y florissaient, jadis. Le centre historique de Prague vit une véritable « dépopulation ». Il se transforme, peu à peu, en une sorte de musée, garni seulement de bureaux, de magasins de porcelaine, de cristal ou de bijouteries.

Il y a dix ans, 43 000 personnes vivaient dans le centre de Prague. Aujourd'hui, elles ne sont plus qu'environ 30 000 ! Au cours de la même période, la superficie occupée par les luxueux bureaux de riches sociétés a plus que doublé. Quels sont donc les privilégiés qui ont les moyens de payer des loyers énormes ? Les institutions bancaires, les cabinets d'avocats, les entreprises spécialisées dans l'informatique. À la fin des heures de travail, dans la soirée, les fenêtres s'éteignent, les unes après les autres. Le métro et les trams se remplissent pour transporter les employés du centre à la périphérie, très souvent même, en dehors de Prague, à des dizaines de kilomètres… À la nuit tombée, on ne rencontre plus que des touristes, sur la place Venceslas ou sur les autres avenues, dans les petites rues et ruelles du noyau historique pragois. Des touristes du Monde entier.

D'après A. Slivinsky, Radio Prague, *La République tchèque au quotidien*, 12 mars 2002.

Doc 3 Plan de la ville.
- ❶ Château de Prague
- ❷ Cathédrale de Saint-Guy
- ❸ Pont-Charles
- ❹ Place de la Vieille Ville
- ❺ Place Wenceslas
- ❻ Musée

Doc 4 Place de la Vieille Ville.

Doc 5 **Descriptions de Prague**

a. « Prague, 1,3 million d'habitants est la capitale de la République Tchèque (Tchéquie). La ville aux "cents tours" a miraculeusement échappé à la destruction pendant la Seconde Guerre mondiale et offre un incroyable trésor d'architecture mêlant les styles roman, gothique, baroque, art nouveau et cubiste. La rivière Vltava sépare le centre-ville en deux : le "Malà Strana" (quartier du château) et le "Staré Město" (la vieille ville). »

b. *« Prague, la ville magique aux mille superlatifs…* Monuments du gothique continental, cascades de rondeurs baroques, des églises innombrables, des palais partout, des dorures, du marbre, des forêts de statues, des couleurs… Un feu d'artifice culturel capable de contenter même les plus boulimiques amateurs d'art !
Le Pont-Charles, l'un des symboles de la ville, sur lequel il est agréable de laisser ses pensées divaguer, surtout le soir lorsque la plupart des touristes ont déserté les lieux. La Place centrale et sa célèbre horloge astronomique du 15e siècle. La colline du Palais qui abrite la cathédrale gothique St-Guy et la ruelle d'or qu'habita Kafka. Ville de culture et d'histoire, Prague est logiquement devenue une destination en vogue pour le tourisme de masse… »

http://www.asso-chc.net

Doc 6 Le Pont-Charles et le quartier de Malà Strana, au pied de la cathédrale Saint-Guy.

1. Quels sont, dans ces deux pages, les documents qui montrent que Prague est une ville ancienne ?

2 Doc 6 Décris ce paysage. En quoi est-il caractéristique d'une ville historique ?

3. Cherche dans les documents les indices montrant que Prague est une ville très fréquentée par les touristes.

4 Doc 2 Pourquoi le centre de Prague se dépeuple-t-il ?

Je découvre

 Quels sont les points communs entre les métropoles européennes ?

2. D'autres métropoles d'Europe

Les métropoles européennes ont en commun d'être des villes de fondation ancienne qui ont dû faire face à de fortes croissances urbaines aux 19e et 20e siècles.

Doc 1 Le centre de Paris.

Doc 2 Une banlieue parisienne : Les Mureaux, dans les Yvelines.

Doc 3 **Lisbonne : la vieille ville au bord de l'estuaire du Tage (mer de Paille).** À l'arrière-plan, le pont autoroutier Vasco de Gama, long de 17 km, achevé en 1998.

1 **Doc 1** De quel type de prise de vue s'agit-il ? À quoi reconnaît-on qu'il s'agit du centre ?

2 **Doc 2** Quels sont les éléments qui composent ce paysage (au moins quatre réponses possibles) ? En quoi sont-ils caractéristiques d'un paysage de banlieue ?

3 **Doc 3** Décris le paysage. En quoi est-il caractéristique d'une vieille ville ?

4. Rédige deux ou trois phrases pour définir les caractères communs aux métropoles européennes.

CHAPITRE 14 • PAYSAGES DE MÉTROPOLES 247

Lire un paysage

Comment s'organise l'espace urbain de Chicago ?

3. Chicago, localiser et décrire

En 1837, Chicago n'était encore qu'un bourg de 4 170 habitants. Sa croissance s'est accélérée dans la seconde moitié du 19e siècle avec l'arrivée du chemin de fer et les progrès de la navigation sur les Grands Lacs. La croissance urbaine s'accéléra encore au 20e siècle avec l'arrivée de masses d'immigrants européens et de populations noires du Sud des États-Unis. C'est à Chicago qu'a été construit le premier gratte-ciel à structure en acier du Monde. La ville, qui compte aujourd'hui 9 millions d'habitants, abrite la plus haute tour des États-Unis et le plus grand centre commercial du Monde.

Doc 1 Où se situe Chicago ?

Doc 2 La croissance de la ville

Années	Habitants	Superficie (km²)
1860	108 000	46,5
1880	500 000	92
1900	2 700 000	520*

* La superficie de Paris intra-muros est de 105 km², pour une population de même importance.

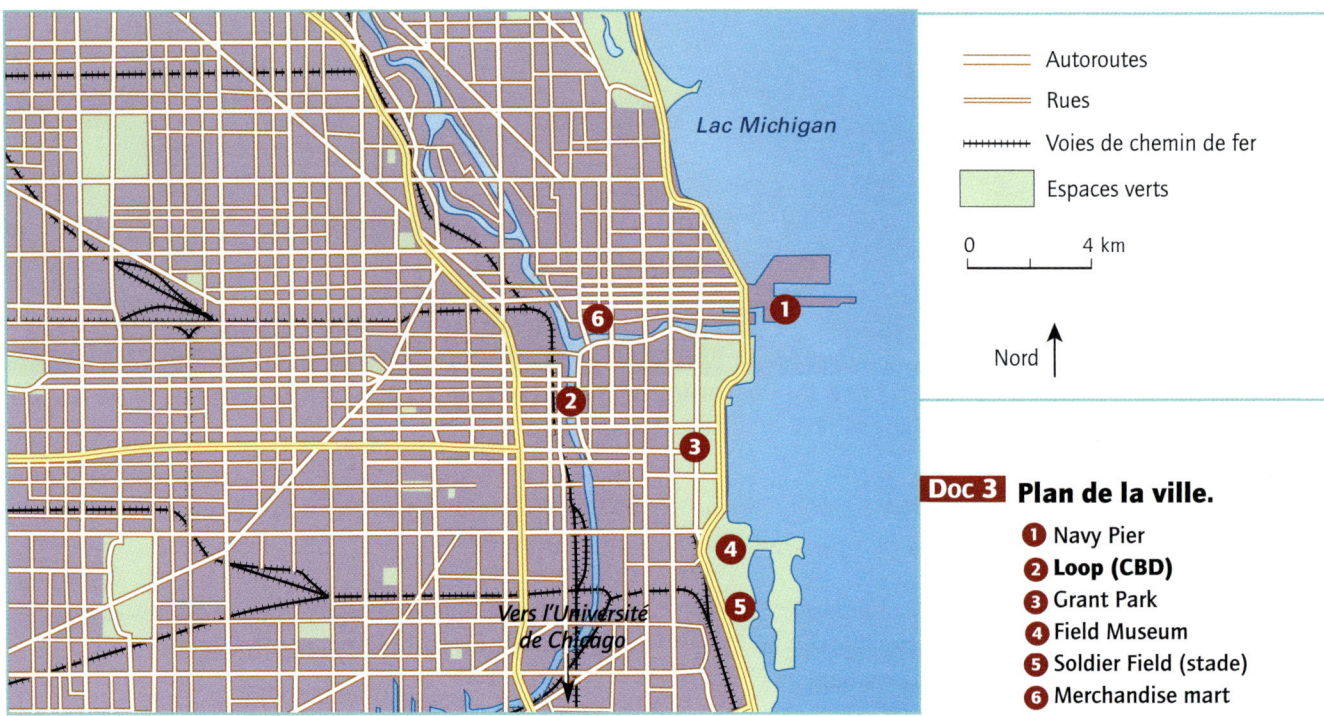

Doc 3 Plan de la ville.
1. Navy Pier
2. **Loop (CBD)**
3. Grant Park
4. Field Museum
5. Soldier Field (stade)
6. Merchandise mart

248

Doc 4 Vue en direction du Nord. ❶ Field Museum ❷ Soldier Field (stade) ❸ Grant Park

Doc 5 Un grand ensemble du centre-ville.

Doc 6 Le centre commercial Merchandise Mart, premier « shopping center » au Monde.

1 [Doc 3] Quelle est la caractéristique principale du tracé des rues à Chicago ?

2 [Doc 2] Que peut-on déduire de la comparaison entre Paris et Chicago ?

3 [Doc 4] Décris la photographie. En t'aidant du doc 3, nomme le quartier qui se trouve à l'arrière-plan.

4 Le Loop est un *Central Business District*, c'est-à-dire un quartier central des affaires. À quoi se reconnaît-il dans le paysage ?

5 [Doc 4, 5 et 6 et PAGE 243] À l'aide de tous ces documents, rédige quelques phrases sur les différents quartiers dont se compose la ville de Chicago.

CHAPITRE 14 • PAYSAGES DE MÉTROPOLES

Je découvre

 Quels sont les points communs aux métropoles d'Amérique du Nord ?

4. Autres métropoles d'Amérique du Nord

Les métropoles d'Amérique du Nord sont des villes de croissance récente, essentiellement intervenue au 20ᵉ siècle. Leur architecture et leur organisation présentent de forts traits communs qu'expriment bien les paysages urbains.

Doc 1 Vue aérienne de Houston, dans l'État du Texas (États-Unis).

Doc 2 Toronto, au Canada.

250

Doc 3 Los Angeles, en Californie (États-Unis).

Doc 4 Les contrastes et les rythmes de la grande ville

« Le contraste est pourtant brutal entre le luxe de ces édifices privés et les espaces publics, souvent mal entretenus. Sortir d'un gratte-ciel ou du salon luxueux de l'hôtel, c'est être exposé à la ville et à ses risques. Sur les trottoirs défoncés errent, surtout la nuit, les exclus de la société urbaine ; l'extérieur devient synonyme d'insécurité, par opposition à l'intérieur confortable des immeubles. La population urbaine centrale change d'ailleurs rapidement entre le jour et la nuit : à 17 heures sortent les cols blancs, progressivement remplacés par une population nocturne, beaucoup plus colorée, issue des ghettos voisins. »

A. Bailly, G. Dorel, *Amérique du Nord*,
Géographie Universelle, Belin-Reclus, 1992.

1 **Doc 1, 2 et 3** Décris chacun des trois paysages. Quels sont les points communs à ces trois paysages ?

2. Pourquoi les villes d'Amérique du Nord sont-elles aussi étendues ? De quel type d'habitat sont-elles composées principalement ?

3 **Doc 4** Quelle est la partie de la ville qui est ici décrite ?

Je découvre

 Quels sont les contrastes du paysage urbain ?

5. Casablanca, métropole d'un pays pauvre

Casablanca (*Dar el Beida,* en arabe, la *maison blanche*) n'était qu'une bourgade au début du 20e siècle (20 000 habitants en 1900). Aujourd'hui, elle compte près de 4 millions d'habitants. Si la capitale politique du Maroc est à Rabat, Casablanca est la métropole économique du pays.

Doc 1 Vue générale, la mosquée Hassan II au premier plan. ❶ Médina ❷ Centre des affaires

Doc 2 Un bidonville.

1 **Doc 1** Combien de plans peut-on distinguer dans cette photographie ? Décris en une phrase chacun d'eux.

2 **Doc 2** Décris avec précision le contenu du premier plan : organisation générale, matériaux employés, etc.

Lire un paysage

→ **Comment fait-on pour remédier à la pauvreté ?**

6. Casablanca, localiser et décrire

La croissance très rapide de Casablanca s'est traduite par une extension considérable des quartiers périphériques. Ces banlieues sont principalement constituées de quartiers pauvres et de bidonvilles. Le mot « bidonville » est né à Casablanca, dans les années 1920.

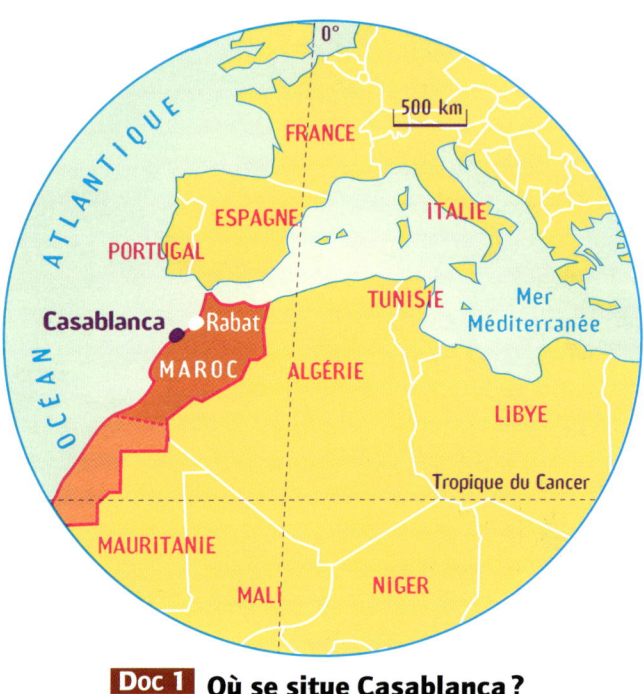

Doc 1 Où se situe Casablanca ?

Doc 2 Les insuffisances de la politique du recasement

« M. Hejira[1] explique : "La problématique de l'habitat insalubre peut se résumer à une et une seule équation qui veut qu'aujourd'hui la vitesse de prolifération des bidonvilles est de trois à quatre fois supérieure à la cadence du recasement." Mais la question qui reste posée est de savoir comment et avec quels moyens *[on peut reloger les habitants des bidonvilles]*. Car, pour le moment, le budget alloué par l'État au recasement des ménages est de 700 millions de DH *[64 millions €]* par an dont 300 millions au titre du budget public et 400 millions qui proviennent du fond des cimentiers. L'enveloppe demeure, bien entendu, insuffisante. »

S. Benmansour, *La vie économique*, 08/08/2003.

---
[1]. Fonctionnaire du ministère marocain du logement.

Doc 3 Plan de la ville.

Source : A. Kaioua, *Casablanca, l'industrie et la ville*, Fascicules de recherche d'URBAMA N°30-31, 1996.

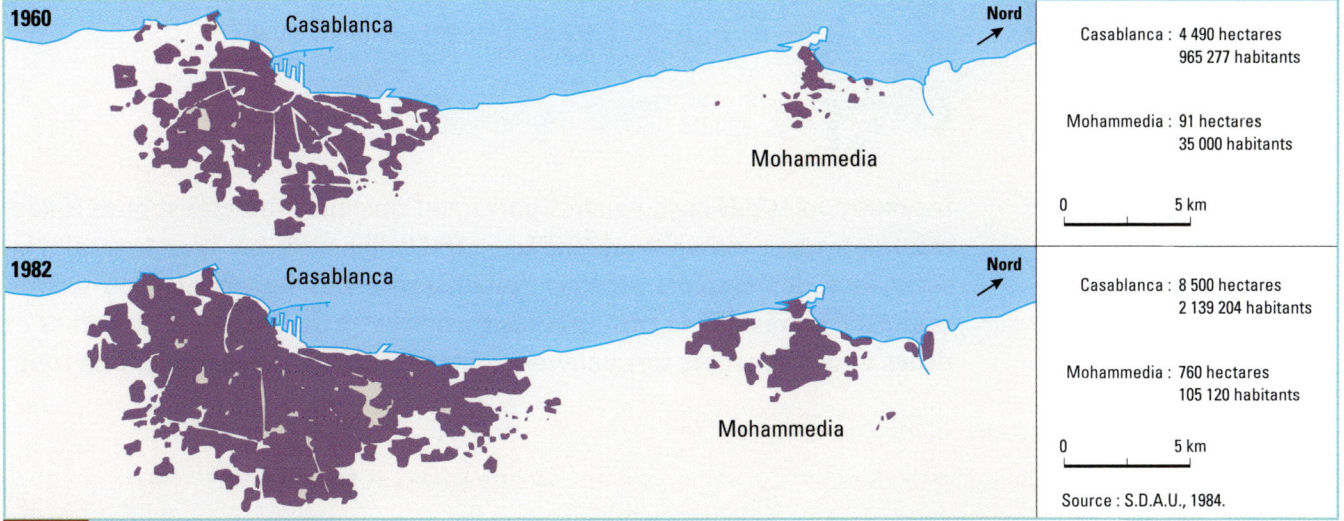

Doc 4 L'expansion urbaine.

Doc 5 Qu'est-ce qu'un bidonville ?

« On pénètre dans la baraque par une porte (en bois ou en tôle, en général fermée par un cadenas ou un système de fil barbelé) et celle-ci débouche dans la plupart des cas sur une cour. […] Il peut arriver que dans un emplacement de la cour soit creusée une fosse pour l'aménagement d'un W. C. La cour amène à des abris qui généralement comportent de deux à trois pièces. Ces pièces servent de chambres pour dormir, mais l'une d'entre elles doit nécessairement faire office de pièce de séjour et de réception ; les repas y sont servis, on y regarde la télévision (pour ceux qui en disposent), les visiteurs y sont reçus, et la nuit elle est occupée pour y dormir. Elles n'ont généralement pas de fenêtres, si elles existent, elles sont petites et situées en hauteur ; elles ne servent pas à éclairer durant la journée mais plutôt à aérer. De jour, les pièces restent sombres.

Les toits sont en bois recouvert de tôle. Des objets hétéroclites peuvent participer au renforcement et à l'étanchéité de la toiture. Lorsqu'il pleut, l'eau pénètre dans la maison par le toit ; des récipients sont alors disposés aux endroits critiques pour recueillir les fuites d'eau. »

Archipress, 1997.

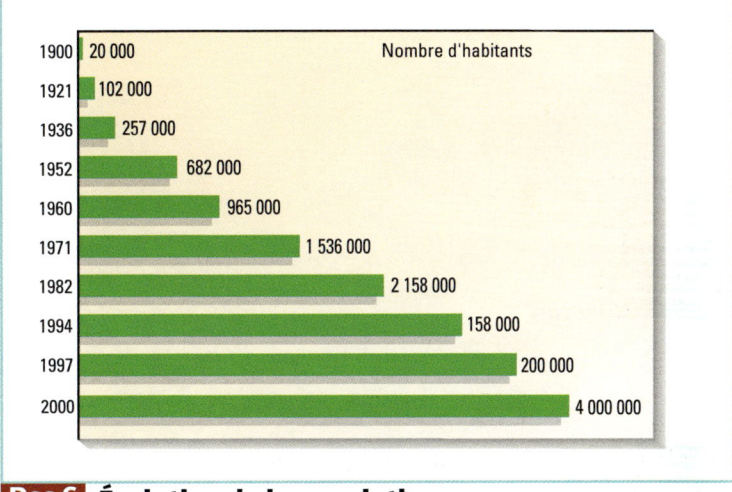

Doc 6 Évolution de la population.

Doc 7 Les bidonvilles de Casablanca

« Les bidonvilles de Casablanca et de ses banlieues abritent près de 300 000 personnes, qui représentent 8,6 % de la population urbaine de la région, indique mardi une enquête publiée par les autorités locales. Ces bidonvilles, au nombre de 370 pour la région, comptent en tout 53 915 logements, soit 7,7 % du parc total des logements urbains de la capitale économique du royaume, précise une étude du département de la prévision économique et du plan à Casablanca. »

AFP, le 9/9/2003.

1 Doc 3 Dans quelle partie de l'agglomération se situent principalement les bidonvilles ?

2 Doc 7 Combien d'habitants les bidonvilles comptent-ils ?

3 Doc 4 Calcule l'augmentation de la population et l'augmentation de la surface de Casablanca entre 1960 et 1982.

4 Doc 5 Quels sont les matériaux employés dans un bidonville ? Pourquoi cet habitat porte-t-il ce nom ? Le bidonville est-il toujours privé de tout confort ?

5 Doc 2 Pourquoi les pouvoirs publics s'efforcent-ils de faire reculer les bidonvilles ? À quel obstacle principal se heurte la politique du recasement ?

Je découvre

 Quels sont les points communs entre les métropoles du Monde pauvre ?

7. Autres métropoles de pays pauvres

Les métropoles des pays pauvres partagent quelques caractéristiques fondamentales : une croissance urbaine très rapide alimentée par l'exode rural ; l'insuffisance des emplois offerts ; l'insuffisance des logements pourvus de confort. Il en résulte de très forts contrastes entre des quartiers modernes et riches et des quartiers très pauvres, voire misérables, qui manquent de tout.

Doc 1 Cholon, quartier commerçant de Ho Chi Minh-Ville, au Vietnam.

Doc 2 Caracas, fiche signalétique

Capitale du Vénézuela, implantée à 1 000 m d'altitude, sur le río Guaira et à 12 km de la mer des Antilles ; l'agglomération compte 3,8 millions d'habitants.
Fondée en 1567 par les Espagnols, capitale du Vénézuela depuis 1829, la ville a connu une prodigieuse expansion à partir des années 1950. Les quartiers anciens y jouxtent les ensembles contemporains ; les zones résidentielles y côtoient les bidonvilles *(ranchos)* accrochés aux flancs des collines. Les bidonvilles abritent plus de la moitié de la population. Le centre est une ville de tours traversée d'autoroutes.

Doc 3 **Caracas : le centre des affaires.**

Doc 4 **Caracas, un quartier de bidonvilles.**

1 Doc 1 Décris cette photographie. Quels sont les éléments qui montrent que cette ville appartient au monde pauvre ?

2 Doc 3 Décris cette photographie. À quel type de ville déjà étudié fait penser ce paysage ?

3 Doc 4 Décris cette photographie. Comment s'appelle, à Caracas, ce type de quartier ?

4 Doc 2 Que peut-on déduire du constat selon lequel plus de la moitié de la population vit dans des bidonvilles ?

5. Rédige deux phrases pour décrire Caracas, en tant que métropole du monde pauvre.

CHAPITRE 14 • PAYSAGES DE MÉTROPOLES   257

Bilan

Les paysages urbains

A Qu'est-ce qu'une métropole ?

Une **métropole** est une **grande ville**, la première de sa région ou de son pays : c'est une **ville qui commande les autres villes**. Autrement dit, une métropole n'est pas seulement une ville **très peuplée** (souvent plus de 1 million d'habitants), mais c'est aussi une ville qui concentre des **administrations**, des **sièges sociaux d'entreprises**, donc du **pouvoir de commandement**.

B Métropoles d'Europe

1. Les **métropoles européennes** sont toutes des **villes anciennes**, fondées il y a plusieurs siècles : Madrid au 16e siècle, Amsterdam au 13e siècle, Paris à l'époque romaine, etc. De ce fait, les métropoles européennes sont chargées d'histoire : elles ont toutes un centre historique ancien, avec de nombreux monuments, un tracé de rues étroites, etc.

2. Ce centre ancien est plus ou moins bien conservé, du fait des destructions des guerres ou des politiques d'urbanisme des 19e et 20e siècles. Une des particularités du centre de Prague est d'avoir échappé aux destructions des guerres comme aux grandes opérations d'urbanisme moderne.

3. La croissance urbaine du 19e siècle y a ajouté des banlieues **denses**. La croissance du 20e siècle est responsable à la fois d'extensions récentes (grands ensembles, pavillons, etc.), ainsi que de la création de **nouveaux centres d'affaires,** parfois dans l'espace central (comme la City de Londres), plus souvent en périphérie (comme La Défense, à Paris).

C Métropoles d'Amérique du Nord

1. Les **métropoles américaines** sont de création beaucoup plus récente qu'en Europe. De ce fait, elles ont **peu de vestiges anciens** ; les monuments historiques les plus anciens datant de la **fin du 18e siècle**. En fait, beaucoup de métropoles sont essentiellement **des villes du 20e siècle.**

2. Leur organisation est très différente des villes européennes : la partie centrale est une **zone d'affaires et de commerces** ou CBD qui se reconnaît à l'existence de nombreux **gratte-ciel**. Leurs périphéries sont démesurément étendues (car constitués d'habitats individuels, le plus souvent avec un jardin) et desservies principalement par des autoroutes urbaines.

D Métropoles du monde pauvre

1. Les villes sont doubles, à l'image de la population qui y vit : la majorité de la population y est pauvre ou misérable, ce qui se traduit notamment par d'**immenses bidonvilles** et la **faiblesse des** équipements collectifs. Une partie de la population n'a pas accès à l'eau, ni à l'évacuation des eaux usées. Ces métropoles abritent aussi des centres modernes, avec des **services de haut niveau** et des **commerces de luxe** destinés à une minorité très fortunée. De **vastes quartiers de classes moyennes** complètent ces agglomérations désormais très étendues.

2. Ces métropoles sont en **très forte croissance**, du fait, principalement de **l'afflux de ruraux** qui viennent y chercher un emploi. Mais leur espoir est souvent déçu et beaucoup d'entre eux ne survivent qu'en exerçant de petits métiers intermittents.

DOCUMENTS REPÈRES
PAGES 244-245

DOCUMENTS REPÈRES
PAGES 248-249

DOCUMENTS REPÈRES
PAGES 254-255

Vocabulaire

centre historique
C'est le cœur ancien des métropoles européennes. On y retrouve la cathédrale, les lieux de pouvoir et les musées. La circulation y est difficile et les logements chers.

banlieue
L'ensemble des communes qui entourent une grande ville. Elles y accueillent des activités industrielles ou résidentielles et sont reliées au centre par un réseau de transports.

CBD, centre des affaires
Central Business District, le quartier des bureaux où siègent les sociétés.

bidonville
Habitation construite avec des matériaux de récupération et sans confort.

équipements collectifs
Installations destinées à l'ensemble de la population : écoles, hôpitaux, égouts, métro…

agglomération
Ensemble urbain composé de la ville et de ses banlieues.

Retenir autrement

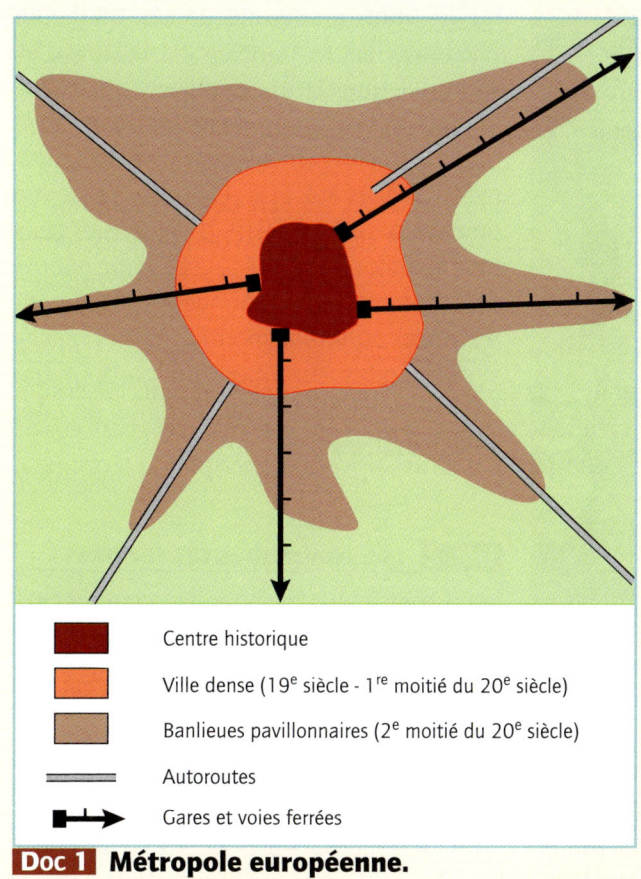

Doc 1 **Métropole européenne.**

- Centre historique
- Ville dense (19e siècle - 1re moitié du 20e siècle)
- Banlieues pavillonnaires (2e moitié du 20e siècle)
- Autoroutes
- Gares et voies ferrées

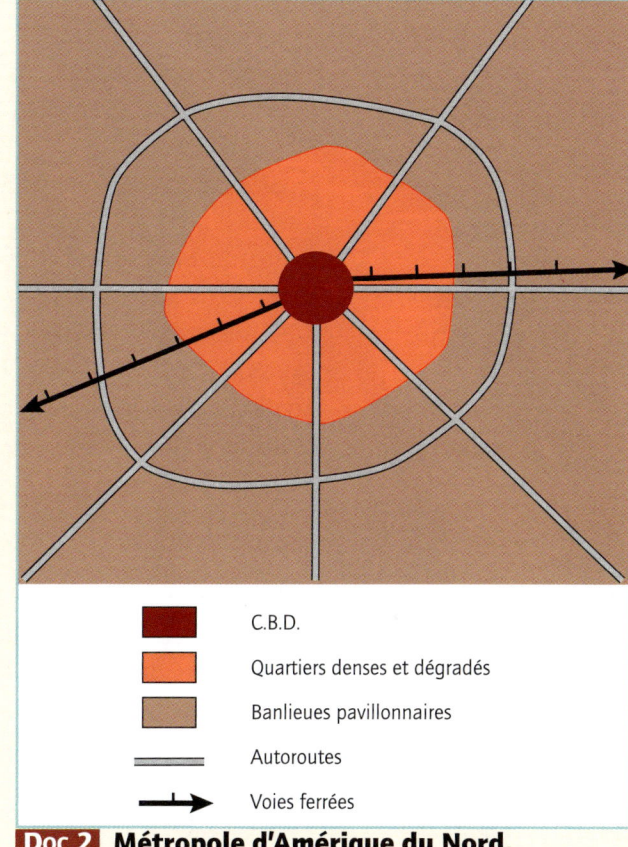

Doc 2 **Métropole d'Amérique du Nord.**

- C.B.D.
- Quartiers denses et dégradés
- Banlieues pavillonnaires
- Autoroutes
- Voies ferrées

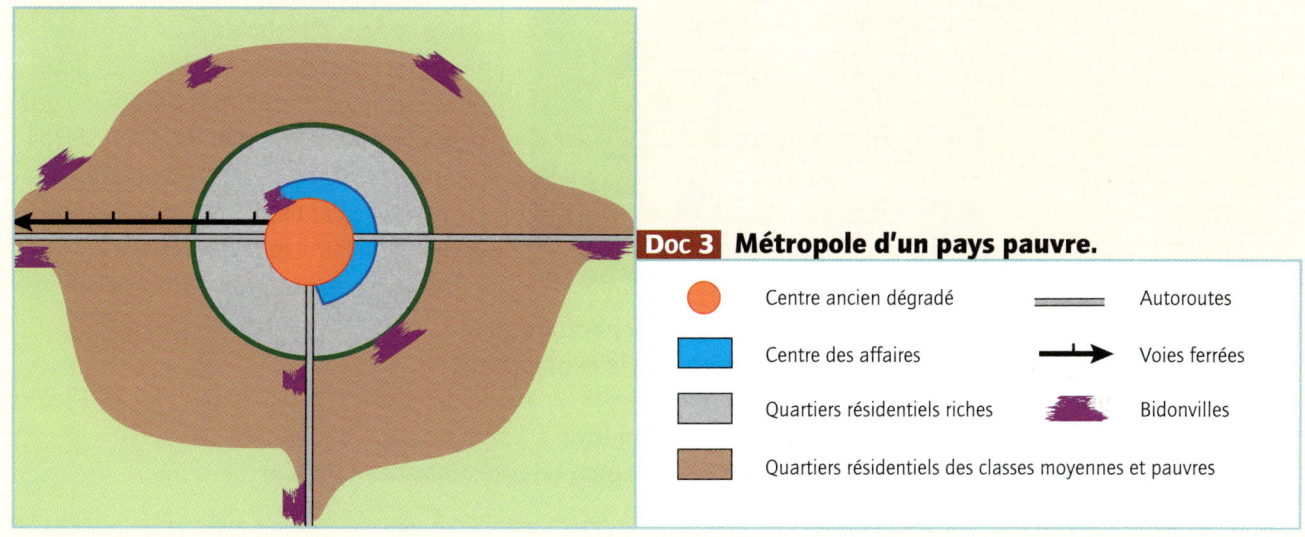

Doc 3 **Métropole d'un pays pauvre.**

- Centre ancien dégradé
- Centre des affaires
- Quartiers résidentiels riches
- Quartiers résidentiels des classes moyennes et pauvres
- Autoroutes
- Voies ferrées
- Bidonvilles

CHAPITRE 14 · PAYSAGES DE MÉTROPOLES

→ Exercices

1. Étudier une banlieue américaine : Las Vegas

Las Vegas, capitale mondiale du jeu, est une ville de plus d'un million d'habitants, située dans le désert du Nevada. Autour du centre touristique s'étendent d'immenses banlieues.

Doc 1 Las Vegas

« Passé le quartier des casinos et des hôtels, Las Vegas ressemble à n'importe quelle autre ville américaine, avec sa faible densité urbaine et ses banlieues résidentielles sans fin. Mais là aussi, en sourdine, une raison sécuritaire détermine le plan d'occupation des sols. Riche de la plus forte croissance urbaine des dix dernières années aux États-Unis, Las Vegas voit pousser à sa périphérie d'immenses quartiers pavillonnaires sécurisés [voir photo], des « communautés fermées » (gated communities) où il faut montrer patte blanche à des vigiles surarmés qui gardent des entrées semblables aux porches de cités moyenâgeuses. »

Bruce Bégout, *Zéropolis*, Alia, 2001.

Doc 2 Les communautés fermées

Aux États-Unis, on appelle *« gated communities »*, des lotissements fermés, protégés par un mur d'enceinte. L'accès y est contrôlé par des vigiles privés. Généralement, ces quartiers résidentiels sont habités par des populations présentant des caractères communs : niveau de revenu comparable, même souci de se protéger des dangers de la ville, parfois même classe d'âge. On dit qu'ils sont socialement homogènes. On compte aux États-Unis 20 000 communautés fermées, soit 3 millions de logements où vivent 8 millions d'Américains. Ces communautés, qui sont en nombre croissant, se situent principalement dans la « Sun Belt ».

1. Las Vegas se situe en plein désert : cela se voit-il sur la photographie ?
2. Décris ce paysage urbain. Quels sont les éléments qui le composent ?
3. Qu'est-ce qu'une « communauté fermée » ?
4. Pourquoi 8 millions d'Américains ont-ils choisi cette solution ?
5. Dans cette banlieue de Las Vegas a-t-on affaire à des communautés fermées ? Qu'est-ce qui permet de le dire ?

2. Étudier trois coupes schématiques

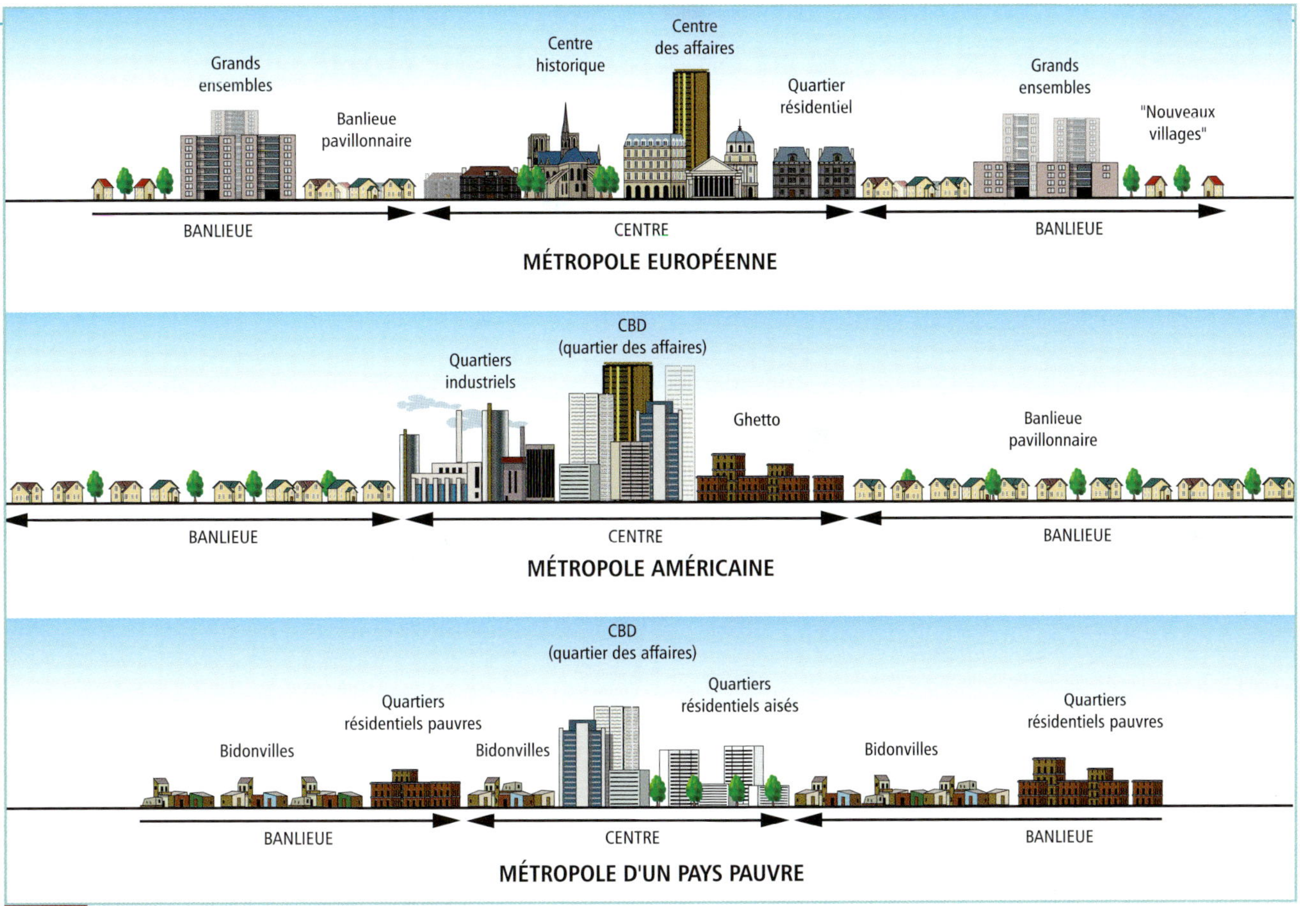

Doc 1 Trois coupes de métropoles.

1. La coupe schématique de la métropole américaine correspond-elle au cas de Chicago ?
2. La coupe schématique de la métropole européenne correspond-elle au cas de Prague ?
3. Décris le paysage du centre de Londres. Correspond-il à la coupe schématique de la métropole européenne ?

Doc 2 Le centre de Londres en 2003.

❶ Tour de londres (11e siècle)
❷ Tower Bridge (1894)
❸ La City

CHAPITRE 14 • PAYSAGES DE MÉTROPOLES 261

chapitre 15 Paysages ruraux du
En Europe et en Amérique du Nord

Doc 1 Rodern, village d'Alsace, au pied du château du Haut-Kœnigsbourg (France).

monde riche

Doc 2 Une exploitation agricole dans l'Illinois, État au Centre-Est des États-Unis.

Lire un paysage

 Comment identifier un village et son terroir ?

1. Rodern : localiser et décrire

Rodern est un village de 313 habitants situé au cœur du vignoble alsacien. Créé au 8e siècle, il se trouve au pied de la forteresse du Haut-Kœnigsbourg, lieu le plus visité de l'Alsace.

Doc 1 Où se situe Rodern ?

Doc 2 L'évolution de la population de 1962 à 1999

Recensement	Nombre d'habitants
1962	277
1968	279
1975	264
1982	264
1990	266
1999	313

	Naissances	Décès	Solde naturel	Solde migratoire
1975-1982	17	16	à calculer	à calculer
1982-1990	27	27	à calculer	à calculer
1990-1999	27	26	à calculer	à calculer

Doc 3 Vue du village depuis le clocher de l'église.

Doc 4 Vue depuis les collines situées au pied des Vosges ; la plaine d'Alsace est au fond.

Doc 5 Données sur la population

« Une seule résidence principale n'a ni baignoire ni douche. Mais certaines manquent encore de confort : ainsi, 47 n'ont pas le chauffage central ou électrique. […] L'équipement en automobile des habitants de la commune est élevé : 10 ménages seulement n'en ont pas. La proportion de ménages ayant au moins une automobile est de 91,4 % ; dans le département, cette proportion est de 84,4 %.

[…] Parmi les 313 habitants de la commune, 145 personnes sont actives : 78 hommes et 67 femmes. Au moment du recensement, 4 de ces actifs cherchent un emploi et 141 travaillent. Parmi ces personnes qui ont un emploi, 37 exercent une profession à leur compte ou aident leur conjoint ; les 104 autres sont salariées. Une petite minorité de ces actifs exerce dans la commune ; 97 personnes vont travailler en dehors. »

Source : http://altair2134.free.fr/html/rodern.html

Doc 6 Le ramassage scolaire
(vers le lycée de Ribeauvillé, le collège « Les Ménétriers » et le collège Ste-Marie)

Horaire des bus : à partir du lundi 7 septembre
Aller : horaire au départ de Rodern

7 h 15	pour le lycée
7 h 32	pour le collège
7 h 20	le mercredi pour les deux

Doc 7 Un village équipé

Grâce à sa richesse en forêt (381 ha) et au produit de la chasse, la commune de Rodern a pu envisager très tôt de rendre la vie de ses habitants des plus agréables.

- La conduite d'eau en 1898
- Installation du courant électrique en 1918
- La construction de la salle des fêtes en 1932
- La construction d'une nouvelle école en 1936
- Le tout à l'égout en 1956

1 Doc 3 Décris le paysage. De quoi se compose l'habitat ?

2 Doc 4 Décris le paysage. Combien de plans y distingue-t-on ? Quelles sont les cultures du premier plan ?

3 Doc 2 Calcule pour chaque période entre deux recensements le solde naturel. Puis calcule le solde migratoire.

4. Quels sont les documents qui montrent les relations entre Rodern et les villes voisines ? Où vont les élèves scolarisés à Rodern ? Combien de km font-ils (doc 1, p. 266) ?

Je découvre

→ Qu'est-ce qu'un « village » en Europe aujourd'hui ?

2. Rodern, en Alsace

Aujourd'hui, en Europe, l'essentiel de la population vit en ville ou en banlieue. Et les villages eux-mêmes sont très intégrés à la société urbaine, quelle que soit leur origine, ancienne ou récente.

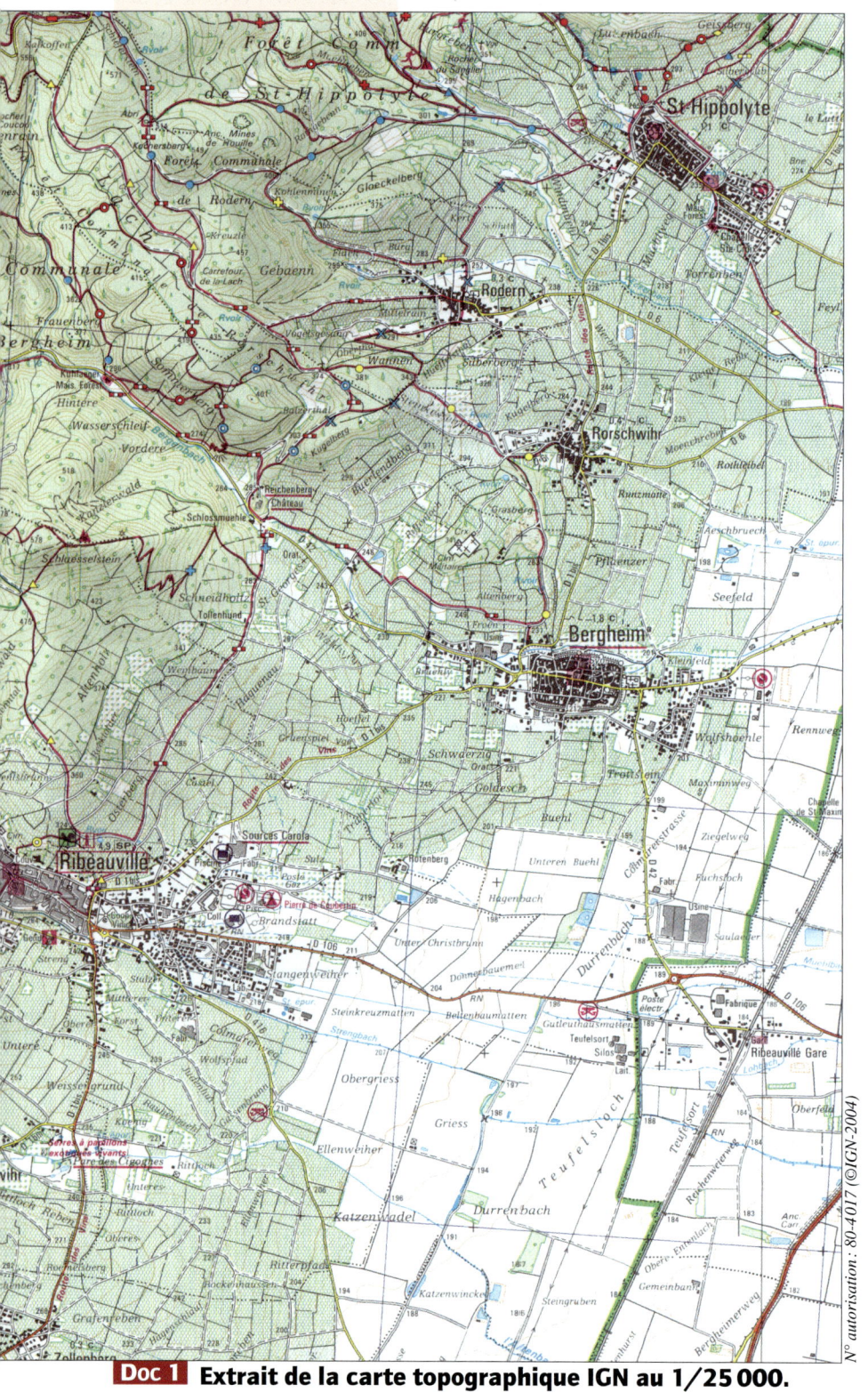

Doc 1 Extrait de la carte topographique IGN au 1/25 000.

Doc 2 Une randonnée

kilomètre	
0	**Départ** : jardin de ville tout droit jusqu'à la route du vin.
0,15	**À gauche** puis première à droite après la cave.
0,5	**À gauche**, 1re à droite puis tout droit.
2,65	**D42 à gauche** puis à droite après la maison.
3,5	**Tout droit**.
3,85	**À gauche**, chemin goudronné.
4,75	**Tout droit** vers nécropole (ou descendre sur Bergheim pour retour sur Ribeauvillé).
5,4	**Tout droit** chemin de terre.
6	Rorschwihr **à gauche** 2e patte d'oie **à droite**.
6,85	**À droite** puis **à gauche**.
7,4	**À droite** après la mairie.
7,6	**À gauche** chemin goudronné.
8,6	Petite montée raide **puis tout droit**.
9,1	St Hippolyte, traverser le parking puis longer les remparts.
9,3	Au calvaire **à droite** (tout droit circuit Sélestat rouge).
10,4	**À gauche** route du vin puis 2e **à droite**.
11,6	**À droite** piste cyclable direction Bergheim.
14,85	**À droite** entre les vignes, longer les remparts (circuit vert).
16,1	Bergheim au bout du chemin, **tout droit** puis suivre les indications du code de la route jusqu'au parking.
16,3	Traverser le parking, **à droite**, **à gauche**, puis **tout droit**.
17,6	Étang de pêche **à droite**, piste cyclable / (tout droit, liaison directe circuit du Vignoble Sud Zellenberg).
19,45	Ribeauvillé après le collège **à droite** puis **tout droit**.
20,1	**Arrivée** : jardin de ville.

N° autorisation : 80-4017 (©IGN-2004)

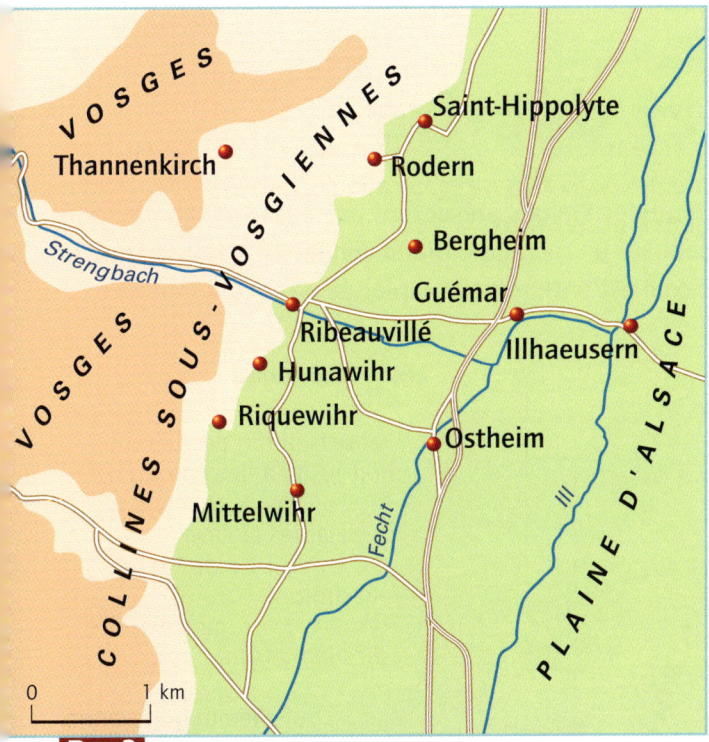

Doc 3 Entre la plaine d'Alsace et les Vosges.

Doc 4 La campagne aujourd'hui

« Si l'on qualifie encore officiellement de "ruraux" ceux qui habitent dans les communes dites rurales, il n'est plus évident qu'il suffise d'habiter la ville ou la campagne pour se retrouver citadin ou campagnard. Les cartes de l'appartenance sont de plus en plus brouillées par des phénomènes qui sont devenus significatifs. Par exemple :
- La mobilité de la population est importante en zone rurale, où se mélangent des populations d'origine et des populations immigrantes, dont une part importante vient de la ville et même, dans certaines régions, de l'étranger […]
- La culture et les attentes de consommation du monde urbain sont largement diffusés dans le monde rural, notamment auprès des plus jeunes ; la vie à la campagne n'est plus concevable maintenant sans une fréquentation habituelle de la ville.
- Réciproquement, les citadins fréquentent de plus en plus assidûment la campagne… »

Y. Janvier, *Naissance de nouvelles campagnes* (dir. B. Kayser), L'Aube, 1993.

Doc 5 Le village au pied du château.

Doc 6 Croquis.

1 **Doc 1 et 2** Décris les différents milieux traversés au cours de ce parcours de VTT, en reprenant le vocabulaire utilisé dans le doc 2.

2 **Doc 1 et 2** Quels sont les éléments qui peuvent inciter les touristes à visiter cette région ?

3 **Doc 1 et 5** En t'aidant de la carte, dis dans quelle direction la photographie a été prise.

4 **Doc 5 et 6** Décris les différents plans de la photographie. Tu pourras ainsi remplir la légende du doc 6.

5 **Doc 4** Quels sont, dans les pages 264 à 267, les documents qui montrent les liens entre les villages et la ville ?

Lire un paysage

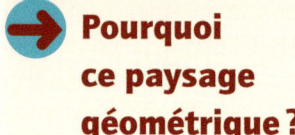
Pourquoi ce paysage géométrique ?

3. Illinois, localiser et décrire

En Amérique du Nord, les Grandes Plaines présentent partout le même paysage géométrique. Elles s'étendent sur un rectangle grand comme cinq fois la France. Cette immense région agricole est entièrement exploitée par des fermiers.

Doc 1 Où se situe l'Illinois ?

Doc 2 Les Grandes Plaines.

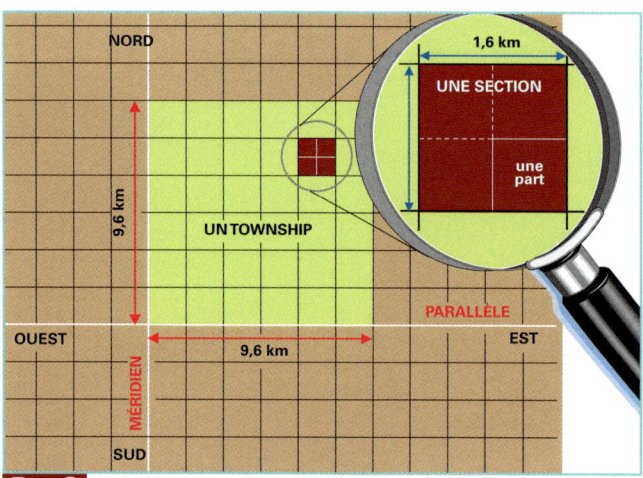

Doc 3 Le découpage des terres.

Lors de la conquête de l'Ouest, au 19e siècle, les terres ont été découpées en carrés égaux appelés sections. Chaque nouveau paysan a reçu une part égale de territoire et y a construit sa maison. 36 sections regroupées en carré forment un *township*. Aujourd'hui, le paysage des Grandes Plaines conserve les lignes de ce damier.

Doc 4 Une grande exploitation : la ferme des Crick

La famille Crick possède cette ferme dans l'Illinois depuis quatre générations.
Peter, le père, et John, son fils aîné, cultivent ensemble 450 hectares de bonne terre. Cette surface représente un carré de plus de 2 km de côté ou l'équivalent de 500 terrains de football ! 300 hectares sont plantés en maïs, le reste en blé. En moyenne, ils récoltent chaque année 80 quintaux de maïs par hectare et 45 quintaux par hectare de blé.

---
1 quintal = 100 kg
1 hectare = 0,1 km x 0,1 km = 0,01 km² (10 000 m²)

Doc 5 Une exploitation agricole dans l'Illinois.

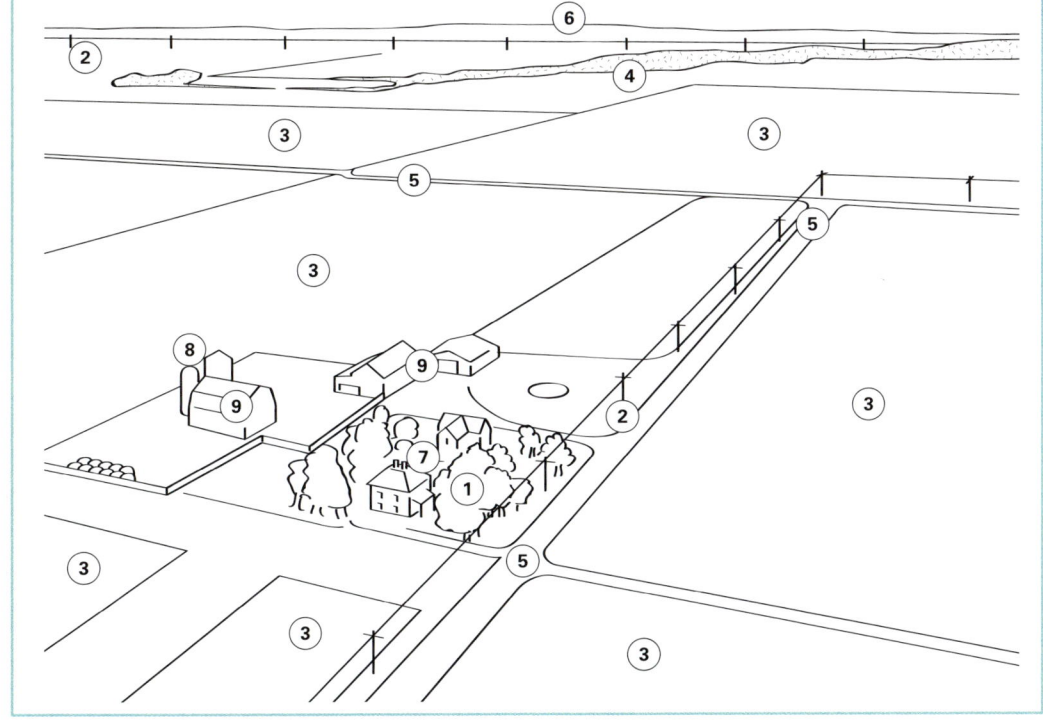

Doc 6 Croquis d'interprétation de la photographie.

Les surfaces :
- cultivées
   (en blé, en maïs)
- boisées

Les lignes :
- d'horizon
- les routes
   et chemins
- les lignes électriques
   et téléphoniques

Les bâtiments et leurs abords :
- maisons
- hangars et granges
- silos
- jardin

1 Doc 2 Dans quel domaine bioclimatique se situent les Grandes Plaines (voir carte pp. 212-213) ?

2 Doc 3 Quand ce découpage a-t-il été réalisé ? Quelle part recevaient les paysans ? Quelles lignes ont-elles été utilisées pour dessiner ce quadrillage ?

3 Doc 3 et 4 Calcule la surface d'une section. Compare aux terres des Crick. Dans la ferme des Crick, quelle plante a le meilleur rendement (production par hectare) ?

4 Doc 5 et 6 Pour expliquer ce type de paysage, retrouve à quel numéro correspond chaque élément cité en légende du croquis.

CHAPITRE 15 • PAYSAGES RURAUX DU MONDE RICHE

Je découvre

→ Quel type d'agriculture trouve-t-on aux États-Unis ?

4. L'agriculture des Grandes Plaines

L'agriculture des Grandes Plaines est extensive. Elle est pratiquée sur de grands espaces peu peuplés. Chaque agriculteur des Grandes Plaines réussit à nourrir cent Américains. Comment obtient-il ce résultat ?

Doc 1 Moisson dans les Grandes Plaines.

Doc 3 La taille des fermes aux États-Unis

Taille	Nombre de fermes
moins de 20 ha	596 000
de 20 à 400 ha	1 223 000
plus de 400 ha	169 000

Doc 4 Comparer trois types d'agricultures de pays riches

	États-Unis	France	Pays-Bas
Surface par actif (en ha)	153	22,4	8,5
Production par ha (en dollars)	198	984	4 203
Production par actif agricole (en dollars)	30 250	22 042	35 725

Source FAO, Banque Mondiale, 1998

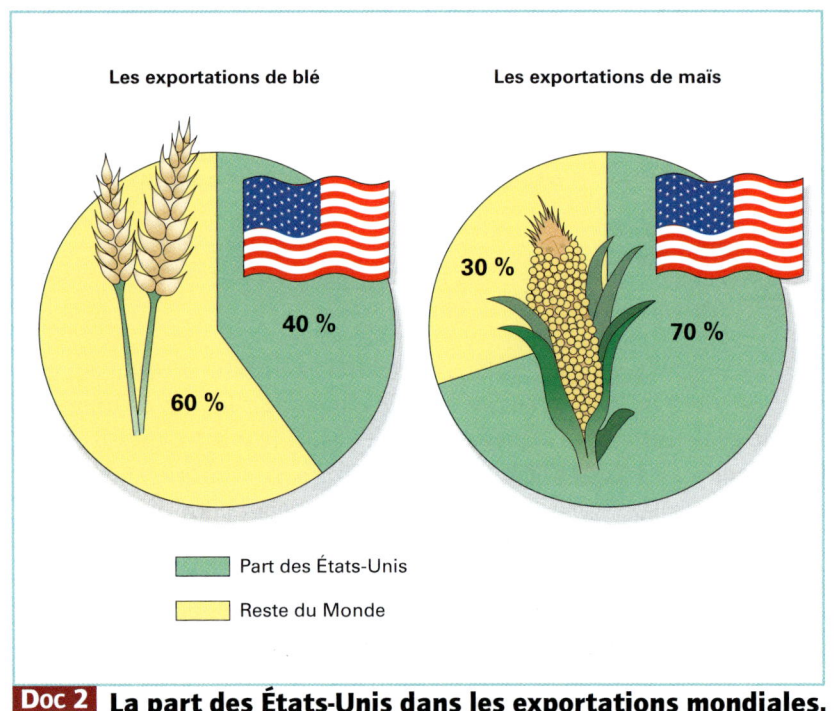

Doc 2 La part des États-Unis dans les exportations mondiales.

Doc 5 Des fermiers américains : en haut, dans un hangar à semences ; en bas, dans un champ de maïs.

1 **Doc 1** Décris ce paysage. À quelle saison ce travail agricole est-il effectué ? Quelles machines récoltent ? À quoi servent les camions ? Pourquoi autant de machines travaillent-elles en même temps ?

2 **Doc 2** Quelle est la part des États-Unis dans la production de blé, et dans celle de maïs ? Rédige quelques lignes qui expliquent pourquoi les États-Unis parviennent à ces résultats.

3 **Doc 5** Quels sont les différents éléments qui montrent qu'il s'agit d'une exploitation agricole d'un pays riche ?

4 **Doc 5** À quoi sert un ordinateur dans une exploitation agricole ?

5 **Doc 4** Quelle est, des trois agricultures, celle qui est la plus intensive (= celle qui produit le plus à l'unité de surface) ? Quelle est celle qui est la moins intensive ?

6 **Doc 4** Quelle est celle qui mobilise les plus grandes surfaces ? Celle qui, finalement, rapporte le plus ?

7 **Doc 4** Rédige un paragraphe pour résumer les différences entre l'agriculture des États-Unis et celle des Pays-Bas.

Bilan

Paysages ruraux du monde riche

A Les espaces ruraux des pays riches

Riches, ces espaces le sont doublement :
– d'une part, ils **produisent beaucoup**. Les campagnes américaines et européennes arrivent non seulement à nourrir les populations urbaines des États-Unis, du Canada et d'Europe occidentale, mais aussi à produire un important courant d'**exportations de produits agricoles** vers le reste du Monde. En effet, les agricultures de l'Amérique du Nord et de l'Europe occidentale sont les **premières au Monde pour les exportations** : de blé, de produits laitiers, de viande, ainsi que de nombreux produits transformés par une **très puissante** industrie agro-alimentaire.
– D'autre part, les habitants de ces espaces ruraux participent du **niveau de vie élevé des populations** de ces deux régions du Monde. Très minoritaires (en général, les ruraux constituent **moins de 20 % de la population** et les agriculteurs moins de 5 % de la population active), ces populations ont le plus souvent des **modes de vie urbains** (ils regardent la télévision, font leurs courses dans les grandes surfaces de la ville la plus proche, etc.) et des **niveaux de vie généralement comparables à ceux de la moyenne des habitants des villes**.

B Campagnes d'Europe : mises en valeur anciennes, modernisations récentes

1. Les campagnes d'Europe, caractérisées par des terroirs variés, sont occupées et mises en valeur par les agriculteurs **depuis très longtemps** : dès la plus haute Antiquité pour certaines, depuis les défrichements du Moyen Âge pour la plupart des autres. Cette ancienneté se lit dans **l'importance du patrimoine** : églises médiévales, châteaux, maisons anciennes, etc.
2. Longtemps, les populations de ces campagnes ont été denses, plus nombreuses que celles des villes. Un exode rural **important**, aux 19ᵉ et 20ᵉ siècles, a vidé ces campagnes de la plus grande partie de leurs habitants. Ne restent aujourd'hui qu'un **petit nombre d'agriculteurs** dans chaque commune, des retraités, mais aussi, de plus en plus, des **actifs qui travaillent en ville**.
3. L'agriculture s'est beaucoup modernisée, avec le départ de la majorité des paysans et **l'agrandissement de la taille des** exploitations agricoles. Aujourd'hui très mécanisées, consommant beaucoup d'engrais, ces exploitations produisent beaucoup, parfois même trop. C'est l' agriculture intensive .

C Espaces ruraux d'Amérique du Nord : mises en valeur plus récentes

1. Pour l'essentiel, les espaces ruraux d'Amérique du Nord n'ont été mis en valeur qu'au cours du **19ᵉ siècle**, par une population qui n'a jamais été très dense.
2. Cette population s'est partagée des exploitations qui, d'emblée, étaient de **grande taille** (de plus en plus grande en allant vers l'Ouest), de **forme géométrique** issue d'un découpage préalable de l'espace.
3. Cette agriculture, directement orientée vers la satisfaction des marchés (autrement dit produisant pour la vente et non pour l'autoconsommation), **produit énormément avec peu d'hommes**, beaucoup de matériels et d'engrais et utilise de très vastes surfaces, bien supérieures à celles de l'agriculture européenne. C'est une agriculture extensive .

DOCUMENTS REPÈRES
PAGES 264-265

DOCUMENTS REPÈRES
PAGES 268-269

Vocabulaire

industrie agro-alimentaire
Industrie qui transforme et valorise les productions agricoles.

exode rural
Mouvement de population des campagnes vers les villes.

terroir
Portion de l'espace définie par des qualités physiques particulières, comme la pente, le climat, la nature du sol. Une commune peut posséder plusieurs terroirs. L'utilisation du sol en sera différente.

exploitation agricole
Ensemble des terres exploitées par un agriculteur.

agriculture mécanisée
Une manière de cultiver en utilisant des machines spécialisées pour chacun des travaux.

agriculture intensive
Agriculture qui recherche de fortes productions à l'unité de surface.

agriculture extensive
Agriculture qui utilise de vastes surfaces et emploie peu de travail.

Retenir autrement

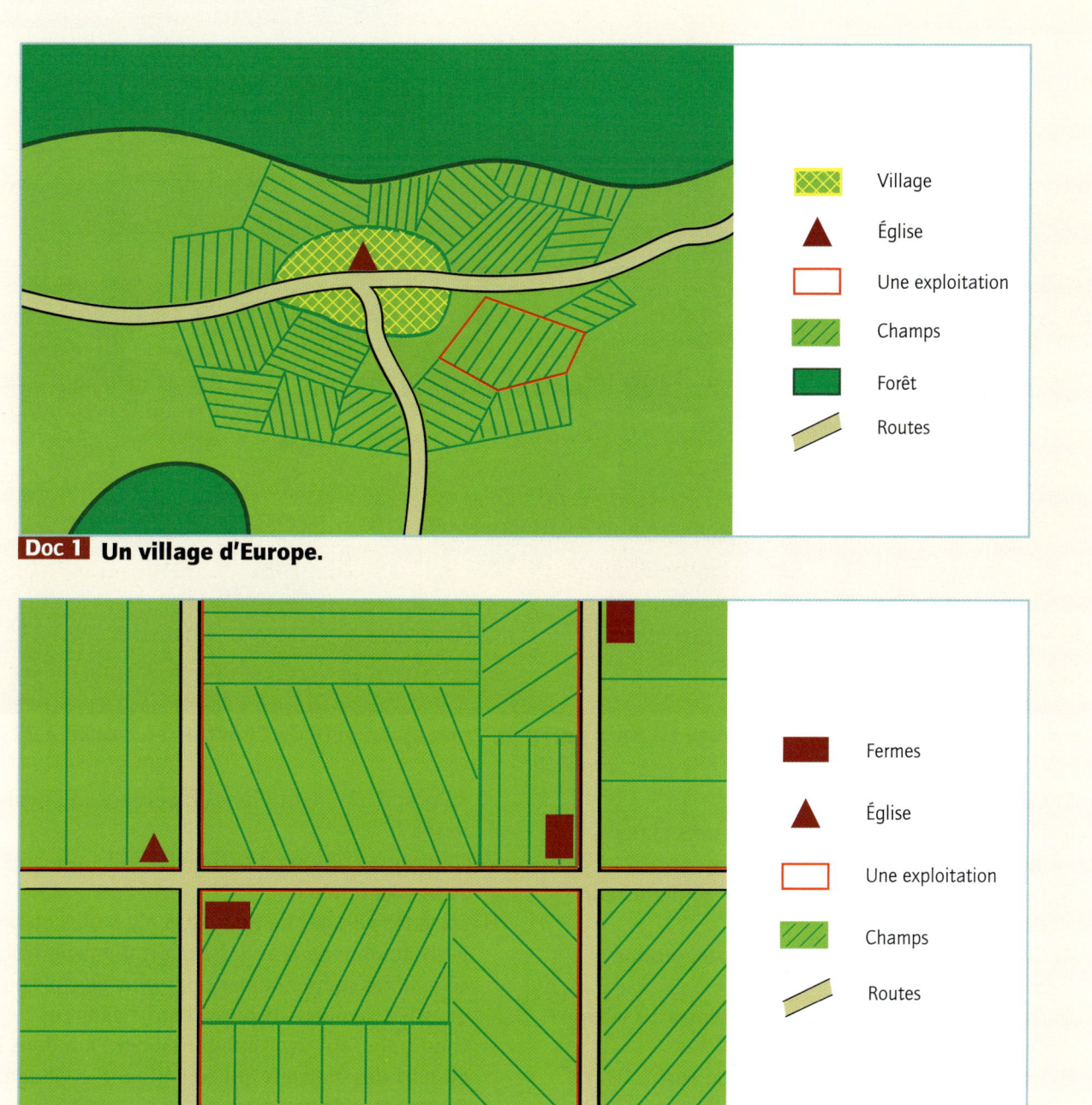

Doc 1 Un village d'Europe.

Doc 2 Un paysage rural d'Amérique du Nord.

→ Exercices

1. Lire un paysage rural

Le village de Santeuil, dans la Beauce (Bassin parisien, France). La ville de Chartres se trouve à 22 km.

1. Quel est le type de prise de vue ?
2. Décris le paysage en dégageant trois plans distincts.
3. De quel type de relief s'agit-il ? Y a-t-il plusieurs terroirs différents ?
4. Comment s'organise l'habitat : est-il groupé ou dispersé ?
5. Quel est le bâtiment qui est au centre du village ? Quels sont ceux qui sont autour ?
6. La Beauce, au centre du Bassin parisien, est une grande région de production de céréales (de blé, principalement) : quel peut être l'usage du grand bâtiment blanc en bordure de la voie ferrée ?
7. Pour quelle raison ce bâtiment est-il situé près de la voie ferrée ?
8. Dans les villages de Beauce, il n'y a plus qu'un petit nombre de grandes exploitations agricoles céréalières (généralement pas plus de trois ou quatre exploitations par village) : dans ces conditions, qui peut habiter aujourd'hui dans la plupart des maisons qui constituent le village ? Où certains de ces habitants peuvent-ils travailler ?

2. Dessiner un croquis d'interprétation de la photographie

1. À l'aide d'un papier calque, dessine un croquis d'interprétation de la photographie de Santeuil, en distinguant d'abord les plans identifiés au cours de l'exercice précédent.
2. Aide-toi de la liste des mots à placer pour identifier sur le croquis les différents éléments du paysage, dans chaque plan.

- cultures de céréales
- routes
- voie ferrée
- village
- église
- maisons individuelles récentes
- hangars
- bois
- jardins
- silos à blé

3. Mettre en relation le paysage et un texte

En France, deux grands types d'agriculture

Le système céréalier est tourné vers la production de blé. Il est pratiqué par des grandes exploitations performantes, utilisant du gros matériel et ayant peu de main-d'œuvre. Favorisé par la politique agricole de l'Europe, il fournit une grande quantité de produits à des prix compétitifs tant sur le marché national que sur le marché international. Il concerne essentiellement le Bassin parisien. Le système viticole existe déjà depuis longtemps avec deux formules distinctes. Les vignobles de qualité de Champagne, Alsace, Bourgogne, Beaujolais, Bordelais... fournissent des produits appréciés, bien commercialisés. Les vignobles fournissant des vins courants, essentiellement dans le Languedoc, sont menacés car soumis à la concurrence sévère des autres pays producteurs, en particulier de l'Italie et de l'Espagne.

D'après D. Noin, *Le nouvel espace français*, A. Colin, 1998.

1. La région de Santeuil appartient à quel système de culture décrit dans le texte ?
2. Quelles sont les caractéristiques de ce type de culture ?
3. La région est-elle marquée par des signes de modernisme ou d'ouverture sur l'extérieur ?

4. Comparer des paysages ruraux

1. Quelles sont les similitudes entre les villages de Rodern et de Santeuil ?
2. Quelles sont les différences entre les deux villages ?
3. S'agit-il du même système agricole ? S'agit-il des mêmes paysages ?
4. Des deux systèmes agricoles, quel est celui qui emploie le plus de main-d'œuvre ? Pour quelle raison ?
5. De quel système agricole déjà étudié dans les chapitres précédents, Santeuil est-il le plus proche ?

chapitre 16 Paysages ruraux du
▸ En Asie et en Afrique

Doc 1 Un paysage rural en Asie : rizières dans le delta du Mékong, au Vietnam, au premier plan : une pépinière

monde pauvre

Doc 2 Un paysage rural en Afrique : un village au Burkina-Faso.

Lire un paysage

→ Quel est le rythme de la riziculture ?

1. Le delta du Mékong, localiser et décrire

Le delta du Mékong est un espace principalement consacré à la riziculture, très densément peuplé (405 habitants par km² en 1995, 89 % des actifs travaillent dans l'agriculture). L'eau y joue un rôle fondamental : la pluie commande les cultures et une grande partie de la circulation et des échanges se fait sur les cours d'eau.

Doc 1 Les précipitations.

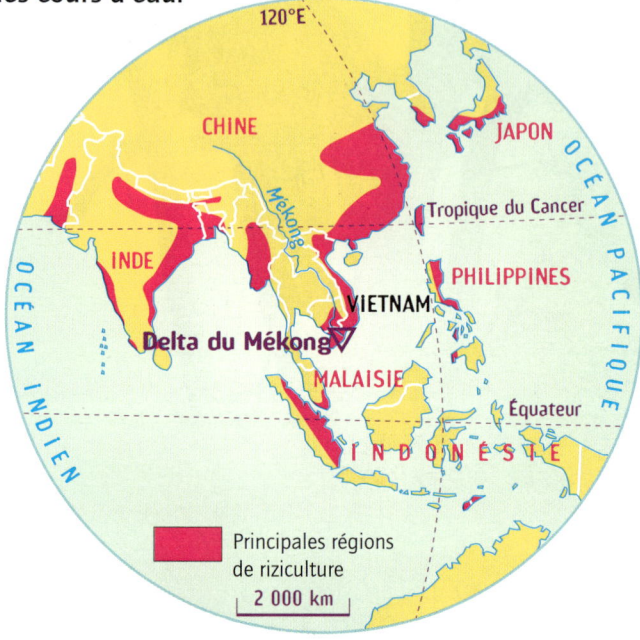

Doc 2 Les régions de riziculture.

Doc 3 Le repiquage du riz. Après avoir poussé dans une pépinière où il reçoit beaucoup de fumures, chaque plant de riz est repiqué dans une parcelle.

Doc 4 Le fleuve Mékong, au mois de février 2000.

Doc 5 Le fleuve Mékong, au mois de septembre 2000.

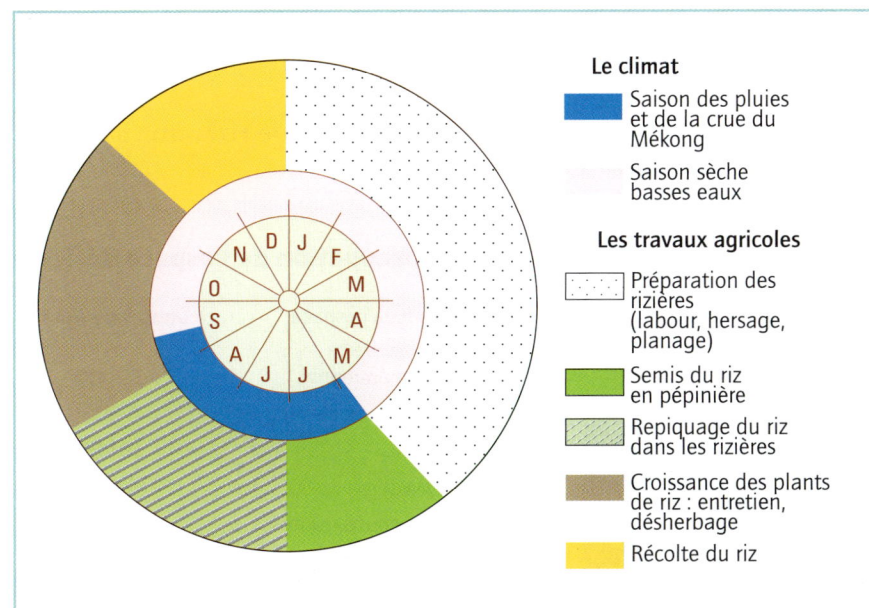

Doc 6 Le calendrier de la riziculture.

Doc 7 Les exigences du riz

La seule exigence climatique du riz est un été chaud et humide mais il ne peut pousser que dans une nappe d'eau dont le niveau doit s'élever en même temps que la plante croît. Le riz exige donc un terrain plat ; il est lié aux plaines basses voisines des grands fleuves, auxquels par des canaux, on prélève l'eau d'irrigation. La rizière est faite de centaines de petites parcelles entourées de diguettes, composant une sorte de damier.

D'après R. Lebeau, *Les grands types de structures agraires dans le monde*, Masson, 1986.

1 **Doc 1 et 2** Dans quel pays se trouve le delta du Mékong ? Dans quelle mer le fleuve se jette-t-il (voir doc 1, p. 280) ? Quels sont les pays qu'il traverse ?

2 **Doc 1 et 2** Calcule la longueur du fleuve.

3 **Doc 3** Décris la photographie. À quelle saison a-t-elle été prise ?

4 **Doc 4 et 5** Repère où se trouve le Vietnam sur la carte des grands domaines bioclimatiques, pages 212-213. Compare ces deux images satellitales. Quelle est la principale différence ? À l'aide du doc 6, donne une explication à cette différence.

5 **Doc 7** Quels sont, selon R. Lebeau, les trois éléments indispensables à la culture du riz ?

CHAPITRE 16 • PAYSAGES RURAUX DU MONDE PAUVRE

Je découvre

→ **Quel est le rôle de l'eau ?**

2. La vie du delta

Le delta du Mékong est très peuplé et entièrement mis en valeur. Il s'agit d'un milieu de vie très particulier, où l'eau est omniprésente.

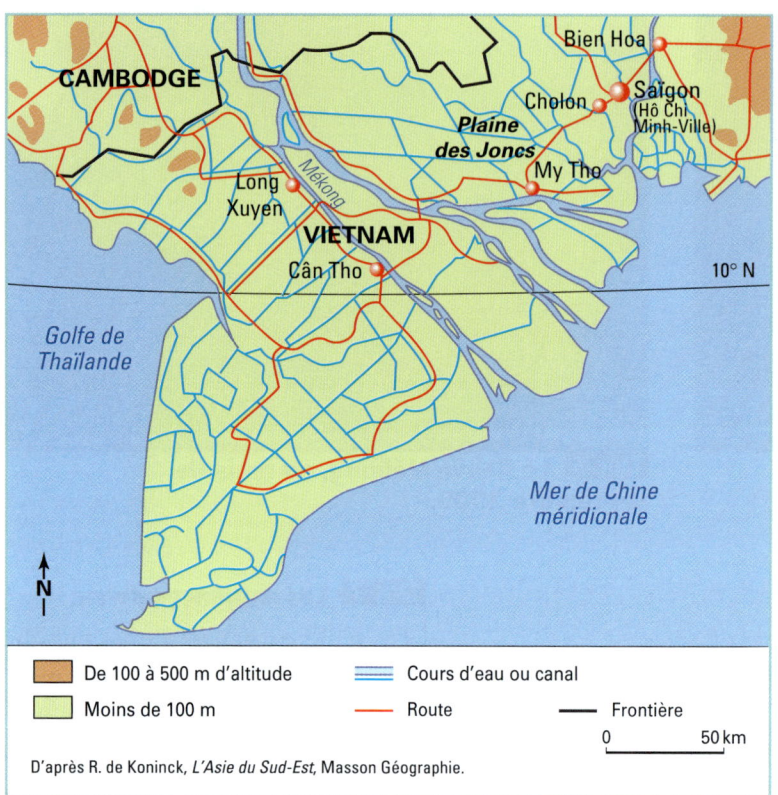

Doc 1 Le delta du Mékong.

Doc 2 Le riz dans le delta

Un cinquième de la population du Vietnam vit dans ce delta. Le moindre hectare, la moindre parcelle cultivable du delta sont exploités par les paysans. Le delta produit à lui tout seul la moitié du riz du Vietnam, ce qui lui permet d'être le troisième exportateur mondial du riz.

Les premiers colons vietnamiens sont apparus seulement à partir du 16e siècle sur ce territoire qui était jusque-là une région marécageuse infestée de crocodiles et remplie de palétuviers.

Aujourd'hui, on y trouve partout des jardins, des champs, des rizières et des vergers. Ces derniers sont en fait de petites parcelles de terre irriguées par des canaux reliés entre eux par des ponts en bambous.

D'après Dan Anh Tuan,
http://www.limsi.fr/Recherche/CIG/Vietnam.htm

Doc 4 L'occupation de l'espace du delta

Occupation de l'espace	Superficie (km²)
Superficie du delta (partie vietnamienne)	39 000
Forêts (y compris mangrove)	3 900
Rizières	18 000
Jardins, vergers	5 800
Villages, chemins, routes	3 900
Cours d'eau, canaux	7 200

Doc 3 Près d'un village dans le delta du Mékong.

Doc 5 **Sur le fleuve Mékong.**

Doc 6 **Marché flottant dans le delta.**

1 Doc 2 Pourquoi le delta est-il complètement mis en valeur ? Depuis quand est-il mis en valeur ? Au prix de quelles difficultés ?

2 Doc 4 Quelle est l'utilisation principale de l'espace du delta ?

3 Doc 5 Décris cette photographie. Pourquoi l'habitat est-il implanté au bord de l'eau ?

4. Quels sont les documents de ces deux pages qui montrent la place de l'eau ? Quelles sont les différentes utilisations de l'eau dans le delta du Mékong ?

CHAPITRE 16 • PAYSAGES RURAUX DU MONDE PAUVRE 281

Lire un paysage

Pourquoi l'agriculture est-elle très dépendante du climat ?

3. Un village au Burkina-Faso, localiser et décrire

Le Burkina-Faso se situe au Sud du Sahara, principalement dans la zone sahélienne. C'est un pays encore principalement agricole (près de 90 % de la population active). Il s'agit d'une agriculture pauvre, très dépendante des conditions climatiques.

Doc 1 Où se situe le Burkina-Faso ?

Doc 2 Quelques données sur le Burkina-Faso (milieu des années 1990)

Superficie du pays	27 400 000 ha
Superficie cultivable	9 000 000 ha
Superficie cultivée	3 688 000 ha
Superficie irrigable	164 460 ha
Superficie irriguée	45 730 ha
Population rurale	85 %
Part de la population ayant accès à l'eau potable	47 %

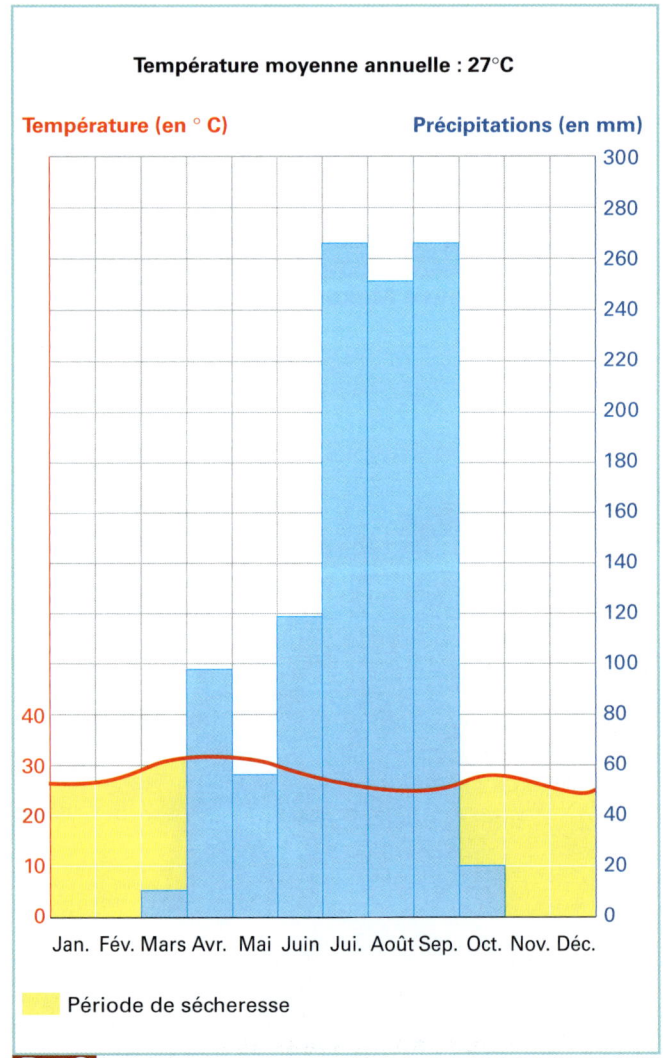

Doc 3 Températures et précipitations au Burkina-Faso.

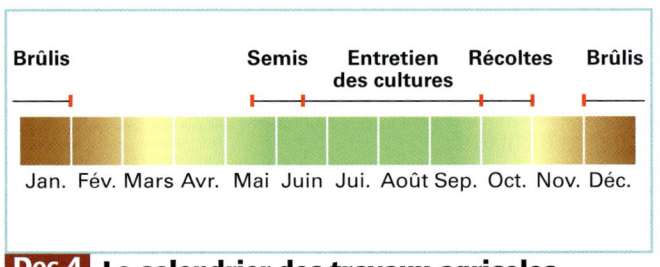

Doc 4 Le calendrier des travaux agricoles.

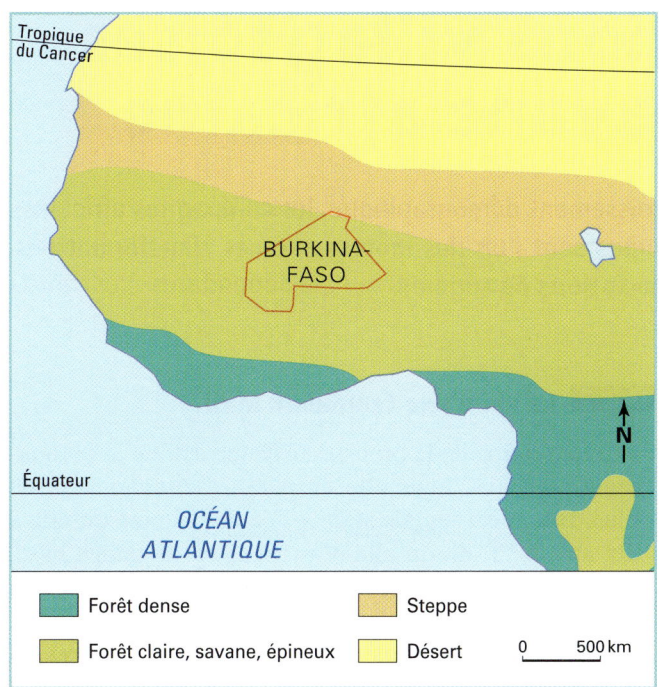

Doc 5 Les zones de végétation en Afrique de l'Ouest.

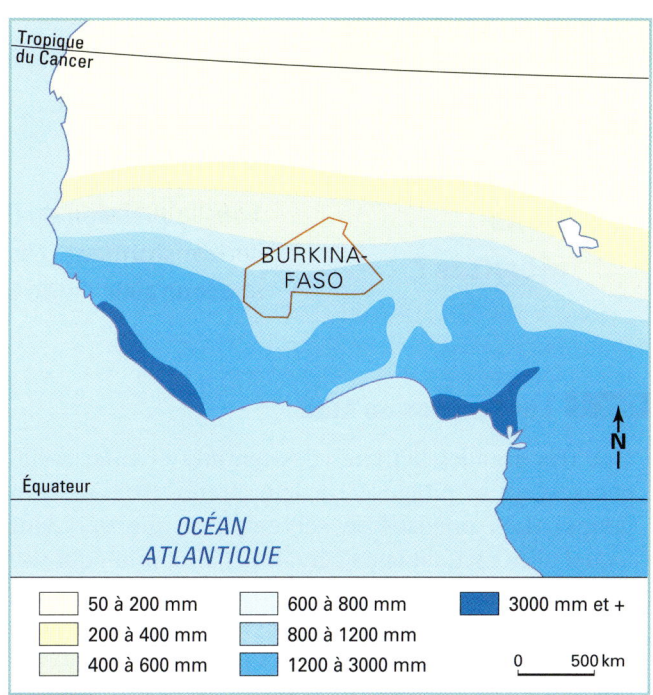

Doc 6 Les précipitations en Afrique de l'Ouest.

Doc 7 Un village au Burkina-Faso.

1 **Doc 1** Dans quelle zone climatique se situe le Burkina-Faso (voir pages 212-213) ? Quel est le niveau de richesse des habitants du Burkina (voir page 194) ?

2 **Doc 3** En quelle saison surviennent les précipitations ?

3 **Doc 5** À quel type de végétation correspond principalement le Burkina ?

4 **Doc 7** Décris la photographie. Dans quel type de végétation est implanté ce village ?

5 **Doc 2** Comment expliquer la différence entre la superficie totale, la superficie cultivable et la superficie cultivée ?

6 **Doc 2** Comment expliquer la différence entre la superficie cultivée et la superficie irrigable ? Et entre la superficie irrigable et la superficie irriguée ?

Je découvre

→ Quelles transformations récentes ?

4. Évolutions villageoises dans la savane africaine

Sous la pression de l'accroissement démographique, les campagnes africaines se transforment. Les femmes sont l'un des moteurs de ces transformations, souvent avec l'aide d'associations étrangères.

Doc 1 Les femmes au Mali

Une des grandes activités des femmes et filles villageoises est le pilage (cela leur prend 30 % de leur temps). Les pileuses se servent d'un mortier dans lequel elles mettent leurs céréales et d'un pilon qui sert à écraser. Les femmes pilent le mil, le sorgho, le riz pour décortiquer la graine de son enveloppe. Les céréales ainsi pilées sont vannées puis pilées à nouveau pour faire des brisures (riz) ou bien des farines (maïs, mil, sorgho). Cette activité se fait à plusieurs, les femmes chantent pour donner un rythme à leurs mouvements car il faut une bonne synchronisation pour qu'il n'y ait pas deux pilons dans le mortier.

Projet Mali, Lycée général et technologique AGORA, Puteaux.

Doc 2 La vie d'une femme au Mali

« Cette femme de la brousse africaine estime avoir quarante-cinq ans, mais elle en paraît facilement dix de plus. Elle n'est jamais allée à l'école. Depuis qu'elle a dix ans, N. T. dit qu'elle n'a jamais eu de temps libre. Les mêmes corvées rythment invariablement ses journées, du lever au coucher du soleil. Elle nettoie la case, va chercher vingt kilos de bois à quatre kilomètres du village et les rapporte sur sa tête, transporte quinze litres d'eau qu'elle va puiser pour arroser son jardin. Avec un gros pilon, elle bat le mil à une cadence. Elle prépare la nourriture pour son mari (que son père a choisi pour elle et qui la bat parfois) et pour ses sept enfants, dont cinq filles, qui ne vont pas elles non plus à l'école parce que leur père s'y oppose. Pour alléger sa charge de travail, N. T. aimerait bien que son mari prenne une seconde épouse. N. T. n'est pas un martyre. Elle représente ce qui est le lot quotidien de trois millions de Maliennes et de dizaines de millions d'Africaines. »

San Finna, hebdomadaire africain.

Doc 3 Un projet de moulin à mil

« Le projet est situé dans le village de Thiomby, distant de Dakar, capitale du Sénégal, d'environ 160 km. Le but du projet est de soulager les femmes du village dans le pilage du mil. En effet, elles sont actuellement obligées de piler le mil à la main pour en extraire la farine servant à la cuisson du couscous. Ce qui rend la paume de leur main très dure malgré la crème traditionnelle qu'elles utilisent pour l'adoucir. C'est un travail harassant et pénible. Avec le moulin à mil, elles ne se feront plus de soucis pour préparer le couscous qui est un plat local très prisé par les populations. Le projet contribuera aussi à la création d'emploi. En effet, il est envisagé le recrutement de deux jeunes du village pour faire fonctionner le moulin. »

ARPA (Aide à la réalisation de projets africains), 2003.

Doc 4 Pileuses et leur mortier.

Doc 5 Femmes au puits, Niger.

Doc 6 Le rôle des femmes dans l'agriculture africaine

« En Afrique, les femmes rurales contribuent pour une très large part au développement agricole. Selon le Bureau International du Travail (BIT), elles représentent 80 % de la force humaine utilisée pour la production alimentaire.

Au Sénégal, elles assurent 70 % des travaux agricoles et un peu plus pour la production vivrière : mil, sorgho, fruits et légumes. Ce sont elles qui s'occupent aussi de l'essentiel de la transformation des produits de la pêche destinées essentiellement au marché intérieur et à l'exportation. Malgré ces performances, les femmes sont encore victimes de discrimination dans l'octroi des crédits et autres avantages dont bénéficient souvent les hommes d'affaires. Toujours selon le BIT, « au Kenya, au Malawi, en Sierra Leone, au Zimbabwe, en Zambie, les femmes perçoivent moins de 10 % des crédits alloués aux petits propriétaires. C'est-à-dire moins de 1 % des crédits ».

Khoudia Diop, *La femme rurale, entrepreneur du troisième millénaire*, http://www.famafrique.org/.

1 **Doc 1** À quoi sert le pilage ? Pourquoi prend-il tellement de temps ? Quel est, dans d'autres parties du Monde, les autres manières de faire ce travail ? Quel est, dans cette double page, l'autre document qui permet de répondre à cette question ?

2 **Doc 3** Décris cette photographie. Qu'apporte-t-elle de plus que celle de la page 283 ?

3 **Doc 2** Pourquoi NT paraît-elle avoir dix ans de plus que son âge ?

4 **Doc 5** Décris cette photographie. Qu'est-ce qui prouve que ce puits a été créé récemment ?

5. Au total, fais un bilan de la contribution des femmes à la production agricole africaine ? Quels sont les différents remèdes qui pourraient améliorer le sort des femmes ?

Bilan

Paysages ruraux du monde pauvre

DOCUMENTS REPÈRES
PAGES 282-283

A Des campagnes du monde pauvre

1. D'**Asie** ou d'**Afrique**, les campagnes sont habitées et mises en valeur par des **paysans très pauvres**. Dans ces campagnes, les hommes et les femmes **travaillent beaucoup**. Il s'agit d'un travail physique souvent épuisant, effectué à l'aide d'**outils peu performants**. Les animaux sont essentiellement utilisés pour les **labours**, tout le reste du travail (préparation des champs, semis, repiquages, récoltes) est effectué à la main.

2. Les agriculteurs vivent dans des villages dont les maisons **manquent généralement de tout confort** : rareté de l'alimentation électrique, absence d'arrivée d'eau potable, etc.

3. Depuis une trentaine d'années, ces campagnes doivent faire face à l'**augmentation des bouches à nourrir**, ce qui oblige à cultiver des superficies plus étendues (lorsque l'espace est disponible) ou bien à demander plus à une même terre.

B Campagnes d'Asie orientale : des pratiques intensives

DOCUMENTS REPÈRES
PAGES 278-279

1. **Le riz** est la **principale plante** cultivée dans les plaines et les deltas d'Asie. Exigeant de pousser les pieds dans l'eau, le riz est parfaitement **adapté au climat de mousson** (pluies estivales) comme **au relief de ces plaines** (pour être en eau, la rizière doit être un **champ plat**).

2. Le riz est une plante qui demande **beaucoup de travail** : en particulier, le **repiquage des jeunes plants** dans la rizière après qu'ils ont commencé à grandir dans d'autres terrains enrichis par des engrais (pépinières).

3. Cette culture occupe une **population nombreuse** et, comme elle fournit des **rendements élevés**, elle permet, en retour de **nourrir de nombreux habitants**. Elle est donc à la fois la cause et la conséquence des **fortes densités** qui caractérisent les **deltas de l'Asie des moussons**.

4. De plus, on peut augmenter la production en faisant se succéder **plusieurs récoltes au cours d'une même année**, pour peu qu'on dispose de réserves d'eau.

C Campagnes africaines : en difficultés face à l'accroissement démographique

1. **La plupart des campagnes africaines** ne sont **pas aussi riches** : des climats moins arrosés, mais aussi des systèmes de culture moins efficaces, tournés vers des cultures vivrières.

2. Dans la savane, une forme de culture encore très répandue consiste à cultiver des champs pendant quelques années puis à les abandonner pour aller en cultiver d'autres, lorsque la terre s'appauvrit, faute d'apports d'engrais. Cette formule **utilise beaucoup d'espace et fournit peu de quantité de produits alimentaires**. Elle ne permet pas d'augmenter la production agricole face à l'accroissement de la population.

Vocabulaire

delta
Plaine littorale construite par un cours d'eau. À son embouchure, lorsqu'un fleuve se sépare en plusieurs cours d'eau, il forme un « delta », du nom d'une lettre grecque ayant une forme de triangle.

mousson
En Asie, vent apportant de très fortes pluies.

cultures vivrières
Cultures de plantes destinées à nourrir d'abord les familles de paysans.

savane
Formation végétale composée de hautes herbes et d'arbres dispersés (baobabs, acacias, etc.).

Retenir autrement

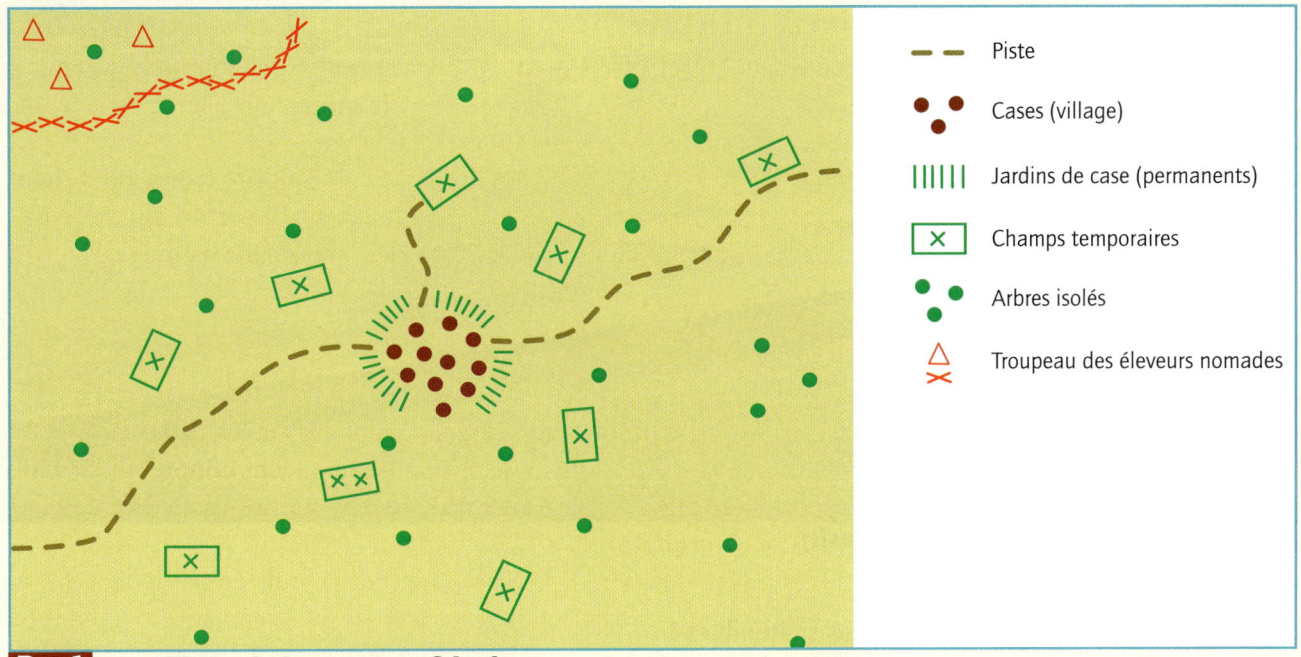

Doc 1 Un village de la savane africaine.

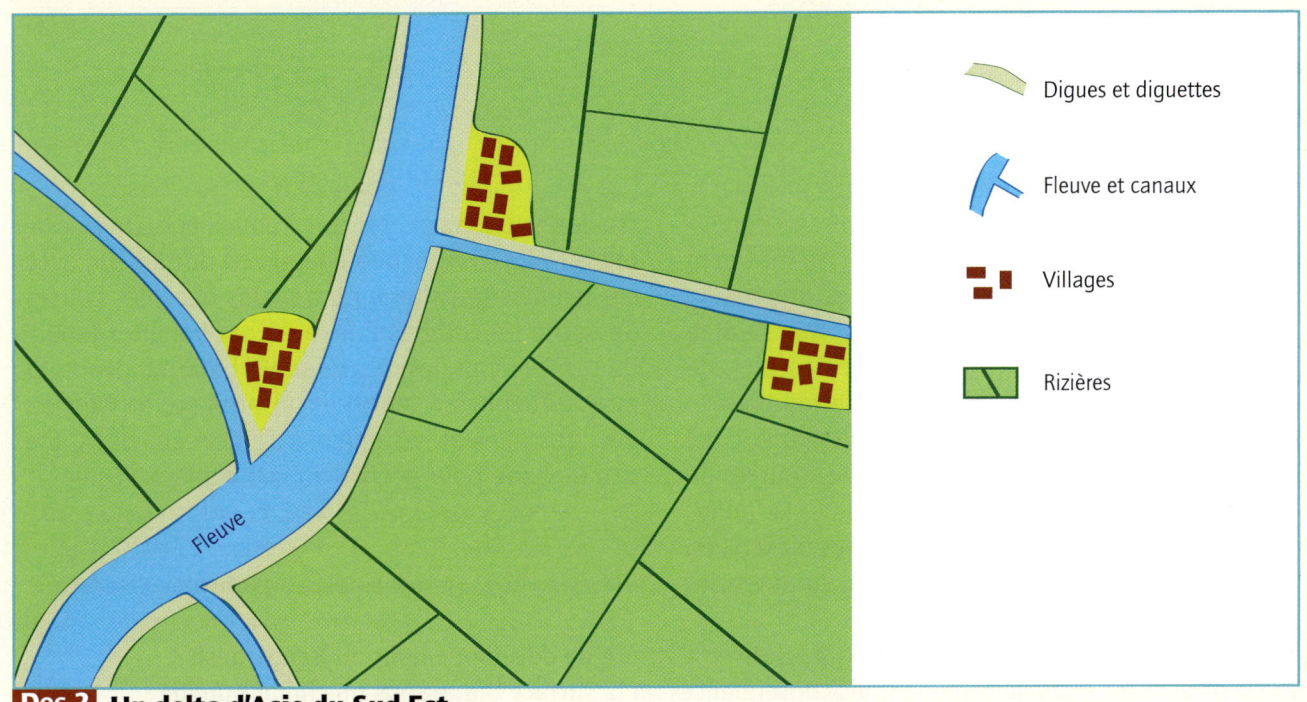

Doc 2 Un delta d'Asie du Sud-Est.

→ Exercices

1. Analyser un paysage

Doc 1 La région de Dacca (Bangladesh).

1. De quel type de relief s'agit-il ?
2. Pourquoi les parties en eau sont-elles si étendues ?
3. Comment le train arrive-t-il à passer ?

2. Étudier un texte

Les campagnes du Bangladesh

« Les trois quarts des Bangladais vivent de l'agriculture, comme chez nous... en 1800. Au fur et à mesure que l'on s'éloigne de Dacca, les rickshaws* font place aux attelages de bœufs. La route s'étire dans les paysages plans et humides de rizières, de nénuphars et de géraniums d'eau, de marchés et d'échoppes de thé, de constructions sur pilotis, d'habitations d'argile, de tôle ou de paille, entourées de poules, de canards et de bétail malingre. Le temps semble s'être arrêté dans ces campagnes préservées, à l'air pur, où il n'y a que des détritus naturels, les feuilles de bananiers servant d'emballage. On se croirait au Moyen Âge, une époque de dur labeur, avec ces femmes transformant, à mains nues, les bouses de vache en combustible, avec ces hommes labourant les champs, les pieds dans la boue, en ayant les pires difficultés à maîtriser un attelage de buffles, avec ces filles et ces garçons s'enfonçant dans une eau glauque pour pêcher, au lieu d'aller à l'école. »

Dorothée Klein, *Le Vif/L'Express*, 23 janvier 2004.

* Tricycle équipé pour transporter des passagers ou des marchandises.

1. Quels sont les mots qui évoquent la pauvreté et le retard de développement du Bangladesh ?
2. Quels sont les mots qui évoquent les conséquences de la surface plane sous un climat humide ?

3. Lire et analyser un paysage

Doc 1 Un village au Sénégal.

1. Localise le Sénégal (voir carte pp. 170-171).
2. Dans quelle zone climatique se trouve ce paysage ? Plus précisément de quel type de climat s'agit-il ?
3. Quelle couleur ont les terres cultivées ?
4. D'après la végétation, à quelle saison a été prise cette vue ?
5. Comment sont disposées les maisons du village ? Que voit-on à côté des maisons ?
6. Comment est placé le village par rapport aux terres cultivées ?
7. À l'aide d'un papier calque, dessine un croquis d'interprétation de la photographie. Indique le nom de chaque élément du paysage.

   ❏ Village   ❏ Champs permanents   ❏ Forêt
   ❏ Jardins de cases   et semi-permanents   ❏ Sentiers

chapitre 17 Paysages de faible

▶ Aux portes du Sahara et en Amazonie

Doc 1 Le village d'Amtoudi, aux portes du Sahara (Maroc).

occupation humaine

Doc 2 Village en bordure d'un cours d'eau, en Amazonie.

Lire un paysage

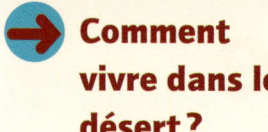

➡ Comment vivre dans le désert ?

1. Amtoudi, localiser et décrire

Amtoudi est un village berbère du Sud du Maroc, une oasis aux portes du Sahara située au fond d'une vallée étroite. Environ 300 familles y vivent, principalement de l'agriculture et par ailleurs du tourisme.

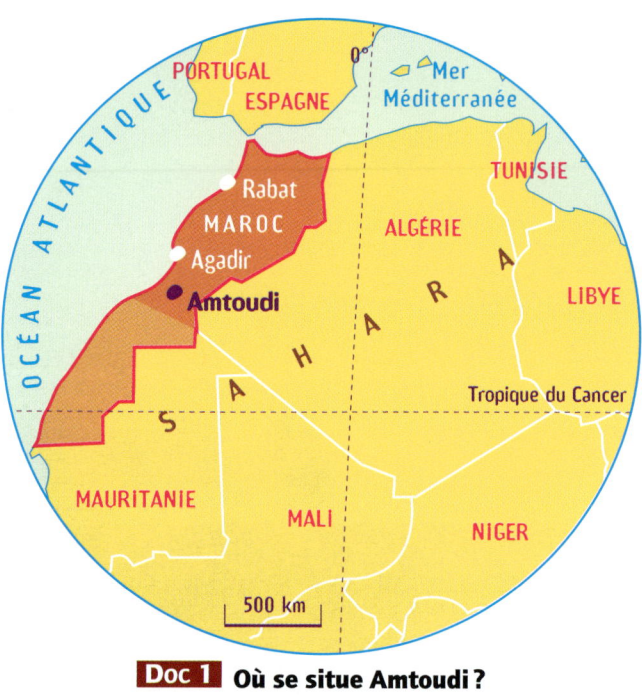

Doc 1 Où se situe Amtoudi ?

Doc 2 Amtoudi, fiche signalétique

C'est une source, qui jaillit au pied de la falaise de grès, qui a fixé le village. Grâce à cette eau, au fond de la gorge, une agriculture s'est développée : sous des palmiers, des figuiers, des amandiers, des abricotiers, et des orangers, s'étendent de petits champs de maïs et d'orge, des jardins potagers (carottes, tomates, piments, etc.). Quelques centaines de mètres en aval, l'eau disparaît et le désert règne. L'été, les températures peuvent dépasser les 45°, mais les nuits d'hiver sont froides. Les précipitations annuelles n'excèdent pas 150 mm.

Le village dispose d'une mosquée, d'une mairie, de 2 minuscules boutiques, d'une école primaire et d'un restaurant. Depuis peu, le village est accessible par la route.

Au-dessus de la falaise, dominant le village, se trouve un « agadir » fortifié, c'est-à-dire un grenier collectif qui servait autrefois à préserver les récoltes des razzias des nomades. Créé au 12e siècle, il a été utilisé jusqu'en 1956. Aujourd'hui, il est visité par les touristes.

Doc 3 Les abords d'Amtoudi.

Doc 4 D'où vient l'eau de l'oasis ?

Doc 5 Vue d'une partie du village prise de l'agadir.

1 `Doc 1 page 290` Décris ce paysage. En quoi est-il caractéristique d'une région sèche ? Y a-t-il des signes d'une modernisation du village ?

2 `Doc 3` Décris ce paysage. De quels éléments se compose-t-il ? De quelle nature sont les contrastes ? Que dire de la végétation ?

3 `Doc 4` D'où vient l'eau ? Pourquoi disparaît-elle rapidement en aval ? Autrement dit, pourquoi l'oasis d'Amtoudi est-elle si petite ?

4 `Doc 5` Recherche la définition du mot « agadir ». Pourquoi celui-ci était perché en haut d'une falaise difficilement accessible ? Quel élément de modernisation de la région voit-on sur la photographie ?

CHAPITRE 17 · PAYSAGES DE FAIBLE OCCUPATION HUMAINE   293

Lire un paysage

 Pourquoi un aussi faible peuplement ?

2. La grande forêt et ses premiers habitants

L'immense forêt amazonienne s'étend sur plusieurs États et, principalement au Brésil. Pendant longtemps, son peuplement, constitué de tribus indiennes, n'a été que très peu nombreux, dispersé sur de vastes superficies. Tout au long du 20e siècle, le nombre des Indiens n'a cessé de reculer.

Doc 1 Où se situe la grande forêt ?

Doc 2 L'écologie de la grande forêt

Les pluies sont extraordinairement abondantes avec des totaux annuels variant entre 2 000 et 3 600 mm avec même des records à 6 000 mm sur les versants orientaux des Andes. Les pluies équatoriales se caractérisent par des averses violentes qui durent peu, une demi-heure à deux heures. Aussi vite qu'elle est venue la pluie s'éloigne et la nature respire, rafraîchie.

En dessous de 200 m d'altitude, les températures moyennes sont de l'ordre de 26° avec des contrastes saisonniers extrêmement faibles ; de moins de 2 °C, et des variations diurnes plus importantes entre 5 et 9 °C. Si les matinées sont fraîches, l'après-midi, le temps est lourd : absence de vent, lumière diffuse mais forte, couleurs éteintes, impossibilité de bouger…

Dans une atmosphère sombre et douce y croît un enchevêtrement de feuilles, troncs et branches où il est difficile d'y percevoir une plante comme une unité.

La grande forêt amazonienne se caractérise par la diversité de ses espèces tant animales que végétales. Sur un seul arbre, on a pu compter 43 espèces de fourmis ; sur une surface de 10 hectares, on a pu compter jusqu'à 700 espèces d'arbres.

D'après M. Droulers, *L'Amazonie,* Nathan, 1995.

Doc 4 L'importance de la forêt amazonienne

« Jusque dans le courant des années 1960, le massif forestier amazonien, qui couvre près de la moitié du continent sud-américain, soit environ six millions de kilomètres carrés (près de onze fois la surface de la France, dont plus de la moitié au Brésil) est resté intact, l'effet des interventions de l'homme restant négligeable. Il s'agissait surtout d'activités de cueillette et d'agriculture itinérante, pratiquée par des populations indigènes ou par des *caboclos,* métis d'indiens et d'européens. Les temps de jachères étaient alors suffisamment longs pour mettre la régénération du sol et du couvert forestier après une ou deux années de cultures vivrières. »

Environnement et développement en Amazonie brésilienne, Belin, 1997.

Doc 3 Vue de la forêt, au sol.

Doc 5 — Les Indiens

« Les populations forestières d'Amazonie, évaluées à un million de personnes, ont été largement décimées au cours des siècles. Leur effondrement démographique est dû tant aux ravages épidémiologiques qu'aux effets de la mise en valeur économique de la région amazonienne. Au Pérou, 15 groupes ethniques ont disparu entre 1900 et 1920, au moment de la ruée sur l'arbre à caoutchouc. Au Brésil, quelque 80 tribus auraient été détruites entre 1900 et 1957 et, de un million, le nombre des Indiens aurait chuté à 220 000.

Des groupes d'Indigènes sylvicoles qui subsistent, à peine quelques-uns restent totalement isolés ou n'ont que des contacts très sporadiques avec les Blancs. La grande majorité des Indiens a maintenant des contacts réguliers avec le monde extérieur. »

M. Droulers, *ouvr. cit.*

Doc 6 — La tribu des Indiens Yanomami en Amazonie

Dans une région recouverte du manteau d'une épaisse forêt, les hommes entreprennent des expéditions pour rapporter la nourriture nécessaire à la tribu. Les femmes cultivent le jardin communautaire. Les bananes, le maïs et le manioc sont les principales cultures vivrières. La tribu habite dans une maison commune construite dans une clairière de la forêt, de forme circulaire et recouverte d'une couverture végétale. Au bout de quelques années, la tribu brûle le shabono[1] et s'en va le reconstruire un peu plus loin dans la forêt. En effet, la terre qui l'entoure s'est épuisée au fil des récoltes et la zone de chasse, qui s'étend sur un rayon de 10 km, s'est appauvrie. De plus, les pluies diluviennes de la saison des pluies viennent à bout de la résistance des matériaux.

D'après F. Pavia, *L'Amazone*, Éditions Time Life, 1995.

1. Shabono : nom indien, désigne la maison commune.

Doc 7 — Un campement Indien.

1. Recherche dans les documents la superficie couverte par la forêt dense amazonienne, ainsi que le nombre total des Indiens. Calcule la densité moyenne de la population de la forêt.

2 Doc 2 Comment s'appelle le climat qui règne au-dessus de la plus grande partie de l'Amazonie ? Pourquoi les températures varient-elles peu au cours de l'année ?

3 Doc 6 Pourquoi les Indiens ont-ils besoin d'utiliser les ressources d'une vaste surface de forêt ? Pourquoi changent-ils régulièrement l'emplacement de leur village ?

4 Doc 5 Quelles sont les causes du recul du nombre des Indiens ?

5 Doc 7 Voit-on des signes de modernisation ?

Je découvre

Pourquoi et comment la forêt amazonienne recule-t-elle ?

3. Les transformations récentes

Depuis la fin des années 1950, le Brésil s'est lancé dans la construction de routes traversant l'Amazonie, afin de mieux intégrer cet immense territoire au reste du pays. Aujourd'hui, la déforestation progresse rapidement en Amazonie, selon un rythme de plus de 30 000 km² par an. Au Brésil, l'État du Rondônia est entièrement inclus dans cette forêt. Naguère encore intacte, cette forêt se transforme rapidement.

Doc 1 Ouverture d'une route à la suite du défrichement.

Doc 2 L'ouverture de la forêt

« À partir des années 1970, les programmes de colonisation, la construction des routes traversant l'Amazone, l'exploitation du bois, l'installation de grandes fermes d'élevage bovin et l'arrivée massive de migrants le long des voies d'accès […], en provenance d'autres régions du Brésil (en particulier du Nordeste aride) commencent à modifier profondément le contexte humain et les paysages. »

Environnement et développement en Amazonie brésilienne, Belin, 1997.

Doc 3 Déforestation en Amazonie.

Doc 4 Rondônia : 235 500 km² et 1 340 000 habitants.

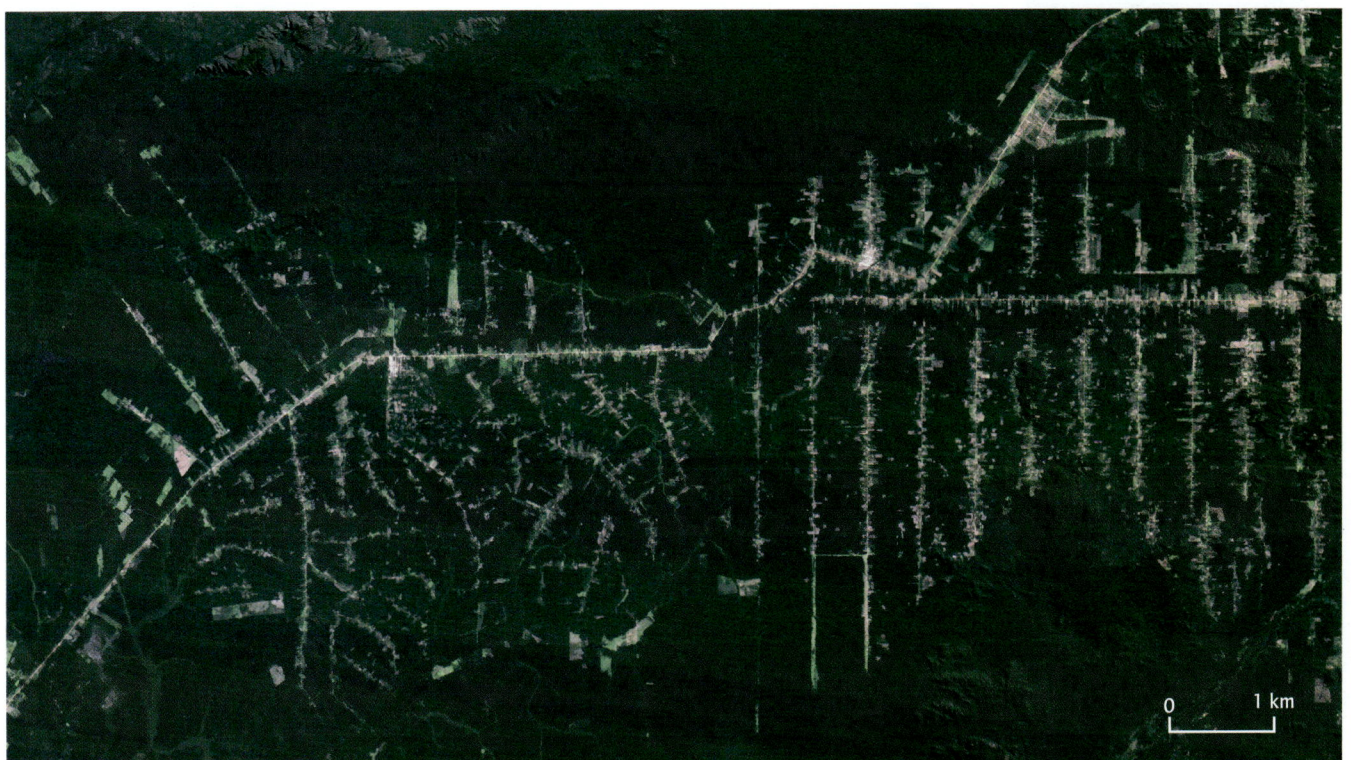

Doc 5 et 6 **La progression de la déforestation dans l'État du Rondônia (région d'Ariquemes).**
En haut : 1992, en bas : 2001 (images prises par satellite).

1 **Doc 1** Calcule la densité moyenne de l'État de Rondônia.

2 **Doc 2** Quelles sont les différentes causes de la déforestation ?

3 **Doc 3** Que s'est-il passé dans cette portion de la forêt ? Comment cette clairière a-t-elle surgi ?

4 **Doc 4 et 5** Compare ces deux images. Comment s'est produit le défrichement entre 1992 et 2001 ? À partir de quel point de départ ?

CHAPITRE 17 • PAYSAGES DE FAIBLE OCCUPATION HUMAINE

Lire un paysage

 Comment les hommes ont-ils aménagé un milieu contraignant ?

4. Paysage de haute montagne dans les Andes

Les communautés indiennes des Andes, au Pérou, vivent en haute altitude, entre 2 000 et 4 000 m. Elles mettent en valeur un espace d'accès difficile et où les conditions de vie sont dures.

Doc 1 Un paysage de haute montagne : sur un versant des Andes au Pérou, à plus de 3 500 mètres d'altitude.

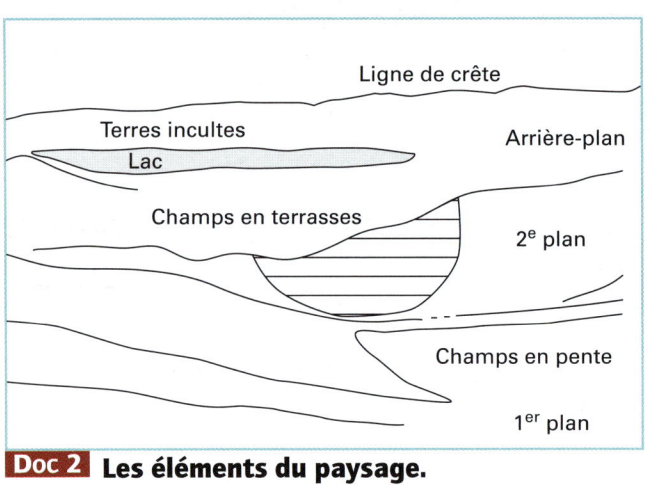

Doc 2 Les éléments du paysage.

Doc 3 Où se situent les Andes péruviennes ?

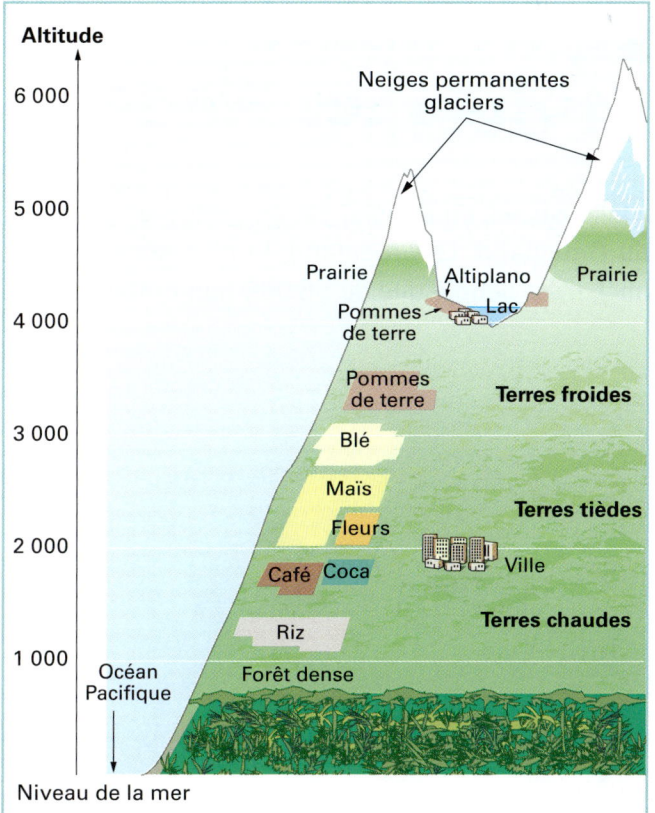

Doc 4 L'étagement de la végétation et de la culture dans les Andes.

Doc 5 L'aménagement d'un versant en terrasses au Pérou.

Doc 6 Un labour sur un versant.

1 **Doc 1** Décris le relief de cette montagne, puis la végétation. Décris le travail des paysans : outils, gestes. Pourquoi les paysans travaillent-ils en ligne ? En observant le sol, dis à quelle saison la photographie a été prise. Quels éléments montrent qu'il doit faire froid ?

2 **Doc 1 et 4** Compte tenu de l'altitude, quelle est, probablement, la plante que vont faire pousser ces paysans ?

3 **Doc 4** Comment expliquer l'étagement des plantes cultivées ?

4 **Doc 5** Pourquoi seulement une partie de ces versants est-elle aménagée ?

Lire un paysage

→ Pourquoi un aussi faible peuplement ?

5. Ilulissat, localiser et décrire

Ilulissat en langue Inuit (Jakobshavn, en danois) est un petit port de pêche situé sur la côte Ouest du Groenland. Le Groenland, la plus grande île du Monde (2,2 millions de km²), n'est peuplé que de 56 000 habitants.

Doc 1 Où se situe Ilulissat ?

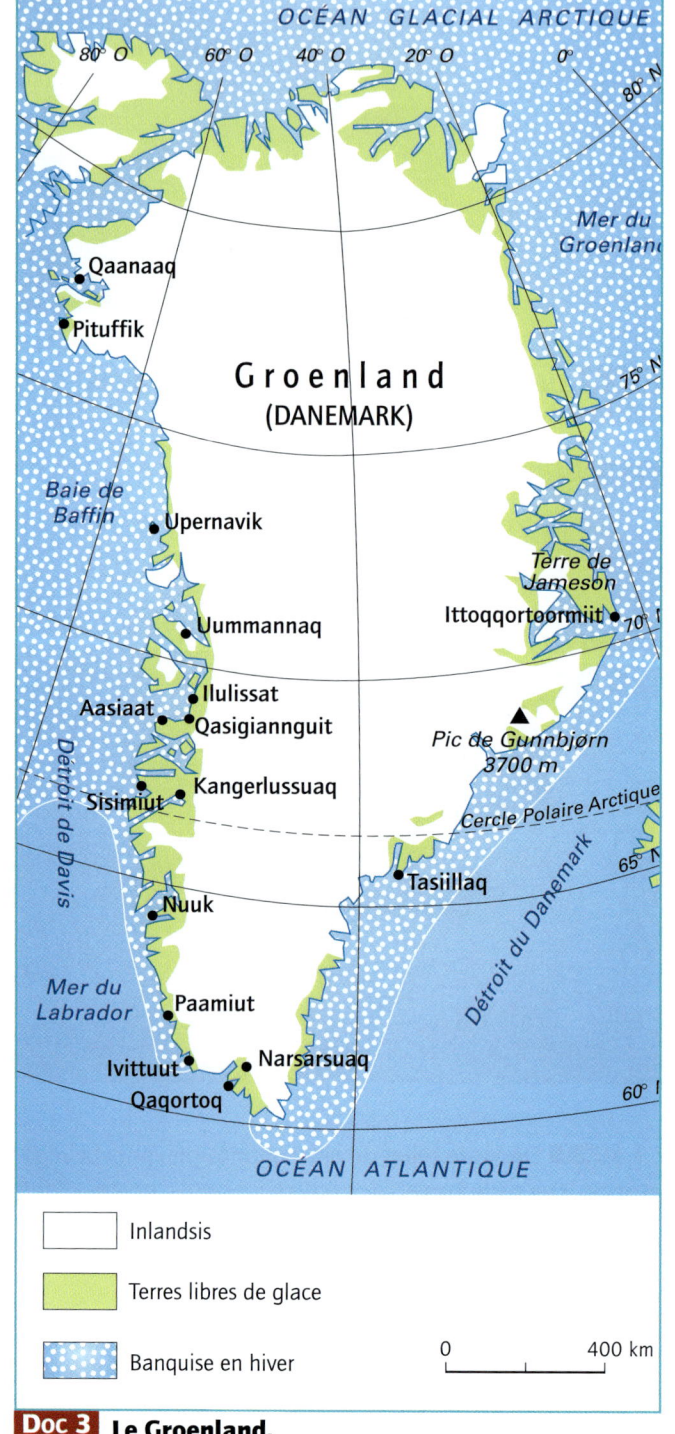

Doc 3 Le Groenland.

Doc 2 Un voyage à Ilulissat

Ilulissat signifie « Les icebergs ». C'est la 3ᵉ ville du Groenland avec environ 4 500 habitants. Elle est située à la sortie de l'Ice Fjord et voit passer les plus gros icebergs de l'hémisphère Nord. Il faut ajouter la présence de 4 000 chiens de traîneau.

L'arrivée à Ilulissat décrite par Arlette :

« Paris-Copenhague sous la pluie. Puis au bout de l'aéroport, la salle d'embarquement pour Kangerlussuaq. La majorité des voyageurs est Inuit. Alors, le voyage commence. 5 heures de vol pour nous poser sur l'aéroport perdu au bord de l'inlandsis. Ici les groenlandais côtoient les touristes en chaussures de marche et sac à dos. Un dernier avion à hélices de 60 places ; nous sommes au dessus des nuages. Tout à coup, en descente, nous les traversons et un fabuleux spectacle s'offre à nous : les icebergs géants dérivent côte à côte dans la baie d'Ilulissat. Ils sont orangés par le soleil descendant. L'avion les survole à basse altitude. Je suis si fascinée que je n'ai même pas l'idée de prendre une photo. »

Le voyage d'Arlette et Alain Diblan au Groenland Ouest, 23/11/2002.

Doc 4 Prise de vue en été.

Doc 5 Femme à la pêche et sa famille.

1 **Doc 2** Situe sur la carte Ilulissat. Quelle est la latitude ? Pourquoi la petite ville est-elle sur la côte ? L'hiver, la mer est-elle accessible ?

2. Calcule la densité moyenne du Groenland. Pourquoi est-elle aussi faible ? De quoi se compose principalement la surface du Groenland ?

3 **Doc 4** Décris la photographie. Ce paysage ressemble-t-il à celui d'une ville ? Que voit-on au dernier plan ? Comment expliquer cette présence ? Quel est l'autre document de cette double page qui permet de répondre à la question ?

4 **Doc 5** Qu'est-ce que la banquise ? Quelle est la partie de cette scène qui permet de confirmer la définition de la banquise ? Distingue ici les éléments « modernes » et ceux qui sont « traditionnels ».

CHAPITRE 17 • PAYSAGES DE FAIBLE OCCUPATION HUMAINE 301

Bilan

Les espaces de faible occupation humaine

Amtoudi, l'Amazonie brésilienne, les Andes du Pérou et le Groenland ont en commun d'offrir à des habitants très peu nombreux des conditions de vie difficile, dans des milieux naturels très différents situés aux marges de l'espace habité.

A Le désert : le Sahara

DOCUMENTS REPÈRES PAGES 292-293

1. Au Sud du Maroc, commence **le désert du Sahara**, le plus étendu de la planète. Les **précipitations, très faibles** (moins de 150 mm/an), combinées à des **températures très élevées** en été, empêchent toute agriculture en dehors des oasis qui disposent de ressources en eau (cours d'eau, le plus souvent des oueds, sources, puits).
2. Partout ailleurs, le désert est un **espace minéral** (sableux ou pierreux), seulement parcouru par des **nomades** menant des troupeaux ou des véhicules qui ravitaillent les lieux de vie ponctuels que sont les oasis. **L'exploitation de ressources pétrolières ou la venue de touristes** aux marges du désert illustrent la modernisation des activités du Sahara.

B L'Amazonie

DOCUMENTS REPÈRES PAGES 294-295

1. Le bassin de l'Amazonie est couvert d'une **forêt dense, toujours humide, sous une latitude équatoriale.**
2. Cette forêt n'est pas un milieu facile pour les petits groupes d'hommes qui y vivent (Indiens) sans moyens : **chaleur et humidité constante**, **faible éclairement** sous des arbres élevés et une végétation d'une extrême densité. Lorsque la forêt est défrichée, les hommes peuvent s'y établir en plus grand nombre et, même, y édifier des **villes importantes**.

C La haute montagne

DOCUMENTS REPÈRES PAGES 298-299

La vie, dans la haute montagne andine, est difficile : à cause de la **pente**, de **l'altitude** (l'oxygène se raréfie) et du **froid nocturne**. Pourtant, de **vieilles civilisations** s'y sont établies, mettant en valeur des **versants**, notamment en y créant des **terrasses**. Les hommes se concentrent dans les vallées et tirent parti de **l'étagement**.

D Le grand Nord

DOCUMENTS REPÈRES PAGES 300-301

Le **Groenland**, en grande partie situé au Nord du cercle polaire arctique, offre des **conditions de vie extrêmes** aux hommes : l'essentiel de cette **immense île** (2,2 millions de km^2) est occupé par un inlandsis et seules certaines côtes connaissent un **dégel estival**. En hiver, le froid est intense et les glaces prennent la mer elle-même. **L'été est court**. Les hommes se sont adaptés à ces conditions, en vivant de la **chasse** et de la **pêche**. Aujourd'hui, leur mode de vie est modernisé : **la pêche** est la principale ressource, à laquelle s'ajoute maintenant **un peu de tourisme**. Au total, le Groenland ne compte que **56 000 habitants**.

Vocabulaire

oasis
Espace de végétation et de cultures liés à la présence d'eau au milieu d'un désert.

oued
Cours d'eau à écoulement temporaire (lorsqu'il pleut).

désert
Voir p. 211.

défrichement
Action consistant à faire disparaître la végétation naturelle pour développer un autre usage de la terre (mise en culture, mise en pâture, urbanisation, etc.).

inlandsis
Calotte glaciaire, masse de glace très épaisse recouvrant une très vaste région.

Retenir autrement

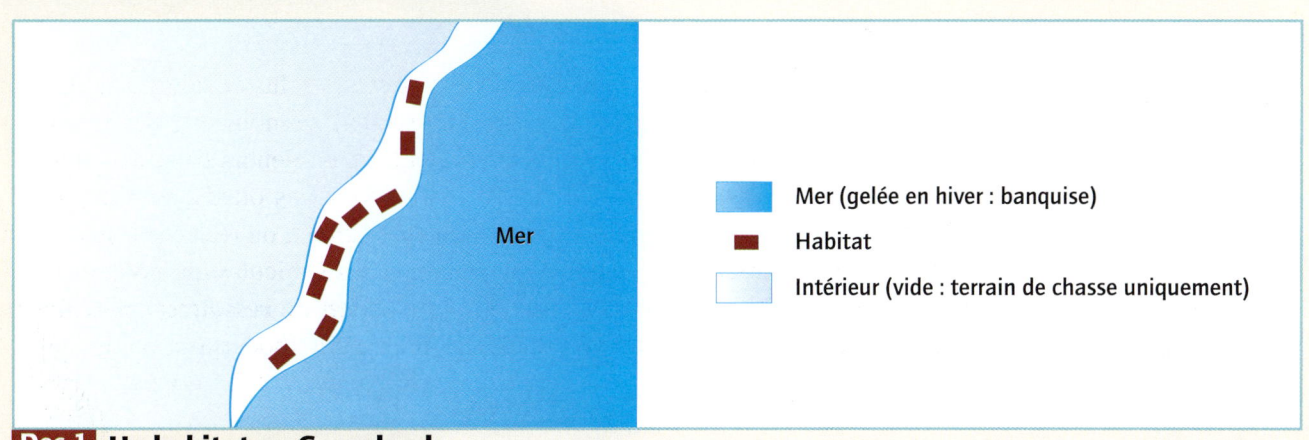

Doc 1 Un habitat au Groenland.

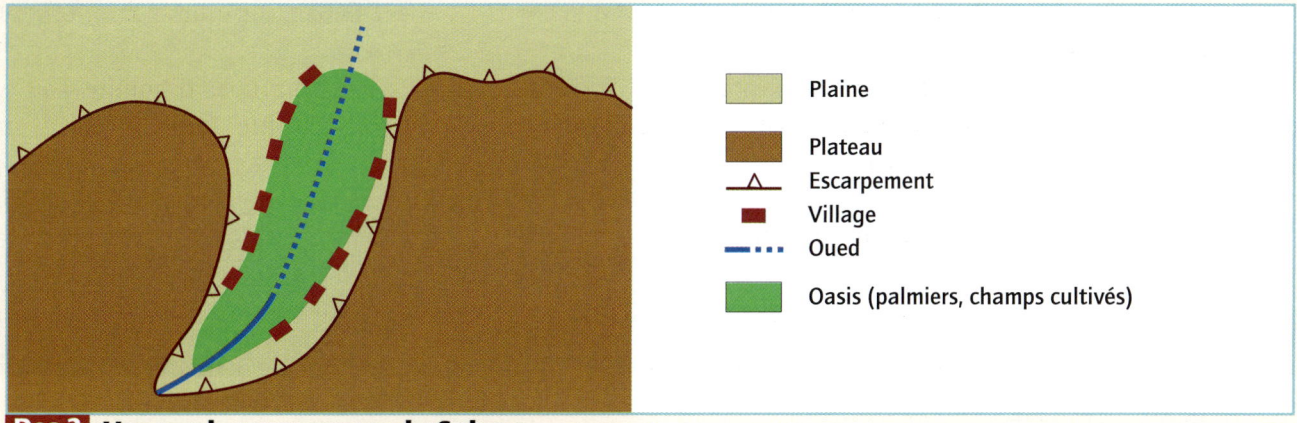

Doc 2 Une oasis aux marges du Sahara.

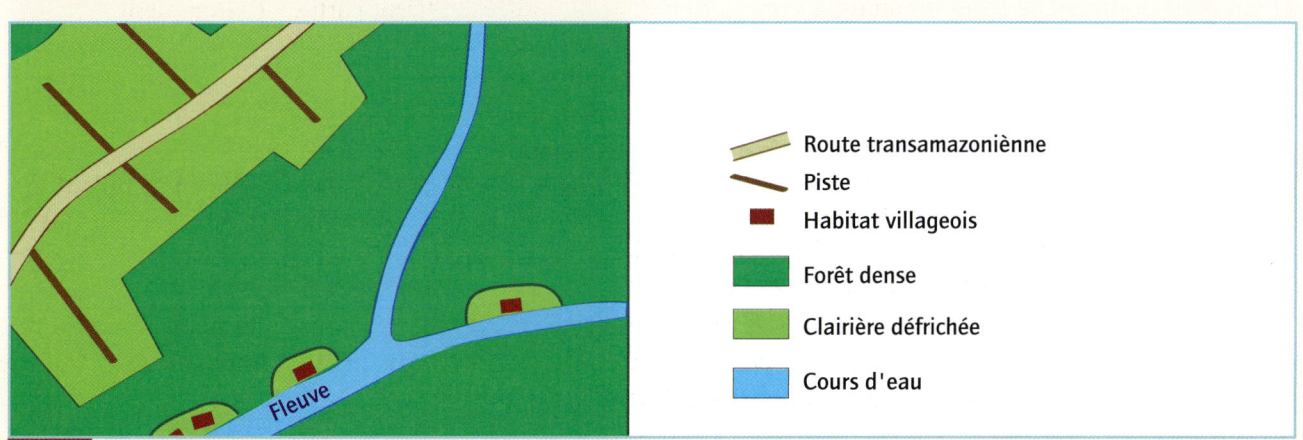

Doc 3 Mise en valeur de la forêt amazonienne.

CHAPITRE 17 • PAYSAGES DE FAIBLE OCCUPATION HUMAINE

→ Exercices

1. Étudier un paysage de haute montagne

La vallée d'Urubamba (Pérou).

1. Sur quel continent se situe le Pérou ?
2. Dans quelle grande chaîne de montagne se trouve ce pays ?
3. De quel type de prise de vue s'agit-il ? D'où la photographie a été prise ?
4. Décris les contrastes de ce relief : combien d'éléments y distinguer ?
5. Comment les différents éléments du relief sont-ils mis en valeur ?
6. Sur cette photographie, on peut reconnaître 5 plans différents : décris chacun d'entre eux en recopiant le tableau ci-dessous.

Plan	Type de pente	Type d'occupation du sol
1er plan		
2e plan		
3e plan		
4e plan		
5e plan		

2. Compléter un schéma

Complète une copie de ce schéma (l'étagement des cultures dans l'Himalaya) en utilisant les mots suivants :

- sommet
- vallée
- village
- rizières
- maïs
- blé et pommes de terre
- forêts
- glaciers et neiges permanentes

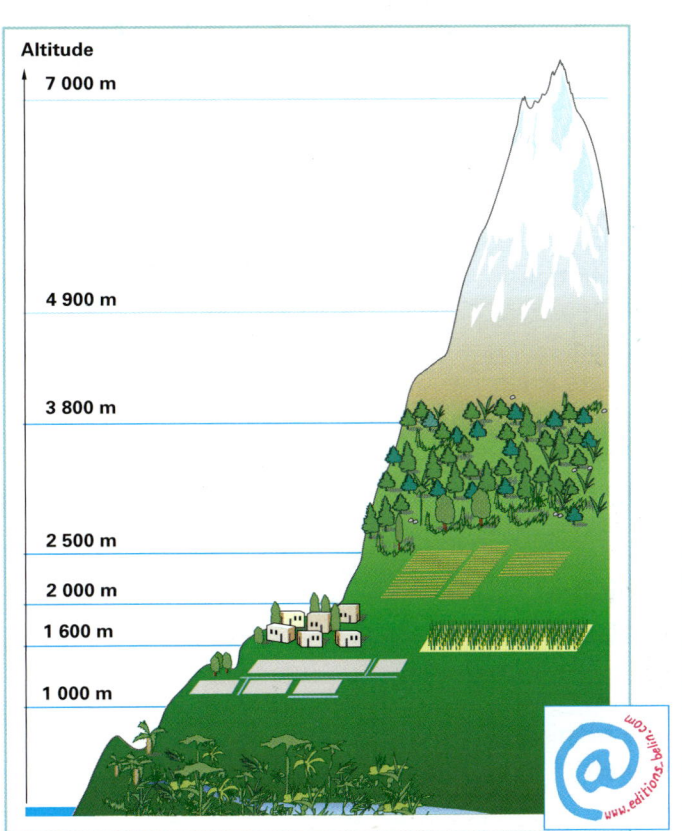

3. Mettre en relation une carte et un tableau

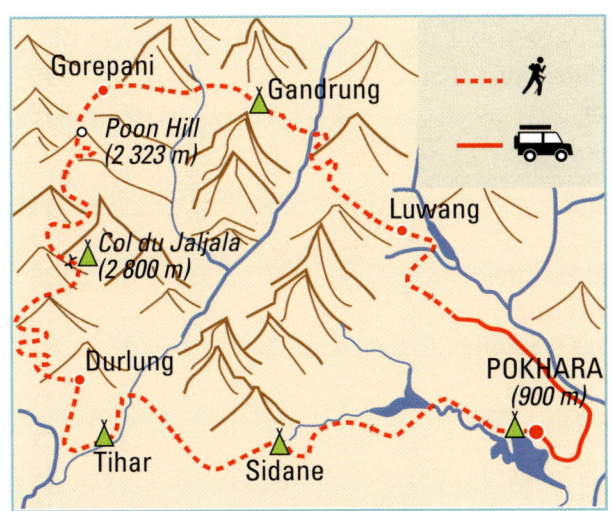

Une randonnée dans l'Himalaya.

Les températures moyennes à Katmandou	automne	printemps
à 1 330 m		
Jour	20 °C à 25 °C	20 °C à 30 °C
Nuit	10 °C à 15 °C	15 °C à 20 °C
à 3 000 m		
Jour	5 °C à 15 °C	10 °C à 20 °C
Nuit	5 °C à -5 °C	0 °C à -5 °C
à 5 000 m		
Jour	5 °C à -10 °C	5 °C à -10 °C
Nuit	0 °C à -25 °C	0 °C à -15 °C

1. Quel est le point de départ de la randonnée ? Son altitude ?
2. Quelle est l'altitude maximum atteinte par les randonneurs ? De cet endroit, on contemple l'Anapurna, qui culmine à 8 073 m. Calcule la dénivellation.
3. Quelles températures les randonneurs vont-ils avoir en automne au col du Jaljala ?
4. Relève la température la plus basse, la température la plus haute. Cite les trois éléments qui font varier les températures.
5. Pourquoi les agences de voyage ne proposent-elles pas de randonnée en hiver ?

Index des mots de vocabulaire

A

accroissement naturel 187
Acropole 87
agglomération 259
Agora 87
agriculture 15
agriculture extensive 273
agriculture intensive 273
agriculture mécanisée 273
alphabet 15
altitude 225
amont 211
ampithéâtre 135
apogée 135
apôtre 153
aqueduc 135
arc de triomphe 135
artisanat 15
Auguste 135
autel 67
aval 211

B

banlieue 259
baptême 153
Barbare 67
basilique 153
Bible 51
bidonville 259

C

CBD centre des affaires 259
centre historique 259
chrétien 153
cirque 135
cité 67
citoyen 87, 117
civilisation 67
civilisation hellénistique 99
colonie 67
comédie 87
communion 153
consuls 117
contrôle des naissances 187
conversion 153
corvée 35
crucifier 153
crue 35

D

culte 35, 51, 67
culte impérial 135
cultures vivrières 287

D

défrichement 303
delta 35, 287
démocratie 87
dénivellation 211
désert 211, 303
diaspora 51
dictateur 135
dynastie 99

E

Ecclesia 87
écriture 15
écriture cunéiforme 15
Église 153
émigrer 197
équipements collectifs 259
Évangile 153
évêque 153
Exode 51
exode rural 273
exploitation agricole 273

F

fonctionnaire 35
Forum 117

G

garrigue 211
gorge 211
Grand Pontife 135
guerre civile 135
guerres médiques 87

H

héros 67
hiéroglyphes 15
Histoire 15
hoplite 87

I

immigrer 197
Imperator 135
industrie 239
industrie agro-alimentaire 273
inlandsis 303

306

irrigation 35
Israélites 51

J
judaïsme 51
Juifs 51

L
légions 117
limon 35
littoral 239

M
magistrat 117
malnutrition 197
maquis 211
martyr 153
Messie 153
métèque 87
migration 51, 197
momie 35
monothéiste 51
mortalité 187
mousson 287
musée 99
mythe 35
mythologie 67

N
natalité 187
Néolithique 15
nomade 15

O
oasis 303
oued 303

P
païen 153
pape 153
patriarche 51
patriciens 117
pente 211
persécution 153
phalange 99
Pharaon 35
philosophe 87
pictogramme 15
plébéiens 117

PNB 197
PNB par habitant 197
polythéiste 35
précipitations 211

R
recensement 117
République 117
ressusciter 153
romanisation 135

S
sacrifice 67
sanctuaire 67
sarcophage 35
savane 211
savane 287
sceptre 35
scribe 15
sédentaire 15
Sénat 117
solde migratoire 187
sous-nutrition 197
station touristique 239
stratège 87
synagogue 51

T
Table de la Loi 51
taïga 211
temple 15
terre-plein 239
thermes 135
toundra 211
tourisme 239
tragédie 87
trière 87
troc 15

V
vallée 211
versant 211
vizir 35

Y
Yahvé 51

Liste des cartes

CARTES EN HISTOIRE

▶ **1 Le Croissant fertile** — 6
   La diffusion de l'agriculture et de l'élevage — 8
   à partir du Croissant fertile — 8

▶ **2 L'Égypte et la vallée du Nil** — 19

▶ **3 Le trajet des Hébreux selon le récit de la Bible** — 38
   Les royaumes des Hébreux — 44

▶ **4 Le monde grec vers 500 av. J.-C.** — 54
   Les cités grecques autour de la mer Égée — 58
   Le territoire de la cité d'Athènes — 70
   Athènes et Le Pirée au 5e siècle av. J.-C. — 71
   Plan de la ville d'Athènes — 71
   La puissance d'Athènes au 5e siècle av. J.-C. — 73
   La conquête d'un empire par Alexandre le Grand — 90
   Alexandrie, une ville carrefour — 94
   Alexandrie d'Égypte à l'époque hellénistique — 94

▶ **5 Les conquêtes romaines** — 102
   Les peuples de l'Italie vers 600 av. J.-C. — 106
   Plan de Rome à l'époque des rois étrusques — 107
   La deuxième guerre punique (218-201 av. J.-C.) — 113
   La conquête de la Gaule — 114
   L'organisation de l'Empire romain au 2e siècle — 122
   Le commerce dans l'Empire romain au 2e siècle — 123
   Plan de la Rome impériale — 125
   La Gaule romaine sous l'Empire — 128

▶ **6 L'expansion du christianisme** — 138
   La Palestine au temps de Jésus — 144
   Un des voyages de l'apôtre Paul — 146

▶ **7 Les grandes invasions barbares au 5e siècle** — 157
   Les royaumes barbares en 476 — 159

CARTES EN GÉOGRAPHIE

▶ **8 Continents et océans** — 167
   Le globe terrestre — 168
   Les États du Monde — 170-171
   L'itinéraire de Philéas Fogg autour du Monde — 174
   La course du Vendée Globe — 175

▶ **9 La répartition de la population des hommes sur la Terre** — 178-179
   La densité de la population du Canada — 181
   La répartition de la population au Canada — 181
   La densité de la population en Égypte — 182
   Le nombre moyen d'enfants par femme — 184
   L'évolution de la population mondiale — 184

▶ **10 La population du Monde par État (anamorphose)** — 192
   Le PNB par État (anamorphose) — 193
   Population du Monde par État — 194
   Répartition du revenu par habitant — 194
   Les aires de départ et d'arrivée — 195

▶ **11 Les zones de chaleur** — 203
   Les précipitations — 203
   Zone polaire arctique — 204
   Zone polaire antarctique — 204
   La zone chaude — 206

▶ **12 Les grands domaines bioclimatiques** — 212-213
   Carte du cumul des précipitations du 8 au 9 septembre 2002 — 215
   Les grands ensembles de relief — 216-217

▶ **13 Où se situe Nagasaki ?** — 230
   La baie de Nagasaki — 230
   Les zones industrielles du Japon — 232
   Où se situe Benidorm ? — 234
   Plan de Benidorm — 235
   Le climat en Espagne — 236

▶ **14 Où se situe Prague ?** — 244
   Plan de Prague — 245
   Où se situe Chicago ? — 248
   Plan de Chicago — 248
   Où se situe Casablanca ? — 254
   Plan de Casablanca — 254

▶ **15 Où se situe Rodern ?** — 264
   Entre la plaine d'Alsace et les Vosges — 267
   Où se situe l'Illinois ? — 268
   Les Grandes Plaines — 268

▶ **16 Les précipitations en Asie du Sud-Est** — 278
   Les régions de riziculture — 278
   Le delta du Mékong — 280
   Où se situe le Burkina-Faso ? — 282
   Les zones de végétation en Afrique de l'Ouest — 283
   Les précipitations en Afrique de l'Ouest — 283

▶ **17 Où se situe Amtoudi ?** — 292
   Où se situe la grande forêt ? — 294
   Rondônia — 296
   Où se situent les Andes péruviennes ? — 298
   Où se situe Ilulissat ? — 300
   Le Groenland — 300

(en couleur : les cartes repères du Programme)

Liste des documents téléchargeables

→ **Liste des documents téléchargeables sur notre site internet**
www.editions-belin.com/cpl/hisgeo6/2004.htm

La naissance de l'agriculture et de l'écriture (frise chronologique)	16
Le Croissant fertile (carte)	16
L'Égypte antique (frise chronologique)	36
L'espace égyptien (carte)	36
Le trajet des Hébreux dans le Croissant fertile (carte)	52
L'espace grec (carte)	68
La Grèce antique (mots croisés)	88
La Grèce antique (frise chronologique)	100
L'empire d'Alexandre (carte)	100
Rome, de la fondation à l'apogée (frise chronologique)	118
La Gaule au moment de la conquête romaine (carte)	118
L'Empire romain (carte)	136
La Palestine au temps de Jésus (carte)	154
La naissance du christianisme (mots croisés)	154

L'itinéraire de Philéas Fogg autour du Monde (carte)	174
Carte de la course du Vendée Globe (carte)	175
Les foyers de population (carte)	188
Les dix premières agglomérations mondiales (carte)	189
Les grands ensembles de relief (carte)	226
Croquis des formes de relief	226
Croquis du Morne Brabant	227
Croquis photographie de Benidorm	234
Croquis photographie de Rodern	267
Croquis photographie de l'Illinois	269
Croquis photographie des Andes péruviennes	298
Croquis de l'étagement des cultures dans l'Himalaya	305

Crédits

▶▶ **COUVERTURE : hg :** © 1997 Digital Vision Ltd, **mg :** Office du tourisme de Benidorm, **bg :** Hoa-Qui, Troncy. **Document principal :** Vallée des Nobles, fresque *La Chasse et la pêche*, tombe de Nakht/© Dagli Orti.

▶▶ **ILLUSTRATIONS :**
Hélène FUGGETTA : pages 7, 11, 15, 19-20, 32, 35, 39, 51, 53, 55, 67, 87, 99, 103, 112, 117, 122, 132, 135, 137, 139, 147, 153, 155, 157.
Jean-François BINET : pages 48, 62, 76-77, 85, 111, 161 rep. 76, 163 rep. 85.
François BROSSE : pages 9, 29, 80-81.

▶▶ **SCHEMAS :** Orou MAMA
▶▶ **CARTOGRAPHIE :** LÉGENDES CARTOGRAPHIE-Marie-Sophie PUTFIN
▶▶ **ICONOGRAPHIE :** Brigitte RICHON

RÉFÉRENCES PHOTOGRAPHIQUES
▶ **HISTOIRE :**

p. 7 : Nimatallah, AKG Images ; **p. 8a** : AKG Paris, Lessing ; **p. 8b** : Musée national suisse, Zurich ; **p. 8c** : Josse ; **p. 8d** : RMN, Schormans ; **p. 9 (3)** : RMN, Larrieu ; **p. 9 (4)** : Israël Museum, Collection Antiquities Authority ; **p. 10 (1)** : Dagli Orti ; **p. 10 (2)** : RMN, Blot ; **p. 10 (3)** : Dagli Orti ; **p. 11** : Roger Viollet ; **p. 12 (1)** : Rapho, Gerster ; **p. 13** : Josse ; **p. 15hg** : RMN, Larrieu ; **p. 15hd** : Nimatallah ; **p. 15bg** : Dagli Orti ; **p. 17 (1)** : Magnum, Burri ; **p. 17 (2)** : RMN, Blot ; **p. 17 (3)** : Dagli Orti ; **p. 17 (4)** : AKG Paris ; **p. 18** Stierlin ; **p. 20** Altitude ; **p. 21 (4)** : Dagli Orti ; **p. 21 (5)** : Dagli Orti ; **p. 21 (5)** : Ashmolean Museum, Oxford, Bridgeman Art Library ; **p. 22 (1)** : RMN, Chuzeville ; **p. 22 (2)** : Josse ; **p. 23** Josse ; **p. 24 (1)** : Rapho, Vegi, White Star ; **p. 24 (2)** : Liepe ; **p. 25 (4)** : SCALA Picture Library ; **p. 25 (6)** : Dagli Orti ; **p. 26 (1)** : RMN, Blot ; **p. 26 (2)** : RMN ; **p. 26 (3)** : Bridgeman Art Library, Giraudon ; **p. 27 (5)** : Bridgeman Art Library ; **p. 27 (6)** : Bridgeman Art Library, British Museum, Londres ; **p. 27 (7)** : Dagli Orti ; **p. 28 (1)** : Dagli Orti ; **p. 28 (3)** : Corbis, Arthus-Bertrand ; **p. 30-31** :Josse ; **p. 30 (2)** : Stierlin ; **p. 32** : Altitude, Arthus-Bertrand ; **p. 33** : AKG Paris ; **p. 35h** : Liepe ; ; **p. 35m** : Hoa-Qui, Explorer, de Wilde ; **p. 35b** : Josse ; **p. 36** : AKG Paris ; **p. 37(A et B)** : Dagli Orti ; **p. 37d** : Hoa-Qui, Explorer, de Wilde ; **p. 39** : Radovan Zev ; **p. 40** : Photononstop, Travert ; **p. 41** : AKG Paris, Lessing ; **p. 42** : Radovan Zev ; **p. 43** : Bible lands Museum, Jérusalem. Reconstitution M. Amar et M. Grayevsky ; **p. 44** : AKG Paris, Lessing ; **p. 45 (5)** : Dagli Orti ; **p. 45 (6)** : AKG Paris, Lessing ; **p. 47** ASAP ; p. **49 (3)** : Corbis, Rondel ; **p. 49 (4)** : Radovan Zev ; **p. 53** : RMN, Blot. © ADAGP, Marc Chagall 2004 ; **p. 55** Corbis, Vanni Archive ; **p. 56** : Bridgeman Art Library ; **p. 57** : Nimatallah, AKG Images ; **p. 59 (4)** : Josse ; **p. 59 (5)** : Magnum, Burri ; **p. 59 (6)** : BNF, Monnaie ; **p. 59 (7)** : BNF, Monnaie ; **p. 60** : Mansell Collection ; **p. 61 (4)** : AKG Paris, Lessing ; **p. 61 (6)** : Dagli Orti ; **p. 62** : AKG Paris ; **p. 63(a)** : Dagli Orti ; **p. 63 (b)** : AKG Paris ; **p. 63 (c)** : SCALA Picture Library ; **p. 63 (d)** : Dagli Orti ; **p. 64 (1)** : RMN ; **p. 64 (2)** : Ekdotike, Athènes ; **p. 65** : BPK, Berlin ; **p. 67h** : AKG Paris ; **p. 67m** : Mansell Collection ; **p. 67b** AKG Paris, Lessing ; **p. 68 (1)** : RMN ; **p. 68 (2)** : AKG Paris ; **p. 68 (3)** : Mansell Collection ; **p. 69** : BPK, Berlin ; **p. 70** : Bridgeman Art Library ; **p. 72** : National Museums of Scotland ; **p. 73** : in « Les voyages d'Alix », *La marine antique (1)* de J. Martin, éd. Orix. ; **p. 74** : British Museum, Londres ; **p. 75 (4)** : Bridgeman Art Library ; **p. 75 (5)** : Bridgeman Art Library, Held Collection ; **p. 77h** : British Museum, Londres ; **p. 77bg** : Musée Agora, Athènes ; **p. 77bd** : Musée Agora, Athènes ; **p. 78** : Corbis, Arthus-Bertrand ; **p. 82 (A)** : AKG Paris ; **p. 82 (E)** : Nimatallah, AKG Images ; **p. 83 (F)** : Nimatallah, AKG Images ; **p. 83 (J)** : British Museum, Londres ; **p. 84 (1)** : Dagli Orti ; **p. 84 (3)** : Hoa-Qui, Explorer, Mary Evans ; **p. 85 (5)** : Hoa-Qui, Explorer, Mary Evans ; **p. 87** : British Museum, Londres ; **p. 89 (A)** : AKG Paris, Hios ; **p. 89 (B)** : Dagli Orti ; **p. 89 (4)** : AKG Paris, Musée de l'Acropole, Athènes ; **p. 91** : Nimatallah, AKG Images ; p. **93 (6)** : British Museum, Londres ; **p. 93 (8)** : Dagli Orti ; **p. 95 (4)** : AKG Paris ; **p. 95 (5)** : Compoint ; **p. 96 (1 et 3)** : AKG Paris ; **p. 99** : Nimatallah, AKG Images ; **p. 101 (4)** : AKG Paris ; **p. 101 (5)** : Hoa Qui, Explorer, Le Tourneur ; **p. 103** : Bridgeman Art Library, Alinari ; **p. 104** : Bridgeman Art Library, Held Collection ; **p. 105** : Dagli Orti ; **p. 106 (2)** : SCALA Picture Library ; **p. 106 (3)** : AKG Paris ; **p. 107 (5 et 6)** : SCALA Picture Library ; **p. 108 (1)** : AKG Paris ; **p. 108 (2)** : BNF, Monnaie ; **p. 109** : Dagli Orti ; **p. 110** : SCALA Picture Library ; **p. 112** : Dagli Orti ; **p. 114** : BNF, Monnaie ; **p. 115 (4)** : Rapho, Gerster ; **p. 115 (5)** : Bridgeman Art Library, Lauros Giraudon ; **p. 117** : Bridgeman Art Library, Alinari ; **p. 119** : Josse ; **p. 120 (1)** : BNF, Monnaie ; **p. 120 (3)** : Nimatallah, AKG Images ; **p. 121** : Bridgeman Art Library ; **p. 122** Photononstop, Pratt/Priest ; **p. 123** : Dagli Orti ; **p. 124** : SCALA Picture Library ; **p. 125** : AKG Paris ; **p. 126 (2)** : PAF ; **p. 126 (3)** : Altitude/Rossi ; **p. 127 (4)** : Altitude/Rossi ; **p. 127 (5)** : SCALA Picture Library ; **p. 128 (2)** : Rapho, Sioen ; **p. 128 (3)** : Josse ; **p. 129 (4)** : Dagli Orti ; **p. 129 (5)** : Éditions Errance, dessin de J.-C. Golvin ; **p. 130** : Éditions Errance, dessin de J.-C. Golvin; **p. 131 (3)** : CRDP Lyon; **p. 131 (4)** : Wallis, Giraudou; **p. 132 (2)** : Dagli Orti; **p. 132 (3)** : Dagli Orti; **p. 133** : Photononstop, Sierpinski; **p. 135** : Nimatallah, AKG Images; **p. 136** : Dagli Orti; **p. 139** : Bridgeman Art Library, Held Collection; **p. 140** : SCALA Picture Library; **p. 141 (5)** : AKG Paris; **p. 141 (7)** : Bridgeman Art Library, British Museum, London; **p. 142** : SCALA Picture Library; **p. 143 (5)** : Bridgeman Art Library, Held Collection; **p. 143 (7)** : AKG Paris; **p. 144** : Hoa Qui/Explorer, Loirat; **p. 145** : Bridgeman Art Library, Biblio. Municipale de Valenciennes, France; **p. 146** : Dagli Orti; **p. 148** : Rapho, Belzeaux; **p. 149 (4 et 6)** : SCALA Picture Library; **p. 150 (1)** : Dagli Orti; **p. 150 (3)** : SCALA Picture Library; **p. 151 (5 et 6)** : SCALA Picture Library; **p. 153h** : Bridgeman Art Library, Held Collection; **p. 153b** : SCALA Picture Library; **p. 155 (1-2-3-4)** : SCALA Picture Library; **p. 157** : Josse; **p. 158 (1)** : SCALA Picture Library; **p. 158 (2)** : SCALA Picture Library; **p. 160 (1)** : Josse; **p. 160 (2)** : RMN, Blot; **p. 160 (3)** : Bridgeman Art Library; **p. 160 (4)** : Altitude, Arthus Bertrand; **p. 161 (1)** : Rapho, Gerster; **p. 161 (2 et 4)** : Dagli Orti; **p. 163 (2)** : Dagli Orti; **p. 163 (3)** : Nimatallah, AKG Images; **p. 164 (1)** : RMN, Blot. © ADAGP, Marc Chagall 2004; **p. 165 (1)** : Altitude, Arthus-Bertrand; **p. 165 (2)** : Corbis, Rondel; **p. 165 (3)** : Nimatallah, AKG Images; **p. 165 (4)** : Altitude, Rossi; **p. 165 (5)** : SCALA Picture Library.

▶ GÉOGRAPHIE :

p. 166 : © 2004 The Living Earth, inc; **p. 168** : RMN; **p. 172** : Image satellite, avac l'aimable autorisation de « Sapace Imaging » Moyen Orient; **p. 173 (3)** : Photoblot.com/Bracegirdle; **p. 173 (4)** : Photoblot.com/Guignard; **p. 175** : Gamma/Nicolas Le Corre; **p. 176** : © 1997 Digital Vision Ltd; **p. 177** : © 1992 PhotoDisc, Inc; **p. 182** : Gamma; **p. 183 (3)** : Curtet; p. **183 (4)** : Nicolas Ancellin; **p. 183 (5)** : Magnum, Berry; **p. 185** : Mouvement Français pour le Planning Familial; **p. 190** : Cosmos, Menzel, Material World; **p. 191** : Cosmos, Menzel, Material World; **p. 197** : Corbis, Sygma, Valli, Summers; **p. 200 (1)** : © 1997 Digital Vision Ltd; **p. 200 (2)** : © 1997 Digital Vision Ltd; **p. 201 (3)** : Good Shoot ®; **p. 201 (4)** : © Digital Stock 1996; **p. 202 (2)** : Corbis, Keaton; **p. 202 (3)** : Corbis Saba, Freeland; **p. 204** : Gamma; **p. 205 (5 et 6)** : C. Marciniak; **p. 206** : Hoa-Qui/Explorer, Bosio; **p. 207 (3)** : © Digital Vision Ltd; **p. 207 (4)** : © Digital Stock 1996; **p. 208 (1)** : Cosmos, Weems; p. **208 (2)** : Hoa-Qui, Brun; **p. 209 (3)** : Hoa-Qui, Renaudeau; **p. 209 (4)** : Corbis, Lisle; **p. 212 (1)** : © Digital Stock 1996; **p. 212 (2)** : C. Marciniak; **p. 212 (3)** : Hoa-Qui, Brun; **p. 212 (4)** : Corbis, Lisle; **p. 212 (5)** : Good Shoot ®; **p. 213 (6)** : © Digital Stock 1996; **p. 213 (7)** : © Digital Vision Ltd; **p. 213-(8)** : © 1997 Digital Vision Ltd; **p. 213 (9)** : © 1997 Digital Vision Ltd; **p. 214 (1)** : © 1992 PhotoDisc, Inc; **p. 214 (2)** : Hoa-Qui/Explorer, Lenars; **p. 215** : Gamma; **p. 216 (1)** : Corbis, Rowell; **p. 216 (2)** : Altitude, Arthus-Bertrand; **p. 219 (4)** : Junak; **p. 219 (5)** : Francedias.com/Jean-Maurice Gouedard; **p. 220** : Medialp, Moreau; **p. 221** : Photononstop; **p. 222 (1)** : Altitude, Thibault; p. **222 (2)** : Gamma; **p. 223 (3)** : Corbis, Lehman; **p. 223 (4)** : Francedias.com/Jean-Maurice Gouedard; **p. 227** : Altitude, Philippe; **p. 228** : Rapho, Yamashita; **p. 229** : Office du tourisme de Benidorm; p. **231(4)** : Koppenburg; **p. 231 (5)** : Rapho, Yamashita; **p. 233 (3)** : Miyasaka; **p. 233 (4)** : Wep; **p. 233 (5)** : Magnum, Kalvar; **p. 235** : Corbis, Franken; **p. 236** : Rapho, Donnezan; **p. 237 (5 et 6)** : Office du tourisme de Benidorm; **p. 240** : Photoblot.com/van middelkoop; **p. 241** : G. Williamson; **p. 242** : Photoblot.com/Guignard; **p. 243** : Corbis; **p. 245 (4)** : Corbis, Sinbaldi; **p. 245 (6)** : Corbis, Sinbaldi; **p. 246 (1)** : Altitude; **p. 246 (2)** : Altitude; **p. 247** : Altitude Lisbonne; **p. 249 (4)** : Corbis, Schein Photography; **p. 249 (5)** : Magnum, Scianna; **p. 249 (6)** : Corbis, Felsenthal; **p. 250 (1)** : Altitude, Rossi; **p. 250 (2)** : Getty, Hamilton; **p. 251** : Getty, Ehlers; **p. 252** : Hoa Qui, Treal/Ruiz; **p. 253** : Corbis, Robert van der Hilst; **p. 256** : Hoa-Qui, Dugast; **p. 257 (3)** : Corbis, Arthus-Bertrand; **p. 257 (4)** : Corbis, Corral; **p. 260** : Altitude; **p. 261** : Photoblot.com/Iconos; **p. 262** : Kreyer; **p. 263** Getty, Irvine; **pp. 264 et 265** : Kreyer; **p. 267** Kreyer; **p. 269** : Getty, Irvine; **p. 270** : Hoa-Qui, Explorer, Robergee; **p. 271h** : Keysar; **p. 271b** Getty; **p. 274** : Altitude, Arthus-Bertrand; **p. 276** : Hoa-Qui, Troncy; **p. 277** Rapho, Gloagen; **p. 278** Cosmos, Henley; **p. 279 (4 et 5)** : Cnes/spotimages/Explorer Hoa-Qui; **p. 280** : IRD Roger; **p. 281 (5)** : Sicard; **p. 281 (6)** : Gamma; **p. 283** : Hoa-Qui, Huet; **p. 284** : Hoa-Qui, Dujarric; **p. 285** : © International Labour Organization/M. Crozet; **p. 288** : Magnum, Mac Curry; **p. 289** : Hoa-Qui, Huet; **p. 290** : R. Knafou; **p. 291** N. Ancellin; **p. 292** : R. Knafou; **p. 293** Knafou; **p. 294** N. Ancellin; **p. 295** Corbis, Sygma; **p. 296 (1)** : Cosmos, Maitre; **p. 296 (3)** Gamma; **p. 297 (5 et 6)** : Planet Observer.com/Hoa-Qui; **p. 298** : Corbis, Perou; **p. 299 (5)** : Hoa-Qui, Horner; **p. 299 (6)** : Corbis, G. Rowell; **p. 301 (4)** : Hoa-Qui, Bourseiller; **p. 301 (5)** : Corbis, S. Widstrand; **p. 304** : Corbis, G. Rowell.

▶ PAGES DE GARDES ARRIÈRES :

Reprises : Benidorm : Office du tourisme de Benidorm • Nagasaki : Rapho, Yamashita • Prague : Photoblot.com/Guignard • Chicago : Corbis • Casablanca : Hoa Qui, Treal/Ruiz • Delta du Mekong : Hoa-Qui, Troncy • Illinois : Getty, Irvine • Rodern : Kreyer • Burkina-Faso : Rapho, Gloagen • Amtoudi : R. Knafou • Amazonie : N. Ancellin • Andes peruviennes : Corbis, Perou.

Imprimé en France par Pollina - 85400 Luçon
N° d'impression : L47979 - N° d'édition 003788-06
Dépôt légal : juillet 2007

Les paysages de la Terre

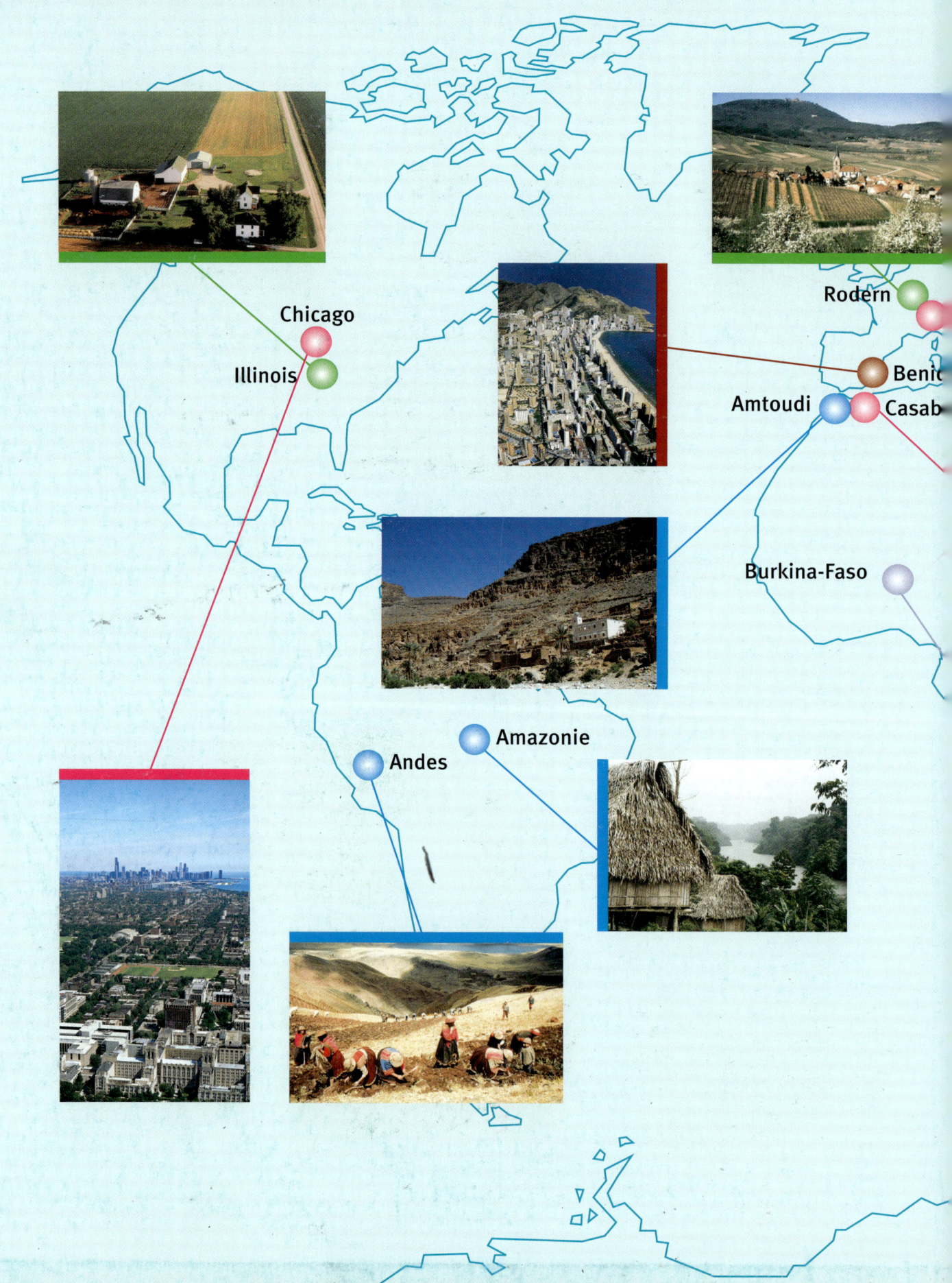